新編諸子集成

鹽鐵論校注

下

王利器 校注

中華書局

鹽鐵論校注卷第七

崇禮*第三十七

大夫曰："飾几杖〔二〕，脩樽俎〔三〕，爲賓，非爲主也。炫燿奇怪，所以陳四夷，非爲民也。夫家人有客，尚有倡優〔四〕奇變之樂，而況縣官乎？故列羽旄，陳戎馬，所〔五〕以示威武，奇蟲〔六〕珍怪〔七〕，所以示懷廣遠〔八〕、明盛〔九〕德，遠國莫不至也〔一〇〕。"

賢良曰："王者崇禮施德，上仁義而賤怪力，故聖人絶而不言〔一一〕。孔子曰：『言忠信，行篤敬，雖蠻、貊之邦〔一二〕，不可棄也〔一三〕。』今萬方絶國〔一四〕之君奉贄獻者，懷天子之盛德，而欲觀中國之禮儀，故〔一五〕設明堂、辟雍〔一六〕以示之，揚干戚〔一七〕、昭雅頌以風之。今乃以〔一八〕玩好不用之器、奇蟲不畜之獸、角抵諸戲〔一九〕、炫燿之物陳夸之〔二〇〕，殆與周公之待遠方殊。昔周公處謙以卑士，執禮以治天下〔二一〕，辭越裳之贄，見恭讓之禮也〔二二〕；既，與入文王之廟，是見大孝之禮也〔二三〕。目覩威儀干戚之容，耳聽清〔二四〕歌雅、頌之聲，心充至德，欣然以歸，此四夷所以慕義内附，非重譯狄鞮〔二五〕來觀猛獸熊羆也。夫犀象兕虎，南夷之所多也；騾驢馲駞，北狄之常畜也。中國所鮮，外國賤之，南越以孔雀珥門户，崑山之旁以玉璞抵烏鵲〔二六〕。今貴人之所賤，珍人之所饒，非所以厚中國、明盛德也。隋、和，世〔二七〕之名寶也，而不能安危存亡。故喻德示威，惟賢臣良相，不在犬馬珍怪〔二八〕。是以聖王以賢爲寶，不以珠玉爲寶。昔晏子脩之罇俎之間，而折衝乎千里〔二九〕；不能者，雖隋、和滿篋，無益於存亡。」

大夫曰：「晏子相齊三君，崔慶無道，刼其君，亂其國，靈公國圍〔三〇〕，莊公弑死，景公之時，晉人來攻，取垂都〔三一〕，舉臨菑，邊邑削，城郭焚，宮室隳，寶器盡，何衝之所〔三二〕能折乎？由此觀之：賢良所言，賢人爲寶，則損益無輕重也。」

賢良曰：「管仲去魯入齊，齊霸〔三三〕魯削，非持〔三四〕其衆而歸齊也。伍子胥挾弓干闔閭〔三五〕，破楚入郢，非負其兵而適吴也。故賢者所在國重，所去國輕。楚有子玉得臣，文公側席；虞有宫之奇，晉獻不寐〔三六〕。夫賢臣〔三七〕所在，辟除開塞〔三八〕者亦遠矣。故春秋曰：『山有虎豹，葵藿爲之不採；國有賢士，邊境爲之不害也〔三九〕。』」

* 這篇就接待少數民族客人的禮節問題展開辯論。賢良主張「王者崇禮施德，上仁義而賤怪力」。大夫主張「列羽旄，陳戎馬，所以示威武，奇蟲珍怪，所以示懷廣遠、明盛德，遠國莫不至」。西漢時期，對待來京師觀光的少數民族賓客，在舉行相見禮的同時，還有豐富多彩的文娛活動。這種文娛活動，有時是以會朝方式出之，有時是以遊園方式出之。即以漢武帝時代而言，漢書武帝紀寫道：「太始三年（公元前九四年）春正月，行幸甘泉宮，饗外國客。」又西域傳贊寫道：「自是之後，明珠、文甲、通犀、翠羽之珍盈於後宮，蒲梢、龍文、魚目、汗血之馬充於黄門，鉅象、師子、猛犬、大雀之羣食於外囿，殊方異物，四面而至。於是廣開上林，穿昆明池，營千門萬户之宮，立神明通天之臺，興起甲乙之帳，落以隋珠和璧。天子負黼依，襲翠被，憑玉几而處其中，設酒池肉林，以饗四夷之客，作巴、俞、都盧、海中、碭極、漫衍、魚龍、角抵之戲以觀視之。」這種聚會，歷史地反映了漢武帝時代四海一家的泱泱大國之風。

〔一〕「取下」上原有「鹽鐵」二字，今據張敦仁説删。

〔二〕禮記曲禮上：「大夫七十而致事，若不得謝，則必賜之几杖。」鄭玄注：「几杖，……所以養其身體也。」孫希旦集解：「賜之几，使於朝中治事之所憑之以爲安也；賜之杖，使於入朝之時持之以自扶也。几杖不入君門，君賜之，則得以入朝。」曲禮上又曰：「謀於長者，必操几杖以從之。」正義：「杖可以策身，几可以扶己，俱是養尊者之物。」史記孝文本紀：「吴王詐病不朝，就賜几杖。」漢書武帝紀：「元朔二年冬，賜淮南王、菑川王几杖，毋朝。」

〔三〕史記樂書：「布筵席，陳樽俎，列籩豆，以升降爲禮者，禮之末節也。」下文作「罇俎」，字同。

〔四〕急就篇顔師古注：「倡，樂也；優，戲人也。」

〔五〕「所」字原無，今依上下文例補。

〔六〕奇蟲，即謂奇獸奇禽，吕氏春秋四月紀：「其蟲羽。」高誘注：「羽蟲，鳳爲之長。」又七月紀：「其蟲毛。」高誘注：「毛蟲之屬，而虎爲之長。」戰國策秦策上：「虎者戾蟲。」

〔七〕淮南子主術篇：「人主好鷙鳥猛獸，珍怪奇物。」高誘注：「金玉爲珍，詭異爲怪，非常爲奇。」

〔八〕後漢書肅宗孝章帝紀：「往者，妖言大獄，所及廣遠，一人犯辠，禁至三屬。」

〔九〕「盛」字原無，今據陳遵默説訂補。陳云：「『明』下疑奪『盛』字，後文『非所以厚中國、明盛德』，即承此言之。」

〔一〇〕史記大宛傳：「是時，上方數巡狩海上，乃悉從外國客，大都多人則過之，散財帛以賞賜，厚具以饒給之，以覽示漢富厚焉。於是大觳抵，出奇戲諸怪物，多聚觀者，行賞賜，酒池肉林，令外國客徧觀各倉庫府藏之積，見漢之廣大傾駭之。及加其眩者之工，而觳抵奇戲歲增變，甚盛益興，自此始。西北外國使更來更去。宛以西皆自以遠，尚驕恣晏然，未可詘以禮，羈縻而使也。」

〔一一〕論語述而篇：「子不語：怪，力，亂，神。」

〔一二〕王先謙曰：「『雖蠻、貊之邦』，治要作『雖之蠻、貊』。」

〔一三〕論語衛靈公篇：「子張問行。子曰：『言忠信，行篤敬，雖蠻、貊之邦，行矣。』」又子路篇：「樊遲問仁。子曰：『居處恭，執事敬，與人忠，雖之夷、狄，不可棄也。』」此合二文言之。

〔一四〕漢書武帝紀：「元封五年詔：『其令州郡察吏民，有茂才異等，可爲將相及使絶國者。』」文選别賦注：

「絶國，絶遠之國也。」

〔一五〕王先謙曰：「治要『獻』下有『見』字，『盛』作『威』，『禮』下無『儀』字，『故』作『宜』。」案治要是。

〔一六〕文選東都賦注：「明堂者，明諸侯之尊卑也。」「立辟雍者何？所以宣德化也。壅以水，象教化流行也。水四周於外，象四海也。」

〔一七〕禮記樂記：「比音而樂之，及干戚羽旄謂之樂。」鄭注：「干，盾也；戚，斧也；武舞所執也。」

〔一八〕「乃」下原無「以」字，今據治要引補。「乃」下有「以」字，文意才明白。無「以」字，則「玩好」二字成爲動詞，和下文所説的貫穿不起來。説略本陳遵默。

〔一九〕王先謙曰：「治要『諸』作『之』。」

〔二〇〕張之象注曰：「刑法志曰：『春秋之後，滅弱吞小，並爲戰國，稍增講武之禮，以爲戲樂，用相夸視，而秦更名角抵，先王之禮，没於淫樂中矣。』應劭曰：『角者，角技也；抵者，相抵觸也。』文穎曰：『抵，當也，名此樂爲角抵者，兩兩相當，角力、角技藝御射，故曰角抵，蓋雜技樂也，巴、俞戲魚龍蔓延之屬也。』顔師古曰：『炫燿之物，眩人也。眩，相詐惑也，讀與幻同。其術本從西域來，即今吞刀、吞火、植瓜、種樹，屠人、戳馬之術皆是也。』漢紀曰：『元封三年春，作角抵戲以享外國朝獻者，三百餘里内人皆觀。』張騫傳曰：『是時，上方數巡狩海上，迺悉從外國客，大都多人過之，則散財帛賞賜，厚具饒給之，以覽視漢富厚焉。大角抵，出奇戲諸怪物，多聚觀者。行賞賜，酒池肉林，令外國客徧觀名倉庫府藏之積，欲以見漢廣大，傾駭之。及加其眩者之工，而角抵奇戲歲增變，其益興自此始。而外國使更來更去，大宛以西皆自恃遠尚驕恣，未可詘以禮，羈縻而使也。』」

〔二一〕此句原作「執禮以治下天下」，盧文弨曰：「『上』『下』字衍。」楊沂孫曰：「『天下』二字衍。」王先謙曰：「治要作『處謙讓以交卑士，執禮德以下天下』。此句下有『故』字。」案攖寧齋鈔本無上「下」字，今據删。

〔二二〕「也」字原無，今據王先謙説訂補。王云：「治要『禮』下有『也』字。案與下『見大孝之禮也』相對，『也』字宜有。」

〔二三〕漢書西域傳贊：「周公之讓白雉。」師古曰：「昔周公相成王，越裳氏重九譯而獻白雉，至，王問周公，公曰：『德不加焉，則君子不饗其質，政不施焉，則君子不臣其遠，吾何以獲此物也？』譯曰：『吾受國之黄耇曰：久矣，天之無烈風雨雷也，意中國有聖人乎？盍往朝之。』然後歸之王，稱先王之神所致，以薦宗廟。」

〔二四〕王先謙曰：「治要『清』作『升』。」

〔二五〕周禮大行人象胥注：「東方曰寄，南方曰象，西方曰狄，北方曰譯。」疏：「譯即易，謂换易言語，使相解也。」禮記王制：「西方曰狄鞮。」疏：「鞮，知也，謂通夷、狄之語，與中國相知。」漢書平帝紀：「元始元年春，越裳氏重譯獻白雉一，黑雉二。」師古曰：「越裳，南方遠國也。譯謂傳言也。道路絶遠，風俗殊隔，故累譯而後迺通。」

〔二六〕六帖二九引此文作「崑崙之下以玉璞抵鵲」，釋睦庵祖庭事苑五引作「崐山之旁以玉璞抵鵲」，俱無「烏」字。御覽三八引論衡：「鍾山之上，以玉抵鵲。」淮南子俶真篇：「鍾山之玉。」高誘注：「鍾山，昆侖也。」清乾隆弘曆詩文十全集二一玉璞抵鵲説：「桓寬鹽鐵論稱『中國所鮮，外國賤之，崑山之旁，以玉抵烏鵲』云云。初讀之，以爲玉璞非抵鵲之物，而鵲亦可以不抵，此不過舉烏有之事，喻貴人之所賤，不足以厚中國、明盛德耳。今乃知誠有其事，而惜寬之未詳言之也。蓋玉出和闐，和闐即崑山之旁支也。和闐之人，備侍衛者有之，問以鵲名，則回語亦有之。且稱回部諸城皆有鵲，而和闐獨無，故詰其故。則云傳自古昔，和闐之地，不可有鵲，有鵲必致刀兵，地不寧，年不豐，是以和闐之人，見鵲必抵之。蓋抵之之方不一，玉璞初非彼所貴，以之抵鵲，誠或有之。是則寬之説不無有自來，而惜未詳言其故耳。夫讀古人之書，豈可以粗心浮氣遇之，而率以評人之是非也哉？如抵鵲之事，非和闐人自述，將終古無知寬之言爲非繆者，予故詳著斯説，以爲鹽鐵論之注。」

〔二七〕「世」字原無，今據王先謙説校補。王云：「治要『和』下有『世』字，是。」案漢書王吉傳：「雖隋、和何以加諸。」師古曰：「隋，隋侯珠；和，和氏璧也。」又叙傳上：「先賤而後貴者，隋、和之珍也。」明初本、華氏本「隋」作「隨」，下同。

〔二八〕王先謙曰：「治要『犬』作『戎』，『怪』下有『也』字。」

〔二九〕韓詩外傳八：「晉平公使范昭觀齊國之政。景公賜之宴，晏子在前，范昭趨曰：『願君之倅樽以爲壽。』景公顧左右曰：『酌寡人樽，獻之客。』晏子對曰：『徹去樽。』范昭不説，起舞，顧太師曰：『子爲我奏成周之樂，願舞。』太師對曰：『盲臣不習。』范昭起，出門。景公謂晏子曰：『夫晉，天下大國也，使范昭來觀齊國之政，今子怒大國之使者，將奈何？』晏子曰：『范昭之爲人也，非陋而不知禮也，是欲試吾君，嬰故不從。』於是景公召太師而問之曰：『范昭使子奏成周之樂，何故不調？』對如晏子。於是范昭歸報平公曰：『齊未可并也。吾試其君，晏子知之。吾犯其樂，太師知之。』孔子聞之曰：『善乎晏子，不出俎豆之間，折衝千里。』詩曰：『實右序有周，薄言震之，莫不震疊。』」又見晏子春秋内篇雜上、新序雜事一。

〔三〇〕「國」原誤作「同」，今據張敦仁、楊沂孫説校改。張云：「『同』當作『國』。此即齊世家之『靈公二十九年，晉兵遂圍臨菑』也，非左傳。此事不見左氏。」

〔三一〕戰國策魏策下：「秦十攻魏，五入國中，邊城盡拔，文臺墮，垂都焚。」又見史記魏世家，集解：「徐廣曰：『一云魏山都焚。句陽有垂亭。』」索隱：「垂，地名，有廟曰都。並魏邑。」

〔三二〕王先謙曰：「『所』字當衍。」案本書以「所」爲「可」，不衍。

〔三三〕「霸」，沈延銓本作「伯」。

〔三四〕「持」原作「恃」，今據明初本、華氏活字本、攖寧齋鈔本校改。

〔三五〕公羊傳定公四年：「伍子胥父誅乎楚，挾弓而去楚，以干闔廬。」穀梁傳：「子胥父誅於楚也，挾弓持矢而干闔廬。」越絶書吴人内傳：「子胥挾弓，身干闔廬。」又越絶外傳紀策考：「子胥曰：『吾背楚、荆，挾弓以去，義不止窮。』」

〔三六〕春秋繁露服制象篇：「虞有宫之奇，晉獻不寐。」説苑尊賢篇：「虞有宫之奇，晉獻公爲之終夜不寐；楚有子玉得臣，文公爲之側席而坐。遠乎賢者之厭難折衝也。」漢書王嘉傳：「昔楚有子玉得臣，晉文爲之側席而坐。」又陳湯傳：「谷永上疏訟湯云：『楚有子玉得臣，文公爲之仄席而坐。』」師古曰：「子玉，楚大夫也。得臣，其名也。春秋僖公二十八年：『子玉帥師與晉文公戰於城濮，楚師敗績，晉師三日館穀，而文公猶有憂色，曰：得臣猶在，憂未歇也。及楚殺子玉，公喜而後可知也。』禮記曰：『有憂者仄席而坐。』蓋自貶也。仄，古側字也。」

〔三七〕「臣」上原脱「賢」字，今據王先謙説校補。

〔三八〕周書文傳篇：「夏箴曰：『小人無兼年之食，遇天饑，妻子非其有也；大夫無兼年之食，遇天饑，臣妾輿馬非其有也。戒之哉，弗思弗行，至無日矣。』不明開塞禁舍者，其如天下何！」淮南子兵略篇：「是故善守者無與禦，而善戰者無與鬬，明於禁舍開塞之道，乘時勢，因民欲，而取天下。」「開塞」字本此。

〔三九〕盧文弨曰：「『害』，大典『割』。」張敦仁曰：「華本『害』改『割』。」（明初本亦作「割」）案淮南子説山篇：「山有猛獸，林木爲之不斬；園有螫蟲，藜藿爲之不采。」漢書蓋寬饒傳：「鄭昌上書頌寬饒曰：『山有猛獸，藜藿爲之不采；國有忠臣，姦邪爲之不起。』」風俗通義正失篇：「傳曰：『山有猛虎，草木茂長。』」鹽鐵論載此文，以爲出自春秋，當是春秋的今文家説。漢人引傳，往往冠以本經的名稱，這是當時的通例。

備胡*第三十八

大夫曰：「鄙語曰：『賢者容不辱。』以世俗言之，鄉曲有桀〔一〕，人尚辟之。今明天子在上，匈奴公〔二〕爲寇〔三〕，侵擾邊境，是仁義犯而藜藿採〔四〕。昔狄人侵太王〔五〕，匡人畏孔子，故不仁者，仁之賊也。是以縣官厲武〔六〕以討不義，設機械以備不仁。」

賢良曰：「匈奴處沙漠之中，生不食之地，天所賤而棄之，無壇宇〔七〕之居，男女之別，以廣野爲閭里，以穹廬〔八〕爲家室，衣皮蒙毛〔九〕，食肉飲血，會市行，牧豎居〔一〇〕，如中國之麋鹿耳〔一一〕。好事〔一二〕之臣，求其義，責之禮，使中國干戈至今未息，萬里設備，此兔罝之所刺，故小人非公侯腹心干城也〔一三〕。」

大夫曰：「天子者，天下之父母也。四方之衆，其義莫不願爲臣妾；然猶脩城郭，設關梁〔一四〕，厲武士，備衛於宫室，所以遠折難而備萬方者也。今匈奴未臣，雖無事，欲釋備，如之何？」

賢良曰：「吴王所以見禽於越者，以其越近而陵遠也。秦所以亡者，以外備胡、越而内亡其政也。夫用軍於外，政敗於内，備爲所患，增主所憂。故人主得其道，則遐邇偕行〔一五〕而歸之，文王是也；不得其道，則臣妾爲寇，秦王是也。夫文衰則武勝，德盛則備寡。」

大夫曰：「往者，四夷俱强，並爲寇虐：朝鮮踰徼〔一六〕，劫燕之東地；東越越〔一七〕東海，略浙江之南；南越内侵，滑服令〔一八〕；氐、僰〔一九〕、冉、駹〔二〇〕、嶲唐〔二一〕、昆明之屬，擾隴西、巴、蜀。今三垂〔二二〕已平，唯北邊未定。夫一舉則匈奴震懼，中外釋備，而何寡也〔二三〕？」

賢良曰：「古者，君子立仁脩義，以綏其民，故邇者習善，遠者順之。是以孔子仕於魯，前仕三月及齊平〔二四〕，後仕三月及鄭平〔二五〕，務以德安近而綏遠。當此之時，魯無敵國之難、鄰境之患。强臣變節而忠順，故季桓隳其都城〔二六〕。大國畏義而合好，齊人來歸鄆、讙、龜陰之田〔二七〕。故爲政而以德，非獨辟害折衝也，所欲不求而自得。今百姓所以囂囂〔二八〕，中外不寧者，咎在匈奴。内無室宇之守，外無田疇之積，隨美草甘水而驅牧〔二九〕，匈奴不變業，而中國以〔三〇〕騷動矣。風合而雲解，就之則亡，擊之則散〔三一〕，未可一世而舉也。」

大夫曰：「古者，明王討暴衛弱〔三二〕，定傾扶危。衛弱扶危〔三三〕，則小國之君悦；討暴定傾，則無罪之人附。今不征伐，則暴害不息；不備，則是以黎民委敵也〔三四〕。春秋貶諸侯之後〔三五〕，刺不卒戍〔三六〕。行役戍備，自古有之，非獨今也。」

賢良曰：「匈奴之地廣大，而戎馬之足輕利，其勢易騷動也。利則虎曳，病則鳥折〔三七〕，辟鋒鋭而取〔三八〕罷極；少發則不足以更適，多發則民不堪其役。役煩則力罷，用多則財乏。二者不息，則民遺怨。此秦之所以〔三九〕失民心、隕社稷也。古者，天子封畿千里〔四〇〕，繇役五百里，勝聲相聞〔四一〕，疾病相恤。無過時之師，無踰時之役〔四二〕。内節於民心，而事適其力。是以行者勸務，而止者安業。今山東之戎馬甲士戍邊郡者〔四三〕，絶殊遼遠〔四四〕，身在胡、越，心懷老母。老母垂泣，室婦悲恨，推其饑渴，念其寒苦〔四五〕。詩云：『昔我往矣，楊柳依依。今我來思，雨雪霏霏。行道遲遲，載渴載饑。我心傷悲，莫之我哀〔四六〕。』故聖人憐其如此，閔其久去父母妻子，暴露中野，居寒苦之地，故春使使者勞賜，舉失職者，所以哀遠民而慰撫老母也〔四七〕。德惠甚厚，而吏未稱〔四八〕奉職承詔以存恤〔四九〕，或侵侮士卒，與之爲市〔五〇〕，並力兼作，使之不以理。故〔五一〕士卒失職，而老母妻子感恨也〔五二〕。宋伯姬愁思而宋國火〔五三〕，魯妾不得意而魯寢災〔五四〕。今天下不得其意者，非獨西宮之女、宋之老母也。春秋動衆則書，重民也〔五五〕。宋人圍長葛，譏久役也〔五六〕。君子之用心必若是。」

大夫默然不對。

* 本篇是關于防備和抗擊匈奴問題的辯論。大夫主張「三垂已平，唯北邊未定」，「今不征伐，則暴害不息；不備，則是以黎民委敵也」。賢良則認爲匈奴是不懂事的麋鹿，防備是好事之臣所幹的事，只要「人主立仁修義」，匈奴就賓服了，防備和抗擊匈奴，是勞民傷財、「失民心，隕社稷」的危險事情。

〔一〕漢書李尋傳：「庶雄爲桀。」又何并傳：「趙、李桀惡。」又匈奴傳下：「匈奴有桀心。」師古曰：「桀，堅也，言其起立不順。」

〔二〕漢書荆燕吴傳、胡建傳注俱曰：「公，謂顯然爲之也。」後漢書何敞傳：「公縱姦慝。」本書刑德篇：「而民公犯之。」義同。

〔三〕左傳文公七年：「兵作於内爲亂，於外爲寇。」

〔四〕「採」上原有「不」字，今據張敦仁説校删。張云：「案『不』字當衍。賢良引春秋『爲之不採』，故大夫云爾，正是以採難不採也。」

〔五〕孟子梁惠王下：「昔者，太王居邠，狄人侵之，去之岐山之下居焉。」

〔六〕漢書夏侯勝傳：「躬仁誼，厲威武，北征匈奴。」易林隨之復：「穆違百里，使孟厲武。」文選射雉賦注：「厲，嚴整也。」厲武，即整軍之意。漢書匈奴傳上：「是時，天子巡邊，親至朔方，勒兵八十萬騎，以見武節。」

〔七〕漢書禮樂志：「神之揄，臨壇宇。」師古曰：「壇宇謂祭祠壇場及宮室。」淮南子説林篇高注：「楚人謂中庭爲壇。」案淮南子詮言篇：「天下皆流，獨不離其壇域。」「壇域」與「壇宇」義同。本篇下文「匈奴内無室宇之守」，即此「無壇宇之居」之義，亦即漢書主父偃傳「匈奴無城郭之居」之義。

〔八〕漢書匈奴傳上注師古曰：「穹廬，旃帳也，其形穹隆，故曰穹廬。」

〔九〕蒙毛，詳輕重篇注〔五四〕。

〔一〇〕姚範曰：「會市行，注：『行音杭。』按：行當讀去聲，言爲市肆駔儈之行耳。」

〔一一〕漢書主父偃傳：「夫匈奴行盜侵敺，所以爲業，天性固然，上自虞、夏、殷、周，固不程督，禽獸畜之，不比爲人。」又匈奴傳贊：「夷、狄之人，……聖王禽獸畜之。」與此文賢良之言，都是侮辱少數民族的民族沙文主義的語言，這是應當指出的。

〔一二〕漢書西南夷兩粵朝鮮傳贊：「三方之開，皆自好事之臣。」好事，謂好生事。

〔一三〕詩經周南兔罝：「肅肅兔罝，椓之丁丁。赳赳武夫，公侯干城。肅肅兔罝，施于中林。赳赳武夫，公侯腹心。」這裏以兔罝爲刺詩，當是今文家學説。抱朴子審舉篇：「猶復不解，令詩人謠大車素餐之刺，山林無伐檀、兔罝之賢。」亦是用爲刺詩。

〔一四〕吕氏春秋十月紀：「謹關梁。」高注：「關梁所以通塗也。」漢書匈奴傳上：「自中國尚建關梁，以制諸侯，所以絶臣下之覬欲也。」

〔一五〕「偕行」原作「濳行」，義不可通，蓋涉「偕」「濳」二字形近而誤也。周易益卦：「凡益之道，與時偕行。」詩經秦風無衣：「修我甲兵，與子偕行。」此作「偕行」之證，今改。

〔一六〕戰國策韓策：「爲除守徼亭障塞。」漢書朝鮮傳：「朝鮮屬遼東外徼。」又匈奴傳下：「設徼塞，置屯戍，非獨爲匈奴而已。」又佞幸傳注師古曰：「塞者以障塞爲名，徼者取徼遮之義也。」

〔一七〕「越」字原不重，今據陳遵默校補，蓋古書重字傳寫時往往作「小二」，最易爲人遺失也。

〔一八〕張敦仁曰：「案『滑服令』三字，未詳其誤。」（下文「氐、僰」云云别爲句，張之象本以「令」字下屬，非也。）器案：金蟠本斷句與張之象本同。章丹楓曰：「漢文帝報南越王尉佗書曰：『服令以南，王自治之。』蓋南越侵及服令而即與之也。『滑』『猾』同音，即蠻、夷猾夏之説也。」器案：漢書南粤王傳「服令」作「服領」，蘇林曰：「山領名也。」如淳曰：「長沙南界也。」通鑑十三注：「服領者，自五嶺以南，荒服之外，因以稱之。」

〔一九〕「僰」原誤分爲「棘人」二字，今據毛扆、盧文弨、楊沂孫説校改。禮記王制：「西方曰棘。」鄭玄注：「『棘』當作『僰』。」其誤與此正同。

〔二〇〕漢書司馬相如傳下難蜀父老文：「朝冉從駹。」師古曰：「今夔州、開州等首領姓冉者，皆舊冉種也。駹音龍。」

〔二一〕漢書地理志上嶲唐，益州縣。續漢書郡國志五：「永昌郡，嶲唐。」注：「本西南夷，史記曰：『古爲嶲、昆明。』」案：續漢書注所引史記，見西南夷傳，漢書張騫傳：「南方閉嶲、昆明。」亦只稱嶲。華陽國志蜀志：「孝武時，通博南山，度蘭滄水、潘溪，置嶲唐、不韋二縣。」

〔二二〕「三垂」，擊之篇作「三陲」，同。文選羽獵賦：「剳其三垂。」李善注：「三垂，謂西方、南方、東方，武帝侵三垂以置郡縣，故謂之剳。漢書杜欽上書曰：『三垂蠻、夷。』又雄上書曰：『北狄，中國之堅敵，三垂比之縣矣。』爾雅曰：『邊垂也。』」器案：李善引杜欽上書，見漢書本傳；楊雄上書，見漢書匈奴傳；爾雅，見釋詁。杜欽傳注師古曰：「三垂，謂東南西也。」

〔二三〕「夫一舉」云云三句，原作「夫一舉則匈奴中外震懼，備而何寡也」，今據王先謙説校改。王云：「賢良言『德盛則備寡』，故大夫以此言折之。『中外』屬『匈奴』言，於詞不順，當作『匈奴震懼，中外釋備』，傳寫誤倒『中外』二字於『匈奴』下。下文『中外不寧，咎在匈奴』云云，『中外』屬漢言，即其明證。」郭沫若曰：「『夫一舉』云云三句，當作『夫匈奴一舉，則中外震懼，釋備而何宜也』。」

〔二四〕史記孔子世家：「由中都宰爲司空，由司空爲大司。定公十年春，及齊平。」索隱：「及，與也。平，成也。謂與齊和好，故云平。」

〔二五〕公羊傳定公十一年：「冬，及鄭平。」案：公羊傳定公十年：「齊人來歸運、讙、龜陰田。齊人曷爲來歸運、讙、龜陰田？孔子行乎季孫，三月不違，齊人爲是來歸之。」又十二年：「季孫斯、仲孫何忌帥師墮費。曷爲帥師墮郈？帥師墮費？孔子行乎季孫，三月不違。」此言「前仕三月」、「後仕三月」，當亦公羊家遺説。

〔二六〕左傳定公十二年：「仲田爲季氏宰，將墮三都。」杜注：「三都：費，郈，成也。强盛將爲國害，故仲由欲毁之。」

〔二七〕春秋定公十年：「齊人來歸鄆、讙、龜陰田。」杜注：「三邑皆汶陽田也。泰山博縣北有龜山，陰，田在其北也。會夾谷，孔子相，齊人服義而歸魯田。」

〔二八〕漢書董仲舒傳：「此民之所以囂囂苦不足也。」師古曰：「囂讀與嗸同，音敖。嗸嗸，衆怨愁聲也。」案：史記秦始皇本紀：「天下之嗸嗸，新主之資也。」

〔二九〕鼂錯守邊勸農疏：「胡人食肉飲酪，衣皮毛，非有城郭田宅之舊居，如飛鳥走獸於廣野，美草甘水則止，草盡水竭則移。」新序善謀下：「御史大夫韓安國曰：且匈奴者，輕疾悍亟之兵也，畜牧爲業，弧弓射獵，逐獸隨草，居處無當，難得而制也。至不及圖，去不可追，來若風雨，解若收電。今使邊鄙久廢耕織之業，以支匈奴常事，其勢不權，臣故曰勿擊爲便。」又見漢書韓安國傳。

〔三〇〕「以」通「已」。

〔三一〕史記主父偃傳：「昔秦皇帝……欲攻匈奴，李斯諫曰：『不可。夫匈奴無城郭之居，委積之守，遷徙鳥舉，難得而制也。輕兵深入，糧食必絶，踵糧以行，重不及事，得其地不足以爲利也，遇其民不可役而守也。勝必殺之，非民父母也；靡敝中國，快心匈奴，非長策也。』秦皇帝不聽，遂使蒙恬將兵攻胡。」鼂錯守邊勸農疏：「胡人衣食之業，不著於地，其勢易以擾亂邊境，往來轉徙，時至時去，此胡人之生業，而中國之所以離南晦也。」史記匈奴傳：「故其見敵，則逐利如鳥之集，其困敗則瓦解雲散矣。」

〔三二〕左傳宣公十二年：「夫武，禁暴、戢兵、保大、定功、安民、和衆、豐財者也。」

〔三三〕「衛弱扶危」四字原無，張之象本、沈延銓本、金蟠本有，今據訂補。

〔三四〕文選西征賦注：「委，棄也。」

〔三五〕顧廣圻曰：「『春秋貶諸侯之後』，謂公羊春秋刺諸侯戍人而後至者。襄五年，冬，戍陳，十年，戍鄭虎牢。傳皆云：『孰戍之？諸侯戍之。曷爲不言諸侯戍之？離至不可得而序，故言我也。』何休五年注云：『離至，離別前後至也。』又云：『乃解怠前後至，故不序，以刺中國之無信。』是其證。」

〔三六〕公羊傳僖公二十八年：「公子買戍衛，不卒戍，刺之。不卒戍者何？不卒戍者，内辭也，不可使往也。不可使往，則言其戍衛何？遂公意也。刺之者何？殺之也。殺之，則曷爲謂之刺之？内諱殺大夫，謂之刺之也。」

〔三七〕本書西域篇：「折翅傷翼。」

〔三八〕「取」原作「牧」，張敦仁曰：「『牧』當作『收』。」俞樾曰：「『牧』疑『收』字之誤。言匈奴見漢兵鋒鋭則避去，見漢兵罷極則起而收之。」郭沫若曰：「『牧』殆『攻』字之誤。」器案：史記匈奴列傳：「信教單于，益北絶幕，以誘罷漢兵，徼極而取之，無近塞。」此即桓文所本，「牧」當作「取」，形近之誤，今據改正。索隱曰：「按徼，要也，謂要其疲極而取之。」正義：「徼，要也，要漢兵疲極而取之。無近塞居止。」漢書匈奴傳亦用史記此文，師古曰：「『罷』讀曰『疲』。徼，要也，誘令疲，要其困極，然後取之。」

〔三九〕「以」字原無，今補。守邊勸農疏：「今使胡人數處轉牧，行獵於塞下，……以候備塞之卒，卒少則入，陛下不救，則邊民絶望而有降敵之心；救之，少發則不足，多發，遠縣才至，則胡又已去。聚而不疲，爲費甚大；罷之，則胡復入。如此連年，則中國貧苦而民不安矣。」晁錯之爲此言，蓋亦結合現實與秦事而言者。

〔四〇〕詩商頌玄鳥：「邦畿千里。」此用其文，而易「邦」爲「封」者，蓋漢人避劉邦諱之故。

〔四一〕管子小匡篇：「卒伍之人，人與人相保，家與家相愛，少相居，長相游，祭祀相福，死喪相恤，禍福相憂，居處相樂，行作相和，哭泣相哀；是故夜戰其聲相聞，足以無亂，晝戰其目相見，足以相識，驩欣足以相死；是故以守則固，以戰則勝。」守邊勸農疏：「夜戰聲相知，則足以相救，晝戰目相見，則足以相識，歡愛之心，足以相死。」器案：此文「勝」借作「賸」，唐本玉篇言部引許慎淮南注：「賸，傳也。」今本淮南子繆稱篇：「子産騰辭。」許慎注：「騰，傳也。」「賸」乃正字，「騰」「勝」都是通借字。

〔四二〕繇役篇：「古者，無過年之繇，踰時之役。」案司馬法仁本篇：「役不踰時，寒暑不易服，饑疾不行，所以愛民也。」荀子議兵篇：「師不越時。」楊倞注：「古者行役不踰時也。」韓詩外傳八：「夫賢君之治也，……不奪民力，役不踰時。」白虎通三軍篇：「古者，師出不踰時者，爲怨思也。天道一時生，一時養。人者，天之貴物也，踰時，則內有怨女，外有曠夫。詩云：『昔我往矣，楊柳依依；今我來思，雨雪霏霏。』」春秋公羊隱公六年冬「宋人取長葛」何休注，春秋穀梁隱公五年「宋人圍長葛」范甯注，詩采薇及何草不黄鄭箋，俱有「古者師出不踰時」之文。文選爲石仲容與孫皓書：「師不踰時。」集注：「鈔曰：『踰，越也。三月爲一時。』」

〔四三〕漢書昭帝紀：「始元二年冬，發習戰射士詣朔方，調故吏將屯田張掖郡。」鹽鐵論所云，即指此事。

〔四四〕史記司馬相如傳：「夷、狄殊俗之國，遼絶異黨之地。」

〔四五〕當時抗擊侵擾的戰争，遭到了投降派的多方攻擊，在鹽鐵論裏，除了這篇外，還有後面的執務、繇役兩篇，都是在不同程度上描寫了同樣的題材，宣揚和誇大了戰争的恐怖，爲反對漢武帝「好大喜功」製造輿論。漢書賈捐之傳捐之議棄珠崖也寫道：「當此之時（漢武帝時），寇賊並起，軍旅數發，父戰死於前，子鬭傷於後，女子乘亭鄣，孤兒號於道，老母寡婦，飲泣巷哭，遥設虚祭，想魂乎萬里之外。」後漢書南匈奴傳元和二年詔也寫道：「昔獫狁、獯粥之敵中國，其所由來尚矣。往者，雖有和親之名，終無絲髮之效，墝埆之人，屢嬰塗炭，父戰於前，子死於後，弱女乘於亭鄣，孤兒號於道路，老母寡妻，設虚祭，飲泣淚，想望歸魂於沙漠之表，豈不哀哉？」

〔四六〕這是詩經小雅采薇文。「莫之我哀」，毛詩作「莫知我哀」，陳奂毛詩傳疏云：「或本三家異字。」「今我」原作「我今」，從太玄書室本、張之象本、沈延銓本、金蟠本乙正。

〔四七〕張之象注曰：「漢昭紀曰：『始元元年，赦天下，賜民百户牛酒，遣故廷尉王平等五人，持節行郡國，舉賢良，問民所疾苦，寃失職者。』」「失職」即「失所」。

〔四八〕漢書宣帝紀：「吏之不稱。」師古曰：「稱，副也。」

〔四九〕史記楚世家：「歸鄭之侵地，存恤國中，修政教。」漢書宣六王傳：「子高迺幸左顧存恤，發心惻隱。」

〔五〇〕與之爲市，指軍中立市與士卒交易求利。凡久屯之軍，即有軍市。商君書墾令：「令軍市無有女子，而令其商人自給甲兵，使視軍興。」史記馮唐傳：「軍市之租。」索隱：「案謂軍中立市，市有税，税即租也。」

〔五一〕「故」下原有「也」字，屬上爲句，今據俞樾説校訂。俞云：「『也』疑衍，『故』字當屬下句，作『故士卒失職』，『失職』猶『失所』也。管子明法解：『孤寡老弱，不失其職。』漢書武帝紀曰：『有冤失職，使者以聞。』宣紀曰：『其加賜鰥寡孤獨高年帛，毋令失職。』」

〔五二〕臧琳經義雜記二十：「説文心部云：『感，動人心也，從心咸聲。』訓爲『動人心』，則感動、感恨兩義皆備，今於感恨之感，更加立心，乃俗字，説文所無。」

〔五三〕公羊春秋襄公三十年：「五月甲午，宋災，伯姬卒。」何休注：「伯姬守禮含悲極思之所生。」漢書五行志上：「董仲舒以爲伯姬如宋，五年，宋恭公卒，伯姬幽居守節，三十餘年，又憂傷國家之患禍，積陰生陽，故火生災也。」

〔五四〕王啓源曰：「案公羊春秋：『西宮災。』何休説以『西宮先取楚女，西宮，楚女所居』。故陳蕃亦云：『楚女怨而西宮災。』是西宮之女，非魯妾也。蓋師説之異，非必劭公之是。」孫人和曰：「按王氏未明公羊之誼，故以桓、何二家之説不同，其實非也。公羊僖二十年：『五月乙巳，西宮災。』傳曰：『西宮者何？小寢也。小寢則曷爲謂之西宮？有西宮，則有東宮矣。魯子曰：以有西宮，亦知諸侯之有三宮也。西宮災，何以書？記災也。』何休注：『西宮者，小寢内室，楚女所居也。禮：諸侯娶三國女。以楚女居西宮，知二國女於小寢内各有一宮也。故云爾。』何説如此。公羊家以爲僖公本聘楚女頃熊爲嫡，齊女聖姜爲媵。（同姓相媵，左氏之誼，公羊不爾。）齊先致其女，脅僖公，使用爲嫡，轉以楚女爲媵。故次公稱魯妾。魯妾即楚女。且下文云『西宮之女』，尤可證明與劭公無異也。後漢書呂强傳强上疏曰：『昔楚女悲愁，則西宮致災。』其説亦同。漢書五行志上云：『董仲舒以爲釐娶於楚，而齊媵之，脅公使立以爲夫人。』是公羊舊誼也。惟董氏又云：『西宮者，小寢，夫人之居也。若曰妾，何爲居此宮？誅去之意也。以天災之，故大之曰西宮也。』則與何説微異。」

〔五五〕公羊傳隱公七年：「夏，城中丘。中丘者何？内之邑也。城中丘何以書？以重書也。」何休注：「以功重，故書也。」結合本書與何休注觀之，則重有二義，一則指重用民力，一則指功力繁重。

〔五六〕穀梁傳隱公五年：「宋人伐鄭，圍長葛。伐國不言圍，何也？久之也。伐不踰時。」公羊傳隱公六年：「冬，宋人取長葛。外取邑不書，此何以書？久也。」何休注：「古者，師出不踰時。今宋更年取邑，久暴師苦衆居外，故書以疾之。」

執務*第三十九

丞相〔一〕曰：「先生之道，軼久〔二〕而難復，賢良、文學之言，深遠而難行。夫稱上聖〔三〕之高行，道至德之美言，非當世之所能及也。願聞方今之急務，可復行於政：使百姓咸足於衣食，無乏困之憂；風雨時，五穀熟，螟螣不生；天下安樂，盜賊不起；流人還〔四〕歸，各反其田里；吏皆廉正，敬〔五〕以奉職，元元各得其理也。」

賢良曰：「孟子曰：『堯、舜之道，非遠人也，而人不思之耳〔六〕。』詩云：『求之不得，寤寐思服〔七〕。』有求如關雎，好德如河廣，何不濟不得之有？故高山仰止，景行行止〔八〕，雖不能及，離道不遠也〔九〕。顏淵曰：『舜獨何人也回何人也〔一〇〕？』夫思賢慕能，從善不休，則成、康之俗可致，而唐、虞之道可及。公卿未思也，先王之道，何遠之有〔一一〕？齊桓公以諸侯思王政，憂周室，匡諸夏之難，平夷、狄之亂，存亡接絶，信義大行，著於天下。邵陵之會，予之爲主。傳曰：『予積也〔一二〕。』故土積而成山阜，水積而成江海，行積而成君子〔一三〕。孔子曰：『吾於河廣，知德之至也〔一四〕。』而欲得〔一五〕之，各反其本，復諸古而已。古者，行役不踰時，春行秋反，秋行〔一六〕春來，寒暑未變，衣服不易，固已還矣。夫婦不失時，人安和如適。獄訟平，刑罰得，則陰陽調，風雨時。上不苛擾，下不煩勞，各脩其業，安其性，則螟螣〔一七〕不生，而水旱不起。賦斂省而農不失時，則百姓足，而流人歸其田里。上清靜〔一八〕而不欲，則下廉而不貪。若今則繇役極遠，盡寒苦之地，危難之處，涉胡、越之域，今茲〔一九〕往而來歲旋〔二〇〕，父母延頸而西望，男女怨曠而相思，身在東楚〔二一〕，志在西河，故一人行而鄉曲恨，一人死而萬人悲。詩云：『王事靡盬，不能藝稷黍，父母何怙〔二二〕？』『念彼恭人，涕零如雨。豈不懷歸？畏此罪罟〔二三〕。』吏不奉法以存撫，倍〔二四〕公任私，各以其權充其嗜欲，人愁苦而怨思。上不恤理，則惡政行而邪氣作；邪氣作，則蟲螟〔二五〕生而水旱起。若此，雖禱祀雩祝，用事百神無時，豈能調陰陽而息盜賊矣〔二六〕？」

＊　本篇記録會議所談關於「急務」的問題。丞相首先提出：「願聞方今之急務，可復行於政：使百姓咸足

於衣食，無乏困之憂，……天下安樂，盜賊不起。」賢良主張：「思賢慕能，從善不休，則成、康之俗可致，而唐、虞之道可及。」「而欲得之，各反其本，復諸古而已。」賢良所倡，仍然是復古的論調，不顧是否合時宜。

〔一〕張敦仁曰：「張之象本『相』下補『史』字，（沈延銓本、金蟠本同。）説已見前。」

〔二〕「久」原作「人」，今據攖寧齋鈔本、華氏活字本、拾補本校改。

〔三〕漢書刑法志：「上聖卓然先行敬讓博愛之德者，衆心説而從之。」又司馬相如傳：「難蜀父老曰：『戾夫爲之垂涕，況乎上聖，又烏能已。』」又孫寶傳：「周公上聖，召公大賢。」又叙傳：「幽通賦：『上聖寤而後拔兮，豈望羣黎之所御。』」顔師古注舉文王拘羑里、孔子困於匡爲説。抱朴子擢才篇：「仲尼上聖。」

〔四〕沈延銓本「還」作「旋」。

〔五〕「敬」原誤「故」，今據俞樾説校改。

〔六〕禮記中庸：「子曰：『道不遠人，人之爲道而遠人，不可以爲道。』」論語子罕篇：「子曰：『未之思也，夫何遠之有？』」疑這裏也是統舉中庸、論語二書所載孔子語，「孟子」疑當作「孔子」。史繩祖學齋佔畢一引此，以爲「今皆不見所出」，則宋人所見本已作「孟子」。

〔七〕這是詩經周南關雎文。

〔八〕詩經小雅車舝：「高山仰止，景行行止。」朱熹集傳：「景行，大道也。」

〔九〕王端履重論文齋筆録曰：「此統舉關雎、河廣、車舝三詩義釋之。端履案：鹽鐵之議，起漢始元中，至宣帝時，桓寬推衍增廣爲鹽鐵論，其時，毛詩未立學官，所引皆三家詩説也。」

〔一〇〕孟子滕文公上：「顔淵曰：『舜何人也？予何人也？』有爲者亦若是。」

〔一一〕論語子罕篇：「未之思也，夫何遠之有哉？」釋文：「一讀以『夫』字屬上句。」

〔一二〕公羊傳僖公四年：「其言來何？與桓爲主也。前此者有事矣，後此者有事矣，則曷爲獨於此焉與桓公爲主？序績也。」何休注曰：「序，次也。績，功也。累次桓公之功德，莫大於服楚。」與次公所引，字不同而説亦異。王引之經義述聞謂：「本於嚴氏春秋。」王端履重論文齋筆録曰：「案漢書鄒陽傳：『魯哀姜薨於夷，孔子曰：齊桓公法而不譎。以爲過也。』白虎通：『春秋傳曰：叔姬歸於紀，叔姬者，伯姬之娣，伯姬卒，叔姬卒，叔姬升於嫡，經不譏也。』疑亦皆嚴氏春秋義。」

〔一三〕荀子勸學篇：「積土成山，風雨興焉；積水成淵，蛟龍生焉；積善成德，而神明自得，聖心備焉。」

〔一四〕詩經衛風河廣序：「河廣，宋襄公母歸于衛，思而不止，故作是詩也。」史繩祖學齋佔畢一引鹽鐵論此文及上文孟子曰云云，以爲「今皆不見所出」。

〔一五〕楊沂孫曰：「『得』當作『德』。」

〔一六〕張之象本、沈延銓本、金蟠本「行」作「往」。

〔一七〕説文虫部：「螟，蟲食穀心者。吏冥冥犯法即生螟。蟘，蟲食苗葉者。吏乞貸則生蟘。」

〔一八〕老子第四十五章：「知清静，以爲天下正。」

〔一九〕左傳宣公十二年：「昔歲入陳，今茲入鄭。」孟子滕文公下：「今茲未能，請輕之，以待來年。」呂氏春秋任地篇：「今茲美禾，來茲美麥。」高誘注曰：「茲，年也。」史記蘇秦傳：「今茲效之，明年又復求割也。」

〔二〇〕張之象本、金蟠本「旋」作「還」。漢官儀：「天下人民，皆行三日戍，既到戍所，不可即還，因事留一年。」

〔二一〕史記貨殖傳：「彭城以東，東海、吴、廣陵爲東楚。」漢書高帝紀上注孟康曰：「舊名吴爲東楚。」

〔二二〕這是詩經唐風鴇羽文。

〔二三〕「念彼恭人」四句是小雅小明文。

〔二四〕禮記大學：「上恤孤而民不倍。」注：「民不倍，不相倍棄也。」釋文：「倍亦作偝。」又明堂位注：「負之言偝也。」釋文：「偝，本又作背。」

〔二五〕張之象本、金蟠本「蟲螟」作「螟蟘」，沈延銓本作「螟螣」。

〔二六〕拾補本「矣」作「也」。「矣」，古亦用作疑問詞，見經傳釋詞「矣」猶「乎」條。漢書董仲舒傳：「刑罰不中則邪氣生，邪氣積於下，怨惡畜於上，上下不和，則陰陽繆盭而妖孽生矣，此災異所緣而起也。」

能言第四十

大夫曰：「盲者口能言白黑〔一〕，而無目以別之。儒者口能言治亂，而〔二〕無能以行之。夫坐言不行，則牧童兼烏獲之力，蓬頭〔三〕苞〔四〕堯、舜之德。故使言而近〔五〕，則儒者何患於治亂，而盲人何患於白黑哉？言之不出，恥躬之不逮〔六〕。故卑而言高、能言而不能行者，君子恥之矣〔七〕」。

賢良曰：「能言而不能行者，國之寶也。能行而不能言者，國之用也〔八〕。兼此二者，君子也。無一者，牧童〔九〕、蓬頭〔一〇〕也。言滿天下〔一一〕，德覆四海，周公是也。口言之，躬行之，豈若默然載施〔一二〕其行而已。則執事亦何患何恥之有？今道不舉而務小利，慕於不急以亂羣意，君子雖貧，勿爲可也。藥酒，病之利也；正言，治之藥也〔一三〕。公卿誠能自强自忍，食文學之至言〔一四〕，去權詭，罷利官〔一五〕，一〔一六〕歸之於民，親以周公之道，則天下治而頌聲作〔一七〕。儒者安得治亂而患之乎？」

〔一〕秦、漢人言「別白黑」以喻分別是非。史記蘇秦傳：「請別白黑所以異。」又秦始皇本紀：「別黑白而定一尊。」李斯傳作「辨白黑而定一尊」。急就篇：「抽擢推舉白黑分。」

〔二〕「而」字原無，據上句文例訂補。

〔三〕張之象曰：「『逢須』古本（？）作『逢蒙』；夏太康時人，學射於羿者也。荀子、淮南子及王褒頌又作『逢門』。」嚴元照娛親雅言：「『逢蒙』，淮南道應訓作『逢門』；亦曰『逢門子』，見漢書王褒傳、古今人表；亦曰『蓬蒙』，見莊子山木篇；亦曰『蠭門』，見荀子王霸、正論、呂覽聽言篇、史記龜策傳；亦作『蠭蒙』，見呂覽具備篇；亦曰『逢須』，見鹽鐵論能言篇。」俞樾曰：「『逢須』未知何謂，舊説以爲『逢蒙』，殆非也。『牧童』對『烏獲』言，是至無力者，『逢須』對『堯、舜』言，必是至無知者。『須』疑即『歸妹以須」之『須』，陸績讀爲『嬬』，云：『妄也。』『須』與『童』正對文成義。『逢』字未詳。又按説文皿部：『橧盨，負戴器也。』『盨』從『皿』『須』聲，義得相通。『橧』字，玉篇音『公棟切』，云：『小栝也。』『逢』與『橧』音相近。『逢須』或即『橧盨』，殆以器喻人，若言斗筲之比乎？」器案：張之象所引古本，純係臆造，不可爲據。嚴、俞二家説亦未諦。「逢須」當作「蓬頭」，俱形近之誤；「蓬頭」與「牧童」對言，俱泛指，非專名。本書訟賢篇：「蓬頭相聚而笑之。」則「蓬頭」亦本書習用語。漢書楊雄傳下：「當此之勤，頭蓬不暇疏。」師古曰：「蓬謂髮亂如蓬也。」晉書苻生載記：「饗羣臣於太極前殿，百僚無不引滿昏醉，汙服失冠，蓬頭僵卧。」庾信小園賦：「蓬頭王霸之子。」俱作「蓬頭」之證。詩經衛風伯兮：「自伯之東，首如飛蓬。」蓋以「蓬頭」稱勞動人民，猶之稱爲「黔首」之比也。「逢須」當爲「蓬頭」之誤，今輒改正。

〔四〕「苞」同「包」，注見貧富篇注〔二三〕。

〔五〕「故使言而近」，疑當作「故使言而能行」，「行」「近」形相近，又脱「能」字也。

〔六〕論語里仁篇：「古者，言之不出，恥躬之不逮也。」

〔七〕孟子萬章下：「位卑而言高，罪也。立乎人之本朝而道不行，恥也。」

〔八〕荀子大略篇：「口能言之，身能行之，國寶也；口不能言，身能行之，國器也；口能言之，身不能行，國用也；口言善，身行惡，國妖也。治國者，敬其寶，愛其器，任其用，除其妖。」

〔九〕「牧童」原作「烏獲」，今據俞樾説校改。

〔一〇〕「蓬頭」原作「逢須」，今改。

〔一一〕孝經卿大夫章：「言滿天下無口過，行滿天下無怨惡。」

〔一二〕張敦仁曰：「『施』當作『尸』，即板詩之『載尸』也。李善注文選引韓詩曰：『尸禄者，頗有所知，善惡不言，默然不語，苟欲得禄而已，譬若尸矣。』蓋韓板詩之傳也。以彼訂此，『行』當是『禄』之誤。」

〔一三〕説苑正諫篇：「忠言逆耳利於行，良藥苦口利於病。」又見家語六本篇。史記留侯世家：「忠言逆耳利於行，毒藥苦口利於病。」文選爲石仲容與孫皓書注劉良曰：「逆耳，謂忤己之言也。」管子有正言篇，韓非子内儲説下：「古之人難正言，故託之於魚。」史記商君傳：「請終日正言。」

〔一四〕「食」讀如洛誥「惟洛食」之「食」，猶今言把别人的話或文章消化了的意思。左傳昭公二十年：「今據不然，君所謂可，據亦曰可，君所謂否，據亦曰否，若以水濟水，誰能食之！」「食」字義與此同。管子君臣上篇：「主德不立，則婦人能食其意。」尹注：「君意委曲，隨於女謁，若食之充口，故曰婦人能食其意。」又君臣下篇：「明君在上，便僻不能食其意。」漢書谷永傳：「不食膚受之愬。」師古曰：「食猶受納也。」賈山有至言。詳憂邊篇注〔一三〕。

〔一五〕利官，猶言貪官，廣雅釋詁二：「利，貪也。」

〔一六〕吕氏春秋爲欲篇高誘注：「一，同也。」

〔一七〕史記周本紀：「民和睦，頌聲興。」集解：「何休曰：『頌聲者，太平歌頌之聲，帝王之高致也。』」案：集解引何休，見公羊傳宣公十五年注，詳前未通篇注〔六〇〕。

取下*第四十一

大夫曰：「不軌之民，困橈公利，而欲擅山澤。從文學、賢良之意，則利歸於下，而縣官無可爲者。上之所行則非之，上之所言則譏之，專欲損上徇下，虧主而適臣，尚安得上下之義，君臣之禮？而何頌聲能作也？」

賢良曰：「古者，上取有量，自養有度，樂歲不盜，年饑則肆〔一〕，用民之力，不過歲三日〔二〕，籍斂，不過十一〔三〕。君篤愛，臣盡力，上下交讓〔四〕，天下平。『浚發爾私』〔五〕，上讓下也。『遂及我私』〔六〕，先公職也。孟子曰：『未有仁而遺其親，義而後其君也〔七〕。』君君臣臣，何爲其無禮義乎？及周之末塗，德惠塞而嗜欲衆，君奢侈而上求多，民困於下，怠於上公〔八〕，是以有履畝之稅，碩鼠之詩作也〔九〕。衛靈公當隆冬興衆穿池，海春〔一〇〕諫曰：『天寒，百姓凍餒，願公之罷役也。』公曰：『天寒哉〔一一〕？我何不寒哉？』人之言曰：『安者不能恤危，飽者不能食饑。』故餘粱肉者難爲言隱約，處佚〔一二〕樂者難爲言勤苦。夫高堂邃宇、廣廈洞房者，不知專屋狹廬、上漏下濕者之𤺋〔一三〕也。繫馬百駟、貨財充內、儲陳納新者〔一四〕，不知有旦無暮、稱貸者之急也〔一五〕。廣第〔一六〕唐園、良田連比者，不知無運踵〔一七〕之業、竄頭宅〔一八〕者之役也。原馬〔一九〕被山、牛羊滿谷〔二〇〕者，不知無孤豚〔二一〕瘠犢者之窶也。高枕談臥、無叫號者，不知憂私責〔二二〕與吏正戚〔二三〕者之愁也。被紈躡韋〔二四〕、搏〔二五〕粱齧肥〔二六〕者，不知短褐之寒、糠粝〔二七〕之苦也。從容房闈之間、垂拱持案食者，不知蹠〔二八〕耒躬耕者之勤也。乘堅驅良〔二九〕、列騎成行者〔三〇〕，不知負檐〔三一〕步行者之勞〔三二〕也。匡牀旃席〔三三〕、侍御滿側者，不知負〔三四〕輅輓舩、登高絶〔三五〕流者之難也。衣輕暖、被美裘〔三六〕、處温室、載安車者，不知乘邊城、飄胡代、鄉清風〔三七〕者之危寒也。妻子好合〔三八〕、子孫保之者〔三九〕，不知老母之顛頓、匹婦之悲恨也。耳聽五音、目視弄優〔四〇〕者，不知蒙流矢、距敵方外者之死也〔四一〕。東嚮伏几、振筆如〔四二〕調文者，不知木索〔四三〕之急、箠楚者之痛〔四四〕也。坐旃茵〔四五〕之上，安〔四六〕圖籍之言若易然〔四七〕，亦不知步涉者之難也。昔商鞅之任秦也，刑人若刈菅茅〔四八〕，用師若彈丸〔四九〕；從軍者暴骨〔五〇〕長城，戍漕者輦〔五一〕車相望，生而往，死而旋〔五二〕，彼獨非人子耶？故君子仁以恕，義以度，所好惡與天下共之，所不施不仁者〔五三〕。公劉好貨，居者有積，行者有囊〔五四〕。大王好色，内無怨女，外無曠夫〔五五〕。文王作刑，國無怨獄。武王行師，士樂爲之死，民樂爲之用。若斯，則民何苦而怨，何求而譏？」

公卿愀然，寂若無人〔五六〕。於是遂罷議止詞。

奏曰〔五七〕：「賢良、文學不明縣官事〔五八〕，猥〔五九〕以鹽、鐵〔六〇〕爲不便。請且罷郡國榷沽〔六一〕、關内鐵官〔六二〕。」

奏：「可〔六三〕。」

＊「取下」上原有「鹽鐵」二字，今據張敦仁説校删。此篇就「取下」問題展開辯論。大夫以爲賢良、文學「專欲損上徇下」，無「上下之義，君臣之禮」；賢良以爲「取下」當「有量」，並就當時對立階級的一些情況作了深刻的對照描繪。辯論至此，「於是遂罷議止詞」。辯論的結果，「罷郡國榷沽、關内鐵官」。

〔一〕「饑」，張之象本、沈延銓本、金蟠本作「譏」，不可據。孫詒讓曰：「此用今文論語義也。隸釋漢石經論語碑末記『盍』，毛、包、周諸家有無不同之文，有『蓋肆乎其肆也』六字，即顔淵篇『盍徹乎如之何其徹也』之異文。小爾雅廣言云：『肆，緩也。』言年饑當緩其徵賦。次公語即本於彼。」器案：管子大匡篇：「歲饑不税，歲饑弛而税。」廣雅釋詁二：「弛，緩也。」蓋弛、肆皆徹之通假字，桓氏此文，實本管子。

〔二〕禮記王制篇：「用民之力，歲不過三日。」春秋繁露王道篇：「不奪民時，使民不過歲三日。」

〔三〕公羊傳宣公十五年：「古者，什一而藉。」何休注：「什一以借民力，以什與民，自取其一爲公田。」春秋繁露王道篇：「五帝、三皇之治天下，不敢有君民之心，什一而税。」

〔四〕張之象本、沈延銓本、金蟠本「讓」下有「而」字。

〔五〕詩經周頌噫嘻：「駿發爾私。」毛傳：「私，民田也，言上欲富其民而讓於下，欲民之大發其私田耳。」百家類纂、百子類函引「浚」作「駿」。

〔六〕詩經小雅大田：「雨我公田，遂及我私。」吕氏春秋務本篇引此詩，高誘注云：「古者，井田十一而税，公田在中，私田在外，民有禮讓之心，故願先公田而及私也。」

〔七〕這是孟子梁惠王上篇文。

〔八〕「上公」原作「公乎」，今據張敦仁説校改。張云：「案『公乎』當作『上公』。前未通篇『上公之事』兩見，蓋三家詩七月云『上入執公功』，（三家者，但三家之一也。漢書田千秋傳贊不見次公治何家，故無可分析言之。）而出於彼也。（毛詩正義曰：「經當云『執於宮公』，本或『公』在『宮』上，誤耳。今定本云『執宮功』，不爲『公』字。」然則作正義時，毛詩之本，頗有涉三家而舛錯者。毛作「宮功」，故箋云：「宮中之事。」三家作「公功」，則爲公家之事。「上公」者，上至公家也，非毛傳「入爲上」之義。）張之象本『乎』改『事』（沈延銓本、金蟠本同），非。」

〔九〕顧廣圻曰：「『履畝』『碩鼠』爲一事，當出三家詩之序。公羊宣十五年傳云：『税畝者何？履畝而税也。』又云：『什一行而頌聲作矣。』正爲碩鼠詩而言。三家詩、公羊皆今文，宜其説之相近。潛夫論班禄云『履畝税而碩鼠作』，是其證。又潛夫論下云『賦斂重而譚告通，班禄頗而頎父刺，行人乏而綿蠻諷』，皆上見序，下見詩，今本譌舛，致不可讀。」案：履畝之税，即税畝。春秋末期新興地主階級的田賦制度，即按土地面積徵收賦税。魯宣公十五年「初税畝」，它承認了土地私有的合法性，產生了新興地主階級土地所有制，瓦解了奴隸制井田制。

〔一〇〕張之象本、沈延銓本、金蟠本「海春」作「宛春」。案呂氏春秋分職篇、新序刺奢篇載此事都作「宛春」。

〔一一〕王先謙曰：「治要作『天寒乎哉』，『寒乎哉』下，又有『海春曰』三字，此脱。」

〔一二〕「佚」，治要作「逸」，古通。詩經魚麗序：「終於逸樂。」釋文：「『逸』本或作『佚』。」論語季氏篇：「樂佚遊。」釋文：「『佚』本亦作『逸』。」孟子盡心上：「以佚道使其民。」三國志蜀書諸葛亮傳作「以逸道使民」，俱其證。

〔一三〕「𤸷」原作「瘤」，摎寧齋鈔本作「溜」，張之象本、金蟠本音「溜」。治要作「痛」，百子類函作「瘤」。張敦仁曰：「『瘤』當作『病』，以下文例之可知。」器案：當是「𤸷」字形近之誤，漢書谷永傳：「榜箠𤸷於炮烙。」師古曰：「𤸷，痛也。」又異姓諸侯王表：「嚮應𤸷于謗議。」服虔曰：「𤸷音慘。」師古曰：「𤸷，痛也。」則「𤸷」爲漢人習用字，今據改正。亦或是「瘤」字之誤，廣雅釋詁一：「瘤，病也。」

〔一四〕未通篇：「藏新食陳。」

〔一五〕「急」下原脱「也」字，據治要補。張敦仁曰：「『急』下當脱『也』字，亦以下文例之。」

〔一六〕初學記二四引魏王奏事：「出不由里門面大道者名曰第。列侯食邑不滿萬户，不得作第，其舍在里中，皆不稱第。」

〔一七〕「運踵」就是「旋踵」，淮南子天文篇高誘注：「運，旋也。」

〔一八〕「竄頭宅」疑當作「竄頭寃頸」。漢書息夫躬傳：「寃頸折翼，庸得往兮。」師古曰：「寃，屈也。」列女傳陶嬰寡傳作歌曰：「黄鵠早寡兮，七年不雙；宛頸獨宿兮，不與衆同。」「寃」「宛」音義俱近。則「寃頸」爲當時習用語，用以形容困戹之辭，與「竄頭」義近。漢書蒯通傳：「常山王奉頭鼠竄以歸漢王。」此文「寃」或「宛」以形近誤爲「宅」，又下脱「頸」字耳。

〔一九〕「原馬」即力耕篇之「騵馬」，詳彼注〔三〇〕。

〔二〇〕史記貨殖傳：「畜至用谷量牛馬。」集解：「韋昭曰：『滿谷則具不復數。』」正義：「言畜衆多，以山谷多少言。」又見漢書貨殖傳，師古曰：「言其數饒，不可計算，故以山谷多少言之。」魏書崔浩傳：「浩著食經，叙云：『牛羊蓋澤，貲累巨萬。』」

〔二一〕史記老子韓非列傳：「當此之時，雖欲爲孤豚，豈可得乎？」索隱：「孤者，小也，特也。」漢書東方朔傳：「孤豚之咋虎。」師古曰：「孤豚，孤特之豚也。」後漢書翟酺傳：「願爲孤豚，豈可得哉！」

〔二二〕張之象本「責」音「債」，沈延銓本作「債」。「責」「債」古通。

〔二三〕漢書韓延壽傳：「又置正、五長。」師古曰：「正若今之鄉正、里正也。」楊沂孫曰：「『戚』恐係『賦』字之誤。」器案：「戚」借「蹙」字，謂蹙迫也。

〔二四〕「韋」即散不足篇之「韋沓」。

〔二五〕「搏」，攖寧齋鈔本、張之象本、沈延銓本、金蟠本作「摶」。案作「摶」義較長，以手摶食，是周、秦風俗，禮記曲禮有「摶飯」之説，又云：「共飯不澤手。」疏云：「古之禮，飯不用箸，但用手。既與人共飯，手宜絜浄，不得臨食始挼莎手乃食，恐爲人穢也。」

〔二六〕史記蔡澤傳：「持粱齧肥。」「齧」原誤分爲「刺齒」二字，從集解、索隱説校改，即此文所本。

〔二七〕張敦仁曰：「案『⿰米后』當作『秳』，説文：『檜，穅也。』『秳』『檜』同字。（「秳」之爲「檜」，猶「栝」之爲「檜」。）『檜』或從米作『糩』，（見集韻、類篇。）豈『秳』亦或從米與？字書未見也。凡『昏』旁之字，隸變相承作『舌』，又有作『𠯑』者，故譌而爲『后』。」涂本「糠」誤「糖」。

〔二八〕「蹠」疑當作「摭」。

〔二九〕史記越王勾踐世家：「乘堅驅良逐狡兔。」

〔三〇〕此蓋即續漢書輿服志上之鮮明卒，漢魯峻石壁殘畫有鮮明騎，朱浮恭石壁人物有鮮明隊。

〔三一〕攖寧齋鈔本、正嘉本、張之象本、沈延銓本、金蟠本及治要引「檐」作「擔」。漢書董仲舒傳：「乘車者，君子之位也；負擔者，小人之事也。」

〔三二〕「勞」原作「難」，今據治要引改。下文云：「不知負輅輓舩、登高絶流者之難也。」也用「難」字，這裏不當重。說略本陳遵默、孫人和。

〔三三〕「匡牀旃席」原作「同牀旃席」，治要作「匡牀薦席」，今據改。俞樾曰：「『同牀』當作『匡牀』，淮南子主術篇曰：『匡牀蒻席。』」今案淮南子主術篇高誘注曰：「匡，安也。」莊子齊物篇：「與王同筐牀。」釋文云：「本亦作『匡』，司馬云：『安牀也。』一云：『正牀也。』」又案：史記貨殖傳：「旃席千具。」漢書貨殖傳同。

〔三四〕王先謙曰：「治要『負』作『服』。」

〔三五〕文選東京賦注：「直渡曰絶。」

〔三六〕「美」原作「英」，古無「英裘」之說，當作「美裘」，形近之誤也，今改。公羊傳定公四年：「蔡昭公朝於楚，有美裘焉，囊瓦求之。」史記蔡世家同，此古書作「美裘」之證。

〔三七〕王先謙曰：「治要『邊』作『長』，『飄』作『眺』，『鄉』作『向』。」器案：戰國策趙策下：「飄於清風則横行四海。」此文所本，作「眺」未可從。

〔三八〕詩經小雅棠棣：「妻子好合，如鼓瑟琴。」

〔三九〕「保之」下原無「者」字，治要引有，與上下文例合，今據補。「子孫保之」，詩經周頌的天保、烈文兩篇都有此文。

〔四〇〕荀子王霸篇注：「俳優，倡優；侏儒，短人；可戲弄者。」這裏的「倡優」叫「弄優」，正如當時稱「弄臣」、

「弄兒」、「弄田」、「弄車」、「弄馬」是一樣的。

〔四一〕王先謙曰：「治要『距』作『推』，『者』作『亡』。」淮南子本經篇：「德澤施於方外。」高誘注：「延於遠方之外。」文選司馬長卿難蜀父老文：「洋溢乎方外。」集注：「鈔曰：『洋溢普洽於四方之外也。』張銑曰：『方外，遠方也。』」「者」原在「死」字下，今移植之。

〔四二〕楊沂孫曰：「『如』同『而』。」

〔四三〕「調文」原作「文調」，「木索」原作「求索」，今據治要引改。王先謙曰：「治要『伏』作『仗』，『如文調』作『而調文』，『求』作『木』。案『仗几』猶『據几』，謂聽訟者。『而』『如』古字通用。潛夫論實邊篇：『坐調文書，以欺朝廷。』『伏几調文』與『坐調文書』同義。『木索』、『箠楚』對文。並治要是。」器案：淮南子齊俗篇：「調文者處煩撓以爲慧。」（從治要引）此正漢人作「調文」之證。司馬遷報任安書：「其次關木索，被箠楚受辱。」正以「木索」和「箠楚」對文，今據改正。木指三木：梏，拲，桎。索指縲絏。

〔四四〕「者」原在「痛」字下，今移正。

〔四五〕淮南子原道篇：「建鐘鼓，列管弦，席旃茵，傅旄象。」文選西京賦注引許慎注：「茵，車中蓐也。」

〔四六〕張之象本、沈延銓本、金蟠本「安」作「按」。器案：戰國策秦策上：「據九鼎，按圖籍。」齊策上：「挾天子，按圖籍。」字俱作「按」。淮南子時則篇注：「案，視也。」後漢書鍾離意傳注：「案，察之也。」「案」「按」俱從安聲，字通。

〔四七〕王先謙曰：「盧作『若易易然』，云：『俱不重。』案張本重。（沈延銓本、金蟠本同。）孟子公孫丑篇：『今言王若易然。』不重爲是。」案：太玄書室本「然」下有「者」字。

〔四八〕「菅茅」原作「菅芳」，今改。華氏活字本「菅芳」作「草菅」。王先謙曰：「案治要『芳』作『茅』，『芳』『茅』形近而誤。」俞樾曰：「『芳』疑『茅』字之誤。詩東門之池篇釋文曰：『茅已漚爲菅。』故菅茅得連言之。」器案：此即漢書賈誼傳「及秦則不然，……其視殺人若艾（同刈）草菅然」之意，華氏本蓋據此改。師古曰：「菅，茅也。」

〔四九〕彈丸以喻不足輕重。白帖四引東方朔對驃騎將軍難：「以金丸彈不如泥丸，各有所用。」

〔五〇〕漢書溝洫志：「可以省隄防備塞，士卒轉輸，胡寇侵漁，覆車殺將，暴骨原野之患。」

〔五一〕王先謙曰：「治要『輂』作『輜』。」

〔五二〕張之象本、沈延銓本、金蟠本及治要引「旋」作「還」。

〔五三〕楊沂孫曰：「『所不施』句有脱誤。」

〔五四〕孟子梁惠王下：「昔者，公劉好貨。詩云：『乃積乃倉，乃裹餱糧，于橐于囊，思戢用光，弓矢斯張，干戈戚揚，爰方啓行。』故居者有積倉，行者有裹囊也，然後可以爰方啓行。」臧琳經義雜記十曰：「孟子梁惠王下：『故居者有積倉，行者有裹糧也，然後可以爰方啓行。』翻刻宋本作『行者有裹囊也』。案趙注云：『乃積穀於倉，乃裹盛乾食之糧於橐囊也。』然則孟子以『積』字與『裹』字相對，以『倉』字與『囊』字相對，謂積穀於倉，裹糧於囊也。詩云：『乃積乃倉，乃裹餱糧，于橐于囊。』有三『乃』字，二『于』字。曰『餱』又曰『糧』，曰『橐』又曰『囊』，皆重文以助句。至孟子釋之，止『積倉裹囊』四言也。此可見三代人讀經，能知其大義。漢以來儒者始沾沾於字句間。有曲通古人立言之意，而不爲文辭所惑者，惟毛公一人而已。俗本改孟子『裹囊』爲『裹糧』，則詩『于橐于囊』爲贅句矣。考正義釋孟子之言云：『故居者有積穀於倉，行者有糧裹於囊，然後可以曰方開道路而行。』則北宋作疏時，尚作『行者有裹囊』。」

〔五五〕孟子梁惠王下：「昔者，太王好色，愛厥妃。詩云：『古公亶父，來朝走馬，率西水滸，至于岐下。爰及姜女，聿來胥宇。』當是時也，內無怨女，外無曠夫。」

〔五六〕淮南子泰族篇：「官府若無事，朝廷若無人。」

〔五七〕通典十、文獻通考十五作「於是丞相奏曰」。

〔五八〕通典、文獻通考無「事」字。

〔五九〕漢書劉歆傳注：「猥，苟也。」

〔六〇〕「鹽鐵」下原衍「而」字，據盧文弨說校删。通典、文獻通考無「而」字。

〔六一〕張之象本、沈延銓本、金蟠本「沽」作「酤」。通典、文獻通考此句作「宜罷郡國榷酤酒」。

〔六二〕通典、文獻通考無「官」字。

〔六三〕通典、文獻通考「可」下有「於是利復流下，庶人休息」二句十字，此後人增也。姚鼐曰：「其議鹽、鐵，自第一篇至四十一篇末，奏復詔可而事畢矣，四十二篇以下，乃異日御史大夫復與文學論伐匈奴及刑法事，此殆尤是桓之設言。」又跋鹽鐵論云：「自第一篇至四十一篇，奏復詔可而事畢，四十二篇以下，乃異日御史大夫復與文學所論。」

擊之*第四十二

賢良〔一〕、文學既拜，咸取列大夫〔二〕，辭丞相、御史。

大夫曰：「前議公事，賢良、文學稱引往古，頗乖世務。論者不必相反，期於可行。往者，縣官未事胡、越之時，邊城四面受敵〔三〕，北邊尤被其苦。先帝絶三方之難，撫從〔四〕方國，以爲蕃蔽，窮極郡〔五〕國，以討匈奴。匈奴壤界獸圈〔六〕，孤弱無與，此困亡之時也。遼遠不遂，使得復喘息，休養士馬，負紿西域。西域迫近胡寇，沮心内解〔七〕，必爲巨患。是以主上欲掃除〔八〕，煩倉廩之費也。終日逐禽，罷而釋之，則非計也。蓋舜紹緒，禹成功。今欲以軍興〔九〕擊之，何如？」

文學曰：「異時〔一〇〕，縣官修輕賦，公用饒，人富給。其後，保〔一一〕胡、越，通四夷，費用不足。於是興利害〔一二〕，算車舡〔一三〕，以訾助邊，贖罪告緡〔一四〕，與人以患矣。甲士死於軍旅，中士罷於轉漕〔一五〕，仍之以科適〔一六〕，吏徵發極矣。夫勞而息之，極而反本，古之道也，雖舜、禹興，不能易也。」

大夫曰：「昔夏后底洪水之災，百姓孔勤，罷於籠臿〔一七〕，及至其後，咸享其功。先帝之時，郡國頗煩於戎事，然亦寬三陲之役。語曰：『見機不遂者隕功。』一日違敵，累世爲患〔一八〕。休勞用供，因弊〔一九〕乘時。帝王之道，聖賢之所不能失也。功業有緒，惡勞而不卒，猶耕者勸休而困止也。夫事輟者無功，耕怠者無獲也。」

文學曰：「地廣而不德〔二〇〕者國危，兵强而凌敵者身亡。虎兕相據〔二一〕，而螻蟻得志。兩敵相抗〔二二〕，而匹夫乘閒〔二三〕。是以聖王見利慮害，見遠存〔二四〕近。方今爲縣官計者，莫若偃兵〔二五〕休士，厚幣結和親〔二六〕，修文德而已。若不恤人之急，不計其難，幣所恃〔二七〕以窮無用之地，亡十獲一〔二八〕，非文學之所知也。」

＊本篇是就要不要抗擊匈奴的侵擾以保境安民的問題展開的辯論。匈奴對中原地區的屠殺和掠奪，給西漢王朝的安全造成嚴重的威脅。西漢王朝奮起抗擊匈奴的侵擾，完全是正義的、必要的。桑弘羊指出：只有打退匈奴的侵擾，鞏固國防，捍衛邊疆，才能使中原地區的生產建設得到發展，社會秩序得到安寧。他還進一步指出：「匈奴壤界獸圈，孤弱無與，此困亡之時也。遼遠不遂，使得復喘息，休養士馬，負給西域。西域迫近胡寇，沮心内解，必爲巨患。」「終日逐禽，罷而釋之，則非計也。」「一日違敵，累世爲患。」

文學主張對内偃兵，對外和親，方今爲縣官計者，莫若偃兵休士，厚幣結和親，修文德而已，矢口否定鞏固國防、捍衛邊疆的重要意義，對匈奴採取妥協投降的政策。

〔一〕「賢良」下原衍「曰」字，今據盧文弨、張敦仁説删訂。盧曰：「『曰』衍。『賢良、文學既拜』云云，（所據爲張之象本。）大典本在下篇（指擊之篇。）首，涂本同。」張云：「『曰』字衍，見上。（卷二刺復注〔一〕。）張之象本改此至『辭丞相、御史』入上篇末，（沈延銓本、金蟠本同。）最謬。」

〔二〕姚鼐曰：「其議鹽、鐵，自第一篇至第四十一篇末奏復詔可，而事畢矣。四十二篇以下，乃異日御史大夫復與文學論伐匈奴及刑法事，此殆尤是桓之設言，而其首曰『賢良、文學既拜，皆取列大夫』。按漢時士初登朝，大抵爲郎而已，罕得大夫，若嚴助、朱買臣之中大夫，乃武帝不次用人之事；昭帝時惟韓延壽以父死難，自文學爲諫大夫。今議鹽、鐵者六十餘人，豈皆取大夫哉？魏相以賢良對策高第得縣令，其即與此對者，固未可決，要之取大夫之事非實，殆桓寬之臆測耳。」案史記樊噲傳集解：「文穎曰：『列大夫即公大夫，爵第七。』」姚鼐以列大夫即中大夫、諫大夫之比，非是。蓋此乃賜爵，非授官也。

〔三〕史記留侯世家：「四面受敵。」文選難蜀父老文：「故北出師以討强胡，南馳使以誚勁越，四面風德。」集注：「鈔曰：『泛論戰四境之意也。』李周翰曰：『四面，四夷也。』」此文「四面」意同。

〔四〕陳遵默曰：「『從』當作『循』。」器案：荀子富國篇：「拊循之。」楊倞注：「『拊』與『撫』同，撫循，慰悦之也。」

〔五〕張敦仁曰：「『郡』當作『羣』，字或作『群』，故譌也。此謂通烏孫、大夏等，詳見於史記、漢書矣。」

〔六〕此言匈奴壤界四面被包圍，如困獸之被圈起一般，三輔黄圖載漢獸圈九，此取以爲譬。

〔七〕漢書趙充國傳：「欲沮解之。」師古曰：「沮，壞也，欲壞其計，令解教之。」此文言歸心沮壞，解散内向之意。

〔八〕史記李斯傳：「大王之賢，由竈上騷除，足以滅諸侯，成帝業，爲天下一統。」集解：「徐廣曰：『騷音埽。』」索隱：「騷音埽。言秦欲并天下，若炊婦埽除竈上之不浄，不足爲難。」正義：「言秦國欲東并六國，若炊婦除竈上塵垢，言其易也。」

〔九〕「軍興」原作「小舉」，今改。案興擊爲漢代出兵之法，周禮地官旅師：「平頒其興積。」鄭注：「縣官徵物曰興，今云軍興是也。」晉書刑法志：「魏文侯時，李悝著法經八篇，蕭何又益興、廐、户三篇。」案商君書墾令：「令軍市無有女子，而命其商人自給甲兵，使視軍興。」則軍興自商鞅時已有之，不過在蕭何定漢律時，始以之爲成文法耳。史記司馬相如傳：「用興法誅其渠帥。」集解：「漢書曰：『用軍興法也。』」又：「今聞其乃發軍興制。」索隱：「張揖曰：『興制，謂起軍法制也。』」案唐蒙爲使，而用軍興法制也。」此爲以軍興法抗擊侵擾之證。考本書西域篇：「盜賊並起，……然後遣上大夫衣繡衣以興擊之。」漢書雋不疑傳：「武帝末，郡國盜賊羣起，暴勝之爲直指使者，衣繡衣持斧，逐捕盜賊，……以軍興誅不從命者。」又成帝紀：「陽朔三年夏六月，潁川鐵官徒申屠聖等百八十人，殺長吏，盜庫兵，自稱將軍，經歷九郡。遣丞相長史、御史中丞逐捕，以軍興從事。」師古曰：「逐捕之事，須有發興，皆依軍法。」此爲以軍興法逐捕所謂盜賊之證。夫以所謂盜賊尚以軍興法從之，況其爲抗擊匈奴，而顧可以「小舉擊之」耶？則「小舉」爲「軍興」之誤必矣。蓋「興」以形近而誤爲「舉」，「軍舉」不詞，傳寫者遂以臆改爲「小舉」也。漢書西域傳下載漢武帝詔曰：「又漢使者，久留不還，故興（「興」下原有「師」字，從通鑑删。）遣貳師將軍。」師古曰：「興軍而遣之。」此正爲以軍興擊匈奴之事，且正漢武帝時事也，今據改正。

〔一〇〕漢書司馬相如傳下注：「異時，猶言往時也。」

〔一一〕漢書元帝紀：「竟寧元年春正月詔曰：『虖韓邪單于不忘恩德，鄉慕禮義，復修朝賀之禮，願保塞，傳之無窮，邊垂長無兵革之事。』」又息夫躬傳：「匈奴賴先帝之德，保塞稱藩。」又匈奴傳下：「有急，保漢受降城。」師古曰：「保，守也，於此自守。」又：「西羌保塞。」保字義俱與此同，都是於邊疆自守之義。

〔一二〕刺權篇：「自利害之設，三業之起，貴人之家……擅公法，申私利。」則「利害」亦當時經濟政策措施之一。

〔一三〕漢書武帝紀：「元光六年冬，初算商車。」注：「李奇曰：『始税商賈車船，令出算也。』」又食貨志下：「大司農上鹽鐵丞孔僅、咸陽言：『異時，算軺車、賈人之緡錢皆有差，請算如故，……非吏比者、三老、北邊騎士軺車一算，商賈人軺車二算，船五丈以上一算，匿不自占，占不悉，戍邊一歲。』」又高帝紀上：「初爲算賦。」如淳曰：「漢儀注：『民年十五以上至五十六，出賦錢人百二十爲一算，爲治庫兵車馬。』」

〔一四〕史記酷吏傳：「出告緡令，鉏豪彊并兼之家。」正義：「緡，音岷，錢貫也。武帝伐四夷，國用不足，故税民田宅船乘畜産奴婢等，皆平作錢數，每一千錢一算出一等，賈人倍之，若隱不税，有告之，半與告人，餘半入官謂緡。出此令，用鋤築豪强兼并富商大賈之家也。一算，百二十文也。」

〔一五〕禮記少儀：「師役曰罷。」通鑑八注：「漕，水運也；轉，陸運也。」

〔一六〕漢書武帝紀：「天漢四年春正月，發天下七科讁及勇敢士出朔方。」張晏曰：「吏有罪一，亡命二，贅壻三，賈人四，故有市籍五，父母有市籍六，大父母有市籍七，凡七科也。」「適」、「讁」字同，史記大宛傳：「發天下七科適。」漢書趙充國傳注：「仍，頻也。」

〔一七〕文選高唐賦注：「底，平也。」淮南子要略篇：「禹之時，天下大水，禹身執虆臿（據王念孫校），以爲民先，剔河而道九歧，鑿江而通九路，辟五湖而定東海。」管子度地篇：「籠臿版築各什六。」孟子滕文公上：「蓋歸反虆梩而掩之。」趙岐注：「虆梩，籠臿之屬。」漢書王莽傳上：「父子兄弟負籠荷鍤馳之。」師古曰：「籠，所以盛土也。鍤，鍫也。」宋祁曰：「鍤或作臿。」

〔一八〕左傳僖公三十三年：「一日縱敵，數世之患。」又三十一年：「文不犯順，武不違敵。」這裏合用兩傳文。

左傳成公十七年：「吾能違兵。」杜注：「違，去也。」張敦仁説：「『違』當作『遺』。」非是。

〔一九〕「因弊」原作「困弊」，「困弊」那能「乘時」？「困」應作「因」，形近之誤。「因弊」和「乘時」，語意相偶。淮南子氾論篇：「乘時應變。」「應變」義與「因弊」相近。本書世務篇：「因時而發，乘而可動。」也是以「因」「乘」對舉，今改。説略本陳遵默。

〔二〇〕「德」原作「得」，今據治要改訂。淮南子氾論篇：「亂國之君，務廣其地，而不務仁義，是釋其所以存，而造其所以亡也。」此桓語所本。

〔二一〕治要「據」作「搏」，老子：「猛虎不據。」史記張儀傳：「兩虎相據。」即此文所本。據即相持不下之意。戰國策楚策：「張儀説楚懷王曰：『此所謂兩虎相搏者也。』」文選江文通雜體詩三十首：「幽、并逢虎據。」集注：「李善注引戰國策作『兩虎相據』。」今本楚策「據」作「搏」，與此「據」「搏」互出之例正同。

〔二二〕「抗」原作「機」，今據陳遵默説校改。陳云：「『機』疑本作『抗』，『機』俗作『机』，與『抗』形似，因誤。」器案：陳説是，此涉上「見機」字而誤。黄帝四經稱篇：「兩虎相争，駑犬制其餘。」此文正用其義。

〔二三〕戰國策齊策上：「齊欲伐魏，淳于髡謂齊王曰：『韓子盧者，天下之疾犬也；東郭逡者，海内之狡兔也；韓子盧逐東郭逡，環山者三，騰山者五，兔極於前，犬廢於後，犬兔俱罷，各死其處。田夫見之，無勞勌之苦而擅其功。今齊、魏久相持，以頓其兵，弊其衆，臣恐强秦、大楚承其後，有田父之功。』齊王懼，謝將休士也。」此文用其意。

〔二四〕「存」與下文「恤」字義同。

〔二五〕吕氏春秋蕩兵篇：「古聖王有義兵而無偃兵。」高誘注：「偃，止也。」

〔二六〕姚範曰：「按此時言結和親，真迂儒哉！」

〔二七〕「弊所恃」原作「弊持」，今據俞樾説校改。俞云：「『持』當作『恃』，『弊』下脱『所』字，本作『弊所恃以窮無用之地』，論菑篇曰：『又安能思殺其赤子以事無用，罷弊所恃而達瀛海乎？』與此意同。」器案：俞校是。文選難蜀父老文：「今割齊民以附夷、狄，弊所恃以事無用。」即此文所本。吕向彼注云：「言割中國之人，以事無用夷、狄也。」漢書西域傳上：「罷弊所恃，以事無用。」師古曰：「所恃謂中國之人也，無用謂遠方夷、狄之國。」又公孫弘傳：「罷弊中國，以奉無用之地。」明初本「窮」下有「兵」字。

〔二八〕漢書兩粤傳：「文帝賜佗書：『得一亡十，朕不忍爲也。』」

鹽鐵論校注卷第八

結和*第四十三

大夫曰：「漢興以來，修好結和親，所聘遺單于者甚厚〔一〕；然不紀〔二〕重質厚賂之故改節，而暴害滋甚。先帝覩其可以武折而不可以德懷〔三〕，故廣將帥，招奮擊，以誅厥罪；功勳粲然，著於海内，藏於記府〔四〕，何命〔五〕『亡十獲一』乎？夫偷安者後危，慮近者憂邇，賢者離俗〔六〕，智士權行〔七〕，君子所慮，衆庶疑焉。故民可與〔八〕觀成，不可與圖始〔九〕。此有司所獨見，而文學所不覩。」

文學曰：「往者，匈奴結和親，諸夷納貢，即君臣外内相信，無胡、越之患。當此之時，上求寡而易贍，民安樂而無事，耕田而食，桑麻而衣，家有數年之稸〔一〇〕，縣官餘貨財，閭里耆老，咸〔一一〕及其澤。自是之後，退文任武，苦師勞衆，以略無用之地，立郡〔一二〕沙石之間，民不能自守，發屯乘城，輓輦而贍之。愚竊見其亡，不覩其成。」

大夫曰：「匈奴以虚名市〔一三〕於漢，而實不從，數爲蠻、貊所紿，不痛之，何故也〔一四〕？高皇帝仗劍定九州〔一五〕，今以九州而不行於匈奴。閭里常民，尚有梟散〔一六〕，況萬里之主與小國之匈奴乎？夫以天下之力勤〔一七〕何不摧〔一八〕？以天下之士民何不服？今有帝名，而威不信於長城之外〔一九〕，反賂遺而尚踞敖〔二〇〕，此五帝所不忍，三王所畢〔二一〕怒也。」

文學曰：「湯事夏而卒服之，周事殷而卒滅之。故以大御小者王，以强凌弱者亡。聖人不困其衆以兼國，良御不困其馬以兼道〔二二〕。故造父之御不失和，聖人之治不倍〔二三〕德。秦攝利銜〔二四〕以御宇内，執脩箠〔二五〕以笞八極，駿服〔二六〕以〔二七〕罷，而鞭策愈加，故有傾銜〔二八〕遺箠之變。士民非不衆，力勤非不多也，皆内倍〔二九〕外附而莫爲用。此高皇帝所以仗劍而取天下也。夫兩主好合，内外交通，天下安寧，世世無患，士民何事？三王何怒〔三〇〕焉？」

大夫曰：「伯翳之始封秦〔三一〕，地爲七十里。穆公開霸〔三二〕，孝公廣業。自卑至上，自小至大。故先祖基之，子孫成之。軒轅戰涿鹿，殺兩皞、蚩尤而爲帝〔三三〕；湯、武伐夏、商，誅桀、紂而爲王。黃帝以戰成功，湯、武以伐成孝。故手足之勤，腹腸之養也。當世之務，後世之利也。今四夷内侵，不攘，萬世必有長患。先帝興義兵以誅强暴，東滅朝鮮，西定冉、駹〔三四〕，南擒百越，北挫强胡，追匈奴以廣北州〔三五〕，湯、武之舉，蚩尤之兵也〔三六〕。故聖主斥地，非私其利，用兵，非徒奮怒也，所以匡難辟〔三七〕害，以爲黎民遠慮。」

文學曰：「秦南禽勁越〔三八〕，北卻强胡，竭中國以役四夷，人罷極而主不恤，國内潰〔三九〕而上不知；是以一夫倡而天下和，兵破陳涉，地奪諸侯〔四〇〕，何嗣之所利〔四一〕？詩云：『雍雍鳴鴈〔四二〕，旭日始旦。』登得〔四三〕前利，不念後咎〔四四〕。故吳王知伐齊之便，不知干遂之患〔四五〕。秦知進取之利，而不知鴻門之難。是知一而不知十也。周謹小而得大，秦欲大而亡小。語曰：『前車覆，後車戒〔四六〕。』『殷鑑不遠，在夏后之世〔四七〕』矣。」

＊　本篇還是討論要不要抵抗匈奴的侵擾問題。

在這次會議上，文學仍然反對抗戰，説漢武帝抗擊匈奴是「退文任武，苦師勞衆」，「以强凌弱者亡，聖人不困其衆以兼國」，還不顧匈奴侵擾的事實，硬説「兩主好合，内外交通，天下安寧，世世無患」，頑固地堅持不抵抗政策。桑弘羊清楚地看到了：「漢興以來，修好結和親，所聘遺單于者甚厚；然不紀重質厚賂之故改節，而暴害滋甚。先帝覩其可以武折而不可以德懷，故廣將帥，招奮擊，以誅厥罪。」高度贊揚了漢武帝的抗戰路綫是「興義兵以誅暴强」，「所以匡難避害，以爲黎民遠慮」，「功勳粲然，著於海内，藏於記府」，並斥責文學：「匈奴以虚名市於漢，而實不從，數爲蠻、貊所紿，不痛之，何故也？」

〔一〕漢書匈奴傳上：「文帝三年詔曰：『漢與匈奴約爲昆弟，無侵害邊境，所以輸遺匈奴甚厚。』又孝文六年遺匈奴書：『漢與匈奴約爲兄弟，所以遺單于甚厚。』」（又見史記孝文帝本紀）又武帝紀：「元光二年春，詔問公卿曰：『朕飾子女以配單于，金帛文繡，賂之甚厚。』」尋史記楚世家：「楚頃襄王與秦昭王好會于宛，結和親。」則和親謂和睦親善也。

〔二〕漢書何并傳：「表善好士，見紀潁川。」文選東京賦注：「紀，記也，録也。」姚範以爲「紀」字誤者，非也。

〔三〕大論篇亦云：「折之以武。」新序善謀下：「大行王恢曰：『夫匈奴可以力服，不可以仁畜也。』」漢書韓安國傳作「匈奴獨可以威服，不可以仁畜也」。漢書匈奴傳下：「外國天性忿鷙……難化以善，易肄以惡。」師古曰：「肄謂附屬之也，惡謂威也。」義並同。

〔四〕史記蒙恬傳：「乃書而藏之記府。」張之象本、沈延銓本、金蟠本「記」作「紀」。

〔五〕王先謙曰：「『命』猶『名』。文學有此語，故折之。」明初本、華氏本「命」作「有」，太玄書室本作「言」，俱臆改。

〔六〕吕氏春秋有離俗覽，又介立篇寫道：「今得之而務逃之，介子推之離俗遠矣。」離俗義與此同，謂不同於世俗也。

〔七〕漢書蕭望之傳：「常人可與守經，未可與權也。」

〔八〕涂本、正嘉本、張之象本、沈延銓本、金蟠本「與」作「以」。

〔九〕文選劉子駿移太常博士書注引太公金匱：「夫人可以樂成，難以慮始。」御覽三二九引太公六韜：「百姓可與樂成，難與慮始。」管子法法篇：「故民未嘗可與慮始，而可與樂成功。」商子更法篇：「民不可與慮始，可與樂成功。」（又見史記商君傳）呂氏春秋樂成篇：「民不可與慮化舉始，而可以樂成功。」史記滑稽傳：「西門豹曰：『民可以樂成，不可與慮始。』」這些，都是本文所本。

〔一〇〕後申韓篇：「稸積漂流。」戰國策齊策下：「稸積朽腐而不用。」「稸」即古文「蓄」字。文選高唐賦：「臨大池之稸水。」注引字林：「稸，積也，與畜同。」漢衡方碑：「無儋石之稸。」一切經音義八：「稸，字書作蓄。」又十六引蒼頡篇：「稸，聚也，積也。」又十七：「蓄，古文稸。」明初本、華氏本作「畜」。

〔一一〕盧文弨曰：「『或』疑『咸』。」張敦仁曰：「非也。『或』，有也。文學自言尚有及其澤者存於時耳。」器案：盧說是，云「咸」者，極言之耳。擊之篇：「咸亨其功。」句法正同，今據改正。史記陳丞相世家：「絳侯、灌嬰等，咸讒陳平。」漢書陳平傳作「或讒平」，即二字互誤之證。

〔一二〕文選爲石仲容與孫皓書：「列郡大荒。」集注：「李善曰：『班固漢書述曰：『列郡祁連。』呂向曰：『置郡於大荒也。』」又云：「列郡三十。」集注：「呂向曰：『置郡三十。』」器案：立郡猶列郡，文選景福殿賦注：「列，位也。」位、立義近。

〔一三〕史記楚世家：「因與其新王市。」胡三省通鑑三注：「市謂相要以利，如市道也。」

〔一四〕盧文弨曰：「『何』衍。」張敦仁曰：「非也。大夫謂數見紿爲可痛，而以文學不然，故作怪問之辭。」

〔一五〕史記高祖本紀：「於是高祖嫚罵曰：『吾以布衣提三尺劍取天下，此非天命乎？』」漢書異姓諸侯王表：「漢無尺土之階，繇一劍之任，五載而成帝業。」

〔一六〕漢書景帝紀：「六年詔曰：『出入閭里，與民亡異。』」說文門部：「閭，里門也。」顧廣圻曰：「梟散者，貴賤也。韓非子外儲說左下：『博貴梟，勝者必殺梟。殺梟者，是殺其所貴也。儒者以爲害義。』戰國策楚策唐且見春申君章：『夫梟棊之所以能爲者，以散棊佐之也。夫一梟之不勝五散亦明矣。今君何不爲天下梟，而令臣等爲散？』是其證。鄭注考工記有『博立梟棊』也。」器案：易林否之睽：「野猿山鵲，來集六博，三梟四散，主人勝客。」漢書吾丘壽王傳注：「蘇林曰：『博之類不用箭，但行梟散。』」

〔一七〕詩大雅烝民：「威儀是力。」鄭箋：「力，勤也。」下文亦作「力勤」。

〔一八〕「摧」原作「權」，今據盧文弨說校改。

〔一九〕此句原作「而威不信長城」，今據王先謙說校改。王云：「『信』『伸』同。『長城』上當有『於』字，下當有『之外』二字。」

〔二〇〕沈延銓本「敖」作「傲」。韓詩外傳九：「孟子妻獨居踞。孟子入户視之，白其母曰：『婦無禮，請出之。』」漢書高帝紀上：「不宜踞見長者。」後漢書魯恭傳：「夫戎、狄者，四方之異氣也，蹲夷踞肆，與鳥獸無別。」注：「平坐踞傲，肆放無禮也。」蓋古以踞爲怠傲，故云踞傲。散不足篇：「蠻、夷交脛肆踞。」「肆踞」與此「踞敖」義同。史記孝文本紀：「今右賢王離其國，將衆居河南降地，非常故往來近塞，捕殺吏卒，驅保塞蠻、夷，令不得居其故，凌轢邊吏，入盜，甚敖無道，非約也。」此文本之。

〔二一〕張之象本注云：「『畢』一作『必』。」沈延銓本作「必」。盧文昭曰：「『畢』『必』同。」

〔二二〕南史梁邵陵王綸傳：「晝夜兼道，旋軍入赴。」文選西京賦注：「兼，倍也。」

〔二三〕說文人部：「倍，反也。」楚辭招魂注：「背，倍也。」

〔二四〕「銜」原作「衡」，據王先謙説校改。王云：「御覽三百五十九兵部引『衡』作『銜』。案御覽是。銜乃御馬之具，故云『以御宇内』。刑德篇亦云：『轡銜者，御之具也。』『銜以御』，『箠以笞』，語意並相聯貫。衡則非所以御矣。『衡』『銜』形近致誤。下『傾衡遺箠』，『衡』字並當爲『銜』。潛夫論衰制篇：『法令者，人主之銜轡箠策。』以『銜』『箠』連文爲喻，與此正同。」器案：王校是。賈誼過秦論：「振長策而御宇内。」此正次公所本。淮南子氾論篇：「欲以樸重之法治既弊之民，是猶無鏑銜橜策錣而御馯馬也。」高注：「鏑銜，口中央鐵。」

〔二五〕史記秦始皇本紀：「執棰拊以鞭笞天下。」此文本之。

〔二六〕詩經鄭風大叔于田：「兩服上襄，兩驂如舞。」毛傳：「驂之與服，和諧中節。」案：服，中央兩馬夾轅者，在服之左曰驂，右曰騑。

〔二七〕「以」讀爲「已」。

〔二八〕「銜」原作「衡」，據王先謙説校改。王説見前注〔二四〕。

〔二九〕「倍」同「背」。

〔三〇〕明初本、涂本、正嘉本、張之象本、沈延銓本、金蟠本「怒」作「愁」。案：此是針對上文「三王所畢怒」而言，作「愁」者誤。

〔三一〕史記秦本紀：「昔伯翳爲舜主畜，畜多息，故有土，賜姓嬴；今其後亦爲朕息馬，朕其分土爲附庸，邑之秦，使復續嬴氏祀，號曰秦嬴。」

〔三二〕沈延銓本「霸」作「伯」。

〔三三〕「兩皡」原作「兩暤」，今改，此形近之誤也。潛夫論五德志篇兩出「太皡」都作「太暤」，四出「少皡」都作「少暤」，隸書從「皋」之字多作「睪」，荀子解蔽篇楊倞注：「『睪』讀爲『皡』。」即其明證。兩皡指太皡、少皡，又作太昊、少昊，（漢書鄭崇傳注：「『皡』字與『昊』同。」）周書嘗麥解：「赤帝分正二卿，命蚩尤於少昊以臨四方，……蚩尤乃逐帝，争於涿鹿之河（阿），九隅無遺。赤帝大懾，乃説於黄帝，執蚩尤，殺之於中冀。」此即其事。或疑黄帝與兩皡時代不相值，因而史記五帝本紀正義寫道「謂黄帝克炎帝之後」也。

〔三四〕史記西南夷傳：「自筰以東北，君長以什數，冉、駹最大。」索隱：「案應劭云：『汶江郡本冉、駹。』音亡江反。」

〔三五〕句上原有「李牧」二字，今據王先謙説校删。王云：「詳文義與上下不貫，『李牧』二字當衍。漢追匈奴以廣北州，其事下誅秦篇詳之。」器案：管子大匡篇：「北州侯莫來。」尹注：「謂北之州。」

〔三六〕漢人通常稱蚩尤是古代善用兵的人。史記酈生傳：「夫漢王發蜀、漢，定三秦，涉西河之外，援上黨之兵，下井陘，誅成安君，破北魏，舉三十二城，此蚩尤之兵也，非人之力也，天之福也。」本書論功篇：「自以爲蚩尤不能害，黄帝不能斥。」漢人把古代善用兵的人黄帝和蚩尤同等相待，和這裏把蚩尤和湯、武相提並論，意義正復相同。蓋嘗進一步探討這個問題，山海經大荒北經：「蚩尤作兵。」管子地數篇：「葛盧之山發而出水，金從之，蚩尤受而制之，以爲劍鎧矛戟。」世本作篇：「蚩尤以金作兵，一弓，二殳，三矛，四戈，五戟。」御覽八三三引尸子：「造冶者，謂蚩尤也。」冶謂冶金。都説蚩尤作兵。呂氏春秋蕩兵篇、大戴禮記用兵篇又舉「蚩尤作兵」之説而辯之。禮記曲禮上正義引五經異義：「祠者，祠五兵：

戈、戟、劍、盾、弓矢，及祠蚩尤之造兵者。」史記封禪書：「秦始皇祠八神，三曰兵，主祠蚩尤。」漢書郊祀志同。史記高祖本紀：「祠黄帝、祭蚩尤於沛庭。」漢書高帝紀同。裴駰集解、顔師古注並引應劭曰：「蚩尤亦古天子（集解脱此四字），好五兵，故祠祭之。」則蚩尤實爲發明創造五兵之人，故秦、漢人多言「蚩尤之兵」也。又漢書藝文志兵家有「蚩尤二篇」，隋書經籍志云：「梁有黄帝蚩尤兵法一卷。」此皆因有「蚩尤之兵」之説而僞託者。

〔三七〕張之象本、沈延銓本、金蟠本「辟」作「避」。

〔三八〕史記建元以來侯者年表：「北討强胡，南誅勁越。」漢書伍被傳：「南通勁越。」司馬相如難蜀父老文：「北出師以討强胡，南馳使以誚勁越。」

〔三九〕公羊傳僖公十九年：「其言梁亡何？自亡也。其自亡奈何？魚爛而亡也。」何休注：「魚爛從内發。」

〔四〇〕漢書賈山傳：「至言曰：『昔者，秦政力并萬國，富有天下，破六國以爲郡縣，築長城以爲關塞。秦地之固，大小之勢，輕重之權，其與一家之富，一夫之强，胡可勝計也。然而兵破於陳涉，地奪於劉氏者，何也？秦王貪狠暴虐，殘賊天下，窮困萬民，以適其欲也。』」

〔四一〕「何嗣之所利」，猶言「何嗣之能利」。漢書蕭望之傳：「何賊之所生？」句法同。

〔四二〕臧琳經義雜記二六：「詩匏有苦葉：『雝雝鳴鴈。』鹽鐵論結和篇引作『雍雍鳴鳱』。案大射儀：『見鵠於參。』注：『淮南子曰：鳱鵠知來。』釋文：『鳱音干，劉音岸，又音鴈。』説文隹部：『雁，鳥也。』鳥部：『鴈，鵝也。』二字皆從厂聲，厂即説文厈字，（籀文作干。）故劉昌宗鳱音岸，又音鴈，皆一聲之轉也。蓋毛詩古文作『鴈』，三家詩今文作『鳱』，因聲近故文異。」

〔四三〕洪頤煊曰：「『登得』即『貪得』。禮記大學：『一人貪戾。』鄭注：『戾之言利也。』春秋傳曰：『登戾之。』何休注公羊：『登讀若得。』是以『登得』爲『貪得』也。」案春秋傳見隱公五年。華氏本「登」作「豈」，太玄書室本作「言」，俱臆改。

〔四四〕孫人和曰：「蔡元度毛詩名物解卷八引云：『噰噰鳴雁，朝日始旦。登得前利，無蹈後害。』」案埤雅六引作「噰噰鳴雁，朝日始旦。登則前利，無蹈後害」。

〔四五〕史記蘇秦傳：「越王句踐戰敝卒三千人，禽夫差於干遂。」正義：「在蘇州吴縣西北四十餘里萬安山西南一里太湖。夫差敗於姑蘇，禽於干遂，相去四十餘里。」又春申君傳：「吴見伐齊之便，而不知干隧之敗。」即此文所本。「干隧」即「干遂」。

〔四六〕説苑善説篇：「周書曰：『前車覆，後車戒。』蓋見其危。」

〔四七〕詩經大雅蕩：「殷鑒不遠，在夏后之世。」

誅秦*第四十四

大夫曰：「秦、楚、燕、齊，周之封國也；三晉之君，齊之田氏，諸侯家臣〔一〕也；內守其國，外伐不義，地廣壤進，故立號萬乘，而爲諸侯。宗周〔二〕脩禮長文〔三〕，然國翦弱，不能自存，東攝六國，西畏於秦，身以放遷〔四〕，宗廟絶祀。賴先帝大惠，紹興其後，封嘉潁川，號周子男君〔五〕。秦既并天下，東絶沛水〔六〕，並滅朝鮮，南取陸梁〔七〕，北卻胡、狄，西略氐、羌，立帝號，朝四夷。舟車所通，足跡所及〔八〕，靡不畢至。非服其德，畏其威也。力多則人朝，力寡則朝於人矣。」

文學曰：「禹、舜，堯之佐也，湯、文，夏、商之臣也，其所以從八極而朝海内者，非以陸梁之地、兵革之威也。秦、楚、三晉號萬乘，不務積德而務〔九〕相侵，構兵争强而卒俱亡。雖以進壤廣地，如食萉之充腸〔一〇〕也，欲其安存，何可得也？夫禮讓爲國者若江、海〔一一〕，流彌久不竭，其本美也〔一二〕。苟爲無本，若蒿火暴怒而無繼〔一三〕，其亡可立而待，戰國是也。周德衰，然後列於諸侯，至今不絶。秦力盡而滅其族，安得朝人也？」

大夫曰：「中國與邊境，猶支體與腹心也。夫肌膚寒於外，腹心〔一四〕疾於内，内外之相勞，非相爲賜也〔一五〕！脣亡則齒寒〔一六〕，支體傷而心憯怛〔一七〕。故無手足則支體廢，無邊境則内國〔一八〕害。昔者〔一九〕，戎、狄攻太王於邠〔二〇〕，踰岐、梁而與秦界於涇、渭，東至晉之陸渾〔二一〕，侵暴中國，中國疾之。今匈奴蠶食内侵，遠者不離其苦，獨邊境蒙其敗。詩云：『憂心慘慘，念國之爲虐〔二二〕。』不征備，則暴害不息。故先帝興義兵以征厥罪，遂破祁連、天山，散其聚黨，北略至龍城〔二三〕，大圍匈奴，單于失魂，僅以身免，乘奔逐北，斬首捕虜十餘萬。控弦〔二四〕之民，旃裘之長〔二五〕，莫不沮膽，挫折遠遁，遂乃振旅〔二六〕。渾耶率其衆以降〔二七〕，置五屬國以距胡〔二八〕，則長城之内，河、山之外，罕被寇菑〔二九〕。於是下詔令，減戍漕〔三〇〕，寬徭役〔三一〕。初雖勞苦，卒獲其慶。」

文學曰：「周累世積德，天下莫不願以爲君，故不勞而王，恩施由近而遠，而蠻、貊自至。秦任戰勝以并〔三二〕天下，小海内而貪胡、越之地，使蒙恬擊胡，取河南以爲新秦〔三三〕，而忘其故秦，築長城以守胡，而亡其所守。往者，兵革亟動，師旅數起，長城之北，旋〔三四〕車遺鏃相望。及李廣利等輕計，計〔三五〕還馬足，莫不寒心〔三六〕；雖得渾耶，不能更〔三七〕所亡。此非社稷之至計也。」

＊　對秦始皇的評價，自來就存在很大分歧。有的認爲秦始皇是「千古一帝」，有的則認爲是「千古罪人」，涇、渭分流，千古異轍。由公羊學家桓寬整理的這次會議記録——鹽鐵論，以誅秦名篇，記録了當時兩派意見。

〔一〕諸侯之臣，於諸侯爲家臣，於天子爲陪臣。

〔二〕「宗周」下原有「室」字，今據陳遵默説删訂。陳云：「此文截然兩層，上言三晉及齊田氏以家臣强大，爲諸侯；此言宗周以脩禮長文，翦弱不能自存。詩小雅正月云：『赫赫宗周，褒姒烕之。』宗周，西周也，多一『室』字，則似三晉、田氏爲諸侯，宗周室矣。意緒不清，『室』字當衍。」

〔三〕漢書武帝紀：「元朔三年詔：『内長文所以見愛也。』」晉灼曰：「『長』音『長吏』之『長』。」張晏曰：

「長文，長文德也。」師古曰：「長之，所以見仁愛之道。見謂顯示。」

〔四〕漢書高帝紀上注：「如淳曰：『秦法，有罪遷徙之於蜀、漢。』」

〔五〕史記周本紀：「太史公曰：『秦滅周。漢興，九十餘載，天子（漢武帝）將封泰山，東巡狩，至河南，求周苗裔，封其後嘉三十里地，號曰周子南君。』」漢書武帝紀：「元鼎四年冬，封周後姬嘉爲周子南君。」師古曰：「子南，其封邑之號，以爲周後，故總言周子南君。」案：「男」、「南」古通。國語周語中：「鄭伯南也。」韋注：「鄭司農云：『南，謂子男。』」左傳昭公十三年：「鄭伯男也。」正義引賈逵曰：「『男』當作『南』，謂南面之君也。」又案：漢書恩澤侯表：「周子南君食邑於潁川長社。」

〔六〕王啟元曰：「按『沛水』當即『浿水』。漢書朝鮮傳：『衛滿東出塞，度浿水，居秦故空地上下障。』此秦絶浿水也。說文：『沛水出遼東番汗塞外，西南入海。』是『沛』是『浿』之本字。」姚範曰：「『沛』字誤。」案：說文水部：「沛，沛水出遼東番汗塞外，西南入海。浿，浿水出樂浪鏤方，東入海。」遼東、樂浪非一郡，西南或東入海，流向亦不同，王以「沛」是「浿」之本字，全是臆說。段玉裁云：「浿水，今朝鮮國之大通江，在平壤城北，平壤即古王險城，漢之朝鮮縣也。隋書曰：『平壤城南臨浿水。』」郭沫若曰：「此當指鴨綠江。」

〔七〕史記秦始皇本紀：「略取陸梁地爲桂林、象郡、南海。」索隱：「謂南方之人，其性陸梁，故曰陸梁。」正義：「嶺南之人，多處山陸，其性强梁，故曰陸梁。」通鑑七注：「班表漢高帝功臣有陸量侯須無，詔以爲列諸侯，自置吏令長，受令長沙王。如淳曰：『陸量，秦始皇本紀所謂陸梁地也。』」

〔八〕禮記中庸：「舟車所至，人力所通。」賈誼新書匈奴篇：「今漢帝中國也，宜以厚德懷服四夷，舉明義博示遠方，則舟車之所至，人迹之所及，莫不爲畜。」

〔九〕張之象本、沈延銓本、金蟠本「務」作「負」。

〔一〇〕張之象注：「廣雅曰：『附子，一歲曰莭子，二歲烏喙，三歲附子，四歲烏頭，五歲天雄。』蘇秦爲燕說齊王曰：『人之饑所以不食烏喙者，以爲雖偷充腹而與死同患也。今燕雖弱小，强秦之少壻也。王利其十城，而深與强秦爲仇。今使弱燕爲雁行，而强秦制其後，以招天下之精兵，此食烏喙之類也。』」案見戰國策燕策。

〔一一〕「海」，大典本、拾補本作「湖」，明初本、華氏活字本、攖寧齋鈔本作「河」。

〔一二〕「美」疑當作「羨」，周禮曲禮注：「羨，長也。」又小司徒注、文選甘泉賦注並云：「羨，饒也。」

〔一三〕桂馥札樸四曰：「方言：『烈，暴也。』案蔡中郎聞燒桐火烈聲，知爲良材。火烈即暴也。鹽鐵論：『苟爲無本，若蒿火暴怒而無繼。』」

〔一四〕「腹心」原作「腹腸」，明初本、華氏本、意林三作「腹心」，較是，今據改正。「腹心」與「肌膚」，相對成文。上文「猶支體與腹心」，這裏正相承爲言。

〔一五〕「賜」原作「助」，形近而誤。公羊傳僖公二年：「宫之奇果諫：『記曰：脣亡則齒寒。虞、郭之相救，非相爲賜。』」何休注：「賜，猶惠也。」穀梁傳僖公五年亦云：「虞、虢之相救，非相爲賜也。」新序善謀上亦云：「虞、虢之相救，非相爲賜也。」合下句「脣亡則齒寒」觀之，此正桓語所本，今據改正。

〔一六〕上注引三書及左傳僖公五年，俱載「脣亡齒寒」語，莊子胠篋篇、吕氏春秋權勳篇、淮南子説林篇作「脣竭齒寒」，戰國策趙策作「脣揭齒寒」。

〔一七〕潛夫論救邊篇：「脣亡齒寒，體傷心痛，必然之事，又何疑焉。」

〔一八〕漢書宣帝紀：「本始元年詔：『內郡國舉文學高第。』」韋昭曰：「中國爲內郡，緣邊有夷、狄障塞者爲外郡。」這裏的「內國」，即「內郡國」之省文耳。

〔一九〕張之象本、沈延銓本、金蟠本無「者」字。

〔二〇〕孟子梁惠王下：「昔者，大王居邠，狄人侵之，事之以皮幣，不得免焉，事之以犬馬，不得免焉，事之以珠玉，不得免焉，乃屬其耆老而告之曰：『狄人之所欲者，吾土地也，吾聞之也，君子不以其所以養人者害人，二三子何患乎無君，我將去之。』去邠，踰梁山，邑于岐山之下居焉。」

〔二一〕史記匈奴傳：「周幽王用寵姬褒姒之故，與申侯有郤。申侯怒，而與犬戎共攻殺周幽王於驪山之下，遂取周之焦穫，而居於涇、渭之間，侵暴中國。……戎、狄以故得入，破逐周襄王，而立子帶爲天子。於是戎、狄或居于陸渾。」

〔二二〕這是詩經小雅正月文。

〔二三〕史記匈奴傳：「五月大會蘢城，祭其先天地鬼神。」索隱：「漢書『蘢城』作『龍城』。」崔浩云：「西方胡皆事龍神，故名大會處爲『龍城』。」

〔二四〕「控弦」就是「引弓」的意思。史記劉敬傳：「當是時，冒頓爲單于，兵彊，控弦三十萬，數苦北邊。」集解：「應劭曰：『控，引也。』」正義：「謂能引弓者三十萬人也。」

〔二五〕文選報任少卿書：「旃裘之君長咸震怖。」李善注：「旃裘，謂匈奴所服也，故言旃裘之君長。」

〔二六〕左傳隱公五年：「入而振旅。」杜注：「振，整也。」字亦作「整」。穀梁莊公八年：「入曰整旅。」管子小匡篇：「春以田，曰蒐，振旅。」尹注：「因寓軍政，而且整旅。」

〔二七〕漢書匈奴傳上：「單于怒昆邪王、休屠王居西方爲漢所殺虜數萬人，欲召誅之。昆邪、休屠王恐，謀降漢。漢使票騎將軍迎之。昆邪王殺休屠王，并將其衆降漢，凡四萬餘人。」「昆邪」即「渾耶」，此爲漢武帝元狩二年事。

〔二八〕漢書韋玄成傳劉歆議曰：「孝文皇帝厚以貨賂，與結和親，猶侵暴無已。甚者，興師十餘萬衆，近屯京師及四邊，歲發屯備虜，其爲患久矣，非一世之漸也。諸侯郡守連匈奴及百粤以爲逆者，非一人也。匈奴所殺郡守都尉，略取人民，不可勝數。孝武皇帝愍中國罷勞，無安寧之時，迺遣大將軍、驃騎、伏波、樓船之屬，南滅百粤，起七郡。北攘匈奴，降昆邪十萬之衆，置五屬國，起朔方，以奪其肥饒之地。東伐朝鮮，起玄菟、樂浪，以斷匈奴之左臂。西伐大宛，并三十六國，結烏孫，起敦煌、酒泉、張掖，以鬲（隔）婼羌，裂匈奴之右臂。單于孤，遠遁于幕北，四垂無事。斥地遠境，起十餘郡。」通鑑十九：「居頃之，乃分徙降者邊五郡故塞外，而皆在河南，因其故俗爲五屬國。」胡注：「五郡，謂隴西、北地、上郡、朔方、雲中也。師古曰：『凡言屬國，存其國號而屬漢朝，故曰屬國。』史記正義曰：『以來降之民徙置五郡，各依其本國之俗而屬於漢，故曰屬國。』」案：漢書百官公卿表上：「典屬國，本秦官，掌歸義蠻、夷。漢因之。」正嘉本、太玄書室本「距」作「治」。

〔二九〕漢書揚雄傳上：「灑沈菑於豁瀆。」師古曰：「『菑』，古『災』字。」玉篇艸部：「『菑』同『葘』。」

〔三〇〕本書取下篇：「戍漕者輦車相望。」繇役篇：「發戍漕，所以審勞佚也。」漢書武帝紀上：「元狩三年，減隴西、北地、上郡戍卒半。」匈奴傳上：「西減北地以西戍卒半。」

〔三一〕張之象本、沈延銓本、金蟠本「徭」作「繇」。

〔三二〕張之象本、沈延銓本、金蟠本「并」作「兼」。

〔三三〕史記平準書：「乃徙貧民於關以西，及充朔方以南新秦中，七十餘萬口。」集解：「服虔曰：『地名，在北方千里。』如淳曰：『長安已北，朔方以南。』瓚曰：『秦逐匈奴以收河南地，徙民以實之，謂之新秦。今以地空，故復徙民以實之。』」漢書食貨志注應劭曰：「秦始皇遣蒙恬攘卻匈奴，得其河南造陽之北千里，地甚好，於是爲築城郭，徙民充之，名曰新秦。四方雜錯，奢儉不同。今俗名新富貴者爲『新秦』，由是名也。」于慎行讀史漫録三：「新秦中即今之河套。」

〔三四〕張之象本、沈延銓本、金蟠本「旋」作「還」。後漢書皇甫規傳：「旋車完封。」李賢注：「言覆軍之將，旋師之日，多載珍寶，封印完全。」案此亦謂覆軍之將，旋師之日，所乘之車也。

〔三五〕「計」字原不重，今據張敦仁説校補。張云：「上當云『輕計』，下當云『計還馬足』，中或尚有脱文，因誤上『計』字爲下『計』字而佚去也。『輕計』，輕爲計也。『計還馬足』，史記大宛傳、漢書李廣利傳詳之矣。」器案：張説是，古書重文，率作「小二」，轉寫時，最易省卻，古書中此例甚多。至云「中尚有脱文」則非是，「計還馬足」，即指「輕計」而落實言之，非「中尚有脱文」也。張之象本、沈延銓本、金蟠本「計」作「騎」，更是臆改。

〔三六〕漢書張湯傳：「孝景時吴、楚七國反，景帝往來東宫間，天下寒心數月。」師古曰：「懼於兵難也。」又李尋傳：「屋大柱小，可爲寒心。」文選爲石仲容與孫皓書：「引領南望，良以寒心。」集注：「李善曰：『高唐賦曰：寒心酸鼻。』鈔曰：『寒心，言戰慄也。』呂延濟曰：『寒心，痛心也。』」

〔三七〕史記貨殖傳："然堇堇物之所有，取之不足以更費。"集解："應劭曰：'更，償也。'"廣雅釋言："更，償也。"

伐功*第四十五

大夫曰："齊桓公越燕伐山戎，破孤竹，殘令支〔一〕。趙武靈王踰句注，過代谷〔二〕，略滅林胡、樓煩〔三〕。燕襲走東胡，辟地千里，度遼東而攻朝鮮〔四〕。蒙公〔五〕爲秦擊走匈奴〔六〕，若鷙鳥之追羣雀〔七〕。匈奴勢慴，不敢南面〔八〕而望十餘年。及其後，蒙公死而諸侯叛秦，中國擾亂，匈奴紛紛，乃敢復爲邊寇。夫以小國燕、趙，尚猶郤寇虜以廣地，今以漢國之大，士民之力，非特齊桓之衆，燕、趙之師也，然匈奴久未服者，羣臣不并力，上下未諧故也。"

文學曰："古之用師，非貪壤土之利，救民之患也〔九〕。民思之〔一〇〕，若旱之望雨〔一一〕，簞食壺漿，以逆王師〔一二〕。故憂人之患者，民一心而歸之，湯、武是也。不愛民之死，力盡而潰叛者，秦王是也。孟子曰：'君不鄉道，不由仁義，而爲之强戰，雖克必亡〔一三〕。'此中國所以擾亂，非蒙恬死而諸侯叛秦。昔周室之〔一四〕盛也，越裳氏來獻〔一五〕，百蠻致貢〔一六〕。其後周衰，諸侯力征，蠻、貊分散，各有聚黨〔一七〕，莫能相一，是以燕、趙能得意焉。其後，匈奴稍强，蠶食〔一八〕諸侯，故破走月氏〔一九〕，因兵威，徙小國，引弓之民，并爲一家〔二〇〕，一意同力，故〔二一〕難制也。前君爲先帝畫匈奴之策：『兵據西域，奪之便勢之地，以候其變〔二二〕。以漢之强，攻於匈奴之衆，若以强弩潰癰疽〔二三〕，越之禽吴，豈足道哉！』上以爲然〔二四〕。用君之義〔二五〕，聽君之計，雖越王之任種、蠡不過。以搜粟都尉爲御史大夫，持政十有餘年〔二六〕，未見種、蠡之功，而見靡弊之効，匈奴不爲加俛〔二七〕，而百姓黎民以敝矣。是君之策不能弱匈奴，而反衰中國也。善爲計者，固若此乎？」

＊伐功，就是自稱其功的意思。史記屈原列傳：「楚懷王使屈原（名平）造爲憲令。屈平屬草稿，未定，上官大夫見而欲奪之，屈平不與，因讒之曰：『王使屈平爲令，衆莫不知。每一令出，平伐其功，（漢書匈奴傳下注：「伐謂矜其功力。」）曰：以爲非我莫能爲也。』王怒而疏屈平。」這是「伐功」的出典。在這次會議中，文學妄圖抹殺桑弘羊在輔佐漢武帝方面所作出的重大貢獻，説先帝「用君之議，聽君之計，難越王之任種、蠡不過。以搜粟都尉爲御史大夫，持政十有餘年，未見種、蠡之功，而見靡弊之効，匈奴不爲加俛，而百姓黎民以弊矣。是君之策不能弱匈奴，而反衰中國也」，以説明桑弘羊佐帝無功，並把矛頭指向漢武帝。然而無情的歷史，却給桑弘羊作了結論，這就是班固在漢書西域傳寫的：「初，貳師將軍李廣利擊大宛，還過杅彌，杅彌遣太子賴丹爲質於龜兹，廣利責龜兹曰：『外國皆臣屬於漢，龜兹

何以得受杅彌質？』即將賴丹入至京師。昭帝乃用桑弘羊前議，以杅彌太子賴丹爲校尉，將軍田輪臺。」這個桑弘羊的前議，在漢武帝時，議而未行；到漢昭帝時，用其議而行之。

〔一〕管子小匡篇：「北伐山戎，制泠支，斬孤竹。」國語齊語：「遂北伐山戎，刜令支，斬孤竹而南歸。」韋昭注：「山戎，今之鮮卑，以其病燕，故伐之。令支、孤竹，二國，山戎之與也。刜，擊也。斬，伐也。令支，今爲縣，屬遼西，孤竹之城存焉。」器案：殘謂翦滅。呂氏春秋遇合篇：「國必殘亡。」又知化篇：「越報吴，殘其國。」又慎小篇：「國殘名辱。」注：「故國殘亡。」戰國策秦策下：「昔智伯瑤殘范、中行。」又衛策：「魏文侯殘中山。」高注並云：「殘，滅也。」案殘通作踐，書序：「遂踐奄。」史記周本紀、魯世家作「殘奄」，釋名釋姿容：「踐，殘也，使殘壞也。」踐又借作翦，書序鄭注：「踐讀爲翦。」禮記玉藻鄭注：「踐當爲翦，聲之誤也。」呂氏春秋慎小篇：「殘其州。」左傳哀公十七年殘作翦，俱其證。

〔二〕漢書匈奴傳上：「晉悼公使魏絳和戎翟，戎翟朝晉。後百有餘年，趙襄子踰勾注而破之，并代，以臨胡、貉。」史不言武靈王踰勾注事。水經㶟水注引梅福上事云：「代谷者，恒山在其南，北塞在其北。」管子輕重戊篇：「代王將其士卒，葆於代谷之上。」史記匈奴傳「句注」集解：「山名，在鴈門。」索隱：「韋昭曰：『山名，在應陰館。』」攖寧齋鈔本作「大谷」。

〔三〕史記匈奴傳：「趙武靈王亦變俗胡服，習騎射，北破林胡、樓煩。」索隱：「如淳曰：『林胡，即儋林，爲李牧所滅也。』地理志：『樓煩，縣名，屬鴈門。』應劭曰：『故樓煩胡地。』」正義：「林胡，括地志云：『朔州，春秋時北地也。嵐州，樓煩胡地也。』風俗通云：『故樓煩胡地也。』」

〔四〕史記匈奴傳：「其後，燕有賢將秦開，爲質於胡，胡甚信之，歸而襲破走東胡，東胡卻千餘里。」

〔五〕「蒙公」即蒙恬。漢人對於歷史人物之於國家民族曾作出重大貢獻的，都尊稱之爲公，如蕭何之稱爲蕭公（漢書循吏朱邑傳），貢禹之稱爲貢公（漢書鄭崇傳及蕭育傳），這充分反映了時代的要求、人民的意願。蒙恬這一具體人物，他的名字，是和長城分不開的。本篇大夫稱之爲蒙公，險固篇也稱之爲蒙公，其他如淮南人間篇：「秦始皇……使蒙公、楊翁子將築脩（長）城。」高誘注：「蒙公，蒙恬。」文選羽獵賦：「蒙公先驅。」李善注引漢書音義：「蒙公，蒙恬也。」文選北征賦：「越安定以容與兮，遵長城之漫漫。劇蒙公之疲民兮，爲强秦乎築怨。」蓋以蒙恬築長城備胡，對國家人民作出了重大的貢獻，因而尊之爲公，這是人民批准的，而不是什麼帝王封贈的。

〔六〕史記匈奴傳：「後秦滅六國，而始皇帝使蒙恬將十萬之衆北擊胡，悉收河南地。」

〔七〕左傳文公十八年：「見無禮於其君者，誅之如鷹鸇之逐鳥雀也。」

〔八〕文選過秦論：「胡人不敢南下而牧馬。」賈誼新書匈奴篇：「其南面而歸漢也，猶弱子之慕慈母也。」

〔九〕淮南子兵略篇：「古之用兵者，非利土壤之廣，而貪金玉之略，將以存亡繼絶，平天下之亂，而除萬民之害也。」

〔一〇〕張之象本、沈延銓本、金蟠本「之」下有「者」字，正嘉本、太玄書室本有「者」字，無下「若」字。

〔一一〕史記淮南衡山傳：「百姓願之，若旱之望雨。」漢書司馬相如傳下：「若枯旱之望雨。」

〔一二〕攖寧齋鈔本、張之象本、沈延銓本、金蟠本「逆」作「迎」。孟子梁惠王下：「簞食壺漿，以迎王師。」

〔一三〕孟子告子下：「君不鄉道，不志於仁，而求爲之强戰，是輔桀也。」這裏用其文，而末句不同。

〔一四〕「之」字原無，今補。

〔一五〕後漢書南蠻傳：「交阯之南有越裳國。周公居攝六年，制禮作樂，天下和平；越裳以三象重譯而獻白雉。」

〔一六〕漢書夏侯勝傳：「百蠻率服，款塞自至。」又外戚傳下：「遠聞百蠻，近布海内。」案：百蠻是我國古代泛指我多民族國家内的所有少數民族，百言其多，猶言百濮（左傳文公十六年）、百越之比也。文選過秦論注：「百越，非一種，若今言百蠻也。」漢書匈奴傳：「故有威於百蠻。」又云：「於是而安，何以復長百蠻。」又西域傳：「匈奴，百蠻大國。」師古曰：「於百蠻之中，最大國也。」

〔一七〕誅秦篇：「散其聚黨。」史記朝鮮傳：「燕王盧綰反入匈奴，滿亡命，聚黨千餘人。」

〔一八〕文選上書秦始皇：「蠶食諸侯。」注：「春秋保乾圖：『光闓害，蠶食天下。』高誘淮南子注曰：『蠶食無餘也。』」

〔一九〕「氏」上原衍「支」字，今據毛扆、張敦仁、俞越説校删。毛云：「『支』『氏』兩字當删其一。」張云：「『支』字衍也。本作『月氏』，有記『支』字於旁者，（以「支」音「氏」也。）後因錯入耳。拾補云：『涂本無。』或盧筆誤，或所據非涂之元刻也。」俞云：「『支』字衍文。漢書韋玄成傳：『禽月氏。』師古曰：『氏讀曰支。』此作『月支氏』者，殆因讀者以『氏』當『支』，旁注『支』字，遂誤衍耳。」

〔二〇〕史記匈奴傳：「諸引弓之民，并爲一家。」文選報任少卿書：「舉引弓之人，一國共攻而圍之。」李善注：「漢書曰：『匈奴至冒頓，最强大，置左右賢王。』以其善射，故曰引弓之人。」

〔二一〕明初本、攖寧齋鈔本「故」作「固」。

〔二二〕姚範曰：「按此亦千古碩畫，漢書中不言爲弘羊之策，但於西域傳中言請田輪臺耳。」姚鼐曰：「按西域傳但載弘羊請田輪臺，武帝不從。至武帝之通西域，張騫、唐蒙、相如輩之事，豈本出桑弘羊策乎？此亦其可疑者。」

〔二三〕戰國策秦策上：「千鈞之弩潰癰。」漢書韓安國傳：「今以中國之盛，萬倍之資，遣百分之一，以攻匈奴，譬猶以彊弩射且潰之癰也，必不留行矣。」

〔二四〕漢書西域傳下：「征和四年，搜粟都尉桑弘羊與丞相、御史奏言：『故輪臺以東，捷枝、渠犂皆故國，地廣，饒水草，有溉田五千頃以上，地處温和，田美，可益通溝渠，務使以時種五穀。張掖、酒泉遣騎假司馬爲斥候，屬校尉，事有便宜，因騎置以聞。田一歲有積穀，募民壯健有累重敢徙者詣田所，就畜積爲本業，益墾溉田，稍築列亭，連城而西，以威西國，輔烏孫爲便。臣謹遣徵事臣昌分部行邊，嚴敕太守、都尉，明㷭火，選士馬，謹斥候，蓄茭草；願陛下遣使使西國，以安其意。臣昧死請。』」

〔二五〕「義」同「議」。莊子齊物論：「有倫有義。」釋文：「『義』，崔本『議』。」史記司馬相如傳：「義不反顧。」漢書作「議不反顧」。

〔二六〕姚鼐曰：「按弘羊以武帝後元二年爲御史大夫，至此才七年耳，若合其爲大司農時計之，又不止十餘年也。」郭沫若曰：「天漢四年，貶爲搜粟都尉，其後十一年，後元二年爲御史大夫，又其後六年，舉行鹽鐵論。」

〔二七〕孟子梁惠王上：「鄰國之民不加少，寡人之民不加多。」加字用法與此同，即「更加」的意思。

西域*第四十六

大夫曰："往者，匈奴據河、山之險，擅田牧之利，民富兵强，行入爲寇，則句注之内驚動，而上郡以南咸城。文帝時，虜入蕭關〔一〕，烽火通甘泉〔二〕，羣臣懼不知所出，乃請屯京師以備胡〔三〕。胡西役大宛、康居之屬，南與羣羌通。先帝推讓〔四〕斥奪廣饒之地，建張掖以西，隔絶羌、胡，瓜分其援。是以西域之國，皆内拒匈奴，斷其右臂〔五〕，曳劍而走，故募人田畜以廣用，長城以南，濱塞之郡，馬牛放縱，蓄積布野，未覩其計之所過也。夫以弱越而遂意强吴，才〔六〕地計衆非鈞也，主思臣謀，其往必矣〔七〕。"

文學曰："吴、越迫於江、海，三川循環之〔八〕，處於五湖〔九〕之間，地相迫，壤相次，其勢易以〔一〇〕相禽也。金鼓未聞，旌旗未舒，行軍未定，兵以〔一一〕接矣。師無輜重〔一二〕之費，士無乏絶之勞，此所謂食於厨倉而戰於門郊者也。今匈奴牧於無窮之澤，東西南北，不可窮極，雖輕車利馬，不能得也，況負重嬴兵〔一三〕以求之乎？其勢不相及也。茫茫乎若行九皋〔一四〕未知所止，皓皓乎〔一五〕若無網羅而漁江、海，雖及之，三軍罷弊〔一六〕，適遺之餌也〔一七〕。故明王知其無所〔一八〕利，以爲役不可數行〔一九〕，而權不可久張也，故詔公卿大夫、賢良、文學，所以復枉興微之路。公卿宜思百姓之急，匈奴之害，緣〔二〇〕聖主之心，定安平之業。今乃留心於未計，摧〔二一〕本議，不順上意，未爲盡於忠也。」

大夫曰：「初，貳師不〔二二〕克宛而還也，議者欲使〔二三〕人主不遂忿，則西域皆瓦解而附於胡，胡得衆國而益强。先帝絶奇聽，行武威，還襲宛，宛舉國以降，効其器物，致其寶馬。烏孫之屬駭膽，请爲臣妾〔二四〕。匈奴失魄，奔走遁逃，雖未盡服，遠處寒苦墝埆之地〔二五〕，壯者死於祁連、天山，其孤未復〔二六〕。故羣臣議以爲匈奴困於漢兵，折翅傷翼〔二七〕，可遂擊服。會先帝棄羣臣，以故匈奴不革。譬如爲山，未成一簣而止〔二八〕，度功業而無繼〔二九〕成之理，是棄與胡而資强敵也。輟幾沮成〔三〇〕，爲主計若斯，亦未可謂盡忠也。」

文學曰：「有司言外國之事，議者皆徼〔三一〕一時之權，不慮其後。張騫言大宛之天馬〔三二〕汗血，安息之真玉大鳥〔三三〕，縣官既聞如甘心焉〔三四〕，乃大興師伐宛，歷數期而後克之。夫萬里而攻人之國，兵未〔三五〕戰而物故〔三六〕過半，雖破宛得寶馬，非計也〔三七〕。當此之時，將卒〔三八〕方赤面而事四夷，師旅相望，郡國並發，黎人困苦，姦僞萌生，盜賊並起，守尉不能禁，城邑不能止。然後遣上大夫衣繡衣以興擊之〔三九〕。當此時，百姓元元，莫必其命，故山東豪傑，頗有異心〔四〇〕。賴先帝聖靈斐然。其咎皆在於欲畢匈奴而遠幾〔四二〕也。爲主計若此，可謂忠乎？」

*這篇是對於開發西域的問題展開的辯論。開發西域，目的在於「斷匈奴之右臂」，孤立匈奴。而西域的開發，首先是收功於屯田政策。

屯田政策早在漢文帝時就有人倡議，其辦法是給予徙邊的人以田地房屋，令他們自爲戰守。到了漢武帝，在以桑弘羊爲首的一些政治家輔佐之下，又進一步加以發展，實行了「兵民合一」、「寓兵於農」的屯田制。「無事則驅之爲農而力稼穡，有事則調之爲兵而任征戰」（文獻通考七），「內有亡費之利，外有守禦之備」（漢書趙充國傳），「長城以南，濱塞之郡，馬牛放縱，蓄積布野」。由於屯田而通西域，由於通西域，而促成中國內地和西域地區少數民族的貿易往還和文化交流，從而給祖國這個多民族的大家庭奠定了四海一家的深厚基礎。而文學却説「有司言外國之事，議者皆徼一時之權，不慮其後」，真是無稽之談。

〔一〕史記匈奴傳：「漢孝文皇帝十四年，匈奴單于十四萬騎入朝那蕭關。」蕭關是關中四塞的北塞，漢書李廣傳注：「如淳曰：『在安定朝那縣。』」

〔二〕史記匈奴傳記漢文帝時：「胡騎入代句注邊，烽火通於甘泉、長安，數月。」又孝文本紀集解：「應劭曰：『句注，山險名也，在鴈門陰館。』」通鑑十一注：「括地志：『句注山在代州雁門縣西北三十里。』杜佑曰：『句注山即代州雁門縣西陘嶺。』」

〔三〕史記傅寬傳集解：「如淳曰：『律謂勒兵而守曰屯。』」文選西都賦李善注：「漢書音義臣瓚曰：『律説云：「勒兵而守曰屯。』」史記匈奴傳：「候騎至雍甘泉。於是文帝以中尉周舍、郎中令張武爲將軍，發車千乘騎十萬，軍長安旁，以備胡寇。……軍臣單于立四歲，匈奴復絶和親，大入上郡、雲中，各三萬騎，所殺略甚衆而去。於是漢使三將軍軍屯北地，代屯句注，趙屯飛狐口，緣邊亦各堅守，以備胡寇。又置三將軍軍長安西細柳、渭北棘門、霸上以備胡。胡騎入代句注，邊烽火通於甘泉、長安，數月。漢兵至邊，匈奴亦去遠塞，漢兵亦罷。」

〔四〕張敦仁曰：「『讓』當作『攘』。」器案：「讓」「攘」古通，史記司馬相如傳：「進讓之道，何其爽與？」漢書司馬相如傳「讓」作「攘」，師古曰：「『攘』，古『讓』字也。」又案：漢書昭帝紀：「始元二年，調故吏將屯田張掖郡。」蓋即爲「建張掖以西」加强防禦工作也。

〔五〕漢書張騫傳：「今單于新困於漢，而昆莫地空，蠻、夷戀故地，又貪漢物，誠以此時厚賂烏孫，招以東居故地，漢遣公主爲夫人，結昆弟，其勢宜聽，則是斷匈奴右臂也。」斷右臂之説，又見漢書匈奴傳及前誅秦篇注引漢書韋玄成傳。通鑑六八注：「晉志：『漢改周之雍州爲涼州，以地處西方常寒涼也。』地勢西北邪出，在南山之南，南隔西羌，西通西域，於時號爲斷匈奴右臂。」此以人體爲喻，非以地望爲言也。戰國策趙策上：「張儀爲秦連横説趙王曰：『今楚與秦爲昆弟之國，而韓、魏稱爲東藩之臣，齊獻魚鹽之地，此斷趙之右臂也。夫斷右臂而求與人鬭，失其黨而孤居，求欲無危，豈可得哉？』」此又右臂説之所從出。

〔六〕顧廣圻曰：「『才』、『裁』同字。」案華氏活字本作「裁」。

〔七〕拾補本「矣」作「也」。孟子公孫丑上：「雖千萬人，吾往矣。」此用其文，「矣」字不必改。

〔八〕國語越語上韋昭注：「三江，松江、錢唐、浦陽江也。」「三川」即三江。

〔九〕國語越語下韋昭注：「五湖，今太湖也。」案水經沔水注：「虞翻曰：『是湖有五道，故曰五湖。』五湖者，長塘湖、太湖、射貴湖、上湖、滆湖也。」

〔一〇〕張之象本、沈延銓本、金蟠本無「以」字。

〔一一〕「以」同「已」，禮記檀弓鄭玄注：「『以』與『已』，字同。」

〔一二〕漢書韓安國傳注師古曰：「輜，衣車也。重謂載重物事也。故行者之資，總曰輜重。」張之象注曰：「伍子胥曰：『夫吴之與越也，仇讎敵戰之國也，三江環之，民無所移，有吴則無越，有越則無吴，將不可改於是矣。』」器案：吕氏春秋長攻篇：「伍子胥進諫曰：『不可與也。夫吴之與越，接土鄰境，道易人通，仇讎敵戰之國也，非吴喪越，越必喪吴。』」又知化篇：「子胥曰：『夫吴與越也，接土鄰境，壤交通屬，習俗同，言語通，我得其地能處之，得其民能使之。越之於我亦然。』」越絶書越絶請糴内傳：「申胥進諫曰：『不可。夫王與越也，接地鄰境，道徑通達，仇讎敵戰之邦，三江環之，其民無所移，非吴有越，越必有吴。』」

〔一三〕「羸」原作「嬴」，今依張敦仁説校改。張云：「『嬴』當作『羸』。方言云：『攍，儋也。』莊子釋文：『羸，廣雅云：負也。』今在釋言，作『攍』，陸不分析言之耳。又釋詁二云：『攍，擔也。』即本方言。（『儋』『擔』同字。）『羸』『攍』『嬴』，皆同字。」説文廾部：「兵，械也，從廾持斤并力之皃。」段注：「械者，器之總名，器曰兵，用器之人亦曰兵。」

〔一四〕「皋」與「澤」通。詩小雅鶴鳴：「鶴鳴于九皋。」韓詩章句：「九皋，九折之澤。」楚辭九歌注：「澤曲曰皋。」文選上林賦：「亭皋千里。」注：「服虔曰：『皋，澤也。』」

〔一五〕王先謙曰：「『皓皓』當作『浩浩』。」案張之象注云：「古本作『浩浩』。」此爲張之象欺人之談，非真見有所謂古本也。

〔一六〕漢書公孫弘傳：「罷弊中國。」師古曰：「『罷』讀曰『疲』。」

〔一七〕漢書賈誼傳：「適足以餌大國耳。」師古曰：「餌謂爲其所呑食。」又司馬遷傳：「垂餌虎口。」此文餌字義同。

〔一八〕「無所」原作「所無」，盧文弨曰：「『所無』疑倒。」案盧説是，今據乙正。

〔一九〕文選爲石仲容與孫皓書：「役不再舉。」集注：「李善曰：『六韜，太公謂武王曰：聖人舉兵馬，爲天下除患去賊，非利之也，故役不再籍，一舉而畢也。』鈔曰：『謂一戎衣而天下大定也。』李周翰曰：『不再舉，謂一伐必平也。』」

〔二〇〕漢書食貨志上：「末技游食之民轉而緣南畝。」師古曰：「言皆趨農作也。」又游俠樓護傳：「其居位爵禄賂遺所得，亦緣乎盡。」文選魏都賦注：「緣，順也。」這些「緣」字，都作「順」解。此文言「公卿宜思……緣聖主之心」，故下以「不順上意」相責也。

〔二一〕「摧」原作「雖」，張敦仁曰：「『雖』當作『摧』。」今據改正。蔡邕獨斷曰：「上者，尊位所在也；但言上，不敢言尊號耳。」

〔二二〕攖寧齋鈔本「不」作「未」。

〔二三〕「欲使」原作「故使」，張敦仁曰：「『故使』當作『欲使』。」今據改正。

〔二四〕史記司馬相如傳：「南夷之君、西僰之長，……喁喁然皆争歸義，欲爲臣妾。」

〔二五〕沈延銓本「寒苦」作「苦寒」。淮南子原道篇：「昔舜耕於歷山，期年而田者争處磽埆，以封壤肥饒相讓。」字又作「磽确」，漢書食貨志注：「磽，磽确也，謂瘠薄之田也。」又賈山傳：「地之磽者。」注：「墝确，瘠薄也。」

〔二六〕漢書嚴助傳：「四年不登，五年復蝗，民生未復。」又徐樂傳：「關東五穀數不登，年歲未復。」復字義與此同，就是恢復的意思。

〔二七〕漢書息夫躬傳：「宛頸折翼。」

〔二八〕論語子罕篇：「譬如爲山，未成一簣，止，吾止也。譬如平地，雖覆一簣，進，吾往也。」尚書旅獒：「爲山九仞，功虧一簣。」

〔二九〕「繼」原作「斷」，楊沂孫曰：「『斷』當是『繼』之誤。」今據改正。

〔三〇〕漢書趙充國傳注：「師古曰：『沮，壞也。』」又義縱傳：「廢格沮事。」注：「孟康曰：『沮已成之事也。』師古曰：『沮，壞也。』」

〔三一〕「徼」原作「激」，今據張敦仁説校改。張云：「『激』當作『徼』。史記匈奴傳贊云：『患其徼一時權。』此語出於彼。」案索隱云：「音僥，徼者，求也，言求一時權寵。」

〔三二〕漢書西域傳上：「大宛國……多善馬，馬汗血，言其先天馬子也。張騫始爲武帝言之。」

〔三三〕史記大宛傳：「條枝在安息西數千里，……有大鳥，卵如甕。」正義：「漢書云：『條支出獅子、犀牛、孔雀、大雀，其卵如甕，和帝永光十三年，安息王滿屈獻獅子、大鳥，世謂之安息雀。』廣志：『鳥，鵄鷹身，蹄駱，色蒼，舉頭八九尺，張翅丈餘，食大麥，卵大如甕。』」案又見漢書西域傳條支國及安息國。大鳥，指駝鳥。

〔三四〕「甘心」原作「甘水」，今從楊沂孫、張敦仁說校改。楊云：「『甘水』當是『甘心』。『如』與『而』通。」張云：「史記大宛列傳云：『天子既好宛馬，聞之甘心。』此語出於彼。（亦見漢書張騫傳。）『如』『而』同字，前後多有之。」案甘心謂快其意也。左傳莊公九年：「管仲讐也，請受而甘心焉。」漢書汲黯傳：「甘心夷狄之人。」又郊祀志上注師古曰：「甘心，言貪嗜之心，不能已也。」

〔三五〕攖寧齋鈔本、正嘉本、張之象本、沈延銓本、金蟠本「未」作「不」。

〔三六〕漢書司馬相如傳：「士卒多物故。」又蘇武傳：「前已降及物故，凡隨武還者九人。」宋祁曰：「『物』當從南本作『歾』，音没。」案：宋說是，說文歺部：「歾，終也。」

〔三七〕張之象注曰：「劉向曰：『貳師將軍李廣利捐五萬之師，靡億萬之費，經四年之勞，而廑獲駿馬三十匹。雖斬宛王毋寡之首，猶不足以復其費也。』」

〔三八〕盧文弨曰：「當作『率』，『卒』誤。」

〔三九〕史記酷吏傳：「自温舒等以惡爲治，而郡守、都尉、諸侯、二千石欲爲治者，其治大抵盡放温舒；而吏民益輕犯法，盜賊滋起。南陽有梅免、白政，楚有殷中、杜少，齊有徐勃，燕、趙之間有堅盧、范生之屬，大羣至數千人，擅自號，攻城邑，取庫兵，釋死罪，縛辱郡太守、都尉，殺二千石，爲檄告縣，趣具食。小羣盜以百數，掠鹵鄉里者，不可勝數也。於是天子乃始使御史中丞、丞相長史督之，猶弗能禁也；乃使光禄大夫范昆、諸輔都尉及故九卿張德等，衣繡衣，持節，虎符發兵以興擊。斬首，大部或至萬餘級，及以法誅通行飲食，坐連諸郡，甚者數千人。數歲，乃頗得其渠率，散卒失亡，復聚黨阻山川者，往往而羣居，無可奈何。於是作沈命法，曰：『羣盜起不發覺，發覺而捕不滿品者，二千石以下至小吏，主者皆死。』其後，小吏畏誅，雖有盜不敢發，恐不能得，坐課累府。府亦使其不言。故盜賊寖多，上下相爲匿，以文辭避法焉。」又見漢書王訢傳、雋不疑傳、蕭望之傳、咸宣傳，師古曰：「以興擊，以軍興之法而討擊也。」明初本、華氏本「興」作「與」，誤。

〔四〇〕漢書武帝紀：「天漢二年，泰山、琅邪羣盜徐勃等阻山城，道路不通。遣直指使者暴勝之等衣繡衣，杖斧，分部逐捕。刺史郡守以下皆伏誅。冬十一月，詔關都尉曰：『今豪傑多遠交，依東方羣盜，其謹察出入者。』」案當時稱起義的農民革命隊伍爲豪傑。賈誼過秦論：「山東豪傑遂並起而亡秦族矣。」史記吴王濞傳：「上曰：『吴王即山鑄錢，煮海水爲鹽，誘天下豪傑，白頭舉事，若此，其計不百金豈發乎，何以言其無能爲也？』」與此言「山東豪傑」，義並同。唐人有「緑林豪傑」之稱，即本於此。

〔四一〕太玄書室本「幾」作「戉」，臆改。此「幾」字即上文「輟幾」之「幾」，漢書東方朔傳：「可幾而見也。」師古曰：「幾，庶幾。」義與此同。

世務* 第四十七

大夫曰：「諸生妄言！議者令可詳用，無徒守椎車之語，滑稽而不可循〔一〕。夫漢之有匈奴，譬若木之有蠹，如人有疾，不治則寖以深。故謀臣以爲擊奪以困極之。諸生言以德懷之，此有其語而不可行也。諸生上無以似三王，下無以似近秦，令有司可舉而行當世，安蒸庶〔二〕而寧邊境者乎？」

文學曰：「昔齊桓公內附百姓，外綏諸侯，存亡接絕〔三〕，而天下從風。其後，德虧行衰，葵丘之會，振而矜之，叛者九國〔四〕。春秋刺其不崇德而崇力也。故任德，則强楚告服，遠國不召而自至；任力，則近者不親，小國不附。此其效也。誠上觀三王之所以昌，下論秦之所以亡，中述齊桓所以興，去武行文，廢力尚德，罷關梁，除障塞，以仁義導之，則北垂無寇虜之憂，中國無干戈之事矣。」

大夫曰：「事不豫辨〔五〕，不可以應卒。內無備，不可以禦敵。詩云：『詰〔六〕爾民人，謹爾侯度，用戒不虞〔七〕。』故有文事，必有武備〔八〕。昔宋襄公信〔九〕楚而不備，以取大辱焉，身執囚而國幾亡。故雖有誠信之心，不知權變，危亡之道也。春秋不與夷、狄之執中國〔一〇〕，爲其無信也。匈奴貪狼〔一一〕，因時而動，乘可而發，飆舉電至〔一二〕。而欲以誠信之心，金帛之寶，而信無義之詐，是猶親蹠、蹻而扶猛虎也。」

文學曰：「春秋：『王者無敵。』言其仁厚，其德美，天下賓服，莫敢交也〔一三〕。德行延及方外，舟車所臻，足迹所及〔一四〕，莫不被澤。蠻、貊異國，重譯自至。方此之時，天下和同，君臣一德，外內相信，上下輯睦。兵設而不試，干戈閉藏而不用〔一五〕。老子曰：

『兕無所用其角，螫蟲無所輸其毒〔一六〕。』故君仁莫不仁，君義莫不義〔一七〕。世安得跖、蹻而親之乎？」

大夫曰：「布心腹，質情素〔一八〕，信誠内感，義形乎色〔一九〕。宋華元、楚司馬子反之相覩也，符契内合，誠有以相信也〔二〇〕。今匈奴挾不信之心，懷不測之詐，見利如〔二一〕前，乘便而起，潛進市〔二二〕側，以襲無備，是猶措重寶於道路而莫之守也。求其不亡，何可得乎？」

文學曰：「誠信著乎天下，醇德流乎四海，則近者哥〔二三〕謳而樂之，遠者執禽而朝之〔二四〕。故正近者不以威，來遠者不以武，德義修而任賢良也。故民之於事也〔二五〕，辭佚而就勞，於財也，辭多而就寡。上下交讓，道路鴈行〔二六〕。方此之時，賤貨而貴德，重義而輕利，賞之不竊〔二七〕，何寶〔二八〕之守也！」

* 本篇所謂「世務」，就是「當世之務」的意思。當時，「漢之有匈奴，譬若木之有蠹，如人有疾，不治則寖以深」。所以當時的急務是抗擊匈奴以「安蒸庶而寧邊境」。文學的論調是「來遠者不以武」、「王者無敵」，胡説什麽「任力則近者不親，小國不附」，空談「去武行文，廢力尚德，罷關梁，除障塞，以仁義導之」，就可以達到「北垂無寇虜之憂，中國無干戈之事」了。大夫則明確指出「諸生言以德懷之，此有其語而不可行也」，認爲「事不豫辨，不可以應卒。内無備，不

可以禦敵」，提出「有文事必有武備」的正確主張，把加强戰備，看成是迫不及待的「當世之務」。

〔一〕「循」原作「修」，今據陳遵默説校改。陳云：「『修』誤，當作『循』，讀如漢書李陵傳『數數自循其刀環』之『循』，循，摩也，猶言捉摸也。滑稽爲物，圜轉不窮，語無定義者似之，故云不可循。」案：史記樗里子傳：「滑稽多智，秦人號曰智囊。」索隱：「滑音骨，稽音雞。鄒誕生解云：『滑，亂也；稽，同也。謂辨捷之人，言非若是，言是若非，謂能亂同異也。』」御覽七六一引崔浩漢紀音義：「滑稽，酒器也，轉注吐酒，終日不已，若今之陽燧尊。」

〔二〕漢書伍被傳：「氾愛蒸庶。」師古曰：「蒸亦衆也。」又景十三王傳：「此乃烝庶之成風。」師古曰：「烝庶，謂衆人也。」又司馬相如傳：「覺寤黎烝。」師古曰：「黎烝，衆庶也。」

〔三〕公羊傳僖公十七年：「桓公嘗有繼絶存亡之功。」何休注：「繼絶，謂立僖公也。存亡，謂存邢、衛、杞。」

〔四〕公羊傳僖公九年：「葵丘之會，桓公震而矜之，叛者九國。震之者何？猶曰振振然。矜之者何？猶曰莫我若也。」何休注：「振振然，亢陽之貌。矜，色自美大之貌。」史記蔡澤傳：「昔者，齊桓公九合諸侯，一匡天下，至於葵丘之會，有驕矜之志，畔者九國。」

〔五〕張之象本、沈延銓本、金蟠本「辨」作「辦」，攖寧齋鈔本亦作「辦」，古通。墨子七患篇：「心無備慮，不可以應卒。」史記仲尼弟子列傳：「子貢謂晉君曰：『臣聞之：慮不先定，不可以應卒。』」索隱：「按卒謂急卒也。言計慮不先定，不可以應卒有非常之事。」又范雎蔡澤傳：「夫物不素具，不可應卒。」義都與此相近。

〔六〕盧文弨曰：「『誥』，張本『詰』，今從詩攷。」器案：華氏本、沈延銓本、金蟠本亦作「詰」，毛詩作「質」，者，必有文備。」

〔七〕「質」「詰」音近。

〔八〕這是詩經大雅抑文。朱熹集傳曰：「質，成也，定也；侯度，諸侯所守之法度也；虞，慮也。」

〔九〕穀梁傳襄公二十五年：「古者，雖有文事，必有武備。」史記孔子世家：「有文事者，必有武備；有武事

〔一〇〕「信」原作「倍」，今據張敦仁説校改。張説見下。

〔一一〕此句原作「春秋不與夷、狄中國爲禮」，今據張敦仁説校改。張云：「『狄』下當脱『之執』二字，『爲禮』二字當衍，（此因上脱而下衍。）公羊僖二十一年之傳也。上文『宋襄公倍楚而不備』，『倍』當作『信』，下文『爲其無信也』，首尾一事。言宋信而楚無信。（張之象本刪『夷、狄』二字，拾補添『夷、狄與』三字，皆全失其意。）」器案：沈延銓本、金蟠本也刪「夷、狄」二字。公羊傳僖公二十一年：「執宋公以伐宋。孰執之？楚子執之。曷爲不言楚子執之？不與夷、狄之執中國也。」

〔一二〕淮南子要略篇：「秦國之俗貪狼。」許慎注：「狼，荒也。」史記項羽本紀：「貪如狼。」漢書董仲舒傳注師古曰：「狼性皆貪，故謂貪者爲貪狼也。」張之象本、沈延銓本、金蟠本作「貪狠」，不可從。

〔一三〕漢書刑法志：「猋起雲合。」師古曰：「猋，疾風也，如猋之起，言其速也。猋音必遥反。」又蒯通傳：「飄至風起。」師古曰：「飄讀曰猋，謂疾風也。音必遥切。」又韓安國傳：「匈奴輕疾悍亟之兵也，至如猋風，去如收電。」師古曰：「猋，疾風也。音必遥反。」又司馬相如傳上：「雷動猋至。」師古曰：「猋，疾風也。猋音必遥反。」猋借飆字，説文風部：「飆，扶摇風也。」

〔一四〕「莫敢交也」，「交」上原衍「受」字，今據張敦仁説校删。張云：「按此有誤也。『交』『校』同字，『受』即

『交』之複衍者。（今公羊成元年傳云：「莫敢當也。」蓋次公之本，有異複衍例，詳於下。）」器案：淮南子兵略篇：「野無校兵。」許慎注：「敵家之兵，不來相交復也。」漢書嚴助傳載淮南王安上書諫征閩、越：「天子之兵，有征而無戰，言莫敢校也。」師古曰：「校，計也，不敢與計强弱曲直。」史記張耳陳餘傳：「野無交兵。」會注引楓山本、三條本「交」作「校」，正義云：「校，報也。」則正義本亦作「校」。戰國策秦策：「足以校於秦矣。」高誘注：「校，亢也。」

〔一四〕淮南子兵略篇：「人迹所至，舟檝所通，莫不爲郡縣。」漢書嚴助傳：「人迹所及，咸盡賓服。」又公孫弘傳：「舟車所至，人迹所及。」

〔一五〕張之象本、沈延銓本、金蟠本「閉」作「蔽」。又案：「干戈閉藏而不用」與「兵設而不試」對文，「試」即「用」也。後大論篇：「法令設而不用。」語法與此同，字正作「用」。管子君臣上篇：「令出而不稽，刑設而不用。」句法亦同，字亦作「用」。荀子議兵篇：「威厲而不試，刑錯而不用。」又見宥坐篇，此正與之同。

〔一六〕老子德經五十章：「兕無所投其角。」又五十五章：「蜂蠆虺蛇不螫。」這裏當是合用兩章文。

〔一七〕孟子離婁上：「君仁莫不仁，君義莫不義。」

〔一八〕史記蔡澤傳：「披心腹，示情素。」文選謝靈運還舊園詩注引史記此文而釋之曰：「素猶實也。」漢書王襃傳：「抒情素。」又鄒陽傳：「披心腹，見情素。」

〔一九〕公羊傳桓公二年：「何賢乎孔父？孔父可謂義形於色矣。」何休注：「内有義，而外形見於顏色。」

〔二〇〕韓詩外傳二載此事，加以評議云：「君子善其平己也。華元以誠告子反，得以解圍，全二國之命。詩云：「『彼姝者子，何以告之。』君子善其以誠相告也。」

〔二一〕張之象注曰：「『如』一作『而』。古『而』字通作『如』字，樂府『艾而張』亦作『艾如張』也。」王先謙曰：「『如』猶『而』。」

〔二二〕張敦仁曰：「案『市』當作『司』。『司』『伺』，同字也。」器案：史記漢興以來將相名臣年表大事記：「高皇帝六年，立大市。」賈誼新書匈奴篇：「夫關市者，固匈奴所犯滑而深求也，願上遣使厚與之和，以不得已許之大市。使者反，因於要險之所，多爲鑿開（関），衆而延之，關吏卒使足以自守。大每一關，屠沽者、賣飯食者、羹臛膹炙者，每物各一二百人，則胡人著於長城下矣。」此文所謂市，即大市也。蓋當時於邊郡向匈奴開放之市場。後漢書南匈奴傳：「遠驅牛馬，與漢合市。」胡三省曰：「合市，與漢和合爲市也。」又烏桓傳：「賞賜質子，歲時互市。」則在後漢時發展而爲合市、互市了。張説非是。

〔二三〕明初本、華氏活字本、正嘉本、倪邦彦本、沈延銓本、金蟠本、百家類纂、百子類函「哥」作「歌」。説文可部：「哥，聲也。從二可。古文以爲『歌』字。」又案：沈延銓本「謳」字在「歌」字上。

〔二四〕淮南子泰族篇：「百姓謌謳而樂之，諸侯執禽而朝之。」左傳莊公二十四年：「男贄大者玉帛，小者禽鳥，以章物也。」

〔二五〕「也」字原無，攖寧齋鈔本有，與下句「於財也」相儷爲文，今據訂補。

〔二六〕淮南子本經篇：「昔容成氏之時，道路雁行列處。」高誘注：「雁行，長幼有差也。」禮記王制：「兄弟之齒雁行。」

〔二七〕論語顔淵篇：「季康子患盜，問於孔子，孔子對曰：『苟子之不欲，雖賞之不竊。』」

〔二八〕沈延銓本「寶」作「莫」。

和親*第四十八

大夫曰：「昔徐偃王行義而滅，魯哀公好儒而削〔一〕。知文而不知武，知一而不知二〔二〕。故君子篤仁以行，然必築城以自守，設械以自備，爲不仁者之害己也。是以古者，蒐獮振旅而數軍實焉〔三〕，恐民之愉佚而亡戒難。故兵革者國之用，城壘者國之固也，而欲罷之，是去表見裏，示匈奴心腹也。匈奴輕舉潛進，以襲空虛，是猶不介而當矢石之蹊〔四〕，禍必不振。此邊境之所懼，而有司之所憂也。」

文學曰：「往者，通關梁〔五〕，交有無，自單于以下，皆親漢内附，往來長城之下。其後，王恢誤謀馬邑〔六〕，匈奴絶和親，攻當路塞〔七〕，禍紛拏而不解〔八〕，兵連而不息，邊民不解甲弛弩，行數十年〔九〕，介冑而耕耘，鉏耰而候望，燧燔烽舉，丁壯弧弦而出鬭，老者超越而入葆〔一〇〕。言之足以流涕寒心，則仁者不忍也。詩云：『投我以桃，報之以李〔一一〕。』未聞善往而有惡來者。故君子敬而無失，與人恭而有禮，四海之内，皆爲兄弟也〔一二〕。故内省不疚，夫何憂何懼〔一三〕！」

大夫曰：「自春秋諸夏之君，會聚相結，三會之後，乖疑相從，伐戰不止；六國從親，冠帶〔一四〕相接，然未嘗有堅約。況禽獸之國乎！春秋存君在楚〔一五〕，詰朏〔一六〕之會書公，紿夷、狄也。匈奴數和親，而常先犯約，貪侵盜驅，長詐之國也。反復無信，百約百叛〔一七〕，若朱、象之不移，商均之不化〔一八〕。而欲信其用兵之備，親之以德，亦難矣。」

文學曰：「王者中立而聽乎天下，德施方外，絶國殊俗〔一九〕，臻於闕廷，鳳皇在列樹，麒麟在郊藪〔二〇〕，羣生庶物，莫不被澤。非足行〔二一〕而仁〔二二〕辨之也，推其仁恩而皇之〔二三〕，誠也。范蠡出於越，由余長於胡，皆爲霸王賢佐。故政有不從之教，而世無不可化之民。詩云：『酌彼行潦，挹彼注兹〔二四〕。』故公劉處戎、狄，戎、狄化之。太王去豳，豳民隨之。周公修德，而越裳氏來。其從善如影響。爲政務以德親近，何憂於彼之不改？」

＊　和親，是西漢初期處於内有封建割據、外有匈奴侵擾的具體情況下，所採取的和睦親善的對外政策。桑弘羊總結了執行和親政策以來的歷史經驗，指出：「匈奴數和親，而常先犯約，貪侵盜驅，長詐之國也。反復無信，百約百叛。」他强調「兵革者國之用，城壘者國之固也，而欲罷之，是去表見裏，示匈奴心腹也。匈奴輕舉潛進，以襲空虛，是猶不介而當矢石之蹊，禍必不振」。他堅決反對文學們主張的取消邊防建設，敞開國門，讓匈奴如入無人之境，要求採取戰備措施。

文學則堅持「爲政務以德親近」的論調，認爲與匈奴和親必然收到「投桃報李」的效果。這完全是脱離實際的空談。

〔一〕此二句，原作「昔徐偃行王（正嘉本、太玄書室本、張之象本、沈延銓本、金蟠本「行王」作「王行」。）義而滅，好儒而削」，今輒爲改正。韓非子五蠹篇：「齊將攻魯，魯使子貢説之。齊人曰：『子言非不辯也，吾所欲者，土地也，非斯言所謂也。』遂舉兵伐魯，去門十里爲界。故曰：偃王仁義而徐亡，子貢辯智而魯削。」淮南子人間篇：「夫徐偃王爲義而滅，燕子噲行仁而亡，哀公好儒而削，代君爲墨而殘。」高誘注：「哀公，魯君。」這正是次公所本。淮南子氾論篇：「徐偃王被服慈惠，身行仁義，陸地之朝者三十二國，然而身死國亡，子孫無類。」高誘注：「偃王於哀亂之世，脩行仁義，不設武備，楚王滅之，故身死國亡也。七諫篇曰『荆文誤而徐亡』是也。」孫詒讓曰：「好儒而削，非徐偃王事，此上當有脱文。相刺篇云：『魯穆公之時，公儀子爲相，子思、子原爲之卿，然北削於齊，以泗爲境。』疑此『好儒』上，即脱『魯穆公』三字。」今案：相刺篇是用孟子，這篇是用韓非子、淮南子。韓非子言「使子貢」，子貢當魯哀公時；高注淮南以爲哀公是魯君，則魯哀公好儒而削之事，秦、漢人都是知道的，自是相傳有之，不必牽引魯穆公爲説。劉子新論隨時章也説：「魯哀公好儒服而削。」

〔二〕史記高祖本紀：「公知其一，未知其二。」文選長楊賦：「知其一，未覩其二。」李善注：「莊子曰：『識其一不知其二，治其内而不治其外。』」

〔三〕左傳隱公五年：「故春蒐、夏苗、秋獮、冬狩，皆於農隙以講事也。三年而治兵，入而振旅，歸而飲至，以數軍實。」杜預注：「蒐，索，擇取不孕者。獮，殺也，以殺爲名，順秋氣也。振，整也。旅，衆也。飲於廟，以數車徒器械及所獲也。」

〔四〕史記刺客傳：「是謂委肉當餓虎之蹊也，禍必不振矣。」索隱：「振，救也。」又見燕策下。淮南子修務篇：「蒙矢石。」高誘注：「石，矢弩也。一曰，發石也。」

〔五〕張敦仁曰：「『梁』當作『市』。史記匈奴傳云：『孝景帝復與匈奴和親，通關市。』又云：『武帝即位，明和親，約吏厚遇，通（此字漢書無。）關市，饒給之。』又云：『尚樂關市，嗜漢財物，漢亦尚關市不絶以中之。』漢書同，可證也。關市者，交關爲市。」器案：史記文帝紀：「孝文皇帝臨天下，通關梁，不異遠方。」則「通關梁」自通，不必改字。世務篇：「罷關梁。」亦作「關梁」。

〔六〕史記匈奴傳：「今帝（漢武帝）即位，明和親約束，厚遇，通關市，饒給之。匈奴自單于以下皆親漢，往來長城下。漢使馬邑下人聶翁壹奸蘭出物，與匈奴交。詳爲賣馬邑城，以誘單于。單于信之，而貪馬邑財物，乃以十萬騎入武州塞。漢伏兵三十餘萬馬邑旁。御史大夫韓安國爲護軍，護四將軍以伏單于。單于既入漢塞，未至馬邑百餘里，見畜布野而無人牧者，怪之，乃攻亭。是時，雁門尉史行徼，見寇，葆此亭，知漢兵謀。單于得，欲殺之。尉史乃告漢兵所居。單于大驚曰：『吾固疑之。』乃引兵還。出曰：『吾得尉史，天也。天使若言。』以尉史爲天王。漢兵約單于入馬邑而縱，單于不至，以故漢兵無所得。漢將軍王恢部出代擊胡輜重，聞單于還，兵多，不敢出。漢以恢本造兵謀而不進，斬恢。自是之後，匈奴絶和親，攻當路塞。往往入盜於漢邊，不可勝數。」案王恢誤謀馬邑事，又詳史記韓長孺傳。

〔七〕「攻當路塞」原誤作「故當路結」，今據陳遵默説校改。陳云：「『故當路』三字，與下不諧。史記建元以來侯者年表序云：『匈奴絶和親，攻當路塞。』桓即用彼文。『故』爲『攻』形誤，『結』亦『塞』之改易。蓋『攻』既誤『故』，傳者不得其説，以『塞』字無義，而又習於『兵連禍結』之常語，因改『塞』爲『結』，不知

『禍紛拏』即『禍結』也，多『結』字，則枝贅。」器案：陳説是。史記汲黯傳：「夫匈奴攻當路塞，絶和親。」又匈奴傳：「匈奴絶和親，攻當路塞。」索隱：「蘇林曰：『直當道之塞。』」漢書匈奴傳上：「匈奴絶和親，攻當路塞。」師古曰：「塞之當行道處者。」俱作「攻當路塞」，今據改正。

〔八〕漢書霍去病傳：「漢、匈奴相紛拏，殺傷大當。」師古曰：「紛拏，亂相持搏也。」文選舞賦注：「紛拏，相著牽引也。」漢書嚴安傳：「禍拏而不解。」師古曰：「拏，相連引也。」後漢書馮衍傳：「禍拏未解，兵連不息。」

〔九〕漢書匈奴傳下：「嚴尤諫曰：『兵連禍結三十餘年。』」

〔一〇〕「葆」就是「保塞」。史記匈奴傳：「至孝文帝初立，復修和親之事。其三年五月，匈奴右賢王入居河南地，侵盗上郡葆塞。」

〔一一〕這是詩經大雅抑文，鄭箋云：「此言善往則善來，無行而不得其報也。」

〔一二〕論語顔淵篇：「司馬牛憂曰：『人皆有兄弟，我獨亡。』子夏曰：『商聞之矣：死生有命，富貴在天。君子敬而無失，與人恭而有禮，四海之内，皆兄弟也。君子何患乎無兄弟也！』」此用其文，「皆」下有「爲」字，皇疏及文選蘇子卿古詩注引亦有「皆」字，與此正合。

〔一三〕論語顔淵篇：「司馬牛問君子。子曰：『君子不憂不懼。』曰：『不憂不懼，斯謂之君子已乎？』子曰：『内省不疚，夫何憂何懼？』」

〔一四〕漢書司馬相如傳下：「難蜀父老：『封疆之内，冠帶之倫。』」文選西京賦注：「冠帶猶縉紳，謂吏人也。」

〔一五〕公羊傳襄公二十九年：「春，王正月，公在楚。何言乎公在楚？正月以存君也。」何休注：「正月，歲終而復始，執贄存之，故言在。在晉不書，在楚書者，惡襄公久在夷、狄，爲臣子危，録之。」「存」就是存問的意思。

〔一六〕盧文弨曰：「『詰詘』，左傳作『皋鼬』，公羊作『浩油』。」案見定公四年。

〔一七〕管子七法篇、孫子謀攻篇、鄧析子無厚篇、史記淮陰侯世家言「百戰百勝」，申子大體篇言「百爲百當」，史記周本紀言「百發百中」，漢書馮奉世傳言「百下百全」，二「百」用法，與此相同。

〔一八〕淮南子修務篇：「沈湎耽荒，不可教以道，不可喻以德，嚴父弗能正，賢師不能化者，丹朱、商均也。」高誘注：「丹朱，堯子；商均，舜子。弗能化，詩云：『誨爾諄諄，聽我藐藐。』是其類也。」案象，舜弟。

〔一九〕淮南子修務篇：「絶國殊俗。」高誘注：「絶，遠。」漢書孝武本紀注師古曰：「絶國，絶遠之國，謂聲教之外。」

〔二〇〕荀子哀公篇：「古之王者，……鳳在列樹，麟在郊野。」

〔二一〕論語公冶長篇「足恭」，皇侃義疏引繆協云：「足恭者，以恭足於人意。」此文「足」字，義亦如之。足即十足之意。

〔二二〕張之象本、沈延銓本、金蟠本「仁」作「人」，太玄書室本作「勢」。

〔二三〕淮南子泰族篇：「非户辯而家説之也，推其誠心，施之天下而已矣。」此文本之。文選東京賦注：「皇，大也。」太玄書室本「推」作「惟」，明初本「皇」作「廣」，沈延銓本作「懷」，都是臆改。

〔二四〕這是詩經大雅洞文。朱熹集傳：「洞，遠也；行潦，流潦也。言遠酌彼行潦，挹之於彼，而注之於此。」

鹽鐵論校注卷第九

繇役*第四十九

大夫曰：「屠者解分〔一〕中理，可横以手而離也；至其抽筋鑿骨，非行金斧不能決〔二〕。聖主循性而化，有不從者，亦將舉兵而征之，是以湯誅葛伯，文王誅犬夷〔三〕。及後戎、狄猾夏，中國不寧，周宣王、仲山甫式遏寇虐。詩云：『薄伐獫狁，至于太原〔四〕。』『出車彭彭，城彼朔方〔五〕。』自古明王不能無征伐而服不義，不能無城壘而禦强暴也。」

文學曰：「舜執干戚而有苗服〔六〕，文王底〔七〕德而懷四夷。詩云：『鎬京辟雍，自西自東，自南自北，無思不服〔八〕。』普天之下，惟人面之倫〔九〕，莫不引領而歸其義。故畫地爲境〔一〇〕，人莫之犯。子曰：『白刃可冒，中庸不可入〔一一〕。』至德之謂也。故善攻不待堅甲而克，善守不待渠梁而固〔一二〕。武王之伐殷也，執黄鉞，誓牧之野，天下之士莫不願爲之用。既而偃兵，搢笏〔一三〕而朝，天下之民莫不願爲之臣。既以義取之，以德守之〔一四〕。秦以力取之，以法守之，本末不得，故亡。夫文猶可長用，而武難久行也。」

大夫曰：「詩云：『玁狁孔熾，我是用戒〔一五〕。』『武夫潢潢，經營四方〔一六〕。』故守禦征伐，所由來久矣。春秋大戎未至而豫禦之〔一七〕。故四支強而躬體固，華葉茂而本根據〔一八〕。故飭四境所以安中國也，發戍漕所以審勞佚也。主憂者臣勞，上危者下死〔一九〕。先帝憂百姓不贍，出禁錢〔二〇〕，解乘輿驂，貶樂損膳，以賑窮備邊費〔二一〕。未見報施之義，而見沮〔二二〕成之理，非所聞也。」

文學曰：「周〔二三〕道衰，王迹熄〔二四〕，諸侯争强，大小相凌。是以强國務侵，弱國設備。甲士勞戰陣，役於兵革，故君勞而民困苦也。今中國爲一統，而方内〔二五〕不安，徭役遠而外内煩也。古者，無過年之繇，無逾時之役〔二六〕。今近者數千里，遠者過萬里，歷二期。長子不還，父母愁憂，妻子詠歎，憤懣之恨發動於心，慕思之積痛於骨髓。此杕杜、采薇之所爲作也〔二七〕。」

*　「繇役」，正文作「徭役」，漢書高帝紀上：「常繇咸陽。」應劭曰：「繇者，役也。」師古曰：「繇讀曰傜，古

通用字。」又蓋寬饒傳：「繇使至長安。」師古注：「繇讀與傜同。」

在這次會議上，對於由於反抗匈奴侵擾的正義戰爭而帶來的繇役，即動員人力的問題，彼此展開了激烈的辯論。文學高唱「偃武修文」的舊調，胡説「文猶可長用，而武難久行」，侈陳「古者，無過年之繇，無踰時之役」，來攻擊「今中國爲一統，而方内不安，繇役遠而内外煩也」。桑弘羊引用文學們死守的儒家經典所記載的大量事實，來證明「自古明王不能無征伐而服不義，不能無城壘而禦强暴」，「故守禦征伐，所由來久矣」，從而説明當時的「飭四境所以安中國也，發戍漕所以審勞也」，爲了抗擊匈奴，保家衛國，這完全是必要的。

〔一〕沈延銓本「分」作「紛」。

〔二〕張之象注曰：「賈誼曰：『屠牛坦一朝解十二牛，而芒刃不頓者，所排擊剥割，皆衆理解也。至於髖髀之所，非斤則斧。夫仁義恩厚，人主之芒刃也；權勢法制，人主之斤斧也。』」案見漢書賈誼傳。

〔三〕孟子梁惠王下：「惟仁者爲能以大事小，是故湯事葛，文王事混夷。」趙岐注：「葛伯放而不祀，湯先助之祀。詩云：『混夷兑矣，唯其喙矣。』謂文王也。」趙注引詩，見大雅緜，又皇矣作「串夷」，焦循孟子正義四：「『串』同『患』，與『混』一音之轉，『串』亦與『犬』一音之轉，故書大傳、説文作『畎夷』。」

〔四〕詩經小雅六月：「薄伐玁狁，至於太原。」文選史孝山出師頌用六月此文，集注引陸善經曰：「薄，詞也。」

〔五〕詩經小雅出車：「王命南仲，往城於方。出車彭彭，旂旐央央。天子命我，城彼朔方。赫赫南仲，玁狁于襄。」案後漢書龐參傳載馬融上書：「昔周宣獫狁侵鎬及方，……而宣王立中興之功，……是以南仲赫赫，列在周詩。」蔡邕諫伐鮮卑議：「周宣王命南仲、吉甫攘玁狁，威荆、蠻。」説與此同。漢書衛青傳注師古曰：「彭彭，衆車聲也。朔方，北方也。」又案：引六月、出車二詩，本漢武帝就衛青抗擊匈奴有功，益封青三千户時策封之文，見史記衛將軍列傳。桑弘羊用之者，蓋欲以王言折文學也。

〔六〕尚書大禹謨：「帝乃誕敷文德，舞干羽于兩階，七旬，有苗格。」韓非子五蠹篇：「當舜之時，有苗不服，禹將伐之，舜曰：『不可。上德不厚而行武，非道也。』乃修教三年，執干戚舞，有苗乃服。」文選魏都賦：「干戚羽旄。」注：「干，盾也；戚，斧也，武舞所執。羽，翟羽也；旄，旄牛尾，文舞所執。」

〔七〕王先謙曰：「北堂書鈔地部引『底』作『宣』。」

〔八〕這是詩經大雅文王有聲文。朱熹集傳：「張子曰：『靈臺辟廱，文王之學也，鎬京辟廱，武王之學也，至此始爲天子之學矣。』無思不服，心服也。孟子曰：『天下不心服而王者，未之有也。』」

〔九〕人面之倫，猶言圓顱方趾之倫。史記匈奴傳：「夷狄之人，被髮左衽，人面獸心。」後漢書肅宗孝章帝紀：「章和元年秋七月壬戌，詔曰：『朕聞明君之德，啓迪鴻化，緝熙康乂，光照六幽，訖惟人面，靡不率俾，仁風翔于海表，威霆行乎鬼區。』」

〔一〇〕沈延銓本「境」作「禁」。通鑑六三：「畫地而守之。」注：「言畫地作限隔也。」

〔一一〕這是禮記中庸文。今本「冒」作「蹈」，「入」作「能」。

〔一二〕淮南子兵略篇：「莫不設渠塹傅堞而守。」又泰族篇：「故守不待渠塹而固，攻不待衝隆而拔。」

〔一三〕淮南子泰族篇：「周處酆、鎬，地方不過百里，而誓紂牧之野，入據殷國，朝成湯之廟，表商容之閭，封比干之墓，解箕子之囚，乃折枹毀鼓，偃五兵，縱牛馬，搢笏而朝天下，百姓歌謳而樂之，諸侯執禽而朝之，得民心也。」此文本之。搢笏就是把朝笏插在腰帶上的意思。

〔一四〕呂氏春秋原亂篇：「武王以武得之，以文持之。倒戈弛弓，示天下不用兵，所以守之也。」漢書陸賈傳：「湯、武逆取而以順守之，文武並用，長久之術也。」

〔一五〕這是詩經小雅六月文，毛詩「戒」作「急」。盧文弨曰：「『戒』當作『悈』。」張敦仁曰：「次公所稱作『戒』，必三家詩如此，毛詩作『急』。爾雅：『悈，急也。』爾雅與此，以『戒』『悈』同字而駁異，猶毛之以『戒』『急』同義而駁異也，不得改而一之。」徐友蘭曰：「爾雅：『悈，急也。』『悈』、『戒』聲同，無庸更。倉頡篇：『革，戒也。』淮南子：『且人有戒形。』注：『戒或作革。』是『戒』、『革』通。禮鄭君注：『革，急也。』列子注：『夏革，字子棘。』謝康樂賦有『我是用棘』語，可爲『用戒』左證。」

〔一六〕這是詩經大雅江漢文。毛詩「潢潢」作「洸洸」。潢潢，武貌。荀子富國篇注：「『潢』與『滉』同。」從黄從光之字古多通。

〔一七〕此句原作「春秋譏戎驪未至豫禦之」，今據盧文弨、張敦仁說校訂。盧云：「『譏』譌，當爲『大』，『至』下脱一『而』字。」張云：「此當『驪』下『未』上有脱文，而『大』字在『未』上也，餘無以補之。莊十八年，夏，公追戎於濟西，公羊傳：『大其未至而豫禦之也。』譏戎驪，非彼傳文。（依拾補則當並衍「驪」字。）」

〔一八〕左傳僖公五年注：「據，盛也。」漢書霍光傳：「黨親連體，根據於朝廷。」與此文「據」字義同。

〔一九〕國語越語：「范蠡曰：『爲人臣者，君憂臣勞，君辱臣死。』」又見史記越王勾踐世家。史記范雎傳：「主憂臣辱，主辱臣死。」

〔二〇〕漢書賈捐之傳：「臣竊以往者羌軍言之，暴師曾未一年，兵出不踰千里，費四十餘萬萬，大司農錢盡，迺以少府禁錢續之。」師古曰：「少府錢主供天子，故曰禁錢。」

〔二一〕漢書食貨志上載武帝時，「胡降者數萬人，皆得厚賞，衣食仰給縣官。縣官不給，天子損膳，解乘輿，出御府禁藏以澹之」。東京賦：「散禁財。」薛綜注：「禁藏也。」案御覽六二七引桓譚新論：「百姓賦斂，一歲爲四十餘萬萬，吏俸用其半，餘二十萬萬，藏於都内，爲禁錢，少府所領園池作務八十三萬萬，以給宫室供養諸賞賜。」案大司農有都内令丞。

〔二二〕漢書趙充國傳注、文選舞鶴賦注並云：「沮，壞也。」

〔二三〕攖寧齋鈔本「周」上有「昔」字。

〔二四〕孟子離婁下：「王者之迹熄而詩亡。」

〔二五〕漢書嚴助傳注：「方内，中國四方之内也。」

〔二六〕韓詩外傳三：「太平之時，民行役者不踰時，男女不失時以偶，孝子不失時以養，外無曠夫，内無怨女，上無不慈之父，下無不孝之子，父子相成，夫婦相保，天下和平，國家安寧。」

〔二七〕詩經小雅采薇序：「采薇，遣戍役也。文王之時，西有昆夷之患，北有玁狁之難，以天子之命，命將率，遣戍役，以守衛中國。故歌采薇以遣之，出車以勞還，杕杜以勸歸也。」又杕杜序：「杕杜，勞還役也。」這是古文家詩說。這裏以小雅爲刺詩，當是今文家説。

險固*第五十

大夫曰：「虎兕所以能執熊羆、服羣獸者，爪牙利而攫便也。秦所以超〔一〕諸侯、吞天下、并敵國者，險阻固而勢居然也〔二〕。故龜猖〔三〕有介，狐貉不能禽；蝮蛇有螫〔四〕，人忌而不輕。故有備則制人，無備則制於人〔五〕。故仲山甫補衮職之闕〔六〕，蒙公築長城之固〔七〕，所以備寇難，而折衝萬里之外也。今不固其外，欲安其内，猶家人不堅垣牆，狗吠夜驚〔八〕，而闇昧妄行也。」

文學曰：「秦〔九〕左殽、函，右隴阺〔一〇〕，前蜀、漢，後山、河，四塞以爲固〔一一〕，金城千里〔一二〕，良將勇士，設利器而守陘隧〔一三〕，墨子守雲梯之械也〔一四〕。以爲雖湯、武復生，蚩尤復起，不輕攻也。然戍卒陳勝無將帥之任，師旅之衆，奮空拳〔一五〕而破百萬之師，無牆籬之難〔一六〕。故在德不在固。誠以仁〔一七〕義爲阻，道德爲塞，賢人爲兵，聖人爲守，則莫能入。如此則中國無狗吠之警，而邊境無鹿駭狼顧〔一八〕之憂矣。夫何妄行而之乎〔一九〕？」

大夫曰：「古者，爲國必察土地、山陵阻險、天時地利，然後可以王霸。故制地城郭，飭溝壘，以禦寇固國。春秋曰：『冬浚洙〔二〇〕。』脩地利也。三軍順天時，以實擊虛，然困〔二一〕於阻險，敵於金城〔二二〕。楚莊之圍宋〔二三〕，秦師敗崤嶔崟〔二四〕，是也。故曰：『天時不如地利〔二五〕。』羌、胡固，近於邊，今不〔二六〕取，必爲四境長患。此季孫之所以憂顓臾，有句踐之變而爲强吴之所悔也。」

文學曰：「地利不如人和，武力不如文德。周之致遠，不以地利，以人和也。百世不奪，非以險，以德也。吴有三江、五湖之難〔二七〕，而兼於越。楚有汝淵、兩堂〔二八〕之固，而滅於秦。秦有隴阺、崤塞，而亡於諸侯。晉有河、華、九阿〔二九〕，而奪於六卿。齊有泰山、巨海，而脅〔三〇〕於田常。桀、紂有天下，兼於滈〔三一〕、亳。秦王以六合困於陳涉。非地利不固，無術以守之也。釋邇憂遠，猶吴不内定其國，而西絶淮水〔三二〕，與齊、晉争强也；越因其罷，擊其虚。使吴王用申胥，修德，無恃極其衆，則句踐不免爲藩臣〔三三〕海崖，何謀之敢慮也〔三四〕？」

大夫曰：「楚自巫山起方城〔三五〕，屬巫、黔中，設扞關〔三六〕以拒秦。秦包商、洛、崤、函〔三七〕，以禦諸侯。韓阻宜陽〔三八〕、伊闕，要成皋、太行，以安周、鄭〔三九〕。魏濱洛築城〔四〇〕，阻山帶河，以保晉國。趙結飛狐〔四一〕、句注〔四二〕、孟門〔四三〕，以存邢〔四四〕、代。燕塞碣石，絶邪谷〔四五〕，繞援遼〔四六〕。齊撫阿、甄，關榮、歷〔四七〕，倚太山，負海、河〔四八〕。關梁〔四九〕者，邦國之固，而山川者〔五〇〕，社稷之寶也。徐人滅舒，春秋謂之『取』〔五一〕，惡其無備〔五二〕，得物之易也。故恤來兵，仁傷刑。君子爲國，必有不可犯之難。易曰：『重門擊拓〔五三〕，以待暴客。』言備之素脩也〔五四〕。」

文學曰：「阻〔五五〕險不如阻義，昔湯以七十〔五六〕里，爲政於天下，舒〔五七〕以百里，亡於敵國。此其所以見惡也。使關梁足恃，六國不兼於秦；河、山足保，秦不亡於楚、漢。由此觀之：衝隆〔五八〕不足爲强，高城不足爲固。行善則昌，行惡則亡。王者博愛遠施，外內合同〔五九〕，四海各以其職來祭〔六〇〕，何擊拓而待？傳曰：『諸侯之有關梁，庶人之有爵祿〔六一〕，非升〔六二〕平之興，蓋自戰國始也。』」

＊　這篇就設險固邊問題即國防問題，彼此展開了一場唇槍舌劍的交鋒。

大夫總結了「蒙公築長城之固，所以備寇難，而折衝萬里之外」的寶貴經驗，他强調「備之素脩」，提出「有備則制人，無備則制於人」的戰備思想，指出「君子爲國，必有不可犯之難」，從而提出「制地城郭，飭溝壘，以禦寇固國」的戰備措施，並進一步説明了反侵擾的重要戰略意義：「羌、胡固近於邊，今不取，必爲四境長患。」

文學則侈談「在德不在固」的論調，竭力宣揚孔丘的「遠人不服則修文德以來之」（論語季氏篇）和孟軻的「固國不以山谿之險」（孟子公孫丑下篇）的觀點。他們認爲「武力不如文德」，「阻險不如阻義」，「衝隆不足爲强，高城不足爲固」，胡説什麽「誠以行義爲阻，道德爲塞，賢人爲兵，聖人爲守，則莫能入」。他們的這些言論，適足以破壞和取消邊防建設，壞我長城而已。

〔一〕張敦仁曰：「『超』當作『招』。過秦論云：『招八州。』文選注引鄧展曰：『招猶舉也。』蘇林曰：『招音翹。』」

〔二〕史記秦始皇本紀太史公曰引過秦論：「秦地被山帶河以爲固，四塞之國也。自繆公以來至於秦王，二十餘君，常爲諸侯雄，豈世世賢哉？其勢居然也。」勢居就是地位的意思，詳通有篇注〔八〕。

〔三〕正嘉本、張之象本、沈延銓本、金蟠本、百家類纂、百子類函「猖」作「倡」。盧文弨曰：「張本『倡』，涂作『猖』，俱難曉。」張敦仁曰：「案『鼅猖』當作『鼅猬』。風俗通十反云：『俯伏甚於鼅蝟。』（『蝟』『猬』同字。）鼅猬，物之至卑下者。言猬之有介者，猬之有毛，如被介也。下句『狐貉不能禽』，『狐貉』二字必有誤，未詳。」徐友蘭曰：「『狐貉』當爲『猵獺』。」俞樾曰：「『猖』疑『瑁』字之誤，『瑁』即玳瑁也。異物志云：『玳瑁生南海，如龜，大者如籧篨，背上有鱗。』」案文選東京賦注：「介，甲也。」

〔四〕藝文類聚九六引廣志：「蝮蛇與土色相亂，長三四尺。其中人，以牙嚙之，截斷皮，出血，則身盡痛，九竅血出而死。」

〔五〕荀子王制篇：「善擇人者制人，不善擇人者人制之。……夫制人之與人制之也，是其爲相懸也亦遠矣。」

〔六〕詩經大雅烝民：「衮職有闕，維仲山甫補之。」鄭玄箋：「衮職者，不敢斥王之言也。王之職有闕，輒能補之者，仲山甫也。」

〔七〕史記蒙恬傳：「秦已并天下，乃使蒙恬將三十萬衆，北逐戎、狄，收河南，築長城，因地形用制險塞，起臨洮，至遼東，延袤萬餘里。」倪邦彦本「難」作「讎」。

〔八〕漢書嚴助傳：「今方内無犬吠之警。」又嚴安傳：「今中國無狗吠之警。」又酷吏王温舒傳：「郡中無犬吠之盜。」又匈奴傳贊：「三世無犬吠之警。」説苑談叢：「犬吠不驚，命曰金城。」

〔九〕華氏本、張之象本、沈延銓本、金蟠本「秦」下有「地」字。

〔一〇〕文選西都賦注、西征賦注引「阺」都作「阸」。文選解嘲注：「應劭曰：『天水有大坂曰龍坻。』」鸚鵡賦注引同。「龍坻」即「隴阺」。

〔一一〕史記蘇秦傳：「説惠王曰：秦四塞之國，被山帶渭，東有關、河，西有漢中，南有巴、蜀，北有代、馬，此天府也。」正義：「東有黄河，有函谷、蒲津、龍門、合河等關，南山（有脱文。）及武關、嶢關，西有大隴山、大震、烏蘭等關，北有黄河南塞，是四塞之國。」又秦始皇本紀引過秦論：「秦地被山帶河以爲固，四塞之國也。」董説七國考三引徐廣曰：「東函谷，南武關，西散關，北蕭關。」

〔一二〕管子桓公問篇：「歸土之利，内之爲城，城外爲之郭，郭外爲之土閬，（尹注：「閬謂隍。」）地高則溝之，下則隄之，命之曰金城。」史記秦始皇本紀引過秦論：「秦王之心，自以爲關中之固，金城千里。」索隱：「金城，言其實且堅也。韓子曰：『雖有金城湯池。』漢書張良亦曰：『關中所謂金城千里，天府之國。』」

〔一三〕説文𨸏部：「陘，山絶坎也。」段注：「河北八陘：一曰軹關陘，二曰太行陘，三曰白陘，四曰滏口陘，五曰井陘，六曰飛狐陘，七曰蒲陰陘，八曰軍都陘。」漢書匈奴傳下：「起亭隧。」師古曰：「隧謂深開小道而行，避敵鈔寇也。」又西域傳下注師古曰：「隧者，依深險之處，開通行道也。」正文。」

〔一四〕墨子公輸篇：「王曰：『善哉！雖然公輸盤爲我爲雲梯，必取宋。』於是見公輸盤，子墨子解帶爲城，以裸爲械，公輸盤九設攻城之機變，子墨子九距之。」郭沫若曰：「『墨子守雲梯之械也』，疑古注語攔入正文。」

〔一五〕文選報任少卿書：「更張空拳。」李善注引「拳」作「捲」，「之師」作「之軍」。注又云：「李登聲類云：『拳或作捲。』此言兵已盡，但張空拳以擊耳。何晏白起故事：『白起雖坑趙卒，向使預知必死，則前驅空捲，猶可畏也，況三十萬被堅執鋭乎？』師古曰：『讀爲拳者繆矣，拳則屈指，不當言張。陵時矢盡，故張弩之空弓，非手拳也。』李奇曰：『拳者，弩弓也。』」器案：文選注引「拳」作「捲」，「捲」即「拳」，史記孫子傳：「夫解雜亂紛糾者不控捲。」索隱：「按謂解雜紛糾者，當善以手解之，不可控捲而擊之，捲即拳也。」

〔一六〕史記秦始皇本紀：「楚師深入，戰於鴻門，曾無藩籬之艱。」

〔一七〕「仁」原作「行」，今據太玄書室本改正。

〔一八〕史記蘇秦傳：「秦雖欲深入，則狼顧恐韓、魏之議其後也。」正義：「狼性怯，走常還顧。」漢書食貨志上：「失時不雨，民且狼顧。」鄭氏曰：「民欲有畔意，若狼之顧望也。」李奇曰：「狼性怯，走喜還顧，言民見天不雨，今亦恐也。」師古曰：「李説是也。」又長笛賦注引此文，吕延濟曰：「鹿性多驚。狼顧，反顧也。」

〔一九〕「夫何妄而行之乎」，正嘉本、張之象本、金蟠本作「夫何妄行之有乎」，沈延銓本作「夫何妄行之有」。

〔二〇〕春秋莊公九年：「冬浚洙。」洪亮吉春秋左傳詁一：「京相、服虔並言：『洙水在魯城北，浚深之，爲齊備也。』（水經注）按此，則京、杜皆用服說。」

〔二一〕「困」原作「固」，今據張敦仁說校改。張云：「『固』當作『困』，下文『秦師敗崤嶔』，承此言之。（「敵於金城，楚莊之圍宋」，二句相承言之，文之互也。）」

〔二二〕漢書賈誼傳：「故曰聖人有金城者，比物此志也。」如淳曰：「比謂比方也。使忠臣以死社稷之志，比於金城也。」

〔二三〕史記楚世家：「莊王二十年，圍宋，以殺楚使也。圍宋五月，城中食盡，易子而食，析骨而炊。宋華元出告以情。莊王曰：『君子哉！』遂罷兵去。」

〔二四〕張之象本、沈延銓本、金蟠本「崟」作「巖」。盧文弨曰：「案張從公羊改，穀梁是『巖崟』。」張敦仁曰：「按公羊云『嶔巖』，穀梁云『巖唫』，釋文：『唫本作崟。』『崟』即『嶔』，不得複見，當是初寫時作『崟』，後改之作『嶔』，傳寫乃複見而衍也。（張之象本「崟」改「巖」，未是，「巖」不當誤爲「崟」也。）下文『今不敢取』，『敢』者，『取』之複衍，（拾補有。）與此正同。又通有篇：『雖雕文刻鏤。』『雖』即『雕』之複衍。（拾補有。）論誹篇：『稱往古而言訾當世。』『言』即『訾』之複衍。孝養篇：『膢臘而後見肉害。』『害』即『肉』之複衍。（屬下者非。）刺議篇：『侯僕雖不敏。』『侯』即『僕』之複衍。（屬上者非。拾補有。）皆其例也。餘以此求之。刑德篇：『御史大夫曰。』亦改『大夫』爲『御史』而複衍者。（拾補有。）」器案：淮南子墬形篇高注：「殽阪，弘農郡澠池殽欽吟是也。」「殽欽吟」就是「崤嶔崟」。說文山部：「岑，山高而小。崟，山之岑崟也。」段注：「子虛賦：『岑崟參差，日月蔽虧。』又楊雄蜀都賦、張衡南都賦皆有『嶜崟』字，李善讀爲『岑崟』。」

〔二五〕此句原作「天時地利」，今據張敦仁説校補。張云：「『時』下當脱『不如』二字，『故曰』者，猶言『故孟子曰』，（上文「天時地利」亦有誤，當是衍「天時」二字，以語意推之，自可見。）下文『文學曰：地利不如人和』，與此相承接。」

〔二六〕「不」下原有「敢」字，今據盧文弨、張敦仁説校删。論語季氏篇：「季氏將伐顓臾，冉有、季路見於孔子，曰：『季氏將有事於顓臾。』……冉有曰：『今夫顓臾固而近於費，今不取，後世必爲子孫憂。』」此文本之。何晏集解：「馬融曰：『固，謂城郭完堅，兵甲利也。』」

〔二七〕「難」，拾補作「險」。史記河渠書：「於吴則通渠三江、五湖。」集解：「韋昭曰：『五湖，湖名耳，實一湖，今太湖是也，在吴西南。』」索隱：「『三江，按地理志，北江，從會稽毗陵縣北，東入海。中江，從丹陽蕪湖縣東北至會稽陽羨，東入海。南江，從會稽吴縣南，東入海。故禹貢有北江、中江也。……又云：『太湖周五百里，故曰五湖。』」國語吴語韋昭注：「三江，松江、錢塘、浦陽江也。」

〔二八〕淵謂川流渟回之處，左傳襄公三十年有澶淵，昭公十九年有洧淵，與汝淵得名義同。盧文弨曰：「『滿堂』疑『兩棠』，見吕氏春秋。」器案：「兩棠」見吕氏春秋至忠篇，賈誼新書先醒篇同，説苑尊賢篇作「兩堂」，「棠」「堂」同音通用，「滿」當是「兩」字形近錯了的。

〔二九〕「九阿」原作「九河」，御覽九六引作「九阿」，是，今據改正。穆天子傳五：「天子西征升九阿。」郭注：「疑今新安縣十里九坂也。」（從翟云升覆校本）御覽五三引述征記：「黄巷坂者，傍絶澗以昇潼關，長坂十餘里，九坂皆迤邐。長坂，東京賦曰所謂『西阻九阿』者也。」

〔三〇〕「脅」原作「負」，今據御覽九六引改。

〔三一〕「滈」原作「濟」，今據孫詒讓說校改。孫云：「『濟』非殷、周所居，疑當爲『滈』，謂周鎬京也。荀子議兵篇：『古者，湯以薄，武王以滈。』楊注云：『滈與鎬同。』此謂桀兼於亳，紂兼於滈也。」器案：孫說是。荀子王霸篇也說：「湯以亳，武王以鄗。」

〔三二〕「水」原作「山」，陳遵默曰：「『山』疑當作『水』。」今據改正。

〔三三〕韓非子孤憤篇：「主失勢而臣得國，主更稱藩臣。」戰國策魏策上：「今乃有患，西面而事秦，稱東藩。」又見史記蘇秦傳。

〔三四〕史記仲尼弟子列傳載子貢語，「何謀之敢慮」。越絶書陳成恒篇、吴越春秋夫差内傳並同。淮南子氾論篇：「湯、武救罪之不給，何謀之敢慮。」（從治要引）則此爲漢人習用語，猶今言還有什麼主意敢打也。

〔三五〕荀子議兵篇：「楚人……汝、潁以爲險，江、漢以爲池，限之以鄧林，緣之以方城。」楊倞注：「方城，楚北界山名也。」淮南子兵略篇：「昔者，楚人地南卷沅、湘，北繞潁、泗，西包巴、蜀，東裹郯、邳，（從王念孫校。）潁、汝以爲洫，江、漢以爲池，垣之以鄧林，緜之以方城。」許慎注：「方城，楚北塞也，在南陽葉也。」漢書地理志上：「南陽郡葉縣。」原注：「楚葉公邑，有長城號曰方城。」水經注十一引盛弘之荆州記：「葉東界有故城，始犨縣，至瀙水達比陽界，南北聯緜數百里，號爲方城，一謂之長城。」

〔三六〕史記張儀傳載張儀説楚王曰：「不至十日而距扞關，扞關驚則從境以東盡城守矣。」集解：「徐廣曰：『巴郡、魚復縣有扞水關。』」索隱：「扞關，在楚之西界。」正義：「在硤州巴山縣界。」後漢書公孫述傳：「拒扞關之口。」注：「史記曰：『楚肅王爲扞關拒蜀。』故基在今硤州巴山縣。」續漢書郡國志五：「巴郡魚復扞水有扞關。」注：「史記曰：『楚肅王爲扞關以拒蜀。』」水經注十三：「江水自關東逕弱關、捍關。」注：「捍關，廩君浮夷水所置也。弱關，在建平秭歸界。昔巴、楚數相攻伐，藉險置關，以相防捍。」「扞」「捍」同。

〔三七〕文選過秦論：「秦孝公據殽、函之固。」注：「韋昭曰：『崤謂二殽；函，函谷關也。』史記：『張良曰：關中左殽、函，右隴、蜀。』」

〔三八〕史記蘇秦傳：「韓北有鞏、成皋之固，西有宜陽、商阪之塞，東有宛、穰、洧水，南有陘山。」索隱：「鞏、成皋二邑本屬東周，後爲韓邑，地理志二縣並屬河南。」正義：「宜陽，在洛州福昌縣東十四里。」

〔三九〕「周、鄭」就是指韓國，周、鄭故地，爲韓所有，因而即以「周、鄭」稱韓。史記韓世家：「哀侯二年滅鄭，因徙都鄭。」索隱：「按紀年，魏武侯二十一年，韓滅鄭，哀侯入於鄭，晉桓公邑哀侯于鄭。是韓既徙都，因改號曰鄭，故戰國策謂韓惠王曰鄭惠王，猶魏徙大梁稱梁王然也。」

〔四〇〕史記秦本紀：「魏築長城，自鄭濱洛，以北有上郡。」

〔四一〕史記酈生傳：「塞成皋之險，杜太行之道，距飛狐之口。」正義：「成皋，即汜水縣也。太行，山名，在懷州河内縣。案蔚州飛狐縣北百五十里，有秦、漢故郡城，西南有山，俗號爲飛狐口也。」

〔四二〕吕氏春秋有始覽記九塞有句注，高誘注：「句注，在雁門。」

〔四三〕吕氏春秋有始覽記九山有太行、孟門，淮南子墬形篇同，高誘注淮南曰：「説苑曰：『桀之居，左河、泲，右太華，伊闕在其南，羊腸在其北。』今太原晉陽西北九十里，通河西，上郡關曰羊腸坂，是孟門、太行之限也。」又注吕氏春秋上德篇曰：「孟門，太行之險也。」

〔四四〕「邢」原作「荆」，孫詒讓曰：「『荆』非趙地，疑當作『陘』。史記趙世家：『趙希并將胡、代，趙與之陘。』集解：『徐廣云：陘者，山絶之名，常山有井陘，中山有苦陘。』穆天子傳：『至於鈃山之下。』郭注云：『即井鈃山。』此以『荆』爲『陘』，猶穆天子傳以『鈃』爲『陘』，『荆』從『刑』聲，『刑』、『鈃』並從『幵』聲，『陘』從『巠』聲，古音並同部，得相通借也。」器案：孫説甚辯，而實不可從，以山絶而名爲陘者，何止井陘、苦陘二處，即非趙國之所得而全有也。「荆」即「邢」字形近之誤。史記殷本紀：「祖乙遷於邢。」索隱：「邢音耿，近代，本亦作『耿』。今河東皮氏縣有耿鄉。」正義：「括地志云：『絳州龍門縣東南十二里耿城，故耿國也。』」漢書地理志下：「趙國：襄國。本注：『故邢國。』」方輿紀要歷代州郡形勢：「祖乙遷於耿。」注：「今山西河津縣南十三里有耿城。」據此，邢、代既相近，且與上下文言恃險以固境内者正合，則「荆」爲「邢」之誤，可無疑義，今據改正。

〔四五〕五代史四夷傳附録：「胡嶠隨入契丹，至黑榆林，時七月，寒如深冬。又明日，入斜谷，谷長五十里，高崖峻谷，仰不見日，而寒尤甚。」「斜谷」即「邪谷」，明初本即作「斜谷」。

〔四六〕「援」字義不可通，疑「徼」字草書與「援」字形近而誤。文選七命注：「徼，塞也，以木柵水中爲夷、狄之界也。」本書備胡篇：「朝鮮逾徼。」蓋遼河以木柵水中爲界，故謂之「徼遼」，因而謂在彼曰「逾徼」，在我曰「繞徼」也。繞者，公羊傳莊公十年：「宋人遷宿。」「遷之者何？不通也，以地還之也。」何休注：「還，繞也，……先繞取其地，使不得通四方。」此文「繞」字義與之同，蓋次公本治公羊，故用公羊義也。荀子成相篇：「比周還主黨與施。」注：「還，繞也。」禮記檀弓：「右還其封。」注：「還，圍也。」圍亦繞也。周禮夏官大司馬職：「犯令陵政則杜之。」注：「王霸記曰：『杜之者，杜塞使不得與鄰國通。』」即此繞徼之義也。

〔四七〕孫詒讓曰：「『榮、歷』疑當作『濮、歷』，戰國策秦策云：『王之割濮、歷之北屬之燕，斷齊、秦之要，絶楚、魏之背。』」陳遵默曰：「水經濟水注：『濼水出歷城縣故城西南，見左桓傳，亦爲䆌邑。』『榮、歷』疑作『濼、歷』。」

〔四八〕孫詒讓曰：「此下當有脱文。」案漢書酈食其傳：「負海、岱，阻河、濟。」師古曰：「負，背也。」

〔四九〕「關梁」原作「梁關」，今據孫詒讓説乙正。孫云：「『梁關』當作『關梁』，下文『使關梁足恃，六國不兼於秦』，即承此文言之。」器案：明初本、太玄書室本、張之象本、沈延銓本、金蟠本正作「關梁」，今據乙正。本書世務篇：「罷關梁。」和親篇：「往者，通關梁。」都是作「關梁」的例證。

〔五〇〕「者」字原無，今據孫詒讓説訂補。孫云：「『山川』下當有『者』字，下文『河、山足保，秦不亡於楚、漢』。」

〔五一〕張之象注曰：「春秋曰：『徐人取舒。』公羊傳曰：『其言取之何？易也。』」案見僖公三年。

〔五二〕上注引公羊傳，何休注云：「易者，猶無守禦之備。」

〔五三〕明初本、正嘉本、張之象本、沈延銓本、金蟠本、百家類纂、百子類函「拓」作「柝」，下同；攖寧齋鈔本、太玄書室本、倪邦彦本誤作「折」。盧文弨曰：「溯原云：『柝、㯬。』篆作柘。」徐友蘭曰：「正字作『欜』，欜，橐聲，橐，石聲，柘亦石聲，故叚柘爲之。柝亦叚字，無庸附會。」案這兩句是周易繫辭下文。

〔五四〕荀子議兵篇：「前行素脩。」淮南子繆稱篇：「素修正者，弗離道也。」

〔五五〕左傳隱公四年：「阻兵而安忍。」「阻」字義與此同。文選東京賦注：「阻，依也。」又西征賦注：「阻，恃也。」

〔五六〕「十」原作「千」，正嘉本、張之象本、沈延銓本、金蟠本作「十」，今據改正。孟子梁惠王下、公孫丑上、淮南子泰族篇都作「七十里」，就是很好的例證。

〔五七〕詩經魯頌閟宮：「荆、舒是懲。」鄭箋：「僖公與齊桓舉義兵，北當戎與狄，南艾荆及羣舒，天下無敢禦也。」案：左傳文公十二年：「羣舒叛楚。」杜注：「羣舒偃姓，舒庸、舒鳩之屬，今廬江南有舒城，城西南有龍舒。」孔穎達正義：「世本：『偃姓，舒庸、舒蓼、舒鳩、舒龍、舒鮑、舒龔。』以其非一，故言屬以包之。」尋春秋僖公三年：「夏四月不雨，徐人取舒。」無傳，或即此文所言「舒以百里，亡於敵國」也。舒，説文作𨙻。

〔五八〕淮南子氾論篇：「隆衝以攻。」高誘注：「隆，高也；衝所以臨敵城，衝突壞之。」「隆衝」即「衝隆」，凡聯綿字，固可上下易位也。淮南子泰族篇：「攻不待衝隆而拔。」（從梁玉繩、孫詒讓説校改）字作「衝隆」，正與此同。詩經大雅皇矣：「與爾臨衝。」毛傳：「臨，臨車也。衝，衝車也。」釋文云：「韓詩作『隆衝』。」

〔五九〕本書訟賢篇：「獨非自是，無與合同。」禮記樂記：「合同而化，而樂興焉。」鄭注：「樂爲同也。」孔穎達正義：「天地萬物，流動不息，合會齊同而變化。」

〔六〇〕漢書韋玄成傳：「四海之内，各以其職來助祭。」宋祁曰：「浙本無『助』字。」又王莽傳上：「蠻、夷殊俗，不召自至，漸化端冕，奉珍助祭。」孝經聖治章：「四海之内，各以其職來祭。」

〔六一〕文廷式曰：「漢時庶人賜爵，蓋用戰國舊制。」

〔六二〕攖寧齋鈔本「升」作「昇」。漢書梅福傳：「升平可致。」張晏曰：「民有三年之儲曰升平。」兔園策注：

「堯時，三年耕餘一年之食，謂之升平；九年耕餘三年食，謂之登平；二十年耕餘七年食，謂之太平。」按：春秋公羊傳隱公元年：「所見異辭，所聞異辭，所傳聞異辭。」何休注：「所見者，謂昭、定、哀，己與父時事也；所聞者，謂文、宣、成、襄，王父時事也；所傳聞者，謂隱、桓、莊、閔、僖，高祖、曾祖時事也。……於所聞之世，見治升平。」公羊傳襄公二十二年注：「所聞之世，内諸夏，治小如大，廩廩近升平。」文學所謂「升平」，實指春秋時期而言，並非「耕餘」之義。此亦公羊家舊説。

論勇*第五十一

大夫曰：「荆軻懷數年之謀而事不就者，尺八匕首〔一〕不足恃也。秦王憚〔二〕於不意，列斷賁、育者〔三〕，介七尺之利也〔四〕。使專諸空拳〔五〕，不免於爲禽；要離無水，不能遂其功〔六〕。世言强楚勁鄭，有犀兕之甲、棠谿之鋌〔七〕也。内據金城〔八〕，外任利兵，是以威行諸夏，强服敵國。故孟賁奮〔九〕臂，衆人輕之；怯夫有備，其氣自倍。况以吴、楚之士，舞利劍，蹶强弩，以與貉虜騁於中原？一人當百，不足道也〔一〇〕！夫如此，則貉無交兵〔一一〕，力不支漢，其勢必降。此商君之走魏，而孫臏之破梁也。」

文學曰：「楚、鄭之棠谿、墨陽〔一二〕，非不利也，犀軸〔一三〕兕甲，非不堅也，然而不能存者，利不足恃也。秦兼六國之師，據崤、函而御宇内，金石之固，莫耶之利也。然陳勝無士民之資，甲兵之用，鉏耰棘橿〔一四〕，以破衝隆〔一五〕。武昭〔一六〕不擊，烏號〔一七〕不發。所謂金城者，非謂築壞而高土、鑿地而深池也。所謂利兵者，非謂吴、越之鋌〔一八〕，干將之劍也。言以道德爲城，以仁義爲郭，莫之敢攻，莫之敢入，文王是也。以道德爲軸〔一九〕，以仁義爲劍，莫之敢當，莫之敢御〔二〇〕，湯、武是也。今不建不可攻之城，不可當之兵，而欲任匹夫之役，而行三尺之刃，亦細矣！」

大夫曰：「荆軻提匕首入不測之强秦，秦王惶恐失守備，衛者皆懼。專諸手劍摩〔二一〕萬乘，刺吴王，尸孽立正〔二二〕，鎬〔二三〕冠千里。聶政自衛，由韓廷刺其主，功成求得，退自刑於朝，暴尸於市。今誠得勇士，乘强漢之威，凌無義之匈奴，制其死命，責以其過，若曹劌之脅齊桓公〔二四〕，遂其求。推鋒折鋭〔二五〕，穹廬〔二六〕擾亂，上下相遁〔二七〕，因以輕鋭〔二八〕隨其後，匈奴必交臂不敢格也〔二九〕。」

文學曰：「湯得伊尹，以區區之亳兼臣海内；文王得太公，廓酆、鄗以爲〔三〇〕天下；齊桓公得管仲〔三一〕，以霸諸侯；秦穆公得〔三二〕由余，西戎八國服。聞得賢聖而蠻、貊來享，未聞劫殺人主以懷遠也。詩云：『惠此中國，以綏四方〔三三〕。』故『自彼氐、羌，莫不來王』〔三四〕。非畏其威，畏其德也。故義之服無義，疾於原馬〔三五〕良弓；以〔三六〕之召遠，疾於馳傳重驛〔三七〕。」

* 匈奴侵擾中原，是西漢王朝的心腹大患，當漢高帝劉邦剛剛打下天下之際，就已唱出「安得壯士兮守四方」的大風歌了。出於平靖胡塵的願望，桑弘羊在這次會議上提出了行刺單于的設想。本來，「劫殺人主」，也是權謀家出奇制勝之道，於古有之，但這不能從根本上解決安邊的問題。至於文學的議論，也只是重彈其「以道德爲城，以仁義爲郭」，「以道德爲軸，以仁義爲劍」的老調子，認爲這才是「不可攻之城，不可當之兵」，完全是不切實際的空談，當然不能切中桑弘羊的觀點的要害。

〔一〕「尺八」原作「三尺」，今據盧文弨説校改。盧氏拾補作「尺八」，云：「『三尺』譌。案史記刺客傳索隱引作『尺八』，又於吳世家云：『匕首長尺八寸。』」器案：盧校是。刺客傳集解引也作「尺八」，御覽三四六引也作「尺八」。白帖四注引作「匕首，短劍也，長一尺八寸，頭類匕，故曰匕首」，亦作「一尺八寸」。不過，白帖所引，却不類鹽鐵論文。續漢書百官志二注引荀綽晉百官表注引明帝詔：「昔燕太子使荆軻劫秦王，變起兩楹之間。其後，謁者持匕首刺腋，高祖偃武修文，故易之以板。」

〔二〕盧文弨曰：「『索隱』『憚』作『操』。」器案：是刺客傳集解引，不是索隱，盧氏錯了。

〔三〕「者」字原脱，據史記刺客傳集解引補。此文言秦王，與上文言荆軻，句法相儷，上文正有「者」字。

〔七〕文選補亡詩注：「介，助也。」文選吳都賦劉淵林注：「秦零陵令上書曰：『荆軻挾匕首，卒刺陛下；陛下以神武扶揄長劍以自救。』」彼文所謂長劍，即此所謂「七尺之利也」。漢書藝文志縱横家有「秦零陵令信一篇，難秦丞相李斯。」即其人也。

〔五〕攖寧齋鈔本「空拳」作「空權」，顧千里曰：「『權』字是也，當作『攉』，從手，見六經文字。」

〔六〕吕氏春秋忠廉篇：「要離與王子慶忌居，有間，謂王子慶忌曰：『吳之無道也愈甚，請與王子往奪之國。』王子慶忌曰：『善。』乃與要離俱涉於江，中江，拔劍以刺王子慶忌。王子慶忌捽而投之於江，浮，則又取而投之，如此者三。其卒曰：『汝天下之國士也，幸汝以成而名。』要離得不死，歸於吳，吳王大説。」

〔七〕史記蘇秦傳正義引「鋋」作「劍」，集解：「徐廣曰：『汝南吴房有棠谿亭。』」索隱：「地理志：『棠谿亭在汝南吴房縣。』」正義又曰：「故城，在豫州偃城縣西八十里。」案一切經音義二九引淮南子許慎注：「鋋者，金銀銅鐵等未成器，鑄作兵名曰鋋。」文選七命注：「鋋，銅鐵璞也。」又下文作「吴、越之鋋」，前殊路篇作「干、越之鋋」。

〔八〕管子地度篇：「城外爲之郭，郭外爲之土閬，地高則溝之，下則隄之，命之曰金城。」史記秦始皇本紀索隱：「金城，言其實且堅也。」説苑談叢篇：「犬吠不驚，命曰金城。」

〔九〕御覽三三九引「奮」作「畜」，不可從，「奮臂」即上文「空拳」之意。

〔一〇〕戰國策韓策：「以韓卒之勇，被堅甲，蹠勁弩，帶利劍，一人當百，不足言也。」史記蘇秦傳同，即此文所本。

〔一一〕史記張耳陳餘傳：「野無交兵。」

〔一二〕淮南子修務篇：「服劍者期於恬利，而不期於墨陽、莫邪。」高誘注：「墨陽、莫邪，美劍名。」戰國策韓策：「韓卒之劍戟，皆出於冥山、棠谿、墨陽……。」史記蘇秦傳索隱：「墨陽，匠名。」正義：「墨陽，地名也。」

〔一三〕「軸」即「冑」字，見下注〔一九〕。

〔一四〕呂氏春秋簡選篇：「鋤櫌白梃。」高誘注：「櫌，椎。」淮南子氾論篇高誘注：「櫌，椓塊椎也，三輔謂之儓，所以覆種也。」説文木部：「櫌，鉏柄名。」徐鍇繫傳：「今俗人尚謂鉏柄爲鉏櫌。」

〔一五〕「衝隆」見險固篇注〔五八〕。

〔一六〕漢書楊胡朱梅傳贊：「臨敵敢斷，武昭於外。」師古曰：「昭，明也。」則「武昭」爲漢人習用語，蓋指裝備精良，旗幟鮮明，即所謂軍容甚盛之意。這裡是説秦兵軍容甚盛，但不能出擊。

〔一七〕漢書郊祀志上：「黄帝采首山銅，鑄鼎於荆山下。鼎既成，有龍垂胡顊下迎黄帝。黄帝上騎，羣臣後宫從上龍七十餘人，龍迺去。餘小臣不得上，迺悉持龍顊，龍顊拔墮，墮黄帝之弓，百姓卬望，黄帝既上天，乃抱其弓與龍顊號，故後世因名其處曰鼎湖，其弓曰烏號。」又司馬相如傳下注：「應劭曰：『楚有柘桑，烏棲其上，支下著地，不得飛，欲墮號呼，故曰烏號。』」

〔一八〕御覽三四三引「吴、越」作「吴、楚」。

〔一九〕書鈔五、一二一、類聚二一、御覽三四三又四〇三引「軸」並作「胄」。「軸」即「胄」或字，荀子議兵篇：「冠軸帶劍。」楊倞注：「『軸』與『胄』同。」百子金丹作「軸」，誤。

〔二〇〕御覽三四三引「御」作「禦」，古通。

〔二一〕「摩」原作「歷」，今改。易繫辭：「剛柔相摩。」釋文引京房曰：「摩，相磑切也。」馬融曰：「摩，切也。」左傳宣公十二年：「摩壘而還。」杜預注：「摩，近也。」戰國策秦策上：「乃摩燕烏集闕。」淮南子人間篇：「物類之相摩近而異門户者衆而難識也。」漢書蓋寬饒傳：「摩切左右。」禮記樂記鄭注、廣雅釋詁並云：「摩，近也。」字又作「劘」，漢書賈鄒枚路傳贊：「賈山自下劘上。」孟康曰：「劘謂剴切之也。」蘇林曰：「劘音摩，歷也。」案叙傳述賈鄒枚路傳第二十一作「自下摩上」，風俗通皇霸篇、續漢書五行志一並有「自下摩上」語，此文「摩」字，義與之同。「摩」與「歷」，形近而誤，今爲改正。漢書天文志：「歷太白右數萬人戰，主人吏死。」史記天官書「歷」作「摩」，誤與此同。

〔二二〕「尸」與下文「暴尸於市」之「尸」義同。左傳宣公十二年：「荆尸而舉。」杜注：「尸，陳也。」又成公十七年：「以戈殺之，皆尸諸朝。」又昭公十四年：「乃施邢侯而尸雍子與叔魚於市。」注：「尸，陳也，殺而陳其罪。」此文謂暴孽子之尸，立真王之嗣也。孽謂吴王僚，正謂吴王闔廬，即公子光。公羊傳襄公二十九年：「僚者，長庶也。」史記吴太伯世家：「乃立王餘昧之子僚爲王。」索隱：「此文以爲餘昧子，公羊傳以爲壽夢庶子也。」又吴太伯世家：「公子光告專諸曰：『我真王嗣也，當立。』」真王嗣即此正字確詁。

〔二三〕盧文弨曰：「『鎬』當作『縞』。」王先謙曰：「案『鎬』『縞』古書通用，故『縞冠』亦作『鎬冠』。非鞅篇：『縞素不能自分於緇墨。』御覽八百十四布帛部引作『鎬素』，亦其證也。」案禮記玉藻：「縞冠素紕，既祥之冠也。」

〔二四〕「脅」原作「負」，今據盧文弨説校改。盧云：「『負』疑『脅』。」張敦仁曰：「『負』當作『質』。（謂劫之以爲質，公羊僖二十一年何休注：「劫質諸侯。」拾補疑「脅」，未是。）」案盧説是。險固篇：「齊有泰山、巨海，而脅於田常。」從御覽引，今本誤作「負」，此正其比。

〔二五〕「折」原作「拊」，洪頤煊管子義證引王引之曰：「鹽鐵論『推鋒折鋭』，今本『折』譌『拊』，俗書『折』字或作『折』，因譌而爲『拊』。」案王説是，今據改正。漢書南粤王趙佗傳：「以推鋒陷堅爲將梁侯。」

〔二六〕史記匈奴傳：「匈奴父子，乃同穹廬而卧。」集解：「漢書音義曰：『穹廬，旃帳。』」漢書蘇武傳：「於軒王賜武畜服匿廬。」注：「穹廬，氊帳。」

〔二七〕史記秦始皇本紀：「然後姦僞並起，而上下相遁。」漢書酷吏傳：「上下相遁，至於不振。」廣雅釋詁：「遁，欺也。」

〔二八〕輕銳，謂輕甲利兵。文選東都賦注：「輕銳，謂便捷也。」

〔二九〕莊子天地篇：「罪人交臂歷指。」漢書司馬相如傳下：「匈奴單于怖駭，交臂受事，屈膝請和。」荀子議兵篇：「格者不舍。」注：「格謂拒捍者。」漢書鼂錯傳：「匈奴之弓弗能格。」

〔三〇〕論語里仁篇：「能以禮讓爲國乎？何有！」皇侃義疏：「爲猶治也。……江熙曰：『……人懷讓心，則治國易也。』」

〔三一〕張之象本、沈延銓本、金蟠本「管仲」下有「甯戚」二字。

〔三二〕張之象本、沈延銓本、金蟠本「得」下有「百里奚」三字。張敦仁曰：「張之象本『得』下添『百里奚』三字。按史記匈奴傳云：『秦穆公得由余，西戎八國服於秦，故自隴以西，有緜諸（一也。）、緄戎（二也。）、翟（三也。）、豲（四也。）之戎，岐山、梁山、涇、漆之北，有義渠（五也。）、大荔（六也。）、烏氏（七也。）、朐衍（八也。）之戎。』漢書亦云然，全與百里奚不涉也。張之象本妄加之。又於上句『管仲』之下添『甯戚』二字，使其相配，可謂巨謬矣。」

〔三三〕這是詩經大雅民勞文。

〔三四〕詩經商頌殷武：「自彼氐、羌，莫敢不來享，莫敢不來王。」漢書楊雄傳羽獵賦：「旃裘之王，胡、貉之長，移珍來享。」師古曰：「享，獻也。」

〔三五〕俞樾曰：「『原』當作『騵』，爾雅：『騂馬白腹曰騵。』檀弓篇：『戎事乘騵。』淮南子主術篇：『騎騵馬而服騊駼。』」

〔三六〕明初本、正嘉本、張之象本、沈延銓本、金蟠本、百家類纂、百子類函「以」作「德」。

〔三七〕孟子公孫丑上：「德之流行，速於置郵而傳命。」呂氏春秋上德篇：「故曰：德之速，疾乎以郵傳命。」漢書文帝紀：「二年詔：『餘皆以給傳置。』」師古曰：「傳音張戀反，置者，置傳驛之所，因名置也。」宋祁曰：「傳，傳舍；置，廄置。」案廣雅釋詁：「置，驛也。」續漢書輿服志上注：「臣昭案：東晉猶有郵驛共置，承受傍郡縣文書，有郵有驛，行傳以相付。縣置屋二區，有承驛吏，皆條所受書，每月言上州郡。風俗通曰：『今吏郵書掾、府督郵職掌此。』」

論功*第五十二

大夫曰：「匈奴無城廓〔一〕之守，溝池之固，脩戟强弩之用，倉廩府庫之積，上無義法，下無文理，君臣嫚易，上下無禮，織柳爲室，旃廗〔二〕爲蓋，素弧骨鏃〔三〕，馬不粟食，内則備不足畏，外則禮不足稱。夫中國天下腹心，賢士之所總，禮義之所集，財用之所殖也〔四〕。夫以智謀愚，以義伐不義，若因秋霜而振落葉〔五〕。春秋曰：桓公之與戎、狄，驅之爾〔六〕。況以天下之力乎？」

文學曰：「匈奴車器無銀黄絲漆之飾，素成而務堅；絲無文采裙褘曲襟之制〔七〕，都成〔八〕而務完。男無刻鏤奇巧之事，宫室城郭之功。女無綺繡淫巧之貢，纖綺羅紈之作。事省而致用，易成而難弊。雖無脩戟强弩，戎馬良弓，家有其備，人有其用，一旦有急，貫弓〔九〕上馬而已。資糧〔一〇〕不見案首，而支〔一一〕數十日之食。因山谷爲城郭，因水草爲倉廩。法約而易辨〔一二〕，求寡而易供。是以刑省而不犯，指麾而令從。嫚於禮而篤於信，略於文而敏於事。故雖無禮義之書，刻骨卷木〔一三〕，百官有以相記，而君臣上下有以相使。羣臣爲縣官計者，皆言其易，而實難，是以秦欲驅之而反更亡也。故兵者凶器，不可輕用也〔一四〕。其以强爲弱，以存爲亡，一朝爾也〔一五〕。」

大夫曰：「魯連有言：『秦權使其士，虜〔一六〕使其民。』故政急而不長。高皇帝受命平暴亂，功德巍巍，惟天同大焉〔一七〕。而文、景承緒潤色之〔一八〕。及先帝征不義，攘無德，以昭仁聖之路，純至德之基，聖王累年仁義之積也。今文學引亡國失政之治，而況之於今，其謂匈奴難圖，宜矣！」

文學曰：「有虞氏之時，三苗不服，禹欲伐之，舜曰：『是吾德未喻也。』退而脩政，而三苗服〔一九〕。不牧〔二〇〕之地，不羈〔二一〕之民，聖王不加兵，不事力焉，以爲不足煩百姓而勞中國也。今明主〔二二〕脩聖緒，宣德化，而朝有權使之謀，尚首功〔二三〕之事，臣固怪之。夫人臣席〔二四〕天下之勢，奮國家之用，身享其利而不顧其主，此尉佗、章邯所以成王〔二五〕，秦失其政也。孫子曰：『今夫國家之事，一日更百變，然而不亡者，可得而革也。逮出兵乎平原廣牧，鼓鳴矢流，雖有堯、舜之知，不能更也。』戰而勝之，退脩禮義，繼三代之迹，仁義附矣。戰勝而不休，身死國亡者，吴王是也。」

大夫曰：「順風而呼者易爲氣，因時而行者易爲力〔二六〕。文、武懷餘力，不爲後嗣計，故三世而德衰，昭王南征，死而不還〔二七〕。凡伯囚執，而使不通，晉取郊、沛〔二八〕，王師敗於茅戎〔二九〕。今西南諸夷，楚莊之後〔三〇〕；朝鮮之王，燕之亡民也〔三一〕。南越尉佗起中國，自立爲王，德至薄，然皆亡〔三二〕天下之大，各自以爲一州〔三三〕，倔强倨敖〔三四〕，自稱老夫〔三五〕。先帝爲萬世度，恐有冀州〔三六〕之累，南荆〔三七〕之患，於是遣左將軍樓船平之〔三八〕，兵不血刃，咸爲縣官也。七國之時，皆據萬乘，南面稱王，提珩〔三九〕爲敵國累世，然終不免俛〔四〇〕首係虜於秦。今匈奴不當漢家〔四一〕之巨郡，非有六國之用、賢士之謀。由此觀難易，察然可見也。」

文學曰：「秦滅六國，虜七王，沛然有餘力，自以爲蚩尤不能害，黄帝不能斥〔四二〕。及二世弒〔四三〕死望夷，子嬰係頸降楚，曾不得七王之俛首。使六國並存，秦尚爲戰國〔四四〕，固未亡也。何以明之？自孝公以至於始皇，世世爲諸侯雄，百有餘年〔四五〕。及兼天下，十四歲而亡。何則？外無敵國之憂〔四六〕，而内自縱恣也。自非聖人〔四七〕，得志而不驕佚者，未之有也。」

* 漢武帝時期，經過長期艱苦奮戰，終於打敗了匈奴，給中國統一事業作出了巨大貢獻。在這次會議上，御史大夫高度贊揚了「先帝征不義」，是「爲萬世度」，稱道這次戰争「以義伐不義，若因秋霜而振落葉」，從而深刻地批判了「以仁義」「懷遠」的投降主義謬論。然而文學却竭力鼓吹抗戰必亡的謬論，胡説什麽「兵者凶器，不可輕用也，其以强爲弱，以存爲亡，一朝爾也」，認爲「匈奴難圖」，「羣臣爲縣官計者，皆言其易而實難」；攻擊秦始皇的統一中國、抗擊匈奴，是「外無敵國之憂，而内自縱恣」，「是以秦欲驅之而反更亡也」，來影射漢武帝。

〔一〕盧文弨曰：「『廓』『郭』同。」器案：明初本、張之象本、沈延銓本、金蟠本，諸子品節、諸子彙函、兩漢别解「廓」作「郭」。詩經大雅皇矣：「憎其式廓。」釋文：「『廓』本作『郭』。」説文「鼓」下云：「萬物郭皮甲而出。」段玉裁注云：「郭，今之廓字。」即「廓」「郭」古通之證。

〔二〕盧文弨曰：「『廗』，大典『席』。」張敦仁曰：「華本『廗』改『席』。按拾補云：『大典席。』此張守節所云『席下爲帶』者。」王先謙曰：「案御覽一百七十四居處部引亦作『旃席』。」器案：顔氏家訓書證篇：「席中加帶。」文選上林賦注：「『廗』與『席』古字通。」此蓋六朝、唐人習用之俗字。明初本、攖寧齋鈔本亦改作「席」。史記匈奴傳：「匈奴父子，乃同穹廬而卧。」集解：「漢書音義曰：『穹廬，旃帳。』」這裏所謂「旃席爲蓋」，也就是「旃帳」。

〔三〕爾雅釋器：「金鏃翦羽謂之鍭，骨鏃不翦羽謂之志。」郭注：「今之骨骲是也。」漢書地理志下：「儋耳、珠崖郡……兵則矛、盾、刀木、弓、弩、竹矢，或骨爲鏃。」師古曰：「鏃，矢鋒。」

〔四〕史記趙世家：「公子成曰：『臣聞中國者，蓋聰明徇智之所居也，萬物財用之所聚也，聖賢之所教也，仁義之所施也，詩、書、禮、樂之所用也，異敏技能之所試也，遠方之所觀赴也，蠻、夷之所義行也。』」又見戰國策趙策上，此文本之。這裏所謂中國云云，係就中原地區和四方少數民族相比較而言。

〔五〕荀子王霸篇：「及以燕、趙起而攻之，若振槁然。」史記禮書：「舉若振槁。」索隱：「振，動也，擊也。槁，乾葉也。」文選左太沖吳都賦：「麾城若振槁。」

〔六〕公羊傳莊公三十年：「齊人伐山戎。此齊侯也，其稱人何？貶。曷爲貶？子司馬子曰：『蓋以操之爲已蹙矣。』此蓋戰也，何以不言戰？春秋敵者言戰，桓公之與戎、狄，驅之爾。」明初本、正嘉本、張之象本、沈延銓本、金蟠本、諸子品節、諸子彙函「狄」作「狐」，不可據。

〔七〕曲襟即交領，文選魏都賦注：「衿，衣交領也。」王僧達贈答詩「衿」作「襟」。

〔八〕文選東京賦注：「都謂聚會也。」都成，蓋謂以整幅布匹爲之。

〔九〕史記陳涉世家贊：「士亦不敢貫弓而報怨。」索隱：「如字，貫謂上弦也。」史記秦始皇本紀作「彎弓」。又伍子胥傳：「伍胥貫弓執矢嚮使者，使者不敢進。」集解：「貫，烏還反。」索隱：「劉氏音貫爲彎，又音古患反。貫謂滿張弓。」

〔一〇〕左傳僖公四年：「共其資糧屝屨。」孔穎達正義：「少儀云：『君將適他，臣如致金玉貨貝於君，則曰致馬資於有司。』鄭玄云：『資猶用也。』然則諸所費用之物皆爲資也。糧謂米粟行道食也。」案：今言物資，本此。

〔一一〕漢書食貨志上：「邊食足以支五歲，可令入粟郡縣矣。足支一歲以上，可時赦，勿收農民租。」廣韻：「支，支持也。」

〔一二〕韓非子八説篇：「書約而弟子辨。」盧文弨曰：「張本作『辨』。」案諸子品節、諸子彙函、兩漢别解亦作「辨」。

〔一三〕「木」原作「衣」，今改。盧文弨曰：「『衣』，大典『木』。」張敦仁曰：「華本『衣』改『木』。」案：明初本亦作「木」。史記匈奴傳：「逐水草遷徙，毋城郭常處耕田之業，然亦各有分地。毋文書，以言語爲約束。……匈奴之俗，人食畜肉，飲其汁，衣其皮。畜食草飲水，隨時轉移。故其急則人習騎射，寬則人樂無用，其約束輕，易行也。」

〔一四〕老子道經：「夫佳兵者，不祥之器，不得已而用。」韓非子存韓篇：「兵，凶器也，不可不審用也。」吕氏春秋論威篇：「凡兵，天下之凶器也；勇，天下之凶德也；舉凶器，行凶德，猶不得已也。」國語越語：「兵者凶器。」尉繚子武議篇：「兵者凶器也。」淮南子道應篇：「兵者凶器也。」史記律書：「兵凶器。」又越世家：「兵者，凶器也；戰者，逆德也；争者，事之末也。陰謀逆德，好用凶器，試身於末，上帝禁之，行者不利。」漢書嚴助傳：「兵固凶器，明主之所重出也。」又主父偃傳：「兵者，凶器也。」本書論菑篇：「兵者，凶器也。」

〔一五〕漢書趙充國傳：「一朝之變不可諱。」又田延年傳：「衆人所謂當死者，一朝出之。」一朝，猶言頃刻之間。漢書鼂錯傳：「雖然，兵，凶器；戰，危事也；以大爲小，以彊爲弱，在俛卬之間耳。」義與此同。

〔一六〕「虜」原作「虐」，今改。盧文弨曰：「『虐』，史記作『虜』。」孫人和曰：「案趙策亦作『虜』。」器案：史記魯仲連傳索隱：「言秦人以權詐使其戰士，以奴虜使其人，言無恩以恤下。」漢書項籍傳：「乘勝奴虜使之。」此亦作「虜使」之證。後漢書朱穆傳：「貪聚無厭，遇人如虜。」義亦同。

〔一七〕論語泰伯篇：「大哉！堯之爲君也。巍巍乎！唯天爲大，唯堯則之。」

〔一八〕漢書終軍傳：「必待明聖潤色。」師古曰：「潤色，謂光飾之。」案論語憲問篇：「爲命……東里子產潤色之。」

〔一九〕韓詩外傳三：「當舜之時，有苗不服。以其不服者，衡山在南，岐山在北，左洞庭之波，右彭蠡之水，由此險也，以其不服。禹請伐之，而舜不許，曰：『吾喻教猶未竭也。』久喻教，而有苗民請服。」（喻、諭同，漢書賈誼傳：「早諭教與選左右。」說苑君道篇載此事作「諭」。）又見韓非子五蠹篇、隨巢子、戰國策魏策、呂氏春秋上德篇、淮南子氾論篇。

〔二〇〕漢書嚴助傳：「自三代之盛，胡、越不與受正朔，……以爲不居之地，不牧之民，不足以煩中國也。」師古曰：「地不可居，而民不可牧養也。」器案：本書未通篇「夫牧民之道」云云。管子有牧民篇，義皆同。牧本放牧牲畜之意，管子七法篇：「養人如養六畜。」就是一種直言不諱的解釋。在階級社會裏，統治階級蠛視勞動人民，把他們作爲牛馬看待，把剥削階級對人民的統治，比喻爲牧人對牲畜的飼牧和管理。

〔二一〕漢書司馬遷傳師古注：「不羈，不可羈繫也。」文選報任安書注：「不羈，不可繫也。」器案：漢官儀：

「馬曰羈，牛曰縻。言制四夷如牛馬之受羈縻也。」這是封建社會對待少數民族不平等的説法。

〔二二〕正嘉本、張之象本、沈延銓本、金蟠本「主」作「王」。

〔二三〕戰國策趙策下：「彼秦者，棄禮義而上首功之國也，權使其士，虜使其民。」又見史記魯仲連傳，集解：「譙周曰：『秦用衛鞅計，制爵二十等，以戰獲首級者，計而受爵；是以秦人每戰勝，老弱婦人皆死，計功賞至萬數，天下謂之上首功之國，皆以惡之也。』」索隱：「秦法：斬首多爲上功。謂斬一人首賜爵一級，故秦爲首功之國也。」

〔二四〕漢書賈誼傳：「非有仄室之勢以豫席之也。」臣瓚曰：「席，藉也。」又楚元王傳附劉向傳：「席太后之寵，據將相之位。」師古曰：「席，因也，言若人之坐於席也。」又蒯通傳：「乘利席勝。」師古曰：「席，因也，若人之在席上。」説文广部：「席，藉也。」

〔二五〕漢書主父偃傳：「且夫兵久則變生，事苦則慮易，使邊境之民，靡敝愁苦，將吏相疑而外市，故尉佗、章邯得成其私，而秦政不行，權分二子，此得失之效也。」言秦政之失，則尉佗、章邯之所以成王，亦其一端。尉佗，姓趙氏，秦時用爲龍川令，楚、漢之際，自立爲南粤王，見史記南越傳及漢書南粤傳。章邯，故秦將，項羽封爲雍王，見史記項羽本紀及漢書項籍傳。

〔二六〕荀子勸學篇：「登高而招，臂非加長也，而見者遠；順風而呼，聲非加疾也，而聞者彰。」又見大戴禮記勸學篇、説苑建本、談叢二篇。

〔二七〕左傳僖公四年：「昭王南征而不復。」史記周本紀：「昭王南巡狩不返，卒於江上。」正義：「帝王世紀云：『昭王德衰，南征，濟於漢。船人惡之，以膠船進王。王御船至中流，膠液船解。王及祭公俱没於水中而崩。其右辛游靡，長臂且多力，游振得王。周人諱之。』」

〔二八〕張敦仁曰：「案『沛』字誤也，當作『柳』，侵柳在宣元年，圍郊在昭二十三年，『郊、柳』連言，又『郊』在『柳』上者，何休注公羊隱七年戎伐凡伯傳云：『與郊、柳。』必舊説也，故次公稱之。」器案：春秋公羊隱公七年：「戎伐凡伯于楚丘以歸。凡伯者何？天子之大夫也。此聘也，其言伐之何？執之也。執之則其言伐之何？大之也。曷爲大之？不與夷、狄之執中國也。」

〔二九〕左傳成公元年：「王師敗績於茅戎。」

〔三〇〕史記西南夷傳：「始楚威王時，使將軍莊蹻將兵循江上，略巴、蜀、黔中以西。莊蹻者，故楚莊王苗裔也。蹻至滇池，地方三百里，旁平地肥饒數千里，以兵威定屬楚，欲歸報；會秦擊楚巴、黔中郡，道塞不通，因還以其衆王滇，變服，從其俗以長之。」

〔三一〕史記朝鮮傳：「朝鮮王滿者，故燕人也。」

〔三二〕張敦仁曰：「華本『亡』改『忘』。」「亡」「忘」古通，明初本亦作「忘」。

〔三三〕史記南越傳：「任囂語趙佗曰：『且番禺負山險，阻南海，東西數千里，頗有中國人相輔，此亦一州之主也，可以立國。』」又西南夷傳：「滇王與漢使者言曰：『漢與我孰大？』及夜郎侯亦然。以道不通，故各自以爲一州主，不知漢廣大。」

〔三四〕沈延銓本「敖」作「傲」。「敖」「傲」古通。

〔三五〕史記南越傳：「陸賈至南越，王甚恐，爲書謝，稱曰蠻、夷大長老夫臣佗。」

〔三六〕淮南子泰族篇：「故天子得道，守在四夷，天子失道，守在諸侯；諸侯得道，守在四鄰，諸侯失道，守在四境。故湯處亳七十里，文王處酆百里，皆令行禁止於天下。周之衰也，戎伐凡伯於楚丘以歸。故得道則以百里之地令於諸侯，失道則以天下之大畏於冀州。」器案：冀州與天下互文見義，冀州也指天下，淮南子墬形篇：「少室、太室在冀州。」高誘注：「冀，堯都冀州，冀爲天下之號也。」鹽鐵論即本淮南爲説。山海經大荒北經注：「冀州，中土也。」淮南子覽冥篇：「今夫赤螭青虬之游冀州也。」又：「於是女媧……殺黑龍以濟冀州。」高誘注：「冀，九州中，謂今四海之内。」都以冀州作「天下」用。

〔三七〕「南荆」，指周昭王南征不復事。

〔三八〕史記朝鮮傳：「元封二年秋，遣樓船將軍楊僕，從齊浮渤海，兵五萬人，左將軍荀彘出遼東討右渠。」又南越傳：「元鼎五年秋，衛尉路博德爲伏波將軍，出桂陽下匯水；主爵都尉楊僕爲樓船將軍，出豫章下横浦；故歸義、越侯二人，爲弋船、下厲將軍，出零陵，或下離水，或抵蒼梧；使馳義侯因巴、蜀罪人，發夜郎兵，下牂牁江，或會番禺。」

〔三九〕姚範曰：「『珩』當作『衡』，連下『爲敵國累世』爲句。」張敦仁曰：「『珩』當作『衡』。（臣瓚注漢書「提衡」云：「衡，平也。」是其義也。）」王啓源曰：「按『珩』『衡』通用，非誤字。」器案：王説是。文選思玄賦：「雜技藝以爲珩。」注：「『珩』與『衡』音義同。蓋韓傳作『珩』，玉藻作『衡』。」管子輕重乙篇：「與天子提衡争秩於諸侯。」韓非子有度篇：「愚智提衡而立。」又飾邪篇：「國亂飾高，自以爲與秦提衡。」又八經篇：「大臣兩重，提衡而不踦曰卷禍。」漢書杜周傳贊：「相與提衡。」如淳曰：「提衡，猶言相提携也。」臣瓚曰：「衡，平也，言二人齊也。」師古曰：「瓚説是也。」

〔四〇〕「俛」字原無，今據郭沫若校補。下文言「曾不得七王之俛首」，即承此而言，郭校是。

〔四一〕古代習慣稱某朝爲某家，其稱漢朝爲漢家者，如漢書武帝紀：「征和二年，上謂大將軍青曰：『漢家庶事草創。』」又宣帝紀：「帝曰：『漢家自有制度，本以霸王道雜之。』」又爰盎傳：「方今漢家法周。」又張湯傳：「明習漢家制度。」又梅福傳：「漢家得賢，於此爲盛。」這些家字，都是「家天下」的意思。

〔四二〕明初本、華氏活字本「斥」作「匡」。

〔四三〕張之象本、沈延銓本、金蟠本「弑」作「殺」。

〔四四〕「國」字原脱，今據趙曦明説校補。盧文弨曰：「脱『國』字，趙敬夫補。」王先謙曰：「案『固』即『國』之誤，當改不當補。」

〔四五〕史記秦始皇本紀：「自繆公以來，至於秦王，二十餘君，常爲諸侯雄，豈世世賢哉？其勢居然也。」此文本之。

〔四六〕孟子告子下：「出則無敵國外患者，國恒亡。」

〔四七〕左傳成公十六年：「自非聖人，外寧必有内憂。」

論鄒*第五十三

大夫曰：「鄒子疾晚世之儒墨，不知天地之弘，昭曠之道，將一曲而欲道九折，守一隅而欲知萬方〔一〕，猶無準平而欲知高下，無規矩而欲知方圓也。於是推大聖終始之運〔二〕，以喻王公，先列〔三〕中國名山通谷，以至海外。所謂中國者，天下八十一〔四〕分之一，名曰赤縣神州，而分爲九州〔五〕。絶陵陸〔六〕不通，乃爲一州，有大〔七〕瀛海圜〔八〕其外。此所謂八極〔九〕，而天地〔一〇〕際焉〔一一〕。禹貢亦著山川高下原隰〔一二〕，而不知大道之徑。故秦欲達九州而方〔一三〕瀛海，牧〔一四〕胡而朝萬國。諸生守畦畝之慮，閭巷之固〔一五〕，未知天下之義也。」

文學曰：「堯使禹爲司空，平水土，隨山刊木〔一六〕，定高下而序九州。鄒衍非聖人，作怪誤〔一七〕，熒〔一八〕惑六國之君，以納其説。此春秋所謂『匹夫熒惑諸侯』〔一九〕者也。孔子曰：『未能事人，焉能事鬼神〔二〇〕？』近者不達，焉能知瀛海？故無補於用者，君子不爲；無益於治者，君子不由。三王信經道，而德光〔二一〕於四海；戰國信嘉〔二二〕言，而破亡如丘山〔二三〕。昔秦始皇已吞天下，欲并萬國，亡其三十六郡〔二四〕；欲達瀛海，而失其州縣。知大義如斯，不如守小計也。」

* 此篇就鄒衍「大九州」之説進行辯論，實質是以古喻今還是借古諷今的問題。大夫認爲爲政之道，應知放眼四海，不能閉關自守，鄒衍之説，大可借鑑；而文學則「守畦畝之慮，閭巷之固」，以爲「知大義」「不如守小計」，以借古諷今。

〔一〕漢書嚴安傳引鄒子曰：「政教文質，所以云救也。當時則用，過則舍之，有易則易也。故守一而不變者，未覩治之至也。」淮南子俶真篇：「諭於一曲不通於萬方之際也。」又泰族篇：「夫守一隅而遺萬方，取一物而棄其餘，則所得者鮮，而所治者淺矣。」

〔二〕史記孟子荀卿列傳：「騶衍……乃深觀陰陽消息，而作怪迂之變，終始大聖之篇，十餘萬言。」又封禪書：「齊威、宣之時，騶子之徒，論著終始五德之運。及秦帝，齊人奏之。」漢書郊祀志上：「論著終始五德之運。」如淳曰：「今其書有五德終始，五德各以所勝爲行，秦謂周爲火德，滅火者水，故自謂水德。」又藝文志陰陽家有鄒子四十九篇，鄒子終始五十六篇。又數術略五行類：「其法亦起五德終始，推其極，則無不至。」文選魏都賦注引七略：「鄒子有終始五德，從所不勝。土德後，木德繼之；金德次之；火德次之；水德次之。」「鄒」、「騶」古通。鄒衍終始五德之運，今都不傳。桑弘羊在這裏稱引它，主要是爲了用歷史變動和王朝更替的觀念來批判文學們復古守舊、一成不變的思想。

〔三〕「先列」原作「列士」，今據張敦仁説校改。張云：「『列』上脱『先』字，下衍『士』字。（此篇所言，與史記鄒衍列傳大略相同，今本多誤，故張之象皆失其讀。此以彼義訂之，下同。）」

〔四〕「十」下原脱「一」字，今據張敦仁説校補。

〔五〕「州」原作「川」，今據張敦仁説校改。華氏本、攖寧齋鈔本及困學紀聞十引正作「州」。

〔六〕張敦仁曰：「『陵』字當衍，（説見上。）史記所謂『於是有裨海環之，人民禽獸，莫能相通者』是也。」器案：困學紀聞引仍作「絶陵陸不通」，本書本議篇寫道：「服牛駕馬以達陵陸。」也是本書作「陵陸」之證。淮南子泰族篇：「俯視地理以制度量，察陵陸水澤肥墽高下之宜。」是「陵陸」爲漢人習用語，張説不可從。

〔七〕正嘉本、張之象本、沈延銓本、金蟠本「大」作「八」，不可從。

〔八〕周禮哲簇氏注：「星謂從角至軫。」賈公彦疏云：「右族數之。蓋二十八宿分布四方，自東而北而西而南則一周，故曰圜道也。」漢書高五王傳：「圜悼惠王冢園邑盡以予菑川。」師古曰：「圜謂周繞之。」史記齊悼惠王世家「圜」作「環」，古通。孟子公孫丑下：「環而攻之。」趙岐注：「環城圍之。」吕氏春秋愛士篇：「晉人已環繆公之車矣。」高誘注：「環，圍。」攖寧齋鈔本「圜」誤作「國」。

〔九〕淮南子原道篇：「廓四方，柝八極。」高誘注：「八極，八方之極也。」

〔一〇〕「地」原作「下」，今從張敦仁據史記校改。案史記正義：「言一州縣有稗海，環繞之。凡天下有九州，有大瀛海環繞其外，乃至天地之際也。」

〔一一〕史記孟子荀卿列傳：「騶衍覩有國者益淫侈，不能尚德，若大雅整之於身，施及黎庶矣。乃深觀陰陽消息，而作怪迂之變，終始大聖之篇，十餘萬言。其語閎大不經，必先驗小物，推而大之，至於無垠。先序今以上至黄帝，學者所共術，大並世盛衰。因載其機祥度制，推而遠之，至天地未生，窈冥不可考而原也。先列中國名山大川通谷，禽獸水土所殖，物類所珍，因而推之，及海外人之所不能覩，稱引天地剖判以來，五德轉移，治各有宜，而符應若兹。以爲儒者所謂中國者，於天下乃八十一分居其一分耳。中國名曰赤縣神州。赤縣神州内自有九州，禹之序九州是也，不得爲州數。中國外如赤縣神州者九，乃所謂九州也。於是有裨海環之，人民禽獸，莫能相通者，如區中者，乃爲一州。如此者九，乃有大瀛海環其外，天地之際焉。其術皆此類也。」

〔一二〕漢書地理志上顏師古注：「高平曰原，下溼曰隰。」

〔一三〕郭沫若曰：「『方』即詩『就其深矣，方之舟之』之『方』，意同航。」

〔一四〕文選難蜀父老文：「天子之牧夷狄也。」集解：「劉良曰：『牧，養也。』」

〔一五〕論語述而篇：「儉則固。」集解：「孔安國曰：固，陋也。」孟子告子下：「固矣夫，高叟之爲詩也。」趙岐注：「固，陋也。」

〔一六〕漢書地理志上：「隨山栞木。」師古曰：「『栞』，古『刊』字也。……言禹隨行山之形狀，而刊斫其木以爲表記。」

〔一七〕張敦仁曰：「『誤』當作『迂』，史記所謂『作怪迂之變』者也。」陳遵默曰：「『誤』當作『訏』，聲訛，史記『迂』即『訏』之借。」器案：張、陳説是，史記索隱、正義引都作「迂怪虛妄」，漢書藝文志神仙家：「或者專以爲務，則誕欺怪迂之文，彌以益多。」師古曰：「迂，遠也。」又楊雄傳下：「雄見諸子各以其知舛馳，大氐詆訾聖人，即爲怪迂，析辯詭辭，以撓世事。」此皆當時以「怪迂」或「迂怪」連用之證。法言五百篇：「鄒衍迂而不信。」論衡案書篇：「鄒衍之書，瀇洋無涯，其文少驗，多驚耳之言。」説文言部：「訏，詭譌也。」此陳説所本。但「誤」從「吴」得聲，亦有夸大意，説文口部：「吴，一曰大言也。」國語周語：「迂則誣人。」俗説「大言欺人」，欺人亦誣人也。則「誤」字義亦可通，今故存而不革。

〔一八〕「熒」字原無，史記索隱、正義引都有，今據補訂。莊子齊物論釋文：「熒，疑惑也。」

〔一九〕史記索隱：「桓寬、王充（案見論衡談天篇。）以衍之所言，迂怪虛妄，熒惑六國之君，因納其異説，所謂匹夫而熒惑諸侯者是也。」正義：「鹽鐵論及論衡，並以衍之所言，迂怪虛妄，熒惑六國之君，因納其異説，所謂匹夫而熒惑諸侯也。」史記孔子世家：「孔子趨而進，歷階而登，不盡一等，曰：『匹夫而熒惑諸侯者，罪當誅。』」公羊傳定公十年何休注亦引孔子此語。

〔二〇〕這是論語先進篇文。今本無「神」字。

〔二一〕「光」讀爲「廣」。

〔二二〕郭沫若讀「嘉」爲「訛」。

〔二三〕「而破亡如丘山」，原作「破亡而泥山」，義不可通。「而」字據上句例，當在句首，因傳鈔誤植，又脱去「如」字。「丘山」爲本書習用語，「丘」與「尼」字俗書「𡰥」形近，因誤爲「𡰥」，繼又誤爲「泥」也。「泥山」無義。

〔二四〕史記秦始皇本紀：「始皇曰：『天下共苦戰鬭不休，以有侯王；賴宗廟，天下初定，又復立國，是樹兵也，而求其寧息，豈不難哉！廷尉議是。』分天下以爲三十六郡。」

論菑*第五十四

大夫曰：「巫祝不可與並祀，諸生不可與逐語，信往疑今，非人自是。夫道古者稽之今，言遠者合之近〔一〕。日月在天，其徵在人，菑異之變，夭壽之期，陰陽之化，四時之叙，水火金木，妖祥之應，鬼神之靈，祭祀之福，日月之行，星辰之紀，曲言之故，何所本始？不知則默，無苟亂耳。」

文學曰：「始江都相董生推言陰陽〔一〕，四時相繼，父生之，子養之，母成之，子藏之〔三〕。故春生，仁；夏長，德；秋成，義；冬藏，禮。此四時之序，聖人之所則也。刑不可任以成化，故廣德教。言遠必考之邇，故内恕〔四〕以行。是以刑罰若加於己，勤勞若施於身。又安能忍殺其赤子，以事無用，罷弊所恃，而達瀛海乎？蓋越人美羸蚌〔五〕而簡太牢，鄙夫樂咋唶〔六〕而怪韶濩。故不知味者，以芬香爲臭；不知道者，以美言爲亂耳。人無夭壽，各以其好惡爲命。羿、敖〔七〕以巧〔八〕力不得其死，智伯以貪狠〔九〕亡其身。天菑之證，禎祥之應，猶施與之望報，各以其類及。故好行善者，天助以福，符瑞是也。易曰：『自天祐之，吉無不利〔一〇〕。』好行惡者，天報以禍，妖菑是也。春秋曰：『應是而有天菑〔一一〕。』周文、武〔一二〕尊賢受諫，敬戒不殆〔一三〕，純德上休，神祇相況〔一四〕。詩云：『降福穰穰〔一五〕，降福簡簡〔一六〕。』日者陽，陽道明；月者陰，陰道冥；君尊臣卑之義。故陽光盛〔一七〕於上，衆陰之類消於下；月望於天，蚌蛤盛於淵〔一八〕。故臣不臣，則陰陽不調，日月有變；政教不均，則水旱不時，螟螣生。此災異之應也。四時代叙，而人則其功，星列於天，而人象其行〔一九〕。常〔二〇〕星猶公卿也，衆星猶萬民也。列星〔二一〕正則衆星齊，常星亂則衆星墜矣。」

大夫曰：「文學言剛柔之類，五勝〔二二〕相代生。易明於陰陽，書長於五行。春生夏長，故火生於寅木，陽類也；秋生冬死，故水生於申金〔二三〕，陰物也。四時五行，迭廢迭興，陰陽異類，水火不同器。金得土而成，得火而死，金生於巳，何説何言然乎？」

文學曰：「兵者，凶器也。甲堅兵利，爲天下殃。以母制子，故能久長。聖人法之，厭而不陽〔二四〕。詩云：『載戢干戈，載橐弓矢〔二五〕，我求懿德，肆于時夏〔二六〕。』衰世不然。逆天道以快暴心，僵尸血流，以争壤土。牢人之君，滅人之祀，殺人之子，若絶草木〔二七〕，刑者肩靡〔二八〕於道。以己之所惡而施於人。是以國家破滅，身受其殃，秦王是也。」

大夫曰：「金生於巳，刑罰小加，故薺麥夏死〔二九〕。易曰：『履霜，堅冰至〔三〇〕。』秋始降霜，草木隕零，合冬行誅，萬物畢藏。春夏生長，利以行仁。秋冬殺藏，利以施刑。故非其時而樹，雖生不成。秋冬行德，是謂逆天道。月令：『涼風至，殺氣動，蜻蛚鳴〔三一〕，衣裘成。天子行微刑，始貙蔞〔三二〕，以順天令。』文學同四時〔三三〕，合陰陽，尚德而除刑。如此，則鷹隼不鷙，猛獸不攫，秋不蒐獮，冬不田狩者也。」

文學曰：「天道好生惡殺，好賞惡罪。故使陽居於實〔三四〕而宣德施，陰藏於虛而爲陽佐輔。陽剛陰柔，季不能加孟。此天賤冬而貴春，申陽屈陰。故王者南面而聽天下，背陰向陽，前德而後刑也。霜雪晚至，五穀猶成。雹霧夏隕，萬物皆傷。由此觀之：嚴刑以治國，猶任秋冬以成穀也。故法令者，治惡之具也，而非至治之風也〔三五〕。是以古者，明王茂其德教，而緩其刑罰也。網漏吞舟之魚〔三六〕，而刑審於繩墨之外〔三七〕，及〔三八〕臻其末，而民莫犯禁也。」

＊　本篇就產生自然災害的問題展開激烈論爭。文學根據董仲舒的「天人感應論」，把春生夏長秋成冬藏的自然規律，拿來附會仁德義禮，胡說什麼「好行善者，天助以福」，「好行惡者，天報以禍」，這就是「天菑之證，禎祥之應」，並且還攻擊秦始皇推行法治，是「逆天道以快暴心」，所以弄得「國家破滅，身受其殃」，更進而宣揚「古者明王茂其德教，而緩其刑罰」，妄想改變漢武帝的法治。

桑弘羊提出「道古者稽之今，言遠者合之近」的進步歷史觀。他向「信往疑今、非人自是」的腐儒提出一連串的問題，問道：「菑異之變，夭壽之期，陰陽之化，四時之叙，水火金木，妖祥之應，鬼神之靈，祭祀之福，日月之行，星辰之紀，曲言之故，何所本始？」「金得土而成，得火而死，金生於巳，何説何言然乎？」這些問題，閃爍着樸素唯物主義的思想，是屈原天問的繼承和發展。當然，桑弘羊用陰陽五行之説來解釋自然現象，認爲自然現象和社會現象之間有直接的相互制約、相互決定的聯繫，這種哲學思想也是錯誤的。

〔一〕荀子性惡篇：「故善言古者，必有節於今；善言天者，必有徵於人。」陸賈新語術事篇：「善言古者合之於今，能述遠者考之於近。」漢書董仲舒傳：「善言天者，必有徵於人；善言古者，必有驗於今。」漢書公孫弘傳：「天人之道，何所本始？」

〔二〕漢書五行志上：「景、武之世，董仲舒治公羊春秋，始推陰陽，爲儒者宗。」案董仲舒所撰春秋繁露一書，有陰陽位、陰陽終始、陰陽義、陰陽出入等篇。

〔三〕春秋繁露五行對篇：「河間獻王問温城董君曰：『孝經曰：夫孝，天之經，地之義。何謂也？』對曰：『天有五行，木火土金水是也。木生火，火生土，土生金，金生水；水爲冬，金爲秋，土爲季夏，火爲夏，木爲春；春主生，夏主長，季夏主養，秋主收，冬主藏，藏，冬之所成也。是故父之所生，其子成之；父之所長，其子養之；父之所養，其子成之；諸父所爲，其子皆奉承而續行之，不敢不致如父之意，盡爲人之道也。故五行者，五行也。由此觀之：父授之，子受之，乃天之道也。故曰：夫孝者，天之經也。此之謂也。』」

〔四〕張之象本、沈延銓本、金蟠本「内」作「由」。郭沫若曰：「『内』當爲『忠』。」器案：漢書高惠高后文功臣表：「是以内恕之君，樂繼絶世。」則「内恕」爲漢人習用語，無煩改作。

〔五〕「羸」原作「羸」，正嘉本、太玄書室本、張之象本、沈延銓本、金蟠本作「羸」，今據改正。

〔六〕咋唶，大聲也。

〔七〕正嘉本、攖寧齋鈔本、太玄書室本、張之象本、沈延銓本、金蟠本「敖」作「奡」。盧文弨曰：「説文：『生敖及豷。』『敖』即『奡』。大典作『傲』。書：『無若丹朱傲。』説文又作『奡』，亦可通。」

〔八〕「巧」原作「功」，今據張敦仁説校改。盧文弨曰：「『功』疑衍。」張曰：「『功』當作『巧』，謂羿巧而敖力也。」徐友蘭説同。

〔九〕「貪狼」原作「貪狼」，今改。「貪狼」與「功力」對言。

〔一〇〕這是易經大有文，繫辭上文同。

〔一一〕公羊傳宣公十五年：「冬，蝝生。未有言蝝生者，此其言蝝生何？蝝生不書，此何以書？幸之也。幸之者何？猶曰受之云爾。受之云爾者何？上變古易常，應是而有天災，其諸，則宜於此焉變矣。」春秋繁露必仁且智篇：「春秋之法，上變古易常，應是而有天災者，謂幸國。」

〔一二〕盧文弨曰：「『武』，大典『王』。」

〔一三〕「殆」與「怠」同，詩商頌玄鳥：「受命不殆。」鄭箋：「受天命而行之不解殆。」即以「殆」爲「怠」。

〔一四〕張之象本、沈延銓本、金蟠本「況」作「貺」。盧文弨曰：「案：況，賜也。」

〔一五〕「穰穰」原作「攘攘」，華氏本作「瀼瀼」，張之象本、沈延銓本、金蟠本作「穰穰」，今據改正。

〔一六〕這是詩經周頌執競文。朱熹集傳：「穰穰，多也；簡簡，大也。」

〔一七〕「光」原作「先」。盧文弨曰：「『先』當作『光』。」今據改正。攖寧齋鈔本「盛」作「勝」。

〔一八〕呂氏春秋精通篇：「月也者，羣陰之本也。月望則蚌蛤實，羣陰盈；月晦則蚌蛤虛，羣陰虧。夫月形乎天，而羣陰化乎淵；聖人形德乎己，而四荒咸飭乎仁。」淮南子天文篇：「月者，陰之宗也，是以月虧而魚腦減，月死而蠃蛖膲。」又説山篇：「月盛衰於上，則蠃蛖應於下。同氣相動，不可以爲遠。」

〔一九〕韓非子解老篇：「列星得之，以端其行。」文選傅玄雜詩：「列宿自成行。」注：「列宿，二十八宿也。」

〔二〇〕「常星」就是「恒星」，漢人避漢文帝劉恒諱，改「恒」作「常」。

〔二一〕論衡率性篇：「衆星在天，天有其象；得富貴象則富貴，得貧賤象則貧賤。」

〔二二〕史記曆書：「是時，獨有鄒衍，明於五德之傳，而散消息之分，以顯諸侯；而亦因秦滅六國，兵戎極煩，又升至尊之日淺，未暇遑也。而亦頗推五勝，而自以爲獲水德之瑞，更名河曰德水，而正以十月，色上黑。」集解：「漢書音義曰：『五行相勝，秦以周爲火，用水勝之也。』」漢書律曆志上：「戰國擾攘，秦兼天下，未皇暇也；亦頗推五勝，而自以爲獲水德，乃以十月爲正，色尚黑。」孟康曰：「五行相勝，秦以周爲火，用水勝之。」吴越春秋五句踐歸國外傳：「大夫句如曰：『天有四時，人有五勝。昔湯、武乘四時之利而制夏、殷，桓、繆據五勝之便而列六國。』」注：「五德迭相勝也。」內經素問二五寶命全形論：「岐伯曰：『五勝更立，木得金而伐，水得火而滅，土得木而達，金得火而缺，水得土而絶。』」這些，都是談所謂「五勝」之道的。正嘉本、倪邦彦本、太玄書室本、張之象本、沈延銓本、金蟠本作「互勝」，所謂不知而作者也。

〔二三〕白虎通五行篇：「金，少陰。」

〔二四〕張之象本、沈延銓本、金蟠本「陽」作「揚」。王先謙曰：「御覽二百七十一兵部引『以母』作『其母』，『不陽』作『不傷』。」文廷式純常子枝語二一：「寅午戌會火局，火生於寅，木也；申子辰會水局，水生於申，金也。獨金生於巳，不解其故。及論鹽鐵論論菑篇，大夫以此爲問，文學曰：『兵者，凶器也。甲堅兵利，爲天下殃。以母制子，故能久長。聖人法之，厭而不陽。』然後知古義如此，不必以己爲土也。」

〔二五〕正嘉本、張之象本、沈延銓本、金蟠本「橐」作「櫜」。汪文臺十三經注疏校勘記識語：「鹽鐵論引詩『載橐弓矢』，今詩作『櫜』，『櫜』『橐』通用字也。周禮翦氏釋文：『櫜』本作『橐』。儀禮士喪禮注：『今文橐爲橐。』史記項橐，高本戰國策云『項橐』。」

〔二六〕這是詩經周頌時邁文。朱熹集傳曰：「戢，聚；橐，韜；肆，陳也。夏，中國也。」

〔二七〕漢書賈誼傳：「故胡亥今日即位，而明日射人，……其視殺人若艾草菅然。」師古曰：「艾讀曰刈。菅，茅也。」

〔二八〕盧文弨曰：「『靡』、『摩』同。」

〔二九〕淮南子墬形篇：「木勝土，土勝水，水勝火，火勝金，金勝木。故禾春生秋死，菽夏生冬死，麥秋生夏死，薺冬生夏死。」高誘注：「薺，水也，水王而生，土王而死也。」

〔三〇〕這是易經坤卦文。象曰：「履霜堅冰，陰始凝也；馴致其道，至堅冰也。」

〔三一〕呂氏春秋六月紀：「涼風始至，蟋蟀居宇。」高誘注：「蟋蟀，蜻蛚，爾雅謂之蛬。」

〔三二〕張敦仁曰：「張之象本『蔞』改『膢』。（沈延銓本、金蟠本同。）按所改非也，次公稱月令，必其明堂月令字如此也。言立秋始殺，而不及於嘗新，不得以他書之『膢』字改之。（謂漢書注及風俗通、古今注之類。續漢書禮儀志又作「劉」。）又前孝養篇、散不足篇皆云『膢臘』。韓子五蠹云：『膢臘而相遺以水。』爲其語之所自出。『膢』者，説文云：『楚俗以二月祭，飲食者也。』（此士庶人之禮也，「膢」在二月，「臘」在冬至後三戌，言「膢臘」者，舉其終始之辭，兩事也。或誤認風俗通之言「膢臘」者爲一事，乃改其引「楚俗以二月」爲十二月，非仲遠本然也。玉篇、廣韻皆云：「膢，冀州八月，楚俗二月。」此必出字林等書，然殊失許氏之意。許意以楚俗證韓子，故「膢」與「臘」接出，「膢」二月對「臘」冬至後三戌也。否則舍冀州八月，專取楚俗二月，乃何理乎？又漢書武帝紀：「太初二年春三月，令天下膢五曰。」即此「膢」耳，而注家皆以「貙膢」説之，未爲當也。）尤與此絶不相涉，彼曰『膢』，此在他書亦必曰『貙膢』。（二字連言。）説文：『一曰：始殺食新曰貙膢。』（今本「始殺」作「祈穀」、「貙」作「離」者，誤。）凡云『一曰』，必異義，此固許例之可知者。（此天子之禮也，後漢明帝永平元年六月丁卯，初令百官貙膢，見古今注。言「初」，可知武帝紀注之非。其八月之「膢」，殆又民間放效食新，而轉更後時，正因不得言「貙膢」，故亦曰「膢」，以致牽溷也。雖不詳何始，但叔重之時，未嘗有是，則明矣。）『膢』與『貙膢』，久莫之辨，故附詳於此。（風俗通全引説文，亦以「又曰」爲異義。仲遠自未必謂「貙膢」即「膢」矣，然則其誤在晉以來也。）」

〔三三〕「文學」下原有「曰」字，今據華氏活字本、攖寧齋鈔本删。

〔三四〕説文日部：「日，實也。」段注：「月令正義引春秋元命苞：『日之爲言實也。』釋名曰：『日，實也，光明盛實也。』」

〔三五〕淮南子泰族篇：「故法者治之具也，而非所以爲治也。」史記酷吏傳：「法令者，治之具，而非制治清濁之源也。」

〔三六〕史記酷吏傳：「漢興，破觚而爲圜，斲雕而爲朴，網漏於吞舟之魚，而吏治烝烝，不至於姦，黎民艾安。」漢書酷吏傳作「號爲罔漏吞舟之魚」，師古曰：「言其疏也。」

〔三七〕史記酷吏傳：「救過不贍，何暇論繩墨之外乎？」案韓非子大體篇：「不引繩之外，不推繩之内。」此文又出於彼。

〔三八〕「及」原作「反」，盧文弨曰：「『反』當作『及』。」今案：攖寧齋鈔本作「及」，據以改正。

鹽鐵論校注卷第十

刑德*第五十五

大夫曰：「令者所以教民也，法者所以督姦也。令嚴而民慎，法設而姦禁。罔疏則獸失，法疏則罪漏，罪漏則民放佚而輕犯禁。故禁不必〔一〕，怯夫〔二〕徼倖；誅誠〔三〕，蹠、蹻不犯。是以古者作五刑，刻肌膚〔四〕而民不踰矩。」

文學曰：「道徑衆〔五〕，人不知所由；法令衆，民不知所辟〔六〕。故王者之制法，昭乎如日月，故民不迷；曠乎若大路，故民不惑。幽隱遠方，折乎知之〔七〕，室女童婦〔八〕，咸知所避。是以法令不犯，而獄犴〔九〕不用也。昔秦法繁於秋荼〔一〇〕，而網密於凝脂〔一一〕。然而上下相遁〔一二〕，姦僞萌生〔一三〕，有司治〔一四〕之，若救爛〔一五〕撲焦〔一六〕，而不能禁；非網疏而罪漏，禮義廢而刑罰任也。方今律令百有餘篇〔一七〕，文章繁，罪名重，郡國用之疑惑，或淺或深，自吏明習者，不知所處，而況愚民！律令塵蠹於棧閣〔一八〕，吏不能徧覩，而況於愚民乎！此斷獄所以滋衆，而民犯禁滋多〔一九〕也。『宜犴〔二〇〕宜獄，握粟出卜，自何能穀〔二一〕？』刺刑法繁也。親服之屬甚衆，上殺下殺，而服不過五；五刑之屬三千，上附下附，而罪不過五〔二二〕。故治民之〔二三〕道，務篤其教而已。」

大夫曰：「文學言王者立法，曠若大路。今馳道〔二四〕不小也，而民公犯之，以其罰罪之輕也。千仞〔二五〕之高，人不輕凌，千鈞之重，人不輕舉。商君刑棄灰於道〔二六〕，而秦民治。故盜馬者死〔二七〕，盜牛者加，所以重本而絶輕疾之資也。武兵名食〔二八〕，所以佐邊而重武備也。盜傷與殺同罪，所以累其心〔二九〕而責其意〔三〇〕也。猶魯以楚師伐齊，而春秋惡之〔三一〕。故輕之爲重，淺之爲深，有緣而然。法之微〔三二〕者，固非衆人之所知也。」

文學曰：「詩云：『周道如砥，其直如矢〔三三〕。』言其易也。『君子所履，小人所視〔三四〕。』言其明也。故德明而易從，法約而易行〔三五〕。今馳道經營陵陸，紆周天下，是以萬里爲民穽也〔三六〕。罻羅〔三七〕張而縣其谷，辟陷設而當其蹊，矰弋〔三八〕飾而加其上，能勿離乎？聚其所欲，開其所利，仁義陵遲，能勿踰乎〔三九〕？故其末途，至於攻城入邑，損府庫之金，盜宗廟之器〔四〇〕，豈特千仞之高、千鈞之重哉！管子曰：『四維不張，雖臯陶不能爲士。』故德教廢而詐僞行，禮義壞而姦邪興，言無仁義也。仁者，愛之效也；義者，事之宜也。故君子愛仁〔四一〕以及物，治近以及遠。傳曰：『凡生之物，莫貴於人〔四二〕；人主之所貴，莫重於人。』故天之生萬物以奉人也，主愛人〔四三〕以順天也。聞以六畜禽獸養人，未聞以所養害人者也〔四四〕。魯廐焚，孔子罷朝，問人不問馬，賤畜而重人也〔四五〕。今盜馬者罪死，盜牛者加。乘騎車馬行馳〔四六〕道中，吏舉苛〔四七〕而不止，以爲盜馬，而罪亦死。今傷人持其刀劍而亡，亦可謂盜武庫兵〔四八〕而殺之乎？人主立法而民犯之，亦可以爲逆而〔四九〕輕主約乎？深之可以死，輕之可以免，非法禁之意也。法者，緣人情而制，非設罪以陷人也。故春秋之治獄，論心定罪〔五〇〕，志善而違於法者免，志惡而合於法者誅。今傷人未有所害〔五一〕，志不甚惡而合於法者，謂盜而傷人者耶？將執法者過耶？何於人心不厭也！古者，傷人有創者刑，盜有臧〔五二〕者罰，殺人者死。今取人兵刃以傷人，罪與殺人同，得無非其至意與？」

大夫俛仰未應對。

御史〔五三〕曰：「執法者國之轡銜〔五四〕，刑罰者國之維檝〔五五〕也。故轡銜不飭，雖王良不能以致遠；維檝不設，雖良工不能以絶水。韓子疾有國者〔五六〕不能明其法勢〔五七〕，御其臣下，富國强兵，以制敵禦難，惑於愚儒之文詞，以疑賢士之謀，舉浮淫之蠹〔五八〕，加之功實之上，而欲國之治，猶釋階而欲登高〔五九〕，無銜橛而禦捍馬〔六〇〕也。今刑法設備，而民猶犯之，況無法乎？其亂必也！」

文學曰：「轡銜者，御之具也，得良工而調。法勢者，治之具也，得賢人而化。執轡非其人，則馬奔馳。執軸〔六一〕非其人，則船覆傷。昔吴使宰嚭持軸而破其船，秦使趙高執轡而覆其車。今廢仁義之術，而任刑名〔六二〕之徒，則復吴、秦之事也。夫爲君者法三王〔六三〕，爲相者法周公〔六四〕，爲術者法孔子〔六五〕，此百世不易之道也〔六六〕。韓非非先王〔六七〕而不遵，舍正令而不從，卒蹈陷穽〔六八〕，身幽囚，客死於秦。夫〔六九〕不通大道而小辯〔七〇〕，斯足以害其身而已。」

＊　本篇記載雙方就「禮治」與「法治」問題展開的激烈辯論。桑弘羊指出：「令者所以教民也，法者所以督姦也。令嚴而民慎，法設而姦禁。」御史補充指出：「執法者國之轡銜，刑罰者國之維檝也。」充分肯定了法律和刑罰對於治理國家的巨大作用。針對桑弘羊所提出的「法治」，文學則提出了「禮治」，説什麽「治民之道，務篤其教而已」，並引證秦之亡，由於「法繁於秋荼，而網密於凝脂」，「禮義棄而刑罰任也」，來影射本朝「今廢仁義之術而任刑名之徒」，是走亡秦的老路。宣稱「爲君者法三王，爲相者法周公，爲術者法孔子」，這是「百世不易之道」。

這完全是復古倒退的主張。

〔一〕「必」謂果斷。黄帝四經經法：「國無盗賊，詐僞不生；民無邪心，衣食足而刑伐（罰）必也。」韓非子五蠹篇：「賞莫如厚而信，使民利之；罰莫如重而必，使民畏之。」漢書王莽傳下：「貌佷自臧，持必不移。」師古曰：「固持其所見，不可移易。」「必」字義與此同。正嘉本、太玄書室本、張之象本、沈延銓本、金蟠本作「下」，非是。

〔二〕「怯夫」原作「法夫」，與「徼倖」連文，義不可通。戰國策韓策：「夫秦卒之與山東之卒也，猶孟賁之與怯夫也。」（史記張儀傳同）漢書司馬遷傳：「勇者不必死節，怯夫慕義。」又梅福傳：「勇士極其節，怯夫勉其死。」彼二文言怯夫心知慕義，也可舍生不顧而死節；此文言怯夫知禁不必，也可行險徼倖而犯法。徼倖而犯法也，慕義而死節也，都與怯夫之性格貪生怕死者不相稱，然而出於此者，此於文爲「正言若反」的習慣用法也。以彼例此，知此文之原爲「怯夫」，無可疑者。論勇篇：「怯夫有備，其氣自倍。」此本書用「怯夫」之證，今爲改正。

〔三〕「誠」原作「誠」，今據張敦仁説校改。張云：「『誠』當作『誠』，『誅誠』與上文『禁不必』相對。」今案張説是，淮南子兵略篇：「將不誠必，則卒不勇敢。」王念孫讀書雜志云：「『誠必』與『專一』相對爲文，『勇敢』與『誠必』相因爲義。管子九守篇曰：『用賞者貴誠，用刑者貴必。』荀子致士篇曰：『人主之患，不在乎不言用賢，而在乎不誠必用賢。』吕氏春秋論威篇曰：『又況乎萬乘之國而有所誠必乎？則何敵之有矣。』賈子道術篇曰：『伏義誠必謂之節。』枚乘七發曰：『誠必不悔，決絶以諾。』是古書多以『誠必』連文。」今案：王氏説「誠必」之義，又見荀子致士篇雜志，其説甚是。説苑談叢篇：「或好浮游，或好誠必。」「誠必」與「浮游」相反爲義，則「誠必」連文，亦「果斷」之義也。

〔四〕史記孝文本紀：「十三年五月詔曰：『夫刑至斷支體，刻肌膚，終身不息，何其楚痛而不德也。』」又見漢書刑法志，師古曰：「息，生也。」

〔五〕「徑」原作「德」，治要作「徑」，今據改正。

〔六〕王先謙曰：「『德』字誤，治要作『徑』，『人』作『民』，『民』作『人』，句末並有『也』字。」

〔七〕「折乎知之」，原作「折手知足」，今據治要改正。史記趙世家：「吾有所見子，晰也。」陳仁錫史詮曰：「晰，明也，謂夢中明見子耳。」此文「折」字即借作「晰」，「折乎知之」，就是漢書刑法志所謂「較然易知」的意思。

〔八〕治要「室」作「愚」，義較勝。「愚女」與「童婦」對言，「童」讀如淮南子氾論篇「商樸女童」的「童」。大戴禮記王言篇：「商慤女憧。」「童」和「憧」義同，就是愚昧無知的意思。說略本陳遵默。

〔九〕詩經小雅小宛釋文：「鄉亭之繫曰犴，朝廷曰獄。」

〔一〇〕文選永明九年策秀才文：「傷秋荼之密網。」集注李善注引此文無「昔」字。鈔曰：「秋荼，一云苦菜，二云茅范。秦刑人如秋霜之煞草。」張銑曰：「荼，草也，其葉繁密，謂刑罰酷暴亦如之。網，刑也，言如張網也。」

〔一一〕田雯古懽堂集雜著八：「鹽鐵論云：『秦法繁於秋荼，而密於凝脂。』此深爲酷刑之喻者。」詩經衛風碩人：「膚如凝脂。」正義引孫炎曰：「膏凝脂，甚言其密。」

〔一二〕史記酷吏傳：「昔天下之網嘗密矣，然姦僞萌起，其極也上下相遁，至於不振。當是之時，吏治若救火揚沸，非武健嚴酷，惡能勝其任而愉快乎？」正義：「顔云：『遁，避也，言吏避於君，民避於吏，至乎喪敗，不可振救。』」就是此文所本。論勇篇也作「上下相遁」。王先謙據藝文類聚刑法部、御覽六三九引「遁」並作「趨」，不可據。賈誼過秦論：「姦僞並起，而上下相遁。」字也作「遁」。

〔一三〕淮南子泰族篇：「趙政（許慎注：「趙政，秦始皇帝。」）晝決獄而夜理書，御史冠蓋，接於郡縣，覆稽趨留，戍五嶺以備越，築脩城以守胡，然姦邪萌生，盜賊羣居，事愈煩而亂愈生。」漢書王吉傳：「詐僞萌生。」師古曰：「萌生，言其事出如草木之初生。」治要引此句作「奸宄並生」。

〔一四〕「治」原作「法」，今據治要引改，史記亦作「治」。

〔一五〕潛夫論救邊篇：「救禍如引手爛。」

〔一六〕戰國策齊策下：「且夫救趙之務，宜若奉漏甕，沃焦釜。」史記田敬仲完世家「焦」作「蕉」，比喻救之急。

〔一七〕晉書刑法志：「叔孫通益律所不及旁章十八篇，張湯越宫律二十七篇，趙禹朝律六篇，合六十篇，又漢時決事集爲令甲以下三百餘篇。」疑此文「百」上脱「三」字。

〔一八〕漢書刑法志：「及至孝武即位，外事四夷之功，内盛耳目之好，徵發煩數，百姓貧耗，窮民犯法，酷吏擊斷，姦軌不勝。於是招進張湯、趙禹之屬，條定法令，作見知故縱、監臨部主之法，緩深故之罪，（孟康曰：「孝武欲急刑，吏深害，及故入人罪者皆寬緩。」）急縱出之誅。其後，姦猾巧法，轉相比況，禁罔寖密，律令凡三百五十九章，大辟四百九條，千八百八十二事，死罪決事比萬三千四百七十二事，文書盈於几閣，典者不能徧覩；是以郡國承用者駁，或罪同而論異，姦吏因緣爲市，所欲活則傅生議，所欲陷則予死比，議者咸冤傷之。……至成帝河平中，復下詔曰：『甫刑云：「五刑之屬三千，大辟之罰，其屬二百。」今大辟之刑，千有餘條，律令煩多，百有餘萬言，奇請它比，日以益滋，自明習者不知所由，欲以曉喻衆庶，不亦難乎？』」羣書治要引杜恕體論：「至於孝武，徵發煩數，百姓虚耗，窮民犯法，酷吏擊斷，姦宄不勝。於是張湯、趙禹之屬，條定法令，轉相比況，禁罔（從舊校）積密，書盈於机格，典者不能偏視，姦吏因緣爲市，議者咸怨傷之。」文選謝靈運游覽詩注引通俗文：「板閣曰棧。」正嘉本、太玄書室本、張之象本、沈延銓本、金蟠本删此二句。

〔一九〕「禁」下原無「滋多」二字，今據治要訂補。

〔二〇〕張之象本、沈延銓本、金蟠本「宜犴」上有「詩云」二字。

〔二一〕詩經小雅小宛：「交交桑扈，率場啄粟，哀我填寡，宜岸宜獄，握粟出卜，自何能穀？」釋文云：「韓詩（岸）作『犴』，云：『鄉亭之繫曰犴，朝廷曰獄。』」説文豸部「豻」下引詩亦作「犴」。獄、犴皆從犬爲義。「犬所以守」，則「岸」是「犴」之借字。器案：「握粟出卜」之粟，當時謂之糈。離騷云：「巫咸將夕降兮，懷椒糈而要之。」王逸注云：「糈，精米，所以享神。……懷椒糈要之，使占兹吉凶也。」洪興祖補注云：「糈，音所，祭神米也。」史記日者列傳云：「卜而有不審，不見奪糈。」淮南子説山篇云：「巫之用糈藉。」高誘注云：「糈，米，所以享神；藉，菅茅，皆所以療病求福祚。」蓋糈者行卜所用，卜者以之禮神，行卜者持以爲讎。

〔二二〕此文原作「親服之屬甚衆，上附下附，而服不過五；五刑之屬三千，上殺下殺，而罪不過五」，今據張敦仁説校改。張云：「此當云『上殺下殺而服不過五』，下文當云『上附下附而刑不過五』，今本誤互易之也。『上殺下殺』者，五服降殺自己之上、己之下也。『上附下附』者，附，比也，所謂上下比罪者也。不知者移『殺』以連『刑』耳。」王先謙曰：「案張説是也。治要與涂本同，則其誤已久。」案：五服，封建社會規定的喪服制度，依照親疏關係，分五等孝服和守孝時間：斬衰，服三年喪；齊衰，一年；大功，九月；小功，七月；緦麻，三月。

〔二三〕「民」下原無「之」字，今據華氏活字本、楊沂孫校本及治要補。

〔二四〕史記秦始皇本紀：「治馳道。」集解：「應劭曰：『馳道，天子道也，道若今之中道然。』漢書賈山傳曰：『秦爲馳道於天下，東窮燕、齊，南極吳、楚，江、湖之上，濱海之觀，畢至。道廣五十步，三丈而樹，厚築其外，隱以金椎，樹以青松。』」通鑑七注：「孔穎達曰：『馳道，如今御路也，是君馳走車馬之處，故曰馳道。』」

〔二五〕拾補改「千仞」「千鈞」之「千」爲「十」。

〔二六〕史記商君傳集解引新序：「今衛鞅内刻刀鋸之刑，外深鈇鉞之誅，步過六尺者有罰，棄灰於道者被刑。」又索隱引説苑：「秦法棄灰於道者刑。」又李斯傳：「故商君之法，刑棄灰於道者。夫棄灰，薄罪也，而被刑，重罰也。彼唯明主爲能深督輕罪。」正義：「棄灰於道者黥也。」漢書五行志中之下：「秦連相坐之法，棄灰於道者黥。」注：「孟康曰：『商君爲政，以棄灰於道必坋人，坋人必鬬，故設黥刑以絶其原也。』臣瓚曰：『棄灰或有火，火則燔廬舍，故刑之也。』」器案：孟康之説，蓋本之韓非子，韓非子内儲説上：「殷之法刑棄灰於街者。子貢以爲重，問之仲尼，仲尼：『知治之道也。夫棄灰於街必掩人，掩人必怒，怒則鬬，鬬必三族相殘也，此殘三族之道也，雖刑之可也。且夫重罰者，人之所惡也，而無棄灰，人之所易也，使人行之所易，而無離所惡，此治之道。』」是棄灰之法，始於商君，其以爲秦法者，乃商君之法也；其以爲殷法者，蓋秦人立此法而託之於殷也。

〔二七〕魏新律序：「漢賊律有賊伐樹木、殺傷人畜産，及諸亡印。」淮南子説山篇高誘注：「王法禁殺牛，民犯禁殺之者誅。」此亦當在賊律内。後人輯漢律者，於盜律内不載「盜馬者死，盜牛者加」之文，當據此文輯補，其定罪如此之重者，蓋以爲「足食足兵」之保證也。

〔二八〕「武兵」即「武軍」之意。左傳宣公十二年：「潘黨曰：『君盍築武軍？』」杜注：「築軍營以章武功。」後漢書隗囂傳：「討王莽檄云：『有不從命，武軍平之。』」潛夫論救邊篇：「武軍所嚮，無不夷滅。」「名食」之「名」，就是「大」的意思，如「名都」即「大都」、「名山大川」即「大山大川」、「名川大澤」即「大川大澤」。這裏的「武兵名食」，就是説邊防軍之士兵威武、糧秣大盛的意思。漢書食貨志上：「鼂錯復奏言：『陛下幸使天下入粟塞下拜以爵，甚大惠也。竊恐塞卒之食不足用大渫天下粟，邊食足以支五歲，可令入粟郡縣矣；足支一歲以上，可時赦勿收農民租。……』上復從其言。」又食貨志下：「一歲之中，太倉、甘泉倉滿，邊餘穀。」可見當時「佐邊」的糧秣是很充實了。

〔二九〕漢書宣六王傳：「自今以來，王毋復以博等累心。」又匈奴傳下：「質其愛子，以累其心。」師古曰：「累音力瑞反。」淮南子氾論篇：「故因太祖以累其心。」高誘注：「累，恐也。」史記孝文本紀：「有司皆曰：『民不能自治，故爲法以禁之，相坐坐收，所以累其心，使重犯法，所從來遠矣。』」漢書刑法志：「父母妻子同産相坐及收，所以累其心，使重犯法也。」

〔三〇〕漢書胡建傳：「制曰：『司馬法曰：國容不入軍，軍容不入國。何文吏也？三王或誓於軍中，欲民先成其慮也；或誓於軍門之外，欲民先意以待事也。』」師古曰：「慮謂計念也。先意，謂先爲之意也。」彼文「先意」云云，即此「責其意」的意思。

〔三一〕公羊傳僖公二十六年："公以楚師伐齊，取穀。公至自伐齊。此已取穀矣，何以致伐？未得乎取穀也。曷爲未得乎取穀？曰：患之起，必自此始也。"何休注："魯内虚而外乞師以犯彊齊，會齊昭侯卒，晉文行霸，幸而得免。孔子曰：『人之生也直，罔之生也幸而免。』故雖得意，猶致伐也。"

〔三二〕"法之微者"，言法意之精微，與刺權篇所言"令意所禁微"意義相同。正嘉本、太玄書室本"微"作"徵"，誤。

〔三三〕這是詩經小雅大東文。朱熹集傳："砥，礪石，言平也；矢，言直也。"

〔三四〕同上詩文。

〔三五〕韓詩外傳三："法下易由，事寡易爲。"

〔三六〕孟子梁惠王下："臣聞郊關之内，有囿方四十里，殺其麋鹿者，如殺人之罪，則是方四十里爲阱於國中，民以爲大，不亦宜乎！"此用其意。

〔三七〕楚辭九章："矰弋機而在上兮，罻羅張而在下。"王逸注："矰，繳射矢也。弋亦射也。罻羅，捕鳥網也。言上有罥繳弋射之機，下有張施罻羅之網，飛鳥走獸，動而遇害，喻君法繁多，百姓動觸刑罰也。"淮南子俶真篇："今矰繳機而在上，罝罦張而在下。"高誘注："矰弋，射鳥（從楚辭補注引。）短矢也。"禮記王制："鳩化爲鷹，然後設罻羅。"

〔三八〕"矰弋"原作"矯弋"，今從孫詒讓説校改。正嘉本作"蹻弋"，張之象本、沈延銓本、金蟠本作"繳弋"，盧文弨曰："當作『繳弋』。"孫詒讓曰："『矯』當爲『矰』，張之象臆改爲『繳』，與『矯』形聲殊遠，盧校從之，疏矣。"器案：孫校是，上條引楚辭九章及淮南子俶真篇足以爲證，今據校改。

〔三九〕韓詩外傳三：「夫一仞之牆，民不能踰，百仞之山，童子登游焉，陵遲故也。今其仁義之陵遲久矣，能謂民無踰乎？」史記張釋之傳：「陵遲而至二世。」漢書張釋之傳作「陵夷」，師古曰：「陵夷，頹替也。」

〔四〇〕尚書微子正義引漢律：「敢盜郊祀宗廟之物，無多少，死。」漢書張釋之傳：「有人盜高廟坐前玉環，捕得，文帝下廷尉治。釋之案律『盜宗廟服物』者爲奏，奏當棄市。」

〔四一〕張之象本、沈延銓本、金蟠本、楊沂孫校本「仁」作「人」。

〔四二〕後漢書光武紀：「建武十一年詔曰：『天地之性人爲貴。』」語本孝經聖治章。

〔四三〕楊沂孫校本「主愛人」作「人主愛人」。

〔四四〕孟子梁惠王下：「吾聞之也：君子不以其所養人者害人。」呂氏春秋審爲篇：「吾聞之：不以所養害所養。」又見淮南子説林篇、列子説符篇。

〔四五〕論語鄉黨篇：「廄焚，子退朝，曰：『傷人乎？』不問馬。」釋文引王弼曰：「公廄也。」家語曲禮子貢問載此事作「國廄焚」，俱與此合，意林三引此文無「魯」字，臆删。

〔四六〕「行馳」，原作「馳行」，今據張敦仁、楊沂孫説乙正。張云：「『馳行』當作『行馳』，上文『馳道』兩見。如淳注漢書江充傳曰：『令乙：乘騎（今本二字倒。）車馬行馳道中，已論者没入車馬被具。』即其事也。車馬當没入，則非其車馬，故以舉苛而不止爲盜馬，下文所言，謂吏舞令乙文。」張之象本、沈延銓本、金蟠本删「騎」字，非是。

〔四七〕張敦仁曰：「『苛』『呵』同字。」許慎説文解字叙：「廷尉説律，至以字斷法，『苛人受錢』，苛之字止句也。」段玉裁注云：「通典陳羣、劉邵等魏律令序：盜律有『受所監臨受財枉法』，雜律有『假借不廉』，令乙有『所呵人受錢』，科有『使者驗賂』，其事相類，故分爲清賕律。按訶責二字，見三篇言部，俗作『呵』，古多以『苛』字『荷』字代之。漢令乙有『所苛人受錢』，謂者治人之責者，而受人錢，故與『監臨受財』、『假借不廉』、『使者得賂』爲一類。苛從艸可聲，假爲訶字，並非從止句也；而隸書之尤俗者，乃譌爲岢，説律者曰：『此字從止句，句讀同鉤，謂止之而鉤取其錢。』其説無稽，於字意律意皆大失。」

〔四八〕漢書百官公卿表上：「中尉，秦官，……武帝太初元年更名執金吾，屬官有中壘、寺互、武庫、都船四令丞。」續漢書百官志四：「執金吾一人，中二千石。……武庫令一人，六百石。本注曰：『主兵器，丞一人。』」困學紀聞六翁注引白孔六帖：「決獄事曰『甲爲武庫卒，盜强弩，一時與弩異處，當何罪？論曰：兵所居，比司馬，闌入者髡，重武備，貴精兵也。……甲盜武庫兵當棄市乎』云云。」

〔四九〕「而」原作「面」，今據楊沂孫説校改。

〔五〇〕春秋繁露精華篇：「春秋之聽獄也，必本其事而原其志，志邪者不待成，首惡者罪特重，本直者其論輕。」漢書薛宣傳：「春秋之義，原心定罪。」又王嘉傳：「聖王斷獄，必先原心定罪，探意立情。」

〔五一〕此句原作「念傷民未有所害」，與上下文不貫；以前後文意求之，「念」爲「今」字形近之誤，「民」與「人」爲轉寫之誤，今輒爲訂正。

〔五二〕「臧」就是「贓」字。周禮司厲注：「鄭司農云：『今時盜賊臧，加責没入縣官。』」

〔五三〕「御史」原作「御史大夫」，盧文弨曰：「『大夫』二字疑衍。」今案盧説是，據删。前遵道篇：「大夫曰：『御史！』御史未應。」大夫才轉而「謂丞相史」，丞相史把話題接過去了。這裏，因「大夫俛仰未應對」，故御史得問進言耳。以下往返，凡八舉問答之詞，御史始「默然不對」，而大夫乃繼續發言也。

〔五四〕淮南子主術篇：「故法律度量者，人主之所以執下，釋之而不用，是猶無轡銜而馳也。」

〔五五〕漢書賈誼傳：「若夫經制不定，是猶渡江河無維楫。」師古曰：「維所以繫船，楫所以刺船也。」

〔五六〕此句原作「韓子曰疾有固者」，張敦仁曰：「『曰』字當衍。」張之象本、沈延銓本、金蟠本「固」作「國」，今據删改。此下所舉，皆概見韓非子書中。

〔五七〕韓非子難勢篇：「抱法處勢則治，背法處勢則亂。」

〔五八〕韓非子有五蠹篇，其言多本之商君書五蠹篇。所謂五蠹者，謂「學者」也，「言古者」也，「帶劍者」也，「近御者」也，「商工之民」也。此文所斥言之「浮淫之蠹」，蓋即韓非子所指出的「其學者則稱先王之道以藉仁義，盛容服而飾辯説，以疑當世之法，而貳人主之心」之蠹也。

〔五九〕楚辭九章：「欲釋階而登天。」

〔六〇〕韓非子五蠹篇：「如欲以寬緩之政治急世之民，猶無轡策而御駻馬。」淮南子氾論篇：「欲以樸重之法，治既弊之民，是猶無鏑銜橜策錣而御馯馬也。」漢書刑法志：「今漢承衰周、暴秦極弊之流俗，已薄於三代，而行堯、舜之刑，是猶以鞿而御駻突。」如淳曰：「駻音捍。」家語致思篇：「懔懔焉若持腐索之扞馬。」「禦」「御」古通，「捍」「扞」俱借「駻」字，説文馬部：「駻，馬突也。」張之象本、沈延銓本、金蟠本作「駻」。

〔六一〕俞樾曰：「『軸』當作『舳』，下同。方言：『船後曰舳。』注：『今江東呼柁爲舳。』」器案：潛夫論讚學篇：「水師泛軸，解維則溺，自託舟楫，坐濟江、河。」字也作「軸」，「軸」「舳」同音通用。方言九郭璞注：「舳音軸。」説略本陳遵默。

〔六二〕韓非子二柄篇：「人主將欲禁姦，則審合刑名者言不異事也。」淮南子要略篇：「申子者，韓昭釐之佐。韓，晉別國也，地墽民險，而介於大國之間，晉國之故禮未滅，韓國之新法重出，先君之令未收，後君之令又下，新故相反，前後相繆，百官背亂，不知所用，故刑名之書生焉。」史記老莊申韓傳：「申子之學本於黄、老，而主刑名。著書二篇，號曰申子。」漢書元帝紀：「見宣帝所用，多文法吏，以刑名繩下。」師古曰：「劉向别録云：『申子學號刑名，刑名者，以名責實，尊君卑臣，崇上抑下。宣帝好觀其君臣篇。』」漢書張歐傳：「孝文時，以治刑名侍太子。」又鼂錯傳：「學申、商刑名於軹張恢生。」則此所指「刑名之徒」，謂鼂錯也。

〔六三〕史記高祖本紀：「太史公曰：『三王之道若循環，終而復始。』」

〔六四〕左傳哀公十一年：「仲尼曰：『且子季孫若欲行而法，則周公之典在；若欲苟而行，又何訪焉。』」

〔六五〕史記孔子世家：「太史公曰：『孔子布衣，傳十餘世，學者宗之。』」此亦「定學術於一尊」論者之説也。

〔六六〕論語爲政篇：「子曰：『殷因於夏禮，所損益可知也；周因於殷禮，所損益可知也；其或繼周者，雖百世可知也。』」漢書韋玄成傳：「不易之道也。」師古曰：「易，改也。」

〔六七〕韓非子姦劫弑臣篇：「且夫世之愚學，皆不知治亂之情，讘詼多誦先古之書，以亂當世之治。」又五蠹篇：「然則今有美堯、舜、湯、武、禹之道於當今之世者，必爲新聖笑矣。是以聖人不期循古，不法常行，論世之事，因爲之備。」

〔六八〕「卒蹈」原作「舉陷」，正嘉本、攖寧齋鈔本、倪邦彦本、太玄書室本、張之象本、沈延銓本、金蟠本作「卒蹈」，今據校正。韓非子姦劫弑臣：「智慮不足以避穽井之陷。」禮記中庸：「人皆曰予知，驅而納諸罟獲陷阱之中，而莫知避也。」

〔六九〕「夫」上原有「秦」字，據寧齋鈔本、九行本、張之象本、沈延銓本、金蟠本「夫」上有「本」字。張敦仁曰：「『身』下脱一字，未詳。『秦』字不當重。（此因上脱而下衍。）『身□幽囚』，四字爲一句。張之象本改下『秦』爲『本』，屬下，（金蟠本同。）非。」案：百家類纂無「秦」字，今據删。

〔七〇〕漢書楊雄傳下：「雖小辯，終破大道。」以「小辯」、「大道」對言，本此。

申韓* 第五十六

御史曰：「待周公而爲相，則世無列國。待孔子而後學，則世無儒、墨〔一〕。夫衣小缺，幓裂〔二〕可以補，而必待全匹而易之；政小缺，法令可以防，而必待雅、頌乃治之；是猶舍鄰之醫，而求俞跗〔三〕而後治病；廢汙池之水，待江、海而後救火也〔四〕。迂而不徑，闕而無務，是以教令不從而治煩亂。夫善爲政者，弊則補之，決則塞之，故吳子以法治楚、魏，申、商以法彊秦、韓也。」

文學曰：「有國者選衆而任賢，學者博覽而就善，何必是周公、孔子！故曰法之而已。今商鞅〔五〕反聖人之道，變亂秦俗，其後政耗亂而不能治〔六〕，流失而不可復，愚人縱火於沛澤，不能復振；蜂蠆螫人〔七〕，放〔八〕死不能息其毒也。煩而止之，躁而靜之，上下勞擾，而亂益滋。故聖人教化，上與日月俱照，下與天地同流，豈曰小補之哉〔九〕！」

御史曰：「衣缺不補，則日以甚，防漏不塞，則日益滋。大河之始決於瓠子也，涓涓〔一〇〕爾，及其卒，氾濫爲中國害，菑梁、楚，破曹、衛，城郭壞沮，稸積漂流，百姓木棲，千里無廬，令孤寡無所依，老弱無所歸。故先帝閔悼其菑，親省河隄，舉禹之功，河流以復，曹、衛以寧。百姓戴其功，詠其德，歌『宣房塞，萬福來』〔一一〕焉，亦猶是也，如何勿小補哉！」

文學曰：「河決若甕口〔一二〕，而破千里，況禮決乎？其所害亦〔一三〕多矣！今斷獄歲以萬計〔一四〕，犯法茲〔一五〕多，其爲菑豈特曹、衛哉！夫知塞宣房而福來，不知塞亂原而天下治也。周國用之，刑錯不用，黎民若〔一六〕，四時各終其序〔一七〕，而天下不孤〔一八〕。頌曰：『綏我眉壽，介以繁祉〔一九〕。』此夫〔二〇〕爲福，亦不小矣！誠信禮義如宣房，功業已立，垂拱無爲，有司何補，法令何塞也？」

御史曰：「犀銚利鉏〔二一〕，五穀之利而間草之害也。明理正法，姦邪之所惡而良民〔二二〕之福也。故曲木惡直繩，姦邪惡正法〔二三〕。是以聖人審於是非，察於治亂，故設明法，陳嚴刑〔二四〕，防非矯邪，若隱括〔二五〕輔檠之正弧〔二六〕刺也。故水者火之備，法者止姦之禁也。無法勢，雖賢人不能以爲治；無甲兵，雖孫、吴不能以制敵。是以孔子倡以仁義而民從風，伯夷循首陽而民不可化〔二七〕。」

文學曰：「法能刑人而不能使人廉，能殺人而不能使人仁〔二八〕。所貴良醫者，貴其審消息而退邪氣也，非貴其下鍼石而鑽肌膚也。所貴良吏者，貴其絶惡於未萌，使之不爲，非貴其拘之囹圄而刑殺之也〔二九〕。今之所謂良吏者，文察則以禍其民，强力則以厲其下，不本法之所由生，而專己之殘心，文誅假法〔三〇〕，以陷不辜，累無罪，以子及父，以弟及兄，一人有罪，州里驚駭，十家奔亡〔三一〕，若癰疽之相濘〔三二〕，色淫〔三三〕之相連，一節動而百枝摇。詩云：『舍彼有罪，淪胥以鋪〔三四〕。』痛傷無罪而累也。非患銚耨〔三五〕之不利，患其舍草而芸〔三六〕苗也。非患無準平，患其舍枉而繩直也。故親近爲過〔三七〕不必誅，是鋤不用也；疏遠有功不必賞，是苗不養也。故世不患無法，而患無必行之法也。」

* 上篇，文學攻擊韓非「非先王而不遵」，本篇，又攻擊商鞅「反聖人之道」，他們提出「世不患無法，而患無必行之法」，目的是妄圖以「禮治」代替「法治」。御史熱情贊揚「吴子以法治楚、魏，申、商以法彊秦、韓」，並指出「明理正法，姦邪之所惡而良民之福也」，肯定了「法治」對於當時新興地主階級專政的巨大作用。

〔一〕韓非子難勢篇：「今廢勢背法而待堯、舜，堯、舜至乃治，是千世亂而一治也。」與此文義近。韓非子顯學篇：「世之顯學，儒、墨也。儒之所至，孔丘也。墨之所至，墨翟也。」這裏説「待孔子而後學，則世無儒、墨」，這是一種連類而及的習慣用法。呂氏春秋博志篇：「蓋聞孔丘、墨翟，晝日諷誦習業，夜親見文王、周公旦而問焉。」此即用論語述而篇孔丘自言「久矣，吾不復夢見周公」之文，因孔丘而及墨翟，因周公而及文王，與此正復相同。

〔二〕「幓」原作「襟」，今據孫詒讓説校改。孫云：「『襟裂』疑當作『幓裂』，説文巾部云：『帗，幓裂也。幓，殘帛也。』衣部云：『裂，繒餘也。』『幓裂』謂殘帛，與『全匹』文正對。『幓』『襟』形近而誤。」

〔三〕史記扁鵲傳：「上古之時，醫有俞跗。」索隱：「音臾附，下又音趺。」

〔四〕韓非子説林上：「假人於越而救溺子，越人雖善遊，子必不生矣。失火而取水於海，海水雖多，火必不滅矣，遠水不救近火也。」又難勢篇：「今待堯、舜之賢，乃治當世之民，是猶待粱肉而救餓之説也。」義並與此同。

〔五〕「商鞅」下本有「吴起」二字，今據郭沫若説删。郭云：「因下文只言秦事，『愚人縱火於沛澤』，乃指陳勝、吴廣。」

〔六〕「治」原作「理」，唐人避高宗李治諱改，今改正。

〔七〕淮南子俶真篇：「蜂蠆螫指而不能脩。」又説山篇：「貞蟲之動以毒螫。」

〔八〕禮記祭義鄭玄注、孟子梁惠王趙岐注並云：「放，至也。」

〔九〕孟子盡心上：「夫君子所過者化，所存者神，上下與天地同流，豈曰小補之哉！」

〔一〇〕涓涓，細流貌。金人銘：「涓涓不塞，將成江、河。」

〔一一〕史記河渠書：「天子（漢武帝）既臨河決，悼功之不成，乃作歌曰：『瓠子決兮將奈何？ 皓皓旰旰兮閭殫爲河。……頹林竹兮揵石菑，宣房塞兮萬福來。』」

〔一二〕新序雜事四：「欒王鮒曰：『江出汶山，其源若甕口，至楚國，其廣十里，無他故，其下流多也。』」

〔一三〕張之象本、沈延銓本、金蟠本「亦」作「必」。 拾補引趙敬夫曰：「『必』字是。」

〔一四〕漢書董仲舒傳：「一歲之獄，以萬千數。」又賈捐之傳：「天下斷獄萬數。」

〔一五〕攖寧齋鈔本、正嘉本、太玄書室本、張之象本、沈延銓本、金蟠本「茲」作「滋」，古通。

〔一六〕爾雅釋詁：「若，善也。」尚書伊訓：「魚鼈咸若。」又：「先民時若。」

〔一七〕史記五帝本紀：「以揆百事，莫不時序。」正義：「言禹度九土之宜，無不以時得其次序也。」韓詩外傳三：「育然各以其序終。」

〔一八〕論語里仁篇：「德不孤，必有鄰。」史記游俠傳：「今拘學或招咫尺之義，久孤於世。」

〔一九〕這是詩經周頌雝文。

〔二〇〕「夫」原作「天」，今改。

〔二一〕漢書馮奉世傳：「器不犀利。」如淳曰：「今俗刀兵利爲犀。」晉灼曰：「犀，堅也。」後漢書張衡傳：「犀舟勁檝。」詩經周頌臣工：「庤乃錢鎛。」毛傳：「錢，銚也。」釋文：「世本云：『垂作銚鎒。』」管子輕重乙篇：「一農之事，必有一耜一銚。」

〔二二〕漢書于定國傳：「惡吏負賊，妄意良民。」

〔二三〕劉歆遂初賦：「曲木惡直繩兮，亦小人之誠也。」即本此文。

〔二四〕韓非子姦劫弑臣篇：「而聖人者，審於是非之實，察於治亂之情也；故其治國也，正明法，陳嚴刑，將以救羣生之亂，去天下之禍。」

〔二五〕「隱括」，張之象本、沈延銓本、金蟠本作「檃栝」，張之象注曰：「檃，揉曲者也。栝，正方者也。輔檠，輔正弓弩者也。弧刺，弓之不正者也。荀子曰：『不得排檠，則不能自正。』（性惡篇）」器案：韓非子外儲説右下：「榜檠者，所以矯不直也。」説文木部：「檠，榜也。」徐鍇曰：「按禮曰：『操弓不反檠。』韓詩外傳曰『道可以爲人之輔檠』是也。」説文又曰：「榜，所以輔弓弩。」徐鍇曰：「正弓弩之體也。」

〔二六〕盧文弨曰：「『弧』當作『㼌』，説見非鞅篇。」「㼌」原作「弧」，今據盧説改正。

〔二七〕張敦仁：「『從』上脱『不』字，『風』字當衍。下句『而民不可化』，『可』字亦當衍。」

〔二八〕淮南子泰族篇：「法能殺不孝者，而不能使人爲孔、曾之行；法能刑竊盗者，而不能使人爲伯夷之廉。」

〔二九〕淮南子泰族篇：「所以貴扁鵲者，非貴其隨病而調藥，貴其摩息脈血，知病之所從生也。所以貴聖人者，非貴隨罪而鑒刑也，貴其知亂之所由起也。」

〔三〇〕文誅，即深文周内之意。漢書汲黯傳：「刀筆之吏專深文巧詆，陷人於罔，以自爲功。」與此文可以互參。

〔三一〕漢書成帝紀：「鴻嘉四年春正月詔：『一人有辜，舉宗拘繫，農民失業，怨恨者衆。』」

〔三二〕王先謙曰：「治要『濘』作『漫』，是。」

〔三三〕左傳成公二年：「貪色爲淫，淫爲大罰。」

〔三四〕這是詩經小雅雨無正文。朱熹集傳：「淪，陷；胥，相；鋪，徧也。」

〔三五〕治要「耨」作「鉏」。

〔三六〕「芸」原作「去」，今據治要改。芸，除草。論語微子篇：「植其杖而芸。」何晏集解：「除草曰芸也。」

〔三七〕爲，有也，「爲過」與「有功」，互文見義。

周秦*第五十七

御史曰：「春秋無名號，謂之云盜〔一〕，所以賤刑人而絶之人倫也。故君不臣〔二〕，士不友，於閭里無所容。故民恥犯之〔三〕。今〔四〕不軌之民，犯公法以相寵，舉棄其親，不能伏節死理〔五〕，循逃相連，自陷於罪，其被刑戮，不亦宜乎？一室之中，父兄之際，若身體相屬，一節動而知於心〔六〕。故今自關内侯〔七〕以下，比地於伍，居家相察，出入相司〔八〕，父不教子，兄不正弟，舍是誰責乎？」

文學曰：「古者，周其禮而明其教，禮周教明，不從者然後等之以刑〔九〕，刑罰中〔一〇〕，民不怨。故舜施〔一一〕四罪而天下咸服，誅不仁也〔一二〕。輕重各服其誅，刑必加而無赦，赦惟疑者。若此，則世安得不軌之人而罪之？今殺人者生，剽攻竊盜者富。故良民内解怠，輟耕而隕心〔一三〕。古者，君子不近刑人〔一四〕，刑人非人也，身放殛而辱後世，故無賢不肖，莫不恥也。今無行之人，貪利以陷其身，蒙戮辱而損禮義，恒於苟生。何者？一日下蠶室〔一五〕，創未瘳，宿衛人主，出入宮殿，由得〔一六〕受奉禄，食大官享賜，身以尊榮，妻子獲其饒。故或載卿相之列，就刀鋸而不見閔，況衆庶乎？夫何恥之有！今〔一七〕廢其德教，而責之以禮義，是虐民也。春秋傳〔一八〕曰：『子有罪，執其父；臣有罪，執其君，聽失之大者也。』今以子誅父，以弟誅兄，親戚相〔一九〕坐，什伍相連〔二〇〕，若引根本之及華葉，傷小指之〔二一〕累四體也。如此，則以有罪反〔二二〕誅無罪，無罪者寡矣〔二三〕。臧文仲治魯，勝其盜而自矜。子貢曰：『民將欺，而況〔二四〕盜乎〔二五〕！』故吏不以多斷爲良，毉不以多刺爲工。子産刑二人，殺一人，道不拾遺，而民無誣心。故爲民父母，以〔二六〕養疾子，長恩厚而已。自首匿〔二七〕相坐之法立，骨肉之恩廢，而刑罪多矣〔二八〕。父母之於子，雖有罪猶匿之，其〔二九〕不欲服罪爾。聞〔三〇〕子爲父隱，父爲子隱〔三一〕，未聞父子之相坐也。聞兄弟緩追以免賊〔三二〕，未聞兄弟之相坐也。聞惡惡止其人〔三三〕，疾始〔三四〕而誅首惡〔三五〕，未聞什伍而相坐也〔三六〕。老子曰：『上無欲而民樸，上無事而民自富〔三七〕。』君君臣臣，父父子子〔三八〕。比地何伍，而執政何責也？」

御史曰：「夫負千鈞之重，以登無極之高，垂峻崖之峭谷，下臨不測之淵，雖有慶忌之捷〔三九〕，賁、育之勇，莫不震慴悼慄〔四〇〕者，知墜則身首肝腦塗山石也〔四一〕。故未嘗灼而不敢握火者，見其有灼也。未嘗傷而不敢握刃者，見其有傷也〔四二〕。彼以〔四三〕知爲非，罪之必加，而戮及父兄，必懼而爲善。故立法制辟〔四四〕，若臨百仞之壑，握火蹈刃〔四五〕，則民畏忌，而無敢犯禁矣。慈母有敗子，小不忍也。嚴家無悍虜，篤責急也〔四六〕。今不立嚴家之所以制下，而修慈母之所以敗子，則惑矣〔四七〕。」

文學曰：「紂爲炮烙之刑，而秦有收帑〔四八〕之法，趙高以峻文決罪於内，百官以峭法斷割〔四九〕於外，死者相枕席，刑者相望，百姓側目重足〔五〇〕，不寒而慄。詩云：『謂天蓋高，不敢不局。謂地蓋厚，不敢不蹐。哀今之人，胡爲虺蜥〔五一〕！』方此之時，豈特冒蹈刃哉？然父子相背，兄弟相嫚〔五二〕，至於骨肉相殘，上下相殺。非刑輕而罸不必，令太嚴而仁恩不施也〔五三〕。故政寬則下親其〔五四〕上，政嚴則民謀其〔五五〕主，晉厲以幽〔五六〕，二世見殺〔五七〕，惡在峻法之不犯，嚴家之無悍〔五八〕虜也？聖人知之，是以務和〔五九〕而不務威。故高皇帝約秦苛法，以〔六〇〕慰怨毒之民，而長和睦之心，唯恐刑之重而德之薄也。是以恩施〔六一〕無窮，澤流後世。商鞅、吴起以秦、楚之法爲輕而累之，上危其主，下没其身，或非特慈母乎！」

* 秦帝國之出現，是中國社會發展的飛躍進步，它埋葬了没落的奴隸制社會的舊傳統，開闢了封建制社會

的新紀元。在這一歷史大變動中，否定周肯定秦，實質是堅持進步、反對倒退，堅持革新、反對復辟的問題。周是「禮治」的頑固保壘，秦是「法治」的新的里程碑，以「周秦」名篇，也就是對「禮治」與「法治」問題進行的辯論。御史堅決擁護「立法制辟」的重要措施。

文學繼續宣揚「先禮後刑」的説教，並謂「秦有收孥之法」，「商鞅、吴起，以秦、楚之法爲輕而累之，上危其主，下没其身」，真正目的在於抨擊漢武帝推行的「法治」。

〔一〕穀梁傳昭公二十年：「秋，盗殺衛侯之兄輒。盗，賤也。其曰兄，母兄也。目衛侯，衛侯累也。」范甯注：「凱曰：『諸侯之尊，弟兄不得以屬通。經不書衛公子，而目言衛侯之兄者，惡其不能保護其兄，乃爲盗所殺，故稱至賤殺至貴。』」楊士勛疏云：「釋曰：復發傳何？解殺大夫稱人者，謂誅有罪，故盗三卿云不以上下道，明大夫之例；母兄之殺宜繫於君自殺也，不能保存母兄，令爲盗所殺，故書兩下之文。以至賤而殺至貴，故不得言上下道。稱盗雖同，本事例異，故發傳也。」案：范注引凱者，范凱也，范氏春秋穀梁傳序所謂「兄弟子姪」之等也。

〔二〕禮記曲禮上：「刑人不在君側。」又王制：「公家不畜刑人，大夫弗養，士遇之塗，弗與言也，屏之四方，唯其所之，不及以政，示弗故生也。」

〔三〕「恥」原作「始」，今據郭沫若校改，下文「夫何恥之有」，即承此而言。

〔四〕「今」原作「命」，今據郭沫若校改。

〔五〕漢書刑法志：「無伏節死難之誼。」又王嘉傳：「吏士臨難，莫肯伏節死義。」又諸葛豐傳：「今以四海之大，曾無伏節死誼之臣。」義俱同。

而異息。」

〔六〕呂氏春秋精通篇：「周有申喜者亡其母，聞乞人歌於門下而悲之，動於顔色。謂門者内乞人之歌者，自覺而問焉，曰：『何故而乞？』與之語，蓋其母也。故父母之於子也，子之於父母也，一體而兩分，同氣而異息。」

〔七〕漢書高后紀注如淳曰：「列侯出關就國，關内侯但爵耳，其有加異者，與之關内之邑，食其租税，宣紀曰『德、武食邑』是也。」又百官公卿表上「關内侯」注：「師古曰：『言有邑號，而居京畿，無國邑。』」資治通鑑二注：「關内侯者，依古圻内子男之義也。秦都山西，以關内爲王畿，故曰關内侯也。」

〔八〕淮南子泰族篇：「使民居處相司，有罪相覺，於以舉姦，非不掇也，然而傷和睦之心，而構仇讎之怨。」後漢書左雄傳：「上疏云：『什伍相司。』」周禮司寇：「禁殺戮。」鄭玄注云：「司猶察也。」明初本「司」誤「同」。

〔九〕等，齊一之意。論語爲政篇：「道之以政，齊之以刑，民免而無恥。」「等之以刑」即「齊之以刑」也。荀子王制篇言王者有「等賦」之制，「等賦」之「等」，與「等刑」之「等」義同，亦謂齊一之也。賈子新書有等齊篇，即以「等」「齊」並言。

〔一〇〕論語子路篇：「禮義不興，則刑罰不中；刑罰不中，則民無所措手足。」皇侃義疏云：「不中於道理也。」

〔一一〕左傳昭公十四年：「三人同罪，施生戮死可也。……乃施邢侯，而尸雍子與叔魚於市。」正義引服虔曰：「施罪於邢侯。施猶劾也，邢侯亡，故劾之。」又哀公二十七年：「國人施公孫有山氏。」國語晉語：「秦人殺冀芮而施之。」韋昭注曰：「陳尸曰施。」案漢書楚元王傳附劉向傳載向上封事云：「舜有四放之罰。」亦指此事，又作「四放」。

〔一二〕孟子萬章上：「舜流共工於幽州，放驩兜於崇山，殺三苗於三危，殛鯀於羽山，四罪而天下咸服，誅不仁也。」

〔一三〕江淹恨賦：「孤臣危涕，孽子墜心。」即本此文。「隕心」即「墜心」也。

〔一四〕公羊傳襄公二十九年：「刑人則曷爲謂之閽？刑人非其人也。君子不近刑人，近刑人，則輕死之道也。」穀梁傳：「禮，君子不使無恥，不近刑人。……刑人，非所近也。」

〔一五〕漢書司馬遷傳注師古曰：「蠶室，乃腐刑所居温密之室也。」後漢書光武紀注：「蠶室，宫刑獄名，有刑者畏風，須煖，作窨室蓄火如蠶室，因以爲名。」

〔一六〕「由得」原作「得由」，今據上下文意乙正。「由」通作「猶」。説本陳遵默。

〔一七〕「今」字原無，今據治要引補。

〔一八〕「傳」字原無，今據治要引補。這是成公十六年公羊傳文，今本「臣有罪，執其君」句在「子有罪，執其父」句上。

〔一九〕「相」字原作「小」，今據治要引改正。下文「未聞父子相坐也」，「未聞兄弟相坐也」，兩個「相」字，都承此爲言。這裏所謂親戚，不是指一般沾親帶故的親戚；古人於父子兄弟，都概稱爲親戚。左傳昭公二十年：「親戚爲戮，不可以莫之報也。」韓詩外傳七：「曾子親戚既没，欲孝無從。」這些親戚，都指父母。左傳定公四年：「封建親戚，以藩屏周。」這個親戚指子弟。

〔二〇〕韓非子和氏篇：「商君教秦孝公以連什伍，設告坐之法。」又定法篇：「公孫鞅之治秦也，設告相坐而責其實，連什伍而同其罪。」史記商君傳：「以衛鞅爲左庶長，卒定變法之令，令民爲什伍，而相牧司連坐。」索隱：「劉氏云：『五家爲保，十保相連。』」正義：「或爲十保，或爲五保。」華氏本「伍」作「五」。

〔二一〕治要兩「之」字並作「而」。

〔二二〕「反誅」原作「及誅」，今據治要校改。治要附校云：「一本作『誅及』。」案正嘉本、太玄書室本、張之象本、沈延銓本、金蟠本作「誅及」。

〔二三〕治要作「則以有罪反誅無罪，反誅無罪，則天下之無罪者寡矣」。

〔二四〕「況」下原有「民」字，盧文弨曰：「下『民』字疑衍。」案攖寧齋鈔本正無此「民」字，今據删。

〔二五〕困學紀聞十引此文與今本同，並云：「文仲、子貢不同時，斯言誤矣。」盧文弨曰：「子貢與臧文仲不同時，或從後論之。」器案：韓詩外傳三：「季孫子之治魯也，衆殺人而必當其罪，多罰人而必當其過，子貢曰：『暴哉治乎！』……又曰『以身勝人謂之責，責者失身』云云。」這裏的「臧文仲」或是「季孫子」錯了的。

〔二六〕王先謙曰：「治要『以』作『似』，是。」器案：古書「以」「似」通用，易明夷：「文王以之。」釋文：「荀、向作『似之』。」漢書高帝紀：「鄉者夫人兒子皆以君。」如淳曰：「『以』或作『似』。」俱其證。本書大論篇：「有司不以文學。」即「有司不似文學」也。王先謙以「似」爲是，則以「以」爲非矣，殊未達古今之誼也。

〔二七〕漢書宣帝紀：「地節四年詔：『自今子首匿父母，妻匿夫，孫匿大父母，皆勿坐。其父母匿子，夫匿妻，大父匿孫，罪殊死皆上請廷尉以聞。』」師古曰：「凡首匿者，言爲謀首，而藏匿罪人。」後漢書梁統傳：「武帝值中國隆盛，財力有餘，征伐遠方，軍役數興，豪傑犯禁，姦吏弄法，故重首匿之科，著知從之律，以破朋黨，以懲隱匿。宣帝聰明正直，總御海內，臣下奉憲，無所失墜，因循先典，天下稱理。」漢書文帝紀：「元年十二月，盡除收帑相坐律令。」

〔二八〕「多」下原無「矣」字，急就篇補注引同，今據治要引補。

〔二九〕「其」原作「豈」，今據治要引改正。公羊傳文公十五年：「父母之於子，雖有罪，猶若其不欲服罪然。」即此文所本。

〔三〇〕「聞」字原錯在上文「而刑罪多」句下，今據陳遵默說校正。陳云：「『聞』字當在下文『子爲父隱』上，蓋『父母之於子』三句申言『骨肉之恩』，非稱引舊文，多一『聞』字，反爲枝蔓。若『子爲父隱，父爲子隱』，乃論語子路篇文，與『聞兄弟能緩追以免賊』、『聞惡惡止其人，疾始而誅首惡』，爲引公羊文同例。今本『聞』字誤倒在前，又奪『矣』字，以『刑罪多聞』連讀，尤非。」

〔三一〕論語子路篇：「父爲子隱，子爲父隱，直在其中矣。」通典六九引董仲舒春秋決獄：「春秋之義：父爲子隱，子爲父隱。」

〔三二〕拾補「免」作「逸」，云：「據公羊傳改。」王啟源曰：「案公羊閔二年、穀梁隱元年傳俱云：『緩追以逸賊，親親之道也。』此當本公羊，而作『免』，是其所據與何休本異。」孫人和曰：「盧據公羊傳改『免』爲『逸』，按盧改非也。次公所據，不盡與何休注本同。漢書鄒陽傳：『陽見王長君曰：慶父親殺閔公，季子緩追免賊，春秋以爲親親之道也。』即用公羊閔二年傳語，作『免』不作『逸』，正與此同。」

〔三三〕王啟源曰：「案公羊傳：『惡惡止其身，善善及子孫。』此亦本公羊義。漢人所引，則亦多作『其身』者。」器案：「惡惡止其身」，公羊傳成公二十年、昭公二十年俱有此文。

〔三四〕公羊傳隱公二年：「無駭帥師入極。無駭者何？展無駭也。何以不氏？貶。曷爲貶？疾始滅也。始滅昉於此乎？前此矣。前此則曷爲始乎此？託始焉爾。曷爲託始焉爾？春秋之始也。」又四年：「外取邑不書，此何以書？疾始取邑也。」又僖公十七年：「君子惡惡也疾始，善善也樂終。」

〔三五〕公羊傳僖公二年：「虞師、晉師滅夏陽。虞，微國也，曷爲序乎大國之上？使虞首惡也。曷爲使虞首惡？虞受賂，假滅國者道，以取亡焉。」漢書孫寶傳：「春秋之義，誅首惡而已。」

〔三六〕「而」原作「之」，「也」字原無，今並據治要引訂補。

〔三七〕老子德經第五十七章：「我無事而民自富，我無欲而民自樸。」文選東京賦注引老子，「樸」上亦有「自」字。

〔三八〕論語顏淵篇：「齊景公問政於孔子，孔子對曰：『君君臣臣，父父子子。』」皇侃義疏曰：「孔子隨其政惡而言之也。言爲風政之法，當使君行君德，故云君君也，君德謂惠也。臣當行臣禮，故云臣臣也，臣禮謂忠也。父爲父法，故云父父也，父法謂慈也。子爲子道，故云子子也，子道謂孝也。」

〔三九〕「捷」原作「健」，今據張敦仁説校改。張云：「『健』當作『捷』，司馬相如諫獵亦云：『捷如慶忌。』」器案：張説是。漢書東方朔傳：「捷若慶忌。」師古曰：「王子慶忌也。射之，矢滿把，不能中，駟馬追之，不能及也。」

〔四〇〕張之象本、沈延銓本、金蟠本「悼慄」作「悚慄」。案莊子山木篇：「危行側視，振動悼慄。」也是「悼慄」連文，張本等妄改，不可從。説略本陳遵默。

〔四一〕漢書司馬相如傳：「喻巴蜀檄：『肝腦塗中原，膏液潤野草。』」史記淮陰侯傳：「肝膽塗地。」

〔四二〕淮南子氾論篇：「故未嘗灼而不敢握火者，見其有所燒也；未嘗傷而不敢握刃者，見其有所害也。」

〔四三〕「以」同「已」。

〔四四〕「辟」「法」同義。漢書王商傳：「甫刑之辟，皆爲上戮。」「辟」即作「法」解。

〔四五〕張之象本、沈延銓本、金蟠本「蹈」誤「陷」。禮記中庸篇：「白刃可蹈也。」即此文所本。

〔四六〕本書詔聖篇：「渫篤責而任誅斷。」史記李斯傳：「斯以書對曰：『夫賢主者，必且能全道，而行督責之術者也。』」索隱：「督者，察也，察其罪，責之以刑罰也。」「篤」「督」古通，左傳昭公二十二年之司馬督，漢書古今人表作司馬篤，即其證。

〔四七〕韓非子顯學篇：「夫嚴家無悍虜，而慈母有敗子，吾以此知威勢之可以禁暴，而德厚之不足以止亂也。」史記李斯傳：「故韓子曰：『慈母有敗子，而嚴家無格虜者何也？則能罰之加焉必也。』」索隱：「格，彊扞也。虜，奴隸也。」正義：「劉曰：『格，彊扞也。虜，奴隸也。』按嚴整之家，無彊悍似奴虜，子弟皆勤也。」李斯傳又云：「今不務所以不犯，而事慈母之所以敗子也，則亦不察於聖人之論矣。」

〔四八〕漢書文帝紀：「元年十二月，盡除收帑相坐律令。」注：「應劭曰：『帑，子也。秦法：一人有罪，並其室家。今除此律。』師古曰：『帑讀與奴同，假借字也。』」太玄書室本、張之象本、沈延銓本、金蟠本「帑」作「孥」。

〔四九〕斷割，詳非鞅篇注〔二七〕。

〔五〇〕史記秦始皇本紀：「賈生曰：『秦俗多忌諱之禁，忠言未卒於口，而身爲戮没矣。故使天下之士傾耳而聽，重足而立，拑口而不言。』」漢書汲黯傳：「必湯矣，令天下重足而立，仄目而視矣。」師古曰：「重累其足，言懼甚也。仄，古側字也。」又佞幸石顯傳：「公卿以下，畏顯，重足一迹。」師古曰：「言極恐懼，不敢自寬縱。」

〔五一〕這是詩經小雅正月文。毛詩「蜥」作「蜴」。説苑敬慎篇：「孔子論詩，至於正月之六章，懼然曰：『不逢時之君子，豈不殆哉！從上依世則廢道，違上離俗則危身；世不與善，己獨由之，則曰非妖則孽也。是以桀殺關龍逢，紂殺王子比干。故賢者不遇時，常恐不終焉。詩曰：「謂天蓋高，不敢不跼；謂地蓋厚，不敢不蹐。」此之謂也。』」又見家語賢君篇，「跼」作「局」，與此同。後漢書李固傳：「天高不敢不局，地厚不敢不蹐。」荀悦漢紀卷二十五論王商亦引此詩，且曰：「以天之高而不敢舉首，以地之厚而不敢投足……以六合之大，匹夫之微，而一身無所容焉。」

〔五二〕「謾」原作「漫」，今據治要引校改。史記秦始皇本紀：「下懾伏謾欺以取容。」又建元以來侯者年表：「隨成侯坐謾國除。」索隱：「謂上聞天子狀不實爲謾而國除。」又：「衆利侯坐上計謾罪國除。」漢書薛宣傳：「開謾欺之路。」又貢禹傳：「欺謾而善書者尊於朝。」師古曰：「謾，詆也。謾音慢，又音武連反。」

〔五三〕「也」字原無，今據治要引補。

〔五四〕「其」字據治要引補。

〔五五〕「其」字據治要引補。

〔五六〕張之象曰：「人間訓曰：『昔晉厲公南伐楚，東伐齊，西伐秦，北伐燕，兵橫行天下而無所綣，威服四方而無所詘，遂合於諸侯於嘉陵。氣充志驕，淫侈無度，暴虐萬民。内無輔拂之臣，外無諸侯之助。戮殺大臣，親近導諛。明年，出遊匠驪氏，欒書、中行偃劫而幽，諸侯莫之救，百姓莫之哀，三月而死。』」

〔五七〕治要「見殺」作「以弒」。

〔五八〕治要「悍」作「挌」，「挌」就是「格」字，和史記李斯傳引韓子合。説文手部：「挌，枝挌也。」

〔五九〕「和」原作「知」，今據明初本、治要引校改。下文「長和睦之心」，即承此而言。論語學而篇：「禮之用，和爲貴。」漢書匡衡傳：「蓋保民者，陳之以德義，示之以好惡，觀其失而制其宜，故動之而和，綏之而安。」即此和字之義。

〔六〇〕「以」字原無，今據治要引補。

〔六一〕「恩施」原作「施恩」，今據治要引改。王先謙曰：「治要『施恩』作『恩施』，與『澤流』對文，治要是。」

詔聖*第五十八

御史曰：「夏后氏不倍〔一〕言，殷誓，周盟，德信彌衰。無文、武之人，欲修其法，此殷、周之所以失勢，而見奪於諸侯也。故衣弊而革才〔二〕，法弊而更制〔三〕。高皇帝時，天下初定，發德音，行一切之令〔四〕，權也，非撥亂反正之常也〔五〕。其後，法稍犯，不正於理。故姦萌而甫刑作，王道衰而詩刺彰，諸侯暴而春秋譏〔六〕。夫少目之網不可以得魚〔七〕，三章之法不可以爲治。故令不得不加，法不得不多。唐、虞畫衣冠非阿〔八〕，湯、武刻肌膚非故〔九〕，時世不同，輕重之務異也。」

文學曰：「民之仰法，猶魚之仰水，水清則静，濁則擾〔一〇〕；擾則不安其居，静則樂其業；樂其業則富，富則仁生，贍〔一一〕則争止。是以成、康之世，賞無所施，法無所加。非可刑而不刑，民莫犯禁也；非可賞而不賞，民莫不仁也。若斯，則吏何事而理〔一二〕？今之治民者，若拙御之御馬也〔一三〕，行則頓之，止則擊之。身創於箠，吻傷於銜，求其無失，何可得乎？乾谿之役〔一四〕土崩〔一五〕，梁氏内潰〔一六〕，嚴刑〔一七〕不能禁，峻法不能〔一八〕止。故罷馬不畏鞭箠，罷民不畏刑法。雖曾〔一九〕而累之，其亡〔二〇〕益乎？」

御史曰：「嚴牆〔二一〕三刃〔二二〕，樓季難之；山高干雲，牧豎登之。故峻則樓季難三刃〔二三〕，陵夷則牧豎易山巔〔二四〕。夫爍金在爐，莊蹻不顧；錢刀在路，匹婦掇之〔二五〕；非匹婦貪而莊蹻廉也，輕重之制異，而利害之分明也。故法令可仰而不可踰，可臨而不可入。詩云：『不可〔二六〕暴虎，不敢馮〔二七〕河〔二八〕。』爲其無益也。魯好禮而有季、孟之難〔二九〕，燕噲好讓而有子之之亂〔三〇〕。禮讓不足禁邪，而刑法可以止暴。明君據法，故能長制羣下，而久守其國也。」

文學曰：「古者，明其仁義之誓，使民不踰；不教而殺，是虐民也〔三一〕。與其刑不可踰，不若義之不可踰也。聞禮義行而刑罰中，未聞刑罰行〔三二〕而孝悌興也。高牆狹基，不可立也〔三三〕。嚴刑峻法〔三四〕，不可久也。二世信趙高之計，渫篤〔三五〕責而任誅斷，刑者半道，死者日積。殺民多者爲忠，厲民悉者爲能〔三六〕。百姓不勝其求，黔首不勝其刑，海内同憂而俱不聊生。故過任之事，父不得於子；無已之求，君不得於臣〔三七〕。死不再生，窮鼠嚙貍〔三八〕，匹夫奔萬乘，舍人折弓〔三九〕，陳勝、吴廣是也。當此之時，天下俱起〔四〇〕，四面〔四一〕而攻秦，聞不一期而社稷爲墟〔四二〕，惡在其能長制羣下〔四三〕，而久守其國也？」

御史默然不對。

大夫曰：「瞽師不知白黑而善聞〔四四〕言，儒者不知治世而善訾議。夫善言天者合之人，善言古者考之今〔四五〕。令何爲施〔四六〕？法何爲加？湯、武全肌骨而殷、周治〔四七〕，秦國用之，法弊而犯。二尺四寸之律〔四八〕，古今一也，或以治，或以亂。春秋原罪〔四九〕，甫刑制獄〔五〇〕。今願聞治亂之本，周、秦所〔五一〕以然乎？」

文學曰：「春夏生長，聖人象而爲令。秋冬殺藏，聖人則而爲法。故令者教也，所以導民人；法者刑罰也，所以禁强暴也。二者，治亂之具，存亡之效也，在上所任。湯、武經〔五二〕禮義，明好惡，以道其民，刑罪未有所加，而民自行義，殷、周所以治也。上無德教，下無法則，任刑必誅，劓鼻盈蔂〔五三〕，斷足盈車〔五四〕，舉河以西，不足以受天下之徒，終而以亡者，秦王也。非二尺四寸之律異，所行反古而悖民心也。」

＊張敦仁曰：「目録『詔』作『諸』。」案作「詔」是，文心雕龍詔策篇：「詔者，告也。」「詔聖」，就是告人以所謂聖人之道的意思。一方「詔聖」，一方非聖，一方宣揚聖人之道，一方反對聖人之道，旗幟鮮明，針鋒相對。在這裏，彼此雙方就「禮治」與「法治」問題，繼續展開了一場尖鋭的鬬争。文學美化「成、康之世，賞無所施，法無所加」，説什麽「聞禮義行而刑罰中，未聞刑罰行而孝悌興也」，認爲「反古而悖民心」，必然導致「罷民不畏刑法」、「匹夫奔萬乘」的所謂嚴重後果，以此威脅對方。御史提出「衣弊而革才（裁），法弊而更制」的變革主張，指出「時世不同，輕重之務異」的辯證關係，從而説明「禮讓不足禁邪，而刑法可以止暴」的現實意義，强調堅決執行法治，「故能長制羣下，而久守其國」。桑弘羊繼御史雄辯之後，提出「善言天者合之人，善言古者考之今」的進步歷史觀，强調人是重要因素和現實意義的重要性。

〔一〕「倍」原作「信」，形近而誤，今改。本書世務篇：「宋襄公信楚而不備。」今本「信」誤作「倍」，這是本書二字互誤之證。淮南子氾論篇：「夏后氏不負言，殷人誓，周人盟。逮至當今之世，忍詢而輕辱，貪得而寡羞，欲以神農之道治之，則其亂必矣。」就是此文所本。高誘注：「不負言，言而信也。誓，以言語要誓，亦不違。有事而會，不協而盟。盟者，殺牲歃血以爲信也。」「倍」「背」古通，結和篇：「聖人之治不倍德。」就是「背德」，若作「信德」，則意義完全相反了。荀子大略篇：「誥誓不及五帝，盟詛不及三王，交質子不及五伯。」論衡自然篇：「誥誓不及五帝，要盟不及三王，交質子不及五伯，德彌薄者信彌衰。」

〔二〕盧文弨曰：「『才』當作『裁』」，涂：「『才』通。」案：倪邦彦本、太玄書室本、張之象本、沈延銓本、金蟠本作「裁」，明初本、華氏本作「財」。左傳襄公十四年注：「革，更也。」

〔三〕淮南子泰族篇：「故聖人事窮而更爲，法弊而改制，非樂變古易常也，將以救敗扶衰，黜淫濟非，以調天地之氣，順萬物之宜也。」

〔四〕「一切」原作「一卒」，正嘉本、攖寧齋鈔本、太玄書室本、張之象本、沈延銓本、金蟠本、百家類纂、百家類函作「三章」。盧文弨曰：「大典亦作『一卒』，未詳。」器案：當作「一切」，音相近之誤，今改。以其爲「一切之令」，故云「權也」。復古篇云：「扇水都尉所言，當時之權，一切之術也。」用法與此相似。凡權時設置之令、之法、之制，皆可謂之一切之令、一切之法、一切之制。漢書貢禹傳：「武帝始臨天下，尊賢用士，闢地廣境數千里，自見功大威行，遂從耆欲，用度不足，迺行壹切之變。」王先謙補注曰：「謂權時之變法。」又王莽傳下：「又下書曰：惟設此壹切之法以來，常安六鄉，巨邑之都，枹鼓稀鳴，盜賊衰少。……今復壹切行此令，盡二年止之，以全元元，救愚姦。」文選求通親親表：「今臣以一切之制，永無朝覲之望。」集注：「李善曰：『漢書音義曰：一切，權時也。』鈔曰：『一者，非久長合於古法，一時間權□□。』」文獻通考自序：「雜征斂者，……皆衰世一切之法也。」諸用「一切」字，義與此同。漢高帝約法三章，至文、景之世，鹽鐵論刑德篇即已指出有「律令百餘篇」，足見「三章之法」，爲權時之法，即「一切之令」也，「不可以爲治，故令不得不加，法不得不多」也。

〔五〕公羊傳哀公十四年："「撥亂世，反諸正，莫近諸春秋。」何注："「撥猶治也。」漢書高帝紀下："「撥亂世，反之正。」師古曰："「反，還也，還之於正道。」又禮樂志："「撥亂反正，日不暇給。」師古曰："「撥去亂俗，而還之於正道也。」

〔六〕漢書刑法志："「周道既衰，穆王眊荒，命甫侯度時作刑，以詰四方。」尚書呂刑篇「甫侯」作「呂侯」。孟子離婁下："「王者之迹熄而詩亡，詩亡然後春秋作。」趙岐注："「太平道衰，王迹止熄，頌聲不作，故詩亡。春秋撥亂，作於衰世也。」

〔七〕淮南子説林篇："「一目之羅，不可以得鳥。」荀悦申鑒時事篇："「語有之曰："『有鳥將來，張羅待之，得鳥者一目也，今爲一目之羅，無時得鳥矣。』」義與此同。涂本「網」作「罔」。

〔八〕御覽六四五引愼子："「有虞之誅，以幪巾當墨，以草纓當劓，以菲履當刖，以艾韠當宫，布衣無領當大辟，此有虞之誅也。斬人肢體，鑿其肌膚謂之刑；畫衣冠，異章服謂之戮。上世用戮而民不犯也，當世用刑而民不從。」

〔九〕故，故意爲之曰故，見通鑑三六。

〔一〇〕淮南子主術篇："「夫水濁則魚噞，政苛則民亂。」

〔一一〕「贍」原作「澹」，治要作「贍」，今據改正。本書授時篇："「富則仁生，贍則争止。」字正作「贍」。

〔一二〕治要「何事而理」作「何事而可理乎」。

〔一三〕「若拙御之御馬也」，原作「若拙御馬」，今據治要改。張之象本、沈延銓本、金蟠本改作「若御拙馬」，非是。漢書王褒傳："「聖主得賢臣頌："『庸人之御駑馬，亦傷吻敝策，而不進於行，匈喘膚汗，人極馬倦。』」王褒所謂「庸人」，即此文「拙御」之意。顏師古曰：「吻，口角也。」

〔一四〕淮南子泰族篇：「楚靈王作章華之臺，發乾谿之役，外內騷動，百姓罷敝，棄疾乘民之怨而立公子比，百姓放臂而去之，餓於乾谿，食莽飲水，枕塊而死。」左傳昭公十二年杜注：「乾谿，在譙國城父縣南。」

〔一五〕史記秦始皇本紀：「秦之積衰，天下土崩瓦解。」正義：「言秦國敗壞，若屋宇崩頹，衆瓦解散也。」又張釋之傳：「且秦以任刀筆之吏，吏爭以亟疾苛察相高，……上故不聞其過，……天下土崩。」

〔一六〕公羊傳僖公十九年：「此未有伐者，其言梁亡何？自亡也。其自亡奈何？魚爛而亡也。」魚爛就是內潰的意思。

〔一七〕「嚴刑」二字原無，據郭沫若校補。案後文「嚴刑峻法」，就是承此而言。下既云「峻法不能止」，則上必是「嚴刑不能禁」，郭補「嚴刑」二字是。

〔一八〕「能」字原闕，今據盧文弨校補。

〔一九〕「曾」，治要作「增」，張之象注曰：「『曾』音『增』。」百家類纂、百子類函作「層」。

〔二〇〕王先謙曰：「治要『亡』作『有』，義並通。」

〔二一〕「嚴牆」即「巖牆」，也就是高峻的牆。說本陳遵默。

〔二二〕明初本、攖寧齋鈔本、張之象本、沈延銓本、金蟠本「刃」作「仞」，下同。盧文弨曰：「『刃』與『仞』通。」

〔二三〕「季」下原脫「難」字，今據明初本、攖寧齋鈔本、張之象本、沈延銓本、金蟠本補。楊沂孫曰：「『季』下當有『難』字。」

〔二四〕荀子宥坐篇：「數仞之牆，而民不踰也；百仞之山，而豎子馮而游焉，（廣雅釋詁：「馮，登也。」）陵遲故也。」「陵遲」就是「陵夷」。又見韓詩外傳三、説苑政理篇。韓非子五蠹篇：「故十仞之城，樓季弗能踰者，峭也；千仞之山，跛牂易牧者，夷也。故明王峭其法而嚴其刑也。」史記李斯傳：「是故城高五丈，而樓季不輕犯也；泰山之高百仞，而跛牂牧其上。夫樓季而難五丈之限，豈跛牂也而易百仞之高哉？峭塹之勢異也。」集解：「許慎曰：『樓季，魏文侯之弟。』王孫子曰：『樓季，魏文侯之兄也。』」

〔二五〕韓非子五蠹篇：「布帛尋常，庸人不釋；鑠金百鎰，盜跖不掇。不必害則不釋尋常，必害則手不掇百鎰。」史記李斯傳：「是故韓子曰『布帛尋常，庸人不釋；鑠金百鎰，盜跖不搏者』，非庸人之心重，尋常之利深，而盜跖之欲淺也，又不以盜跖之行爲輕百鎰之重也；搏必隨手刑，則盜跖不搏百鎰，而罸不必行也，則庸人釋尋常。」正義：「鑠金，銷鑠之金也，熱不可取也。」劉子新論利害章：「銷金在鑪，盜者不掬，非不欲也，掬而灼爛。」御覽八三六引此文「莊蹻」作「盜跖」，與韓非子合。

〔二六〕盧文弨曰：「涂本『可』，與詩攷合。」張之象本、沈延銓本、金蟠本作「敢」。

〔二七〕明初本、攖寧齋鈔本「馮」作「憑」。盧文弨曰：「詩攷『憑』。」

〔二八〕這是詩經小雅小旻文。

〔二九〕詳論儒篇注〔五〕。

〔三〇〕史記燕世家：「易王卒，子燕噲立。……齊人殺蘇秦。蘇秦之在燕，與其相子之爲婚，而蘇代與子之交，及蘇秦死，而齊宣王復用蘇代。……燕王大信子之，子之因遺蘇代百金，而聽其所使。鹿毛壽謂燕王：『不如以國讓相子之。』……燕王因屬國於子之，子之大重。……王因收印自三百石吏已上，而效之子之，……噲老不聽政，顧爲臣。國事皆決於子之，三年國大亂，百姓恫恐。將軍市被與太子平謀，將攻子之。……攻子之，不克。將軍市被及百姓反攻太子平，將軍市被死，以徇，因構難數月，死者數萬，衆人恫恐，百姓離志。孟軻謂齊王曰：『今伐燕，此文、武之時，不可失也。』王因令章子將五都之兵，以因北地之衆，以伐燕，士卒不戰，城門不閉。燕王噲死，齊大勝燕。子之亡。二年而燕人共立太子平，是爲燕昭王。」

〔三一〕「使民不踰，不教而殺，是虐民也」，原作「使民不踰上乎（張之象本、沈延銓本、金蟠本作「乎上」。），刑之不教而殺是以虐也」，今據治要改。百家類纂、百子類函改作「使民不踰，踰則刑之，不教而殺，是以虐也」。論語堯曰篇：「不教而殺謂之虐。」

〔三二〕治要「行」作「任」。

〔三三〕「也」原作「矣」，今據治要改。韓詩外傳二：「高牆豐上激下，未必崩也；降雨興，流潦至，則崩必先矣。」又見説苑建本篇。

〔三四〕「嚴刑峻法」，原作「嚴法峻刑」，今據治要引改。陳遵默曰：「按上文『峻法不能止』，即此所出。」

〔三五〕治要「渫」作「深」，「篤」作「督」。案：「篤」「督」古通，左傳昭公二十二年司馬督，漢書古今人表作司馬篤，即其證。「渫」字不誤，「渫」有繁重意。呂氏春秋觀表篇：「今侯渫過我而不辭。」高誘注：「重過爲渫過。」史記匈奴傳：「今聞渫惡民，貪降其進取之利。」渫惡，謂常常作惡。渫字義與此同。淮南子本經篇：「積牒旋石以純脩碕。」高注：「牒，累也。」後漢書王符傳注：「牒即今疊布也。」史記張釋之傳：「諜諜多言。」索隱：「諜音牒。」漢書張釋之傳作「喋喋多言」。方言三、廣雅釋詁俱云：「葉，聚也。」廣雅釋詁：「揲，積也。」則凡從葉得聲之字，都有累積、重疊之意，亦可爲證。

〔三六〕治要「厲」作「斂」。案孟子滕文公上：「則是厲民而以自養也。」趙岐注：「是爲厲病其民以自奉養。」即此文所本。漢書元帝紀注：「悉，盡也。」

〔三七〕「任」原作「往」，今據治要、張之象本、沈延銓本、金蟠本校改。戰國策秦策下：「故過任之事，父不得於子；無已之求，君不得於臣。」即此文所本。

〔三八〕「死不再生」，治要作「知死不再」。荀子堯問篇：「鳥窮則啄，獸窮則攫，人窮則詐。」又見淮南子齊俗篇、文子上德篇。

〔三九〕吕氏春秋適威篇：「子陽極也，好嚴，有過而折弓者，恐必死，遂應猘狗而弑子陽。」又見淮南子氾論篇。

〔四〇〕「天下俱起」，原作「天下期俱起」，「期」字涉下文「一期」而衍，今删。

〔四一〕「四面」原作「方面」，「四」字草書作「の」，與「方」形近而誤，今改。漢書賈山傳：「天下四面而攻之。」又董仲舒傳：「天子大夫者，下民之所視效，遠方之所四面而内望也。」又嚴助傳：「一方有急，四面皆從。」皆作「四面」之證。「四面而攻秦」即「環起而攻之」之意，賈山傳一證，尤爲確切不移。

〔四二〕風俗通義山澤篇：「謹案：尚書：『舜生姚墟。』傳曰：『郭氏之墟。』郭氏古之諸侯，善善不能用，惡惡不能去，故善人怨焉，惡人存焉，是以敗爲丘墟也。」

〔四三〕「長」字原脱，今據治要補。王先謙曰：「治要『制』上有『長』字，與上文『不一期』、下文『久』字意相鍼對，此脱。」器案：此承上文「故能長制羣下，而久守其國也」而反詰之，治要是。

〔四四〕張敦仁曰：「華本『聞』改『閒』。」案明初本亦作「閒」。

〔四五〕王先謙曰：「藝文類聚刑法部、御覽六百三十八刑法部引『之』下並有『於』字。」器案：黄帝内經素問：

「善言古者合於今，善言天者合於人。」荀子性惡篇：「故善言古者必有節於今，善於天者必有徵於人。」陸賈新語術事篇：「善言古者合之於今，能言遠者考之於近。」漢書董仲舒傳：「善言天者必有徵於人，善言古者必有驗於今。」

〔四六〕漢書元帝紀：「建昭五年詔：『法設而民不犯，令施而民從。』」潛夫論衰制篇：「法也者，先王之政也；令也者，己之命也。」

〔四七〕張敦仁曰：「此句當有誤。上文云：『湯、武刻肌膚。』蓋本與彼同也。」案此句即下文「湯、武經禮義，明好惡，以道其民，刑罪未有所加，而民自行義，殷、周所以治也」之意，不當有誤。明初本、華氏本下文「犯」上加「不」字，亦非。

〔四八〕漢代以二尺四寸簡寫律，通常舉成數而言，就叫做「三尺法」或「三尺律令」。史記酷吏杜周傳：「君爲天下決平，不循三尺法。」（漢書杜周傳同）集解：「漢書音義曰：『以三尺竹簡書法律也。』」漢書朱博傳：「太守漢令，奉三尺律令以從事。……三尺律令，人事出其中。」隋書刑法志引晉明帝輕典詔：「三尺律令，未窮盡一之道。」

〔四九〕漢書薛宣傳：「春秋之義，原心定罪。」師古曰：「原謂尋其本也。」又王嘉傳：「聖王斷獄，必先原心定罪，探意立情。」

〔五〇〕顧廣圻曰：「『制獄』者，哀矜折獄也。乃今文尚書説。大傳曰：『聽訟雖得其指，必哀矜之，死者不可復生，絶者不可復續也。』書曰：『哀矜折獄。』故次公與『春秋原罪』並言。論語：『片言可以折獄者。』釋文云：魯讀『折』爲『制』。漢書刑法志曰：『書云：伯夷降典，折民惟刑。言制禮以止刑。』其説亦本諸大傳，是其證。伏生、次公及班孟堅皆讀『折』爲『制』者，今本大傳作『哲』，漢書作『悊』，非也。」

〔五一〕張之象本、沈延銓本、金蟠本「所」上有「之」字。

〔五二〕文選陸士衡公讌詩注：「經猶理也。」

〔五三〕淮南子說山篇：「蔂成城。」高誘注：「蔂，土籠也。」孟子滕文公上：「反虆梩而掩之。」趙岐注：「虆梩，籠臿之屬，可以取土者也。」「虆」「蔂」同字。

〔五四〕管子侈靡篇：「斷足滿稽。」

大論* 第五十九

大夫曰：「呻吟槁簡〔一〕，誦死人之語〔二〕，則有司不以〔三〕文學。文學知獄之在廷後而不知其事，聞其事而不知其務。夫治民者，若大匠之斲〔四〕，斧斤而行之，中繩則止。杜大夫、王中尉〔五〕之等，繩之以法，斷之以刑，然後寇止姦禁。故射者因槷〔六〕，治者因法〔七〕。虞、夏以文〔八〕，殷、周以武〔九〕，異時各有所施。今欲以敦朴之時，治抏弊之民，是猶遷延〔一〇〕而拯溺，揖讓而救火也。」

文學曰：「文王興而民好善，幽、厲興而民好暴〔一一〕，非性之殊，風俗使然也。故商、周之所以昌，桀、紂之所以亡也，湯、武非得伯夷之民以治，桀、紂非得蹠、蹻之民以亂也，故治亂不在於民〔一二〕。孔子曰：『聽訟吾猶人也，必也使無訟乎〔一三〕！』無〔一四〕訟者難，訟而聽之易。夫不治其本而事其末，古之所謂愚，今之所謂智。以箠楚正亂〔一五〕，以刀筆正文〔一六〕，古之所謂賊，今之所謂賢也。」

大夫曰：「俗非唐、虞之時，而世非許由之民，而欲廢法以治，是猶不用隱括〔一七〕斧斤，欲撓曲直枉也。故爲治者不待自善之民，爲輪者不待自曲之木。往者，應少〔一八〕、伯正之屬潰梁、楚，昆盧、徐穀之徒亂齊、趙，山東、關内暴徒，保人阻險〔一九〕。當此之時，不任斤斧，折之以武〔二〇〕，而乃始設禮修文，有似窮醫，欲以短鍼而攻疽，孔丘以禮説跖也〔二一〕。」

文學曰：「殘材木以成室屋者，非良匠也。殘賊民人而欲治者，非良吏也。故公輸子因木之宜，聖人不費〔二二〕民之性。是以斧斤簡用，刑罰不任，政立而化成。扁鵲攻於湊理〔二三〕，絶邪氣〔二四〕，故癰〔二五〕疽不得成形。聖人從事於未然〔二六〕，故亂原無由生。是以砭石〔二七〕藏而不施，法令設而不用。斷已然、鑿已發者，凡人也。治未形、覩未萌者，君子也。」

大夫曰：「文學所稱聖知者，孔子也，治魯不遂，見逐於齊，不用於衛，遇圍於匡，困於陳、蔡。夫知時不用猶説，强也；知困而不能已，貪也；不知見欺而往，愚也；困辱不能死，恥也。若此四者，庸民之所不爲也，而況君子乎！商君以景監見〔二八〕，應侯以王稽進〔二九〕。故士因士，女因媒〔三〇〕。至其親顯，非媒士之力。孔子不以因進見而能往者〔三一〕，非賢士才女也。」

文學曰：「孔子生於亂世，思堯、舜之道，東西南北〔三二〕，灼頭濡足，庶幾世主之悟。悠悠〔三三〕者皆是，君〔三四〕闇，大夫妬，孰合有媒〔三五〕？是以嫫母飾姿而矜夸〔三六〕，西子彷徨而無家。非不知窮厄而不見用，悼痛天下之禍，猶慈母之伏死子也〔三七〕，知其不可如何，然惡已〔三八〕。故適齊，景公欺之，適衛，靈公圍〔三九〕，陽虎謗之，桓魋害之。夫欺害聖人者，愚惑也；傷毁聖人者，狂狡也。狡惑〔四〇〕之人，非人也。夫何耻之有！孟子曰：『觀近臣者以所爲主，觀遠臣者以其所主〔四一〕。』使聖人僞容苟合，不論〔四二〕行擇友，則何以爲孔子也！」

大夫憮然〔四三〕內慙，四據〔四四〕而不言。

當此之時，順風承意之士如編〔四五〕，口張而不歙〔四六〕，舌舉〔四七〕而不下，闇然而〔四八〕懷重負而見責。

大夫曰：「諸〔四九〕，膠車倏〔五〇〕逢雨，請與諸生解〔五一〕。」

＊「大論」猶如他書書末的「要略」的意思。漢書黄霸傳：「大議廷中。」師古曰：「大議，總會議也。」則大有總義。本書以論爲名，故於全書正文結束時稱爲大論。史記龜策傳末有「大論」，與此正同。後世書籍末尾，往往寫刻「大尾」字樣，義也相同。管子參患篇：「兵有大論。」義正相似。本篇，大夫除强調法治而外，還揭露了「文學所稱聖知者孔子」的頑固、貪婪、愚蠢、無恥。文學亦爲孔子作了辯護。

〔一〕呻吟槁簡，即利議篇「抱枯竹」之意。抱朴子外篇疾繆：「吟詠而向枯簡。」本此。

〔二〕莊子天道篇：「桓公讀書於堂上，輪扁斲輪於堂下，釋椎鑿而上，問桓公曰：『敢問公之所讀者，何言邪？』公曰：『聖人之言也。』曰：『聖人在乎？』公曰：『已死矣。』曰：『然則君之所讀者，古人之糟魄已夫！』」

〔三〕華氏本、正嘉本、張之象本、沈延銓本、金蟠本「以」作「似」。「以」、「似」古通，詩鄘風旄丘：「必有以也。」儀禮特牲饋食禮鄭玄注引作「必有似也」，即其證。

〔四〕老子：「夫代司殺者殺，是謂代大匠斲；夫代大匠斲者，希有不傷其手矣。」孟子告子上趙岐注：「大匠，攻木之工。」

〔五〕張之象注曰：「謂杜周、王温舒也。」

〔六〕「槷」原作「勢」，今據陳遵默説校改。陳云：「『勢』疑當作『槷』。」器案：説文木部：「臬，射墇的也。」（從段注本）儀禮士冠禮注：「古文『闑』爲『槷』。」小爾雅廣器：「正中者謂之槷。」上林賦：「弦矢分，藝殪仆。」文穎曰：「所射準的爲藝。」詩行葦傳：「已均中蓺。」箋云：「蓺，質也。」淮南子原道篇高誘

注：「質的，射之凖埶也。」「埶」即「槷」之省文，「藝」即「槷」之借字，即「臬」字也。

〔七〕管子正世篇：「聖人者，明於治亂之道，習於人事之始終者也。其治人也，期於利民而立，故其位齊也，不慕古，不留今，與時變，與俗化。」商君書壹言篇：「聖人之爲國也，不法古，不循今，因世而爲之制，度俗而爲之法。」

〔八〕盧文弨曰：「『文』當作『質』。」器案：盧説非，説詳下條。

〔九〕盧文弨曰：「『武』當作『文』。案涂本指禪讓征誅言，與表記不同。」器案：盧説不可從。淮南子氾論篇：「逮至高皇帝，存亡繼絶，舉天下之大義，身自奮袂執鋭，以爲百姓請命于皇天。當此之時，天下雄儁豪英，暴露于野澤，前蒙矢石，而後墮谿壑，出百死而紿一生，以争天下之權，奮武厲誠，以決一旦之命。當此之時，豐衣博帶而道儒墨者，以爲不肖。逮至暴亂已勝，海内大定，繼文之業，立武之功，履天子之圖籍，造劉氏之貌冠，總鄒、魯之儒墨，通先聖之遺教，戴天子之旗，乘大路，建九斿，撞大鐘，擊鳴鼓，奏咸池，揚干戚。當此之時，有立武者見疑。一世之間，而文武代爲雌雄，有時而用也。今世之爲武者，則非文也，爲文者，則非武也，文武更相非，而不知時世之用也。此見隅曲之一指，而不知八極之廣大也。」所説「文武代爲雌雄」之理，雖舉漢高帝爲言，而此亦其適例也。

〔一〇〕淮南子主術篇：「遷延而入之。」高注：「遷延猶倘佯也。」抱朴子用刑篇：「揖讓以救火災，……未見其可也。」即本此文。史記齊悼惠王世家：「失火之家，豈暇先言大人而後救火乎？」

〔一一〕孟子告子上：「是故文、武興則民好善，幽、厲興則民好暴。」

〔一二〕慎子逸文：「王者有易政而無易國，有易君而無易民。湯、武非得伯夷之民以治，桀、紂非得蹠、蹻之民

以亂也，民之治亂在於上，國之安危在於政。」（據守山閣刊本）

〔一三〕這是論語顏淵篇文。

〔一四〕「無」字原無，據張之象本、沈延銓本、金蟠本補。

〔一五〕漢書路温舒傳：「上書言宜尚德緩刑，……棰楚之下，何求而不得。」

〔一六〕漢書蕭何曹參傳贊：「蕭何、曹參，皆起秦刀筆吏。」師古曰：「刀，所以削書也，古者用簡牘，故吏皆以刀筆自隨也。」

〔一七〕張之象本、沈延銓本、金蟠本「隱括」作「櫽栝」。說文木部作「檃栝」，假借作「隱括」，尚書大傳：「子貢曰：『檃栝之旁多曲木。』」

〔一八〕張敦仁曰：「『應少』未詳。史記酷吏列傳：『楚有殷中、杜少。』（徐廣曰：「『殷』一作『假』。」漢書作「叚」。）未詳此應彼何字。此云『伯正』，下文云『昆盧、徐穀』，亦皆與史記『白政』（漢書作「百正」。）、『堅盧』（漢書同。）、『徐勃』（漢書同。武帝紀字作「教」。「穀」蓋「教」形近之譌也。）駁異，今無以訂之。張之象本乃取漢書注於下，名之曰古本，幾使讀者誤謂其曾見鹽鐵論古本，此處與漢書正同，不亦厚誣乎！」（凡張之象本所言古本，盡皆出於懸揣，實非世間真有此本，勿爲所惑，可也。）器案：漢書元后傳：「王賀爲武帝繡衣御史，逐捕魏郡羣盜堅盧等黨與。」又酷吏咸宣傳堅盧下注云：「鄧展曰：『延篤讀堅曰甄。』晉灼曰：『音近甄城。』字書：『已先反。』」

〔一九〕左傳僖公二年：「保於逆旅。」杜注：「保，依也。」漢書荆王劉賈傳：「與彭城相保。」師古曰：「相保，謂依恃以自安固。」左傳隱公四年：「阻兵而安忍。」杜注：「阻，恃也。」呂氏春秋誠廉篇：「阻兵而保威。」高誘注：「阻，依；保，恃。」以「保」、「阻」對文，與此正同。太玄書室本、張之象本、沈延銓本、金蟠本「人」作「入」，非。

〔二〇〕結和篇：「先帝覩其可以武折而不可以德懷。」

〔二一〕莊子盜跖篇：「孔子謂柳下季曰：『夫爲人父者，必能詔其子，爲人兄者，必能教其弟；若父不能詔其子，兄不能教其弟，則無貴父子兄弟之親矣。今先生世之才士也，弟爲盜蹠，爲天下害，而弗能教也，丘竊爲先生羞之。丘請爲先生往説之。』」

〔二二〕「費」讀爲「拂」，禮記中庸釋文：「『費』本作『拂』。」即其證。韓非子南面篇：「人主者，明能知治，嚴必行之，故雖拂於民，必立其治。」淮南子精神篇：「矯拂其情。」高誘注：「拂戾其本情。」又泰族篇：「拂其性則法縣而不用。」拂即違戾之意。

〔二三〕明初本、正嘉本、張之象本、沈延銓本、兩京遺編本、金蟠本、百家類纂、百子類函「湊」作「腠」。「湊」、「腠」古通，文心雕龍養氣篇：「湊理無滯。」兩京遺編本「湊理」作「腠理」，即其證。韓非子喻老篇：「良醫之治病也，攻之於腠理。」史記扁鵲傳：「扁鵲曰：『疾之居腠理也，湯熨之所及也。』」素問舉痛篇：「寒則腠理閉。」注：「腠謂津液滲泄之所。」

〔二四〕内經靈樞歲露論：「腠理開則邪氣入，邪氣入則病作。」在古醫書中，「邪氣」與「正氣」相反，一般來説，邪氣即陰陽中不正之氣，也即是四時不正之氣。

〔二五〕張敦仁曰：「華本『癰』改『痤』。」明初本亦作「痤」。案：淮南子説山篇高注：「石針所抵彈人癰痤。」

〔二六〕漢書趙充國傳：「宜及未然爲之備。」師古曰：「未然者，其計未成。」

〔二七〕説文石部：「砭，以石刺病也。」段注云：「以石刺病曰砭，因之名其石曰砭。東山經：『高氏之山，其下多箴石。』郭云：『可以爲砭針治癰腫者。』素問異法方宜論：『東方其志宜砭。』王云：『砭石，謂以石爲鍼。』按此篇以『東方砭石』、『南方九鍼』並論，知古金石並用也，後世乃無此石矣。」

〔二八〕史記商君傳：「迺遂西入秦，因孝公寵臣景監以求見孝公。」索隱：「景姓，楚之族也。」正義：「閹人也，楚族。」

〔二九〕史記范雎傳：「魏人鄭安平聞之，乃遂操范雎亡，伏匿，更名姓曰張禄。當此時，秦昭王使謁者王稽於魏，鄭安平詐爲卒侍王稽，王稽問：『魏有賢人可與俱西游者乎？』鄭安平曰：『臣里中有張禄先生，欲見君言天下事，其人有仇，不敢晝見。』王稽曰：『夜與俱來。』鄭安平夜與張禄見王稽，語未究，王稽知范雎賢，謂曰：『先生待我於三亭之南。』與私約而去。王稽辭魏去，過載范雎入秦。」又曰：「秦封范雎以應，號爲應侯。」雲夢秦簡大事記：「昭王五十二年，王稽、張禄死。」

〔三〇〕張之象注：「子路曰：『士因中，女因媒。』疑下『士』字乃『中』之駁文，下同。」器案：此文不誤，古代稱未結婚之青年男女爲士、女。周易大過：「九二，枯楊生稊，老夫得其女妻。……九五，枯楊生華，老婦得其士夫。」又婦妹：「上六，女承筐無實，士刲羊無血。」詩經衛風氓：「于嗟女兮，無與士耽。士之耽兮，猶可説也；女之耽兮，不可説也。……女也不爽，士貳其行。」荀子非相篇：「婦人莫不願得以爲夫，處女莫不願得以爲士。」楊倞注：「士者，未娶妻之稱，易曰：『老婦得其士夫。』」山海經大荒東經：「思士不妻，思女不夫。」御覽四〇二引韓詩外傳二：「士不中間而見，（注：「中間謂介紹。」）女無媒而嫁者，非君子之行也。」（今本有譌誤。）又見説苑尊賢篇、家語致思篇。淮南子原道篇：「士有一定之論，女有不易之行。」又繆稱篇：「春女思，秋士悲。」文選求自試表：「夫自衒自媒者，士、女之醜行也。」集注：「李善曰『越絶書曰：昔范蠡其始，……大夫石買進曰：衒女不貞，衒士不信』云云。」

〔三一〕此句原作「孔子曰進見而不以能往者」，義不可通。張敦仁曰：「華本『不以』改『以不』（明初本同）。按拾補：『大典以不。』此有誤也。當作『孔子以因進見，（吕氏春秋貴因有其語。）而不能往，非賢才也』。今本所誤，不可通。（此與申韓篇「孔子倡以仁義而民不從」，誤「不從」作「從風」者同，皆傳鈔時未悉詆聖之意而失之也。）」器案：張説未諦，此謂孔子周游列國，不以因進見，如士因士，女因媒，然而能往者，非賢士才女也。這是桑弘羊譏刺孔丘之語。傳鈔者涉上文有「孔子曰」因改「因」爲「曰」，又移「不以」二字於後也。今輒定爲「孔子不以因進見而能往者」，「因」讀如「士因士，女因媒」之「因」。

〔三二〕韓詩外傳五：「孔子抱聖人之心，彷徨乎道德之域，……于時，周室微，王道絶，諸侯力政，强劫弱，衆暴寡，百姓靡安，莫之紀綱，禮義廢壞，人倫不理。于是，孔子自東自西，自南自北，匍匐救之。」禮記檀弓上：「吾聞之：古也，墓而不墳。今丘也，東西南北之人也，不可以弗識也。」注：「東西南北，言居無常處也。」又見家語曲禮公西赤問篇。

〔三三〕史記孔子世家：「桀溺曰：『悠悠者，天下皆是也，而誰以易之？』」集解：「孔安國曰：『悠悠者，周流之貌也。言當今天下治亂同，空舍此適彼，故曰「誰以易之」。』」案「悠悠」，論語微子篇作「滔滔」，古音同在侯部。

〔三四〕攖寧齋鈔本「君」作「主」。

〔三五〕張敦仁曰：「華本『合』改『令』。」案：明初本亦作「令」。

〔三六〕「矜夸」原作「夸矜」，盧文弨曰：「『夸矜』當作『矜夸』。」案：張之象本、沈延銓本、金蟠本正作「矜夸」，今據乙正。

〔三七〕戰國策魏策下：「天子之怒，伏屍百萬，流血千里。……若士必怒，伏屍二人，流血五步。」漢書主父偃傳：「古之人君，一怒必伏尸流血。」伏字義與此同。

〔三八〕惡，發平聲，讀若「烏」。

〔三九〕張敦仁曰：「『圍』字誤也，未詳，（此四句齊景、衛靈、陽虎、桓魋，皆稱其國謚姓名爲一例，未必如張之象本所添有「匡人圍之」在其間也。上文大夫言魯、齊、衛、匡、陳、蔡，亦自爲一例。文學不言魯、匡、陳、蔡，大夫不言陽虎、桓魋，皆順其文之便。）下脱『之』字。張之象本於此處多以意添之，全誤。」器案：張之象本、沈延銓本、金蟠本「適衛」以下作「適衛，靈公簡之；適陳，匡人圍之；適蔡，桓魋害之；適楚，子西謗之」。

〔四〇〕「惑」上原無「狡」字，今據張之象本、沈延銓本、金蟠本訂補。張敦仁曰：「按『惑』字當衍。『之人』者，此人也。張之象本『惑』上添『狡』字，非。」

〔四一〕孟子萬章上：「萬章問曰：『或謂：孔子於衛主癰疽，於齊主侍人瘠環。有諸乎？』孟子曰：『否，不然也，好事者爲之也。於衛主顏讎由，……微服而過宋，是時，孔子當阨，主司城貞子，爲陳侯周臣。吾聞觀近臣以其所爲主，觀遠臣以其所主。若孔子主癰疽與侍人瘠環，何以爲孔子！』」

〔四二〕吕氏春秋論人篇高誘注：「論猶論量也。」

〔四三〕文選西京賦注：「憮然，猶悵然也。」

〔四四〕漢書景十三王傳：「彊令宮人贏而四據，與羝羊及狗交。」王先謙補注曰：「四據，手及足據地也。」器案：此文四據，則謂以手據地，所以示敬，蓋當時禮貌固如此也。漢書蕭望之傳：「望之不起，因故下手。」蘇林曰：「伏地而言也。」蓋坐時足原據地，下手則手足俱據地，故曰四據也。漢書雋不疑傳「登堂坐定，不疑據地曰」云云。補注：「周壽昌曰：『據地，以手下據。古人席地而坐，不疑因進戒辭，絶先據地以示敬。』王文彬曰：『禮玉藻鄭注：據，按也。』」「據地」即「四據」也。漢書何並傳：「詡據地哭。」古人席地而坐，知四據即據地也。

〔四五〕荀子正論篇：「大侯編後，大夫次之。」戰國策秦策一：「天下編隨而伏。」吴師道曰：「以編次物曰編。」史記酷吏傳：「義縱……奏事中上意，任用與減宣相編。」漢書賈誼傳：「編之徒官。」師古曰：「編，次列也。」「編」義與此相同，蓋指賢良、文學六十餘人如編連也。

〔四六〕莊子山木篇：「則呼張歙之。」釋文：「張，開也；歙，斂也。」荀子議兵篇：「代翕代張。」楊注：「翕，斂也。」「歙」「翕」古通。

〔四七〕「舌舉」原作「舉舌」，今據上句文例乙正。莊子秋水篇：「公孫龍口呿而不合，舌舉而不下。」韓詩外傳四：「口張而不掩，舌舉而不下。」都作「舌舉」，亦可爲證。

〔四八〕陳遵默曰：「『而』讀『如』。」

〔四九〕説文言部：「諾，譍也。」段注云：「譍者，應之俗字。」

〔五〇〕「倏」原作「脩」，攖寧齋鈔本作「倏」，今據改。張敦仁曰：「『脩』當作『倏』。焦氏易林有『膠車駕東，與雨相逢，五輩解墮』云云，（大過之蠱、遯之益。）蓋當時語。故下文云『請與諸生解』。（易林出東漢人手，或即取於此。）」器案：史記張耳陳餘傳：「乃檻車膠致。」此當時有膠車之證。明初本無此字。

〔五一〕漢書灌夫傳：「夫安敢以服爲解。」師古曰：「謂辭之也，若今言分疏也。」又酷吏楊僕傳：「失期内顧，以道惡爲解。」師古曰：「解謂自解説也，若今言分疏。」「解」字用法，正與此同。此則兼有「離析」與「分疏」二義，蓋當時所謂讔語也。文心雕龍有諧讔篇，言之詳矣。

雜論*第六十

客曰：「余覩鹽、鐵之義〔一〕，觀乎公卿、文學、賢良之論，意指殊路，各有所出，或上〔二〕仁義，或務權利。」

異哉〔三〕吾所聞。周、秦粲然，皆有天下而南面焉，然安危長久殊世。始汝南朱子伯〔四〕爲予言：當此之時，豪俊並進，四方輻湊〔五〕。賢良茂陵唐生、文學魯國萬生之倫〔六〕，六十餘人，咸聚闕庭，舒六藝之風〔七〕，論太平〔八〕之原。智者贊其慮，仁者明其施，勇者見其斷，辯者陳〔九〕其詞。誾誾〔一〇〕焉，侃侃〔一一〕焉，雖未能〔一二〕詳備，斯可略觀矣。然蔽於雲霧〔一三〕，終廢而不行〔一四〕，悲夫！公卿知任武可以辟地，而不知廣德〔一五〕可以附遠；知權利可以廣用，而不知稼穡可以富國也。近者親附，遠者説德，則何爲而不成，何求而不得？不出於斯路，而務畜利長威，豈不謬哉！中山劉子雍〔一六〕言王道，矯〔一七〕當世，復諸正，務在乎反本。直而不徼〔一八〕，切而不憏〔一九〕，斌斌〔二〇〕然斯可謂弘博君子矣。九江祝生奮由、路之意，推史魚〔二一〕之節，發憤懣〔二二〕，刺譏公卿，介然直而不撓〔二三〕，可謂不畏强禦矣。桑大夫〔二四〕據當世，合時變，推道術，尚權利，辟略小辯〔二五〕，雖非正法，然巨儒宿學恧然〔二六〕，不能自解〔二七〕，可謂博物通士矣〔二八〕。然攝卿相之位〔二九〕，不引準繩，以道化下，放於利末〔三〇〕，不師始古〔三一〕。易曰：『焚如棄如〔三二〕。』處非其位，行非其道，果隕其性〔三三〕，以及厥宗〔三四〕。車丞相〔三五〕即周、吕〔三六〕之列，當軸處中，括囊不言〔三七〕，容身〔三八〕而去，彼哉，彼哉〔三九〕！若夫羣丞相、御史〔四〇〕，不能正議，以輔宰相，成同類，長同行，阿意苟合，以説〔四一〕其上，斗筲之人，道諛之徒，何足算哉〔四二〕。

＊古代子部諸書，有内篇、雜篇。鹽、鐵本論，致大論篇已畢，此如諸書之有内篇；至此，桓寬復叙述自己撰述此書之由，取與本論有别，故曰雜論，正如諸書之有雜篇一樣。

漢書公孫賀、劉屈氂、車千秋等傳贊寫道：「至宣帝時，汝南桓寬次公治公羊春秋，舉爲郎，至廬江太守丞。博通善屬文。推衍鹽、鐵之議，增廣條目，極其論難，著數萬言，亦欲以究治亂，成一家之法焉。」桓寬對鹽、鐵會議記録的整理，「推衍」加工，「增廣條目，極其論難」，傾向性是非常鮮明的。他對賢良、文學，倍加贊賞，説他們「智者贊其慮，仁者明其施，勇者見其斷，辯者陳其詞」，贊揚他們「直而不徼，切而不憏」，是「弘博君子」。與此同時，却對於桑弘羊横加指責，備極非難，攻擊他「不引準繩，以道化下，放於利末，不師始古」，只知「務蓄利長威」，「而不知德廣可以附遠」，嘲笑他「處非其位，行非其道，果殞其性，以及厥宗」。但是，桑弘羊舌戰羣儒，力排衆議，把那些所謂「巨儒宿學」、「弘博君子」，一個個駁得「恧然，不能自解」，連桓寬也不得不承認「桑大夫據當世，合時變」，「可謂博物通士矣」。「桑弘羊者，不可少也！」李贄的這個論斷是完全正確的。

〔一〕「義」，通作「議」，史記留侯世家：「義不爲漢臣。」新序善謀篇「義」作「議」，又司馬相如傳：「義不反顧。」漢書司馬相如傳「義」作「議」，莊子齊物論：「有倫有義。」釋文：「『義』，崔本作『議』。」是其證。

〔二〕古今曠世文淵十一、古論大觀二九「上」作「尚」，古通。史記主父偃傳：「嚴安上書云：『貴仁義，賤權利。』」

〔三〕張敦仁曰：「漢書載此（在田千秋之傳贊），『哉』作『乎』。」案漢書注師古曰：「論語（子張篇）載子張之言，言不與己志同也，故寬引。」

〔四〕漢書「朱子伯」作「朱生」。

〔五〕正嘉本、張之象本、沈延銓本、金蟠本、兩漢別解、古今曠世文淵「湊」作「輳」，明初本作「腠」，説文有「湊」無「輳」，説文水部：「湊，水上人所會也。」淮南子主術篇：「羣臣輻湊並進。」

〔六〕漢書「倫」作「徒」。

〔七〕「風」原作「諷」，今據漢書校正，古今曠世文淵正作「風」。

〔八〕漢書「論太平」作「陳治平」。

〔九〕漢書「陳」作「騁」。

〔一〇〕漢書「誾誾」作「斷斷」，師古曰：「『斷斷』，辯争之貌。」案「誾誾」、「斷斷」古通，史記魯世家：「洙、泗之間，斷斷如也。」索隱：「斷，音魚斤反，讀如論語『誾誾如也』。」

〔一一〕漢書「侃侃」作「行行」。論語先進篇：「閔子騫侍側，誾誾如也，子路行行如也，冉有、子貢侃侃如也。」皇侃義疏：「誾誾，中正也。侃侃，和樂也。」

〔一二〕漢書無「能」字。

〔一三〕陸賈新語辨惑篇：「邪臣之蔽賢，猶浮雲之障日月也。」東方朔七諫：「浮雲蔽晦兮，使日月乎無光。」又曰：「何氾濫之浮雲兮，蔽此明月。顧皓日之顯行兮，雲蒙蒙而蔽之。」史記龜策傳：「日月之明，而時蔽於浮雲。」

〔一四〕始元六年春，召集此次議會，秋七月，罷榷酒酤，惟鹽、鐵未罷，不得云「終廢而不行」。

〔一五〕「廣德」原作「德廣」，今據上下文詞例（「任武」、「辟地」、「廣用」、「富國」）乙正。玉海一八二「附」作「致」。

〔一六〕漢書「雍」作「推」。或遂以「推言」連文説之，不知此本以「言王道，矯當世」對文也。

〔一七〕「矯」，漢書作「撟」，師古曰：「正曲曰撟諸之也。『撟』讀與『矯』同，其字從手。」

〔一八〕論語陽貨篇：「惡徼以爲智者。」集解：「孔安國曰：『徼，抄也，惡抄人之意以爲己有也。』」明初本「徼」作「激」，沈延銓本、兩漢别解作「澆」，俱臆改。

〔一九〕明初本、華氏活字本、攖寧齋鈔本「㩒」作「傃」。孫人和曰：「『㩒』讀『索』，小爾雅廣詁：『索，空也。』華本改作『傃』，不可從。」

〔二〇〕漢書「斌斌」作「彬彬」，師古曰：「彬彬，文章貌也。」

〔二一〕論語衛靈公篇：「子曰：『直哉！史魚。邦有道如矢，邦無道如矢。』」集解：「孔安國曰：『衛大夫史鰌也。』」

〔二二〕漢書終軍傳：「竊不勝憤懣。」又梅福傳：「發憤懣，吐忠言。」又司馬遷傳：「舒憤懣。」師古曰：「懣，煩悶也，音滿。」

〔二三〕師古曰：「撓，曲也。」

〔二四〕胡三省通鑑注一九：「姓譜：『桑，秦大夫子桑之後。』」

〔二五〕「尚權利，辟略小辯」，漢書作「上權利之略」，陳遵默曰：「古本必以『辟小辯』爲句，『辟』讀爲『闢』，小辯破言，故闢除之，視今本爲勝。」器案：漢書酷吏傳：「壹切爲小治辯。」義與此相近，此詆毁弘羊之辭，非謂其能闢除儒生之小辯也。

〔二六〕「然巨儒宿學恧然，不能自解」，原作「然巨儒宿學惡然大能自解」，今據明初本、華本、兩漢別解及漢書校改「恧」字，又據漢書校改「不」字。張敦仁曰：「華本『惡』改『恧』。漢書無此二字。」又曰：「漢書『大』作『不』。」楊沂孫曰：「『惡然大』三字當有誤。」

〔二七〕師古曰：「解，釋也，言理不出於弘羊也。」器案：史記老子韓非傳：「然（莊周）善屬書離辭，指事類情，用剽剥儒墨，雖當世宿學，不能自解免也。」此正桓文所本，言賢良、文學之徒，恧然媿疚，説理不能超過桑弘羊，以自解免也。

〔二八〕左傳昭公元年：「晉叔向稱子産曰：『博物君子也。』」

〔二九〕漢書「位」作「柄」。

〔三〇〕漢書「利末」作「末利」，師古曰：「放，縱也，謂縱心於利也。一説，放，依也，音方往反。論語稱孔子曰：『放於利而行多怨也。』」

〔三一〕「不師始古」，漢書作「不師古始」。

〔三二〕這是易經離卦文。王弼注：「通近至尊，履非其位，欲進其盛，以炎其上，命必不終，故曰焚如。違離之義，無應無承，衆所不容，貨曰棄如也。」

〔三三〕師古曰：「性，生也。謂與上官桀謀反誅也。」盧文弨曰：「當從之。」徐友蘭曰：「左氏傳蔡公孫姓，釋文：『本作生。』是姓亦生也。」案明初本、倪邦彦本、張之象本、沈延銓本、金蟠本、兩漢別解作「姓」。漢昭帝元鳳元年，御史大夫桑弘羊坐燕王旦事誅。

〔三四〕漢書翟方進傳贊：「懷忠憤發，以隕其宗。」又叙傳上：「秦貨既貴，厥宗亦隧。」「隕宗」、「隧宗」義同。

〔三五〕漢書車千秋傳：「初，千秋年老，上優之，朝見得乘小車入宫殿中，故因號曰車丞相。」

〔三六〕「吕」原作「魯」，今據盧、孫説校改。盧文弨曰：「『即周、魯』，漢書『履伊、吕』。」孫人和曰：「『魯』當作『吕』。非鞅篇：『有文、武之規矩，而無周、吕之鑿枘。』亦以『周、吕』並言。漢書田千秋傳贊作『伊、吕』。」

〔三七〕師古曰：「括，結也。易坤卦六四爻辭曰：『括囊無咎無譽。』言自閉慎，如囊之括結也。」漢書車千秋傳：「武帝崩，昭帝初即位，未任聽政，政事壹決大將軍光。千秋居丞相位，謹厚有重德。每公卿朝會，光謂千秋曰：『始與君侯俱受先帝遺詔；今光治内，君侯治外，宜有以教督，使光毋負天下。』千秋曰：

『唯將軍留意，即天下幸甚。』終不肯有所言。光以此重之。」

〔三八〕漢書朱雲傳：「丞相韋玄成，容身保位，亡能往來。」

〔三九〕師古曰：「論語曰：『或問子西，孔子曰：彼哉！彼哉！』言彼人哉，無足稱也。」案論語憲問篇集解：「馬融曰：『彼哉，彼哉，言無足稱也。』」義疏：「彼哉彼哉者，又答或人，言自是彼人耳，無別行可稱也。」

〔四〇〕張敦仁曰：「『相』下當脱『史』字，此書言『羣丞相史御史』，與漢書言『丞相御史兩府之士』文不必同。此下不言『兩府之士』，漢書上不言『羣』，皆順其文之便。（凡漢書與此不同，蓋孟堅多所潤色矣。）拾補以漢書補，未是。」

〔四一〕師古曰：「『説』讀曰『悦』。」

〔四二〕漢書「算」作「選」。師古曰：「筲，竹器也，容一斗。選，數也。論語（子路篇）云：『子貢問曰：今之從政者何如？孔子曰：噫，斗筲之人，何足選也。』言其材器小劣，不足數也。筲，音所交反。選，音先阮反。噫，歎聲也。噫，音於其反。」錢大昭漢書辨疑曰：「今本論語『選』作『算』，『選』、『算』古字通。邶風：『威儀棣棣，不可選也。』後漢書朱穆傳注絶交論引作『不可算也』。（今本仍作『選』，詩考以爲作『算』，蓋宋本與今本異。）齊風『舞則選兮』，文選舞賦注引作『舞則纂兮』，『纂』即『算』也。周語：『纂修其緒。』史記周本紀作『遵脩』，徐廣曰：『遵一作選。』是『選』『算』同。」器案：「選」、「算」雙聲，故從巽從算之字往往通。周易雜卦：「物撰德。」鄭作「算」，周禮大司馬：「撰司徒。」鄭注：「『撰』讀曰『算』。」説文食部：「『籑』或作『饌』。」是其證。張之象本、沈延銓本、金蟠本、兩漢別解改作「選」。

附録一 佚文

惜芳草者耗禾稼，惠盜賊者傷良人。（齊民要術一）

魯人攻費，曾子辭於費君。（北堂書鈔三四）

案：此事見於説苑尊賢篇，文云：「魯人攻鄪，曾子辭於鄪君，曰：『請出，寇罷而後復來，請姑毋使狗豕入吾舍。』鄪君曰：『寡人之於先生也，人無不聞；今魯人攻我而先生去我，我胡守先生之舍？』魯人果攻鄪，而數之罪十，而曾子之所争者九。魯師罷，鄪君復脩曾子舍而後迎之。」案此即孟子離婁下所載「曾子居武城」事，武城地即在費。

首，短劍也，長一尺八寸，頭類匕，故曰匕首。（白帖四注）

匕首，長尺八寸，頭類匕，故云匕首。（資治通鑑一胡三省注）

案：論勇篇有「尺八匕首不足恃也」語。

今民文杯畫案，婢妾衣羅紈履絲，所以亂治。漢末一筆之柙，雕以黄金，飾以和璧，綴以隋珠，發以翡翠。此筆非文犀之楨，必象齒之管，豐狐之柱，秋兔之翰；用之者，必被珠繡之衣，踐雕玉之履矣。（太平御覽四九三）

良民文杯畫案，婢妾衣紈履絲，匹庶粺飯肉食，所以亂治也。（藝文類聚六九）

案：類聚及御覽引「良民文杯畫案」至「所以亂治也」數句，見今本國疾篇，佚「所以亂治也」一句。至御覽引「漢末一筆之柙」一大段，明曰「漢末」，則非鹽鐵論文可知；御覽六〇五引作傅子，是也。唯「柙」作「匣」，「發」作「文」，俱較四九三引者爲佳，當據訂正。

庶人乘馬者，足以代勞而已。故行則服軛，止則就犁，下種輓樓，皆取備焉。日種一頃，至今三輔，猶賴其利。遼東耕犁，轅長四尺，迴轉相妨；既用兩牛，兩人牽之，一人耕，一人種，二人輓樓，凡用兩牛六人，一日則種二十五畝，其懸絶如此。（御覽八二三）

案：御覽八九七亦引此文，至「止則就犁」，又緊接着引「一馬之服，當中家六口之家」，與今本散不足篇合。至御覽八二三此條引「下種輓樓」至「其懸絶如此」一大段，今本所無，亦不類鹽鐵論文，不知爲何文錯入。

南越以孔雀珥門户，崐山之旁，以璞玉抵烏鵲，此言貴生於少，賤生於所有。老子曰：「知我者希，則我者貴。」豈虚言哉！（埤雅七）

案：今本崇禮篇有「南越以孔雀珥門户，崐山之旁，以璞玉抵烏鵲」三句，「此言貴生於少」五句無。

敢私煮鹽者鈦左趾。鈦，足鉗。（後村先生大全集四四山甫既别三日復得此詩追餞原注引）

案：史記平準書：「敢私鑄鐵煮鹽者，鈦左趾。」索隱引三蒼云：「鈦，踏脚鉗也。」漢書食貨志下：「敢私鑄鐵器鬻鹽者，鈦左趾。」師古曰：「鈦，足鉗也。音徒計反。」劉克莊蓋誤以漢書及顔注文爲鹽鐵論也。

又案：漢書藝文志諸子略儒家著録「桓寬鹽鐵論六十篇」。今傳本十卷六十篇，與漢志合。今輯得齊民要術以下諸書所引凡八條，其中除三條爲誤引他書者外，其餘五條，或爲今本異文，或爲今本佚文，似可存疑，以待後定。

我很懷疑鹽鐵論原議文尚有溢出今本之外的，桓寬撰次時，采獲未周，致有遺漏，這是很可惜的。漢書公孫田劉王楊蔡陳鄭傳贊寫道：「當時相詰難，頗有其議文。」這説明當時這個議文傳播是很廣泛的。在傳鈔過程中，文有繁簡，字有異同，簡有錯脱，這是必然會發生的問題，可惜桓寬在撰次時，只注意「推衍」「增廣」，没有留心網羅散佚，這一點是必須鄭重指出的。

漢書魏相傳：「魏相，字弱翁，濟陰定陶人也，徙平陵，少學易，爲郡卒史，舉賢良，以對策高第爲茂陵令。」韓延壽傳載魏相對策事較詳，寫道：「韓延壽字長公，燕人也，徙杜陵。少爲郡文學。父義爲燕郎中，刺王之謀逆也，義諫而死，燕人閔之。是時，昭帝富於春秋，大將霍光持政，徵郡國賢良、文學，問以得失。時魏相以文學對策，以爲：『賞罰所以勸善禁惡，政之本也。日者，燕王爲無道，韓義出身彊諫，爲王所殺。義無比干之親，而蹈比干之節，宜顯賞其子，以示天下，明爲人臣之義。』光納其言，因擢延壽爲諫大夫。」魏相以賢良對策，即指這次會議。相徙平陵，平陵在右扶風，是太常屬縣，與昭帝紀言「其令三輔、太常舉賢良各二人」合，韓延壽傳以爲「時魏相以文學對策」，那是不對的。據史所載昭帝時「徵郡國賢良、文學，問以得失」，僅有這一次，因之，可以肯定魏相對策，就是參加這次會議的發言；因之，我們可以斷言，參加這次會議的賢良，還有魏相其人；他的這部分發言，以其不關鹽、鐵諸事，遂爲傳鈔者所省略，或爲桓寬所删削，則未可知也。

又案：御覽七〇一引散不足篇「一杯棬用百人之力」，「棬」下注云：「去遠反。說文曰：『棬，枋。』」此非鹽鐵論在宋以前即已有注，此蓋修修文御覽諸人附加之語，而修太平御覽時因仍而未加刊落耳。由此言之，則白帖所引關於「匕首」之解釋，亦當作如是觀耳。

附録二　記事

司馬遷　史記

平準書：「於是以東郭咸陽、孔僅爲大農丞，領鹽、鐵事，桑弘羊以計算用事侍中。咸陽，齊之大煮鹽，孔僅，南陽大冶，皆致生累千金，故鄭當時進言之；弘羊，雒陽賈人子，以心計年十三侍中。故三人言利事析秋豪矣。」

萬石君傳：「元鼎五年秋，丞相有罪罷。（集解：「趙周坐酎金免。」）制詔御史：『萬石君，先帝尊之，子孫孝，其以御史大夫慶爲丞相，封爲牧丘侯。』是時，漢方南誅兩越，東擊朝鮮，北逐匈奴，西伐大宛，中國多事；天子巡狩海内，修上古神祠，封禪，興禮樂，公家用少。桑弘羊等致利，王温舒之屬峻法，兒寬等推文學至九卿，更進用事，事不關決於丞相，丞相醇謹而已。」

班固 漢書

昭帝紀：「始元六年二月，詔有司問郡國所舉賢良、文學民所疾苦。議罷鹽、鐵、榷酤。（應劭曰：「武帝時，以國用不足，縣官悉自賣鹽、鐵、酤酒。昭帝務本抑末，不與天下争利，故罷之。」）秋七月，罷榷酤官。」

昭帝紀：「元鳳元年九月，鄂邑長公主、燕王旦與左將軍上官桀、桀子票騎將軍安、御史大夫桑弘羊皆謀反伏誅。……冬十月，詔曰：『左將軍安陽侯桀、票騎將軍桑樂侯安、御史大夫弘羊，皆數以邪枉干輔政，大將軍不聽，而懷怨望，與燕王通謀，置驛往來相約結。燕王遣壽西長、孫縱之等，賂遺長公主丁外人、謁者杜延年、大將軍長史公孫遺等，交通私書，共謀令長公主置酒伏兵，殺大將軍光，徵立燕王爲天子，大逆毋道。故稻田使者燕倉先發覺，以告大司農敞，敞告諫大夫延年，延年以聞丞相徵事任宫，手捕斬桀。丞相少史王壽誘將安入府門，皆已伏誅。吏民得以安。封延年、倉、宫、壽皆爲列侯。』又曰：『燕王迷惑失道，前與齊王子劉澤等爲逆，抑而不揚，望王反道自新；今迺與長公主及左將軍桀等謀危宗廟。王及公主皆自伏辜。其赦王太子建、公主子文信及宗室子與燕王、上官桀等謀反父母同産當坐者，皆免爲庶人。其吏爲桀等所詿誤、未發覺在吏者，除其罪。』」

百官公卿表下：「武帝天漢元年，大司農桑弘羊。四年，貶爲搜粟都尉。」

百官公卿表下：「武帝後元二年二月乙卯，搜粟都尉桑弘羊爲御史大夫。七年，坐謀反誅。」（周壽昌曰：「車千秋傳作『八年』，以王訢爲御史大夫之年計之，正八年也。作『七』誤。」）

食貨志下：「於是以東郭咸陽、孔僅爲大農丞，領鹽、鐵事。而桑弘羊貴幸。咸陽，齊之大鬻鹽，孔僅，南陽大冶，皆致產累千金，故鄭當時進言之。弘羊，洛陽賈人之子，以心計，年十三侍中。故三人言利事析秋豪矣。」（黄震古今紀要二：「鄭當時，咸陽、孔僅、弘羊皆所薦。」）

食貨志下：「孔僅使天下鑄作器，三年中至大司農，列於九卿。而桑弘羊爲大司農中丞，管諸會計事，稍稍置均輸以通貨物。」（後漢書朱暉傳：「尚書張林上言：『又宜因交阯、益州上計吏，往來市珍寶，收采其利，武帝時所謂均輸者也。』」李賢注：「武帝作均輸法，謂州郡所出租賦，並雇運之直，官總取之，市其土地所出之物，官自轉輸於京，謂之均輸。」王惲玉堂嘉話五：「均輸法起桑弘羊，謂市井百貨，皆輸官坊，商賈不復貿易。」王三聘古今事物考三：「吕東萊曰：『三代之時，鹽雖入貢，與民共之。法自管仲相桓公，始興鹽筴，以奪民利。至漢武帝時，孔僅、桑弘羊祖管仲之法，鹽始禁榷。』〔一〕始令吏得入穀補官即至六百石。自造白金、五銖錢，後五歲而赦吏民之坐盜鑄金錢死者數十萬人，其不發覺相殺者，不可勝計，赦自出者百餘萬人，然不能半自出，天下大氐無慮皆鑄金錢矣。」

食貨志下：「元封元年，卜式貶爲太子太傅。而桑弘羊爲治粟都尉，領大農，盡代僅斡天下鹽、鐵。弘羊以諸官各自市相争，物以故騰躍，而天下賦輸，或不償其僦費，迺請置大農部丞數十人，分部主郡國，各往往置均輸、鹽、鐵官，令遠方各以其物如異時商賈所轉販者，爲賦而相灌輸，置平準於京師，都受天下委輸。召工官治車諸器，皆仰給大農。大農諸官盡籠天下之貨物，貴則賣之，賤則買之，如此，富商大賈無所牟大利，則反本而萬物不得騰躍，故抑天下之物，名曰平準。天子以爲然而許之。於是，天子北至朔方，東封泰山，巡海上，旁北邊以歸；所過賞賜，用帛百餘萬匹，錢金以鉅萬計，皆取足大農。弘羊又請：令民得入粟補吏，及罪以贖；令民入粟甘泉，各有差，以復終身；不復告緡；它郡各輸急處。而諸農各致粟，山東漕益歲六百萬石，一歲之中，太倉、甘泉倉滿，邊餘穀。諸均輸帛五百萬匹。民不益賦，而天下用饒。於是，弘羊賜爵左庶長，黄金者再百焉。是歲，小旱，上令百官求雨。卜式言曰：『縣官當食租衣税而已，今弘羊令吏坐市列販物求利，亨弘羊，天乃雨。』（李贄史綱評要七：「卜式小人也，然『亨弘羊』三字甚確。」）久之，武帝疾病，拜弘羊爲御史大夫。昭帝即位，六年詔郡國舉賢良、文學之士，問以民所疾苦，教化之要。皆對：願罷鹽、鐵、酒榷、均輸官，毋與天下争利，視以儉節，然後教化可興。弘羊難，以爲此國家大業，所以制四夷、安邊、足用之本，不可廢也。迺與丞相千秋共奏罷酒酤。弘羊自以爲國興大利，伐其功，欲爲子弟得官，怨望大將軍霍光，遂與上官桀等謀反，誅滅。」

萬石君傳：「元鼎五年，以御史大夫慶爲丞相，封牧丘侯。是時，漢方南誅兩越，東擊朝鮮，北逐匈奴，西伐大宛，中國多事；天子巡狩海内，修古神祠，封禪，興禮樂，公家用少。桑弘羊等致利，王温舒之屬峻法，兒寬等推文學至九卿，更進用事，事不關決於慶，慶醇謹而已。」

蘇武傳：「武留匈奴凡十九歲，始以彊壯出，及還，須髮盡白。武來歸，明年，上官桀子安與桑弘羊及燕王、蓋主謀反，武子男元與安有謀，坐死。初，桀、安與大將軍霍光争權，數疏過失予燕王，令上書告之。又言蘇武使匈奴二十年，不降，還迺爲典屬國；大將軍長史無功勞，爲搜粟都尉；光顓權自恣。及燕王等反誅，窮治黨與，武素與桀、弘羊有舊，數爲燕王所訟，子又在謀中；廷尉奏請逮捕武，霍光寢其奏，免武官。」

卜式傳：「元鼎中，徵式代石慶爲御史大夫。式既在位，言郡國不便鹽、鐵，而船有算，可罷。上由是不説式。」

張湯傳：「會渾邪等降，漢大興兵伐匈奴，山東水旱，貧民流徙，皆卬給縣官，縣官空虚。湯承上指，請造白金及五銖錢，籠天下鹽、鐵，排富商大賈，出告緡令，鉏豪彊并兼之家，舞文巧詆以輔法。」（何焯義門讀書記曰：「鹽、鐵出於弘羊，告緡出於楊可，然非倚湯不能取信於天子，以酷虐助而成，故惡皆歸之湯。」）

張安世傳：「昭帝即位，大將軍霍光秉政，以安世篤行，光親重之。會左將軍上官桀父子及御史大夫桑弘羊皆與燕王、蓋主謀反誅，光以朝無舊臣，白用安世爲右將軍光禄勳，以自副焉。」

杜周傳：「後爲執金吾，逐捕桑弘羊、衛皇后昆弟子刻深，上以爲盡力無私，遷爲御史大夫。」（王先謙漢書補注曰：「據公卿表，周爲執金吾時，弘羊爲大司農，此蓋桑、衛昆弟子皆在逐捕中，非指弘羊本身。」）

杜延年傳：「左將軍上官桀父子與蓋主、燕王謀爲逆亂，假稻田使者燕倉知其謀，以告大司農楊敞，敞惶懼移病，以語延年，延年以聞，桀等伏辜。延年封爲建平侯。延年本大將軍霍光吏，首發大姦，有忠節，由是擢爲太僕右曹給事中。光持刑罰嚴，延年輔之以寬，治燕王獄時，御史大夫桑弘羊子遷亡，過父故吏侯史吳，後遷捕得伏法。會赦，侯史吳自出繫獄，廷尉王平與少府徐仁雜治反事，皆以爲遷坐父謀反，而侯史吳藏之，非匿反者，迺匿爲隨者也。即以赦令除吳罪。後侍御史治實，以桑遷通經術，知父謀反而不諫争，與反者身無異；侯史吳故三百石吏，首匿遷，不與庶人匿隨從者等，吳不得赦。奏請覆治，劾廷尉、少府縱反者。少府徐仁，即丞相車千秋女壻也，故千秋數爲侯史吳言，恐光不聽，千秋即召中二千石、博士會公車門，議問吳法。議者知大將軍指，皆執吳爲不道。明日，千秋封上衆議。光於是以千秋擅召中二千石以下，外内異言，遂下廷尉平、少府仁獄。朝廷皆恐丞相坐之。延年迺奏記光争，以爲：『吏縱罪人有常法，今更詆吳爲不道，恐於法深。又丞相素無所守持，而爲好言於下，盡其素行也。至擅召中二千石，甚無狀。延年愚以爲丞相久故，及先帝用事，非有大故，不可棄也。間者，民頗言獄深，吏爲峻詆。今丞相所議又獄事也，如是以及丞相，恐不合衆心，羣下讙譁，庶人私議，流言四布，延年竊重將軍失此名於天下也。』光以廷尉、少府弄法輕重，皆論棄市，而不以及丞相，終與相竟。延年論議持平，合和朝廷，皆此類也。見國家承武帝奢侈師旅之後，數爲大將軍光言：『年歲比不登，流民未盡還，宜修孝文時政，示以儉約寬和，順天心，説民意，年歲宜應。』光納其言，舉賢良議罷酒榷、鹽、鐵，皆自延年發之。

武五子傳："久之，旦姊鄂邑蓋長公主、左將軍上官桀父子與霍光爭權有隙，皆知旦怨光，即私與燕交通；旦遣孫縱之等前後十餘輩，多齎金寶走馬，賂遺蓋主、上官桀及御史大夫桑弘羊等，皆與交通，數記疏光過失與旦，令上書告之，桀欲從中下其章。旦聞之喜，上疏曰：『昔秦據南面之位，制一世之命，威服四夷，輕弱骨肉，顯重異族，廢道任刑，無恩宗室；其後，尉佗入南夷，陳涉呼楚澤，近狎作亂，内外俱廢，趙氏無炊火焉。高皇帝覽蹤迹，觀得失，見秦建本非是，故改其路，規土連城，布王子孫，是以支葉扶疏，異姓不得閒也。今陛下承明繼成，委任公卿，羣臣連與成朋，非毁宗室，膚受之愬，日騁於廷，惡吏廢法立威，主恩不及下究。臣聞武帝使中郎將蘇武使匈奴，見留二十年不降，還亶爲典屬國；今大將軍長史敞無勞，爲搜粟都尉，又將軍都郎羽林，道上移蹕，太官先置。臣旦願歸符璽，入宿衛，察姦臣之變。』是時，昭帝年十四，覺其有詐，遂親信霍光而疏上官桀等。桀等因謀共殺光廢帝，迎立燕王爲天子。旦置驛書，往來相報，許立桀爲王，外連郡國豪桀以千數。旦以語相平，平曰：『大王前與劉澤結謀，事未成而發覺者，以劉澤素夸好侵陵也。平聞左將軍素輕易，車騎將軍少而驕，臣恐其如劉澤時不能成，又恐既成反大王也。』旦曰：『前日一男子詣闕自謂故太子，長安中民趣鄉之，正讙不可止；大將軍恐，出兵陳之，以自備耳。我帝長子，天下所信，何憂見反。』後謂羣臣：『蓋主報言，獨患大將軍與右將軍王莽；今右將軍物故，丞相病，幸事必成，徵不久。』令羣臣皆裝。會蓋主舍人父燕倉知其謀，告之，由是發覺。丞相賜璽書部中二千石，逐捕孫縱之及左將軍桀等，皆伏誅。旦聞之，召相平曰：『事敗，遂發兵乎？』平曰：『左將軍已死，百姓皆知之，不可發也。』王憂懣，……會天子使使者賜燕王璽書，……旦得書，以符璽屬醫工長，謝相、二千石，奉事不謹，死矣。即以綬自絞，后、夫人隨旦自殺者二十餘人。天子加恩，赦王太子建爲庶人，賜旦謚曰刺王。」

車千秋傳：「武帝疾，立皇子鉤弋夫人男爲太子，拜大將軍霍光、車騎將軍金日磾、御史大夫桑弘羊及丞相車千秋，並受遺詔輔道少主。武帝崩，昭帝初即位，未任聽政，政事壹決大將軍光。千秋居丞相位，謹厚有重德，每公卿朝會，光謂千秋曰：『始與君侯俱受先帝遺詔，今光治內，君侯治外，宜有以教督，使光毋負天下。』千秋曰：『唯將軍留意，即天下幸甚。』終不肯有所言。光以此益重之，每有吉祥嘉應，數襃賞丞相。訖昭帝世，國家少事，百姓稍益充實。始元六年，詔郡國舉賢良、文學士，問以民所疾苦，於是鹽、鐵之議起焉。」（師古曰：「議罷鹽、鐵之官，令百姓皆得煑鹽鑄鐵，因總論政治得失也。」）

車千秋傳：「桑弘羊爲御史大夫八年，自以爲國家興榷筦之利，伐其功，欲爲子弟得官，怨望霍光，與上官桀等謀反，遂誅滅。」

霍光傳：「後元二年春，上游五柞宮，病篤，……上以光爲大司馬大將軍、日磾爲車騎將軍，及太僕上官桀爲左將軍，搜粟都尉桑弘羊爲御史大夫，皆拜卧内牀下，受遺詔輔少主。明日，武帝崩。」

霍光傳：「光與左將軍桀結婚相親，光長女爲桀子安妻，有女年與帝相配，桀因帝姊鄂邑蓋主内安女後宮爲倢伃，數月立爲皇后，父安爲票騎將軍，封桑樂侯。光時休沐出，桀輒入代光決事。桀父子既尊盛，而德長公主。公主内行不修，近幸河間丁外人；桀、安欲爲外人求封，幸依國家故事，以列侯尚公主者。光不許。又爲外人求光禄大夫，欲令得召見。又不許。長公主大以是怨光。而桀、安數爲外人求官爵弗能得，亦慙。自先帝時，桀已爲九卿，位在光右；及父子並爲將軍，有椒房中宮之重，皇后親安女，光迺其外祖，而顧專制朝事，繇是與光争權。燕王旦自以昭帝兄，常懷怨望。及御史大夫桑弘羊建造酒榷、鹽、鐵，爲國興利，伐其功，欲爲子弟得官，亦怨恨光。於是蓋主、上官桀、安及弘羊，皆與燕王旦通謀，詐令人爲燕王上書，言：『光出都肄郎羽林道上稱趩，太官先置。又引蘇武前使匈奴，拘留二十年不降，還迺爲典屬國；而大將軍長史敞亡功爲搜粟都尉；又擅調益莫府校尉；光專權自恣，疑有非常。臣旦願歸符璽，入宿衛，察姦臣變候。』司光出沐日奏之。桀欲從中下其事，桑弘羊當與諸大臣共執退光。書奏，帝不肯下。明旦，光聞之，止畫室中不入。上問：『大將軍安在？』左將軍桀對曰：『以燕王告其罪，故不敢入。』有詔召大將軍。光入，免冠頓首謝。上曰：『將軍冠，朕知是書詐也。將軍亡罪。』光曰：『陛下何以知之？』上曰：『將軍之廣明，都郎屬耳，調校尉以來，未能十日，燕王何以得知之？且將軍爲非，不須校尉。』是時，帝年十四，尚書左右皆驚；而上書者果亡，捕之甚急。桀等懼，白上：『小事不足遂。』上不聽。後桀黨與有譖光者，上輒怒曰：『大將軍忠臣，先帝所以輔朕身，敢有毁者坐之。』自是桀等不敢復言，迺謀令長公主置酒請光，伏兵格殺之，因廢帝，迎立燕王爲天子。事發覺，光盡誅桀、安、弘羊、外人宗族，燕王、蓋主皆自殺。」

循吏傳：「孝昭幼沖，霍光秉政，承奢侈師旅之後，海内虚耗；光因循守職，無所改作。至於始元、元鳳之間，匈奴鄉化，百姓益富，舉賢良、文學，問民所疾苦，於是罷酒榷而議鹽、鐵矣。」

西域傳下：「征和四年，（據資治通鑑二二補。）搜粟都尉桑弘羊與丞相、御史奏言：『故輪臺以東，捷枝、渠犂皆故國，地廣，饒水草，有溉田五千頃以上，處温和，田美，可益通溝渠，種五穀，與中國同時孰。其旁國少錐刀，貴黄金采繒，可以易穀食，宜給足，不可乏。臣愚以爲可遣屯田卒，詣故輪臺以東，置校尉三人分護，各舉圖地形，通利溝渠，務使以時種五穀。張掖、酒泉遣騎假司馬爲斥候，屬校尉，事有便宜，因騎置以聞。田一歲有積穀，募民壯健有累重敢徙者詣田所，就畜積爲本業，益墾溉田，稍築列亭，連城而西，以威西國，輔烏孫爲便。臣謹遣徵事臣昌分部行邊，嚴敕太守、都尉，明烽火，選士民，謹斥候，蓄茭草。願陛下遣使使西國，以安其意。臣昧死請。』上迺下詔深陳既往之悔，曰：『前有司奏欲益民賦三十，助邊用，是重困老弱孤獨也。而今又請遣卒田輪臺。輪臺西於車師千餘里，前開陵侯擊車師時，危須、尉犂、樓蘭六國子弟在京師者，皆先歸發畜食，迎漢軍；又自發兵凡數萬人，王各自將，共圍車師，降其王。諸國兵便罷，力不能復至道上食漢軍。漢軍破城食至多，然士自載，不足以竟師，彊者盡食畜産，羸者道死數千人。朕發酒泉驢橐駝負食出玉門迎軍，吏卒起張掖不甚遠，然尚廝留甚衆。曩者，朕之不明，以軍候弘上書言：匈奴縛馬前後足置城下，馳言秦人我匄若馬。又漢使久留不還，故興遣貳師將軍，欲以爲使者威重也。古者，卿大夫與謀，參以蓍龜，不吉不行。迺者，以縛馬書徧視丞相、御史、二千石、諸大夫、郎、爲文學者，迺至郡屬國都尉成忠、趙破奴等，皆以虜自縛其馬，不祥甚哉。或以爲欲以見彊。夫不足者，視人有餘，卦得大過，爻在九五，匈奴困敗，公車方士、太史、治星、望氣及太卜、龜蓍皆以爲吉，匈奴必破，時不可再得也。又曰：北伐行將於鬴山必克。卦諸將，貳師最吉，故朕親發貳師下鬴山，詔之必毋深入，今計謀卦兆皆反繆，重合侯得虜候者，言聞漢軍當來，匈奴使巫埋羊牛所出諸道及水上以詛軍；單于遺天子馬裘，常使巫祝之。縛馬者，詛軍事也。又卜漢軍一將不吉。匈奴常言漢極大，然不能飢渴，失一狼，走千羊。迺者，貳師敗，軍士死略離散，悲痛常在朕心。今請遠田輪臺，欲起亭隧，是擾勞天下，非所以優民也。今朕不忍聞。大鴻臚等又議欲募囚徒，送匈奴使者，明封侯之賞以報忿，五伯所弗能爲也。且匈奴得漢降者，常提掖搜索，問以所聞。今邊塞未正，闌出不禁，障候長吏使卒獵獸，以皮肉爲利，卒苦而烽火乏，失亦上集不得，後降者來若捕生口虜，迺知之。當今務在禁苛暴，止擅賦，力本農，脩馬復令，以補缺，毋乏武備而已。郡國二千石各上進畜馬方略補邊狀，與計對。』由是不復出軍，而封丞相車千秋爲富民侯，以明休息，思富養民也。」（案此文桑弘羊奏言云云，嚴可均據以收入所輯全漢文桑弘羊文。）

西域傳下：「初貳師將軍李廣利擊大宛，還過杅彌。杅彌遣太子賴丹爲質於龜兹，廣利責龜兹曰：『外國皆臣屬於漢，龜兹何以得受杅彌質？』即將賴丹入至京師。昭帝乃用桑弘羊前議，以杅彌太子賴丹爲校尉，將軍田輪臺。輪臺與渠犂地皆相連也。龜兹貴人姑翼謂其王曰：『賴丹本臣屬吾國，今佩漢印綬來迫吾國而田，必爲害。』王即殺賴丹，而上書謝漢。漢未能征。」（案桑弘羊前議，鹽鐵論伐功、西域二篇亦有所論及，蓋武帝時議而未行，故昭帝用其議而行之，資治通鑑二三以此事入元鳳四年，蓋去弘羊之被害才三年耳。）

劉向　新序

善謀下：「御史大夫桑弘羊請佃輪臺。詔卻曰：『當今之務，務在禁暴，止擅賦；今乃遠西佃，非所以慰民也。朕不忍聞。』封丞相號曰富民侯。遂不復言兵事，國家以寧，繼嗣以定，從韓安國之本謀也。」（案本謀猶言初謀，史記五帝本紀：「本謀者象。」漢書王陵傳：「立文帝，平本謀也。」義俱同。）

荀悦　前漢紀

卷十三：「元狩四年，……於是孔僅爲大司農丞，領管鹽、鐵。桑弘羊，洛陽賈人子，以能心計，年十三爲侍中，言利事皆析秋毫，而始算緡錢及車船矣。其後，弘羊請置大司農部丞數十人，分主郡國，各得往置均輸、鹽、鐵官，令遠方各以其物商賈所販賣爲賦，而相準輸，置平準官於京師，都受天下委輸諸物，官盡籠天下之貨物，貴則賣之，賤則買之，富商大賈無所侔大利，物皆反其本，而物不得踊貴，故抑天下之物，名曰平準。

又令民得以粟補吏，罪人得以贖死，及入粟爲吏，復各有差；於是民不益賦，而國用饒足。乃賜弘羊爵左庶長，黄金二百斤。會天大旱，上令百官請雨。太子傅卜式言於上曰：『縣官當衣食租税而已，今弘羊令吏坐市列肆，販賣求利；獨烹弘羊，天乃雨。』」

卷十五：「征和四年，是時，天下疲於兵革，上亦悔之；而搜粟都尉桑弘羊與丞相、御史大夫奏言：『故輪臺以東，皆故國處，有溉灌田，其旁小國，少錐刀，貴黄鐵，緜繒可以易穀。臣愚以爲可遣屯田卒詣輪臺，置校尉二人，通利溝渠，田一歲有積穀，募民敢徙者詣田所，就畜積，爲産業，稍稍築亭，連城而西，以威西國，輔烏孫爲便。』事上，上乃下詔，深陳既往之悔，曰：『前有司奏欲益民賦以助邊用，是困老弱孤獨也；今又請田輪臺。曩者，朕之不明，興師遠攻，遣貳師將軍，……貳師軍敗，士卒散離略盡，悲痛常在朕心；今有司請遠田輪臺，欲起亭燧，是唯益擾天下，非所以憂民也，朕不忍聞。當今務在禁苛暴，止擅賦，務本勸農，無乏武備而已。』由是不復出軍，封丞相爲富民侯，而勸耕農，自是田多墾闢，而兵革休息。」

卷十六：「孝昭帝始元六年，二月，詔有司舉賢良、文學，問民疾苦。議罷鹽、鐵、榷酤。」又：「元鳳元年，九月，鄂邑長公主、燕王旦、左將軍上官桀、桀子驃騎將軍安、御史大夫桑弘羊皆謀反伏誅。……桑弘羊爲國興利，自伐其功，各欲爲子弟黨類求官，以私於光，光不聽。由是與光争權，欲害之，詐使人爲燕王旦上書，言光……，候光休沐日奏之。桀欲從中下其事，弘羊當與大臣共執退光。書奏上不肯下，召光，光入，上曰：『此書詐也，將軍無罪……。』自是桀等不敢言，乃謀令公主置酒請光，伏兵殺之，因廢帝，誘迎立燕王，燕王至殺之，因立桀爲帝。……會蓋主舍人父燕倉知其謀，以告大司農楊敞，敞告諫議大夫杜延年以聞，桀等伏誅。」

司馬光　資治通鑑

卷二三漢紀十五：「昭帝始元六年，秋，七月，罷榷酤官，從賢良、文學之議也。武帝之末，海内虚耗，户口減半。霍光知時務之要，輕徭薄賦，與民休息。至是，匈奴和親，百姓充實，稍復文、景之業焉。」

吕祖謙　大事記解題（不分卷）

元狩四年冬，造白金、皮幣，罷半兩錢，行三銖錢。解題曰：「按史記張湯傳：『漢大興兵伐匈奴，山東水旱，貧民流徙，皆仰給縣官，縣官空虚，於是承上指請造白金及五銖錢，籠天下鹽鐵，排富商大賈，出告緡令，鉏豪强兼并之家，舞文巧詆以輔法。湯每奏事，語國家用，日晏，天子忘食。丞相取充位，天下事皆決於湯。百姓不安其生，騷動。縣官所興，未獲其利，奸吏並侵漁。於是痛繩以罪，則自公卿以下，至於庶人，咸指湯。湯嘗病，天子至自視病，其隆貴如此。』又案平準書：『縣官大空，而富商大賈，或蹛財役貧，轉轂百數，廢居、居邑，封君皆低首仰給。冶鑄煮鹽，財或累萬金，（漢無山澤之政，故鹽、鐵之利歸於商。）而不佐國家之急，黎民重困。於是天子與公卿議，更錢造幣以贍用，而摧浮淫并兼之徒，（更錢則舊錢不用，造幣則私家所無，此所以摧兼并也。）自孝文更造四銖錢，至是歲四十餘年，從建元以來用少，縣官往往則多銅山而鑄錢，民亦閒盜鑄錢，不可勝數。錢益多而益輕，物益少而益貴。』乃爲皮幣、白金，銷半兩錢，鑄三銖錢。」

以東郭咸陽、孔僅爲大農丞，桑弘羊爲侍中。 解題曰：「按平準書：『以東郭咸陽、孔僅爲大農丞，領鹽、鐵，（欲摧鹽、鐵，故使二人領之。）桑弘羊以計算用事侍中。咸陽，齊之大煮鹽，孔僅，南陽大冶，皆致生累千金，故鄭當時進言之。弘羊，洛陽賈人子，以心計十三侍中。（弘羊不知其所以進。）故三人言利事，析秋豪矣。』漢人多言汲、鄭，其實當時非黯比也。黯奮不顧身，以折功利之衝；當時乃薦咸陽、僅掊克之魁，以濟武帝之慾，烏得並稱哉！」

初算緡錢。 解題曰：「亦張湯之謀也。按平準書：公卿言郡國頗被菑害，貧民無産業者，募徙廣饒之地。陛下損膳省用，出禁錢以振元元，寬貸賦，而民不齊出於南畝，商賈滋衆，貧者蓄積無有，皆仰縣官。異時，算軺車，賈人緡錢皆有差。（事在元光六年。）請算如故。諸賈人末作、貰貸賣買、居邑稽諸物，及商以取利者，雖無市籍，各以其物自占，率緡錢二千而一算，諸作有租及鑄，率緡錢四千一算。（手作者得利差輕，故算亦輕。以上者，算緡錢之法也。）非吏比者、三老、北邊騎士，軺車以一算。（按顔師古曰：「比吏也，身非爲吏之例；非爲三老，非爲北邊騎士，而有軺車，皆令出一算。」然則凡民不爲吏，不爲三老、騎士，苟有軺車，皆出一算矣。元光之令，只算商車耳，至是民庶皆不免焉。）商賈軺車二算。（已上算車之法也。）船五丈以上一算。（此又屬商賈下，必專指商賈也。蓋非商賈貿易四方，有船者必少。）匿不自占，占不悉，戍邊一歲，没入緡錢，有能告者，以半畀之。（此所謂告緡也。按張湯傳：「排富商大賈，出告緡令。」則此奏出於湯不疑。）賈人有市籍者，及其家屬，皆無得籍名田，以便農。敢犯令，没入田僮。（本意止欲算舟車緡錢以徵利耳，而託於便農，故不得專行此令也。）」

以卜式爲中郎。解題曰：「卜式爲小忠而不知大體者也，其願輸家財半助邊，丞相弘以爲此非人情，不軌之臣。然報罷之後，助縣官之心終不衰，則非矯飾也。惜其未嘗講學，故區區以輸財爲忠。是時，豪富皆争匿財，唯式獨欲助邊，事勢相激，故武帝寵式者日厚，嫉富豪者日深，民中家以上大率破，雖假手桑弘羊輩，苟無式以形之，未必如是之酷也。」

右内史汲黯免，以義縱爲内史，王温舒爲中尉，楊僕爲主爵都尉。　解題：「汲黯去則漢朝無人矣。義縱、王温舒、楊僕名皆在酷吏傳，三人分與關、輔，民不堪命矣。夫有興利之臣，則必有酷吏，蓋兩者相資爲用，而不可相無者也。如桑弘羊之徒，興利之臣也，義縱之徒，酷吏也，兼之者，其張湯乎！」

元狩五年，罷三銖錢，行五銖錢。初榷鹽、鐵。　解題曰：「按平準書：『有司言：三銖錢輕，易奸詐，乃更請諸郡國鑄五銖錢，周郭其下，令不可磨取鋊焉。大農上鹽鐵丞孔僅、咸陽言：（去年，二人爲大農丞，領鹽、鐵，至是其法始成也。）山海，天地之藏也，皆宜屬少府。陛下不私，以屬大農佐賦。（前此，民冶鑄煮鹽，例給山海地澤之税，所入至微，故入少府，以給供養。今武帝欲盡榷以充征伐之用，故改屬大農。咸陽、孔僅欲蓋其奪民利之惡，反稱武帝之不私，此聚斂之臣常態也。）願募民自給費。（民自出費用也。）因官器作，煮鹽，官與牢盆。（蘇林曰：「牢，價值也，今世人言雇手牢盆。」如淳曰：「牢，廩食也，古者名廩爲牢也。盆者，煮鹽盆。」顔師古以蘇説牢字爲是，不知蘇林以牢爲價值，如淳以牢爲廩食，本非兩説，若今所謂工食也。蓋官募人煮鹽，費用工食釜灶，官皆給之，而盡收其鹽耳。但言榷鹽之法，不言榷鐵之法者，蓋官募人冶鑄，其法與煮鹽同也。）浮食奇民，欲擅管山海之貨，以致富羡，役利細民。其沮事之議，不可勝聽。敢私鑄鐵器煮鹽者，釱左趾，没入其器物。郡有不出鐵者，置小鐵官，（郡縣出鐵者，即地理志所載鐵官是也。小鐵官，鑄故鐵。）使屬在所縣。（少鐵官皆屬在所縣，不特置官司。自此以上，皆孔僅、咸陽之奏也。）使孔僅、東郭咸陽乘傳舉行天下鹽、鐵，作官府，除故鹽、鐵家富者爲吏。吏道益雜不選，而多賈人矣。』（通鑑載於去年，平準書載榷鹽、鐵於行五銖錢後，今從之。）又按漢書列傳：『桑弘羊自以爲國家興榷税之利，伐其功。』然則孔僅、咸陽榷鹽、鐵之時，弘羊雖幼，其畫策必多也。鹽、鐵之議，自管仲始。其海王篇曰：『桓公曰：何以爲國？管子曰：惟官山府海爲可耳。桓公曰：何謂官山府海？管子曰：海王之國，謹正鹽筴。桓公曰：何謂正鹽筴？管子曰：十口之家，十人食鹽，百口之家，百人食鹽，終月，大男食鹽五升少半，大女食鹽三升少半，吾子食鹽二升少半，此其大歷也。鹽百升而釜，今鹽之重升加分强，釜五十也，升加一强，釜百也，升加二强，釜二百也。鍾二千，十鍾二萬，百鍾二十萬，千鍾二百萬。萬乘之國，人數開口千萬也。禺筴之商，日二百萬，十日二千萬，一月六千萬。萬乘之國，正九百萬也。月人三錢之籍，爲錢三千萬。今吾非籍之諸君吾子，而有二國之籍六千萬。今鐵官之數曰：一女必有一鍼一刀，若其事立。耕者必有一耒一耜一銚，若其事立。行服連輂者，必有一斤一鋸一鑿，若其事立。不爾而成事者，天下無有。今鍼之重加一也，三十鍼，一人之籍。刀之重加六，五六三十，五刀，一人之籍也。耜鐵之重加七，三耜鐵，一人之籍也。其餘輕重，皆準此而行。』此管仲税鹽、鐵之法也。輕重甲篇曰：『管子謂桓公曰：齊有渠展之鹽，請君伐菹薪，煮沸火爲鹽，正而積之。桓公曰：諾。十月始正，至於正月，盛鹽三萬六千鍾，召管子而問曰：安用此鹽而可？管子對曰：孟春既至，農事且起，大夫無得繕冢墓，理宮室，立臺榭，築牆垣。北海之衆，無得聚庸而煮鹽。若此，則鹽必坐長而十倍。桓公曰：善，行事奈何？管子對曰：請以令糶之梁、趙、宋、衛、濮陽，彼盡饋食之也。國無鹽則腫，守圉之國，用鹽獨甚。桓公曰：諾。乃以令使糶之，得成金萬一千餘斤。』輕重乙篇：『桓公曰：衡謂寡人曰：請令斷山木，鼓山鐵，是可以無籍而用足。管子對曰：不可，今發徒隸而作之，則逃亡而不守，發民，則下疾怨上，邊境有兵，則懷宿怨而不戰，未見山鐵之利，而內敗矣。故善者不如與民量其重，計其贏，民得其十，君得其三，有雜之以輕重，守之以高下，若此，則民疾作，而爲上用矣。』（今本管子「用」作「虜」。）以此三篇參考之，管子之鹽、鐵，其大法税之而已，鹽雖當官自煮之，以權時取利，亦非久行；至於鐵，則官初未嘗冶鑄也；與孔僅、桑弘羊之法異矣。」

元鼎五年，冬，十月，帝幸雍，祠五時，遂西踰隴，登崆峒，北出蕭關，獵新秦中，以勒邊兵而歸。解題曰：「按平準書：『上於是北出蕭關，從數萬騎，獵新秦中，以勒邊兵而歸。新秦中或千里無亭徼，於是誅北地太守以下，而令民得畜牧邊縣，官假馬母，三歲而歸，及息什一，以除告緡，用充仞新秦中。』（按平準書：「元封元年，桑弘羊領大農，不告緡。」去此正三歲，是時，保馬母之息，故不告緡也。）」

元封元年，冬，十月，……以大農丞桑弘羊爲治粟都尉，領大農，置均輸、平準。解題曰：「按平準書：『元封元年，卜式貶秩爲太子太傅，而桑弘羊爲治粟都尉，領大農，代孔僅管天下鹽、鐵。弘羊以諸官（謂諸官司也。）各自市，相與争，物故騰躍，而天下賦輸，或不償其僦費，（此所以欲置均輸以平其争也。）乃請置大農部丞數十人，分部主郡國，各往往縣置均輸，（初，桑弘羊爲大農丞，固已稍稍置均輸矣；今既領大農，故遍行其法於郡國也。）令遠方各以其物貴時，商賈所轉販者爲賦，而相灌輸，（此所以謂均輸也。前漢書百官表注：「孟康曰：『均輸，謂諸當所有輸於官者，今皆輸其地土所饒，平其所在時價，官吏於他處賣之，輸者既便，而官有利也。』」）置平準於京師，都受天下委輸，（均輸在郡國，各轉輸於京師者也。平準在京師，總受天下之轉輸者也。）召工官治車諸器，皆仰給大農，盡籠天下之貨物，貴則賣之，賤則買之，如此，富商大賈無所牟大利，則反本，而萬物不得騰踊，故抑天下物，名曰平準。天子以爲善，許之。』」

元封元年，夏，……令吏民入粟補官、贖罪，罷告緡，益歲漕六百萬石。賜桑弘羊爵左庶長。

解題曰：「天子北至朔，方東封泰山，巡海上，並北邊以歸，所過賞賜，用帛百萬餘匹，錢金以巨萬計，皆取足大農。弘羊又請令吏得入粟補官，及罪人贖罪。（修晁錯之法也。）令民能入粟甘泉，各有差，以復終身，不告緡。（以北邊畜牧之息，弘羊均輸、納粟之利，用度既饒，故除告緡之令也。小有所與，大有所奪，此興利之臣常法也。）他郡國各輸急處，（他郡國吏民所入之粟，各輸所當用之處，如名山大川，以待遊幸，西北邊待軍食之類。）而諸農各致粟山東，（諸農，謂告緡所没入之田也。致粟山東，爲欲漕至關中耳。）漕益歲六百萬石。（古今轉漕之盛極於此矣。）一歲之中，太倉、甘泉倉滿，邊餘穀，諸物均輸，帛五百萬匹。（言帛，則他物可知。）民不益賦，而天下用饒。（司馬氏曰：「此桑弘羊欺武帝之言，司馬遷書之，以譏武帝之不明耳。天地所生貨財百物，止有此數，不在民間，則在公家。弘羊能致國用之説，不取之於民，將焉取之？果如所言，武帝末年，安得盜賊蠭起，遣繡衣使者逐捕之乎？非民疲極，亡爲盜賊也耶！」）於是，桑弘羊賜爵左庶長，黄金再百斤焉。是歲，小旱，上令百官求雨。卜式言曰：『縣官當食租衣税而已。今桑弘羊令吏坐市列，販物求利。亨弘羊，天乃雨。』（食租衣税，固天下之正論也，然漢武帝之利欲，式助發之，桑弘羊特爲人役者耳。式見末流至此，始憤然歸罪於桑弘羊，不知己亦與有責焉，可謂闇矣。亂之將興，必有小人主其事，必有善人不知大義，助其勢，然後乃能成。司馬子長作平準書，以是終焉，其有旨也哉！）」

天漢三年，春，二月，以執金吾杜周爲御史大夫。解題曰：「周爲執金吾，逐捕桑弘羊、衛皇后昆弟子刻深，上以爲盡力無私，遷爲御史大夫。始周爲廷尉，有一馬，及久任事，列三公，家訾累巨萬。」

初榷酒酤。解題曰：「是時，桑弘羊爲大司農，蓋其所建也。」

范曄　後漢書

卷四孝和帝紀：「章和二年夏四月戊寅（尚未改元）詔曰：『昔孝武皇帝致誅胡、越，故權收鹽、鐵之利，（李賢注曰：「武帝使孔僅、東郭咸陽乘傳舉行天下鹽、鐵，作官府收利，私家更不得鑄錢煮鹽。」）以奉師旅之費。自中興以來，匈奴未賓。永平末年，復修征伐。先帝即位，務修力役，然猶深思遠慮，安不忘危，探觀舊典，復收鹽、鐵，欲以防備不虞，寧安邊境；而吏多不良，動失其便，以違上意。先帝恨之，故遺戒郡國，罷鹽、鐵之禁，縱民煮鑄，入稅縣官，如故事。其申敕刺史二千石，奉順聖旨，勉弘德化，布告天下，使明知朕意。』」

卷四十三朱暉傳：「是時，（案資治通鑑卷四十六以此事列入章帝元和元年十一月。）穀貴，縣官經用不足，（注云：「經，常也。」）朝廷憂之。尚書張林上言：『穀所以貴，由錢賤故也，可盡封錢，一取布帛爲租，以通天下之用。又鹽，食之急者，雖貴，人不得不須，官可自鬻。又宜因交阯、益州上計吏，往來市珍寶，收采其利，武帝時所謂均輸者也。』於是詔諸尚書通議。暉奏據林言，不可施行，事遂寢。後陳事者復重述林前議，以爲於國誠便。帝然之，有詔施行。暉復獨奏曰：『王制：天子不言有無，諸侯不言多少，食祿之家，不與百姓爭利。今均輸之法，與賈販無異，鹽利歸官，則下人窮怨，布帛爲租，則吏多姦盜，誠非明主所當宜行。』帝卒以林等言爲然，得暉重議，因發怒，切責諸尚書。暉等皆自繫獄，三日，詔敕出之，曰：『國家樂聞駁議，黄髮無愆，詔書過耳，何故自繫？』暉因稱病篤，不肯復署議。尚書令以下惶怖謂暉曰：『今臨得譴讓，奈何稱病，其禍不細。』暉曰：『行年八十，蒙恩得在機密，當以死報，若心知不可，而順旨雷同，負臣子之義，今耳目無所聞見，伏待死命。』遂閉口不復言。諸尚書不知所爲，乃共劾奏暉，帝意解，寢其事。（沈欽韓後漢書疏證曰：「和帝紀：『以肅宗遺詔罷鹽鐵之禁，從民鑄煮。』則當其時事未嘗寢也。」）」

卷五十下蔡邕傳："「王允曰：『昔武帝不殺司馬遷，使作謗書，流於後世。』」李賢注："「凡史官記事，善惡必書，謂遷所著史記，但是漢家不善之事，皆爲謗也，非獨指武帝之身，即高帝善家令之言，武帝筭緡、榷酤之類，是也。」

桓寬 鹽鐵議

漢武帝征伐四夷，國用空竭，興利之官，自此始也。桑弘羊爲大農中丞，稍稍置均輸以通貨物矣。元封元年，弘羊爲治粟都尉，大領農，盡管天下鹽，鐵，以諸官各自市，相與争物，以故騰躍，而天下賦輸，或不償其僦費，乃請置大農部丞數十人，分部主郡國，各往往置均輸鹽鐵官，令遠方各以其物，如異時商賈所轉販者爲賦而相灌輸，置平準于京師，都受天下委輸，召工官理軍器，皆仰給大農，大農諸官，盡籠天下貨物，貴則賣之，賤則買之，如此富商大賈無所牟大利，即反本而萬物無所騰踊，故抑天下之物，名曰平準。天子以爲然而許之。時南越初置郡，數反，發南方吏卒往誅之，間歲，萬餘人；帝數行幸，所過賞賜，用帛萬餘疋，錢金以萬計，皆取足大農，諸均輸一歲之中，帛得五百萬疋，人不益賦，而天下用饒。孝昭即位，令郡國舉賢良、文學之士，問以民所疾苦，教化之要。皆對曰："「願罷民鹽、鐵、酒榷、均輸官，無與天下争利，示以節儉，然後教化可興。」御史大夫桑弘羊難以爲：「此國家大業，所以制四夷安邊足用之本。往者，豪强之家，得管山海之利，采石鼓鑄煮鹽，一家聚衆，或至千餘人，大抵盡流放之人，遠去鄉里，棄墳墓，依倚大家，相聚深山窮澤之中，成姦僞之業。家人有寶器，尚匣而藏之，況人主之山海乎？夫權利之處，必在深山窮澤之中，非豪民不能通其利。異時，鹽鐵未籠，布衣有朐邴，人君有吴王，專山澤之饒，薄賦贍窮，以成私威，私威積而逆節之心作，今縱民于權利，罷鹽鐵以資强暴，遂其貪心，衆邪羣聚，私門成黨，則彊禦日以不制，而兼并之徒奸形成矣。」文學曰：「古者，制地足以養民，民足以承其上；今狗馬之養，蟲獸之食，無用之官，不急之作，無功而衣食縣官者衆，是以上不足而下困乏也。今不減其本，而與百姓争薦草，與商賈争市利，非所以明主德而相國家也。夫男耕女績，天下之大業也。古者，分地而處之，是以民無不食之地，國無乏作之民。今縣官多張苑囿公田池澤，公家有鄣假之名，而歸權家，三輔迫近山河，地狹人衆，四方並臻，粟米不能相贍，公田轉假，桑榆菜果不殖，地力不盡，愚以爲非。先帝所開苑囿池籞，可賦歸之于民，縣官租税而已。夫如是，匹夫之力，盡于南畝，匹婦之力，盡于麻枲，田野闢，麻枲治，則上下俱衍，何困乏之有？」大夫默然，視丞相、御史，御史曰：「昔商君理秦也，設百倍之利，收山澤之税，國富人强，蓄積有餘，是征伐敵國，攘地斥境，不賦百姓，軍師以贍，故利用不竭而人不知，地盡西河而人不苦。今鹽鐵之利，所以佐百姓之急，奉軍旅之費，務于積蓄以備乏絶，所給甚衆，有益於用，無害於利。」文學曰：「昔文帝之時，無鹽鐵之利而人富，今有之而百姓困乏，未見利之所利，而見其所害。且利非從天來，不由地出，所出於人間，而爲之百倍，此計之失者也。夫李梅實多者，來年爲之衰，新穀熟，舊穀爲之虧，天地不能滿盈，而況于人乎？必利於彼者，必耗於此，猶陰陽之不並，晝夜之代長短也。商鞅峭法長利，秦人不聊生，相與哭，其後秦日以危，利蓄而怨積，地廣而禍構，惡在利用不竭乎？」於是丞相奏曰：「賢良、文學不明縣官，猥以鹽、鐵爲不便，宜罷郡國榷酤酒、關内鐵。」詔曰可。於是利復流下，庶人休息。（張廷鷺編廣古今議論參卷二十二）

案：「天地不能滿盈」，「滿盈」當作「兩盈」。

崔旦　海運編

卷上泉源考：「張魯河源出高密縣鐵橛山，接五龍等河，連絡諸城縣衆山之水，以小歸大，以大納小，悉歸都泊。都泊者，衆水所聚之處，昔桑弘羊牧豕於海上，兹其地也。週迴百十餘里，中隱二十三泉……。」

案：桑弘羊牧豕海上之説，不見他書，此蓋由公孫弘之事傳訛。

附録三　論人

司馬遷　史記

平準書：「及王恢設謀馬邑，匈奴絶和親，侵擾北邊，兵連而不解；天下苦其勞，而干戈日滋；行者齎，居者送，中外騷擾而相奉，百姓抗弊以巧法，財賂衰耗而不贍，入物者補官，出貨者除罪；選舉陵遲，廉耻相冒，武力進用，法嚴令具；興利之臣，自此始也。」集解：「韋昭曰：『桑弘羊、孔僅之屬。』」

揚雄　法言

寡見篇：「或曰：『弘羊榷利而國用足，盍榷諸？』曰：『譬諸父子，爲其父而榷其子，縱利，如子何？卜式之云，不亦匡乎！』」

班固　漢書

昭帝紀贊：「昔周成以孺子繼統，而有管、蔡四國流言之變；孝昭幼年即位，亦有燕、蓋、上官逆亂之謀。成王不疑周公，孝昭委任霍光，各因其時以成名，大矣哉！承孝武奢侈餘弊師旅之後，海内虚耗，户口減半；光知時務之要，輕繇薄賦，與民休息，至始元、元鳳之間，匈奴和親，百姓充實，舉賢良、文學，問民所疾苦，議鹽、鐵而罷榷酤，尊號曰昭，不亦宜乎！」

食貨志下：「及王恢謀馬邑，匈奴絶和親，侵擾北邊，兵連而不解；天下共其勞，干戈日滋；行者齎，居者送，中外騷擾相奉，百姓抏敝以巧法，財賂衰耗而不澹，入物者補官，出貨者除罪，選舉陵夷，廉恥相冒，武力進用，法嚴令具；興利之臣，自此而始。」師古曰：「謂桑弘羊、東郭咸陽、孔僅之屬也。」

食貨志贊：「易稱：『裒多益寡，稱物平施。』書云：『楙遷有無。』周有泉府之官。而孟子亦非『狗彘食人之食不知斂，野有餓莩而弗知發』。故管氏之輕重，李悝之平糴，弘羊均輸，壽昌常平，亦有從徠。古爲之有數，吏良而令行，故民賴其利，萬國作乂；及至孝武時，國用饒給，而民不益賦，其次也；至於王莽，制度失中，姦軌弄權，官民俱竭，亡次矣。」

公孫弘卜式兒寬傳贊：「公孫弘、卜式、兒寬，皆以鴻漸之翼，困於燕爵，遠迹羊豕之間，非遇其時，焉能致此位乎！是時，漢興六十餘載，海内艾安，府庫充實，而四夷未賓，制度多闕，上方欲用文武，求之如弗及，始以蒲輪迎枚生，見主父而歎息，羣士慕嚮，異人並出，卜式拔於芻牧，弘羊擢於賈豎，衛青奮於奴僕，日磾出於降虜，斯亦曩時版築飯牛之朋已。漢之得人，於兹爲盛：儒雅則公孫弘、董仲舒、兒寬，篤行則石建、石奮，質直則汲黯、卜式，推賢則韓安國、鄭當時，定令則趙禹、張湯，文章則司馬遷、相如，滑稽則東方朔、枚皋，應對則嚴助、朱買臣，曆數則唐都、洛下閎，協律則李延年，運籌則桑弘羊，奉使則張騫、蘇武，將率則衛青、霍去病，受遺則霍光、金日磾，其餘不可勝紀。是以興造功業，制度遺文，後世莫及。」

張湯傳：「張臨亦謙儉，每登閣殿，常歎曰：『桑、霍爲我戒，豈不厚哉！』」師古曰：「桑，桑弘羊也，霍，霍禹也，言以驕奢致禍也。」

案：漢書魏相傳：「爲茂陵令，頃之，御史大夫桑弘羊客詐稱御史，止傳，丞不以時謁客，怒縛丞。相疑其有姦，收捕案致其罪，論棄客市。茂陵大治。」弘羊驕奢，他無所見，其客詐稱，亦可從側面考見其致禍之由。

賈捐之傳：「至孝武皇帝元狩六年，太倉之粟，紅腐而不可食，都内之錢，貫朽而不可校，迺探平城之事，録冒頓以來數爲邊害，籍兵厲馬，因富民以攘服之，西連諸國，至於安息，東過碣石，以玄菟、樂浪爲郡，北郤匈奴萬里，更起營塞，制南海以爲八郡；則天下斷獄數萬，民賦數百，造鹽、鐵、酒榷之利，以佐用度猶不能足。當此之時，寇賊並起，軍旅數發，父戰死於前，子鬭傷於後，女子乘亭鄣，孤兒號於道，老母寡婦飲泣巷哭，遥設虚祭，想魂乎萬里之外。淮南王盜寫虎符，陰聘名士；關東公孫勇等詐爲使者；是皆廓地泰大、征伐不休之故也。」

公孫田劉王楊蔡陳鄭傳贊：「所謂鹽、鐵議者，起始元中，徵文學、賢良，問以治亂。皆對：『願罷郡國鹽、鐵、酒榷、均輸，務本抑末，毋與天下争利，然後教化可興。』御史大夫弘羊以爲：『此乃所以安邊竟、制四夷，國家大業，不可廢也。』當時相詰難，頗有其議文。至宣帝時，汝南桓寬次公治公羊春秋，舉爲郎，至廬江太守丞，博通，善屬文，推衍鹽、鐵之議，增廣條目，極其論難，著數萬言；亦欲以究治亂，成一家之法焉。其辭曰：『觀公卿、賢良、文學之議，異乎吾所聞。聞汝南朱生言：當此之時，英俊並進，賢良茂陵唐生、文學魯國萬生之徒，六十有餘人，咸聚闕庭，舒六藝之風，陳治平之原，知者贊其慮，仁者明其施，勇者見其斷，辯者騁其辭。齗齗焉，行行焉，雖未詳備，斯可略觀矣。中山劉子推言王道，撟當世，反之正，彬彬然弘博君子也。九江祝生奮史魚之節，發憤懣，譏公卿，介然直而不撓，可謂不畏强圉矣。桑大夫據當世，合時變，上權利之略，雖非王法，鉅儒宿學，不能自解，博物通達之士也。然攝公卿之柄，不師古始，放於利末，處非其位，行非其道，果殞其性，以及厥宗。車丞相履伊、吕之列，當軸處中，括囊不言，容身而去，彼哉！彼哉！若夫丞相、御史兩府之士，不能正議，以輔宰相，成同類，長同行，阿意苟合，以説其上，斗筲之徒，何足選也！』」

貢禹傳：「禹又言：『武帝始臨天下，尊賢用士，闢地廣境數千里，自見功大威行，遂從耆欲，用度不足，迺行壹切之變，使犯法者贖罪，入穀者補吏，是以天下奢侈，官亂民貧，盜賊並起，亡命者衆。郡國恐伏其誅，則擇便巧史書、習於計簿、能欺上府者，以爲右職；姦軌不勝，則取勇猛、能操切百姓者、以苛暴威服下者，使居大位。故亡義而有財者顯於世，欺謾而善書者尊於朝，誖逆而勇猛者貴於官。故俗皆曰：何以孝弟爲，多財而光榮；何以禮義爲，史書而仕宦；何以謹慎爲，勇猛而臨官。故黥劓而髡鉗者，猶復攘臂爲政於世，行雖犬彘，家富埶足，目指氣使，是爲賢耳。故謂居官而置富者爲雄桀，處姦而得利者爲壯士，兄勸其弟，父勉其子，俗之壞敗，迺至於是！察其所以然者，皆以犯法得贖罪，求士不得真賢，相守崇財利，誅不行之所致也。』」

叙傳答賓戲：「研、桑心計於無垠。」孟康曰：「研，古之善計也。桑，桑弘羊也。」

師古：「研，計研也，一號計倪，亦曰計然。」

崔篆 易林

卷十二升之大壯：「開市作喜，建造利事，平準貨實，海内殷富。」

蔡邕 隸勢

研、桑所不能計。

蔡邕 釋誨

弘羊據相於運籌。（見後漢書蔡邕傳，李賢注云：「桑弘羊，洛陽賈人也，以能心計，爲侍中。」）

范曄 後漢書

鮮卑傳：「議郎蔡邕議曰：『武帝情存遠略，志闢四方，南誅百越，北討强胡，西伐大宛，東并朝鮮，因文、景之蓄（羣書治要「蓄」作「蓄積」），藉天下之饒（治要「饒」作

「餘饒」），數十年間，官民俱匱；乃興鹽、鐵、酒榷之利，設告緡重税之令。民不堪命，起爲盗賊，關東紛擾，道路不通。繡衣直指之使，奮鈇鉞而並出。既而覺悟，乃息兵罷役，封丞相爲富民侯（「民」原作「人」，避唐諱，今據治要引改）。故主父偃曰：夫務戰勝，窮武事，未有不悔者也。』」

文苑傳：「孔融上疏薦禰衡：『弘羊潛計。』」

案：「潛計」亦謂「心計」耳。

曹操　與王脩書

近桑弘羊位至三公。（三國志魏書王脩傳注引魏略）

曹丕　終制

禍由乎厚葬、封樹，桑、霍爲我戒，不亦明乎？（三國志魏書文帝紀）

陳壽　三國志

魏書程昱傳附曉傳：「程曉上疏曰：『昔桑弘羊爲漢求利，卜式以爲獨烹弘羊，天乃可雨。』」

裴駰 史記集解

史記平準書：「興利之臣，自此始也。」集解：「韋昭曰：『桑弘羊、孔僅之屬。』」

史記貨殖傳：「乃用范蠡、計然。」集解：「徐廣曰：『計然者，范蠡之師也，名研，故諺曰：「研、桑心算。」』」

賈思勰 齊民要術

自序：「益國利民，不朽之術。」

案：指均輸法。

王方慶輯 魏鄭公諫録

卷三：「漢武帝承五代之資，天下無事，倉庫充實，士馬强盛，遂思騁其欲以事四夷，聞蒟醬而開卭、僰，貪良馬而通大宛，北逐匈奴，南征百越；老弱疲轉輸，丁壯死軍旅，海内騷然，户口減半，至於國用不足，府庫空虚；乃榷酤鹽、鐵，徵税關市，課算舟車，告緡賣爵，侵凌百姓，萬端俱起，外内窮困，無以給邊費，議以營田代卒，冀以助軍。迄於暮年，方始覺悟，下哀痛之詔，封丞相爲富民侯，僅以壽終，幾致大亂。」

李昉等編纂　文苑英華

卷六二四劉彤請檢校海内鹽鐵表：「臣聞漢孝武爲政，殫費之甚，實百當今，然而財費多而貨有餘，今用少而財不足者，何與？豈非古取山澤，而今取貧人哉！取山澤則出利厚而人歸於農，取貧人則公利薄而人去其業；故先王之作法也，山海有官，輕重有術，禁廢有則：一則專農，二則饒國。夫煮海爲鹽，豐餘之輩也；若收山海厚利，奪豐餘之人，厚斂厚徭，免窮苦之子，所謂損有餘而益不足。帝王之道，可不謂然乎！」

案：文又見全唐文卷三〇一，題作論鹽鐵表；鹽政志六題作檢校鹽鐵議。

劉昫　舊唐書

劉晏傳載晏致元載書：「賈誼復召宣室，弘羊重興功利。」

案：又見全唐文卷三七〇。

杜佑　通典

卷十二食貨：「自燧人氏逮於三王，皆通輕重之法，以制國用，以抑兼并，致財足而食豐，人安而政洽，誠爲邦之所急，理道之所先，豈常才之士而能達也？民者瞑也，可使由之，不可使知之；審其衆寡，量其優劣，饒贍之道，自有其術。觀歷代制作之者，固非易遇其人：周之興也得太公，齊之霸也得管仲，魏之富也得李悝，秦之强也得商鞅，後周有蘇綽，隋氏有高熲。此六賢者，上以成王業，興霸圖，次以富國强兵，立事可法。其漢代桑弘羊、耿壽昌之輩，皆起自賈豎，雖本於求利，猶事有成績。自兹以降，雖無代無人，其餘經邦正俗，興利除害，懷濟世之畧，韞致理之機者，蓋不可多見矣。」

姚鉉　唐文粹

卷四張彧漢史贊桑弘羊評：「班固稱桑弘羊擢於賈豎，方以版築飯牛，且謂漢之得人，於兹爲盛。又與仲舒、石建、汲黯、日磾等二十餘人並論而談。殆不然矣。夫君人者，務於得賢，故不隔卑鄙，將慮賢者之處賤，不謂賤者之必賢；古者，乃欲以伊尹負鼎，取類於奄人，太公坐釣，求備於漁叟，不亦遠哉！且上之所欲，人必有成之者；故曹伯好田，則公孫彊出，陳侯好色，則儀行父至，殷辛淫酗，則惡來革進，周厲貪虐，則榮夷公起，漢武殘剥四海，則桑弘羊擢，其所由來者久矣。書曰：『遜于汝志，必求諸非道。』抑爲此也。季孫用田賦，孔子書而過之，以其踰周公之制也。而況攘臂抵掌，乃爲天下聚歛之人乎？義也者，君子所死生，而小人之所不及；利也者，小人之所赴蹈，而君子之所不忍爲。漢武必欲行先王之道，守高祖之法，則焉用弘羊？欲奪萬姓之利，閉生人之資，則天下市籍小人皆能之矣，亦何獨弘羊乎？善爲盜者，藝愈精而罪愈重，盜愈利而主愈害。弘羊善心計，斡鹽、鐵，析秋毫，令吏坐販，不顧王者之體，府庫盈而王澤竭，一身幸而四海窮，於弘羊之計則得矣，漢亦何負於弘羊哉？卜式潔身自守，不及時政，知弘羊罪，欲烹以致雨。孟堅躬修國史，垂法來代，奈何以錐刀異類，齒得人之論？一言不智，其若是乎！」

案：此文又見明鄭賢編古今人物論卷十、全唐文卷五一六。集韻：「奞，大也。」

柳宗元　柳河東集

招海賈文：「弘羊心計登謀謨。」

白居易 白氏長慶集

新樂府鹽商婦：「鹽商婦，有幸嫁鹽商。終朝美飯食，終歲好衣裳。好衣美食有來處，亦須慚愧桑弘羊。桑弘羊，死已久，不獨漢時今亦有。」

案：慚愧，猶言感謝。

卷六十六判得州府貢士，或市井之子孫，爲省司所詰。申稱：羣萃之秀出者，不合限以常科。惟賢是求，何賤之有？況士之秀者，而人其捨諸？惟彼郡貢，或稱市籍，非我族類，則嫌雜以蕭艾；舉爾所知，安得棄其翹楚。誠其惡於稗敗，諒難捨其茂異。揀金於砂礫，豈爲類賤而不收；度木於澗松，寧以地卑而見棄？但恐所舉失德，不可以賤廢人。況乎識度冠時，出自牛醫之後；心計成務，擢於賈豎之中。在往事而可徵，何常科而是限？州申有據，省詰非宜。

李德裕 李文饒文集外集

卷一漢昭論：「使昭帝得伊、呂之佐，則成、康不足侔矣。惜哉！霍光不學無術，未稱其德，然輕徭薄賦，與人休息，匈奴和親，百姓充實，議鹽、鐵而罷榷酤，忠臣之效也。纔弱冠而殂，功德未盡，良可痛矣。」

卷三食貨論：「人君不以聚貨制用之臣，處將相弼諧之任，則奸邪無所容矣。左右貴倖知所愛之人，非宰相之器，以此職爲發身之捷徑，取位之要津，皆由此汲引，以塞訕謗；領此職者，竊天下之財以爲之賂，聚貨者所以得升矣。操其奇贏，乘上之急，售於有司，以取倍利，制用者所以得進矣。三司皆有官屬分部以主郡國，貴倖得其寶賂，多託賈人污吏處之，頗類牧羊而畜豺，養魚而縱獺，其不侵不暴，焉可得也。故盜用貨泉者多張空簿，國用日蹙，生人日困。楊雄上書言『漢武運帑藏之財，填盧山之壑』，今貨入權門，甚於是矣。壽昌習分銖之事，弘羊析秋毫之數，小人以爲能，君子所不忍爲也。卜式言『天久不雨，獨烹弘羊，天乃雨』，焉有仲尼之鳴鼓將攻？卜式之欲烹致雨，而反居相位，可不爲之甚慟哉。」

案：此文又見文苑英華七四七、全唐文七一〇。四部叢刊所景印明刊本，脱誤頗多，不可據。

皮日休　鹿門隱書

自漢至今，民産半入乎公者，其唯桑弘羊、孔僅乎！衛青、霍去病乎！設遇聖天子，吾知乎桑、孔不過乎賈豎，衛、霍不過乎士伍。

王定保 唐摭言

卷一散序進士：「進士科始於隋大業中，盛於貞觀、永徽之際；縉紳雖位極人臣，不由進士者，終不爲美，以至歲貢常不減八九百人。其推重謂之『白衣公卿』，又曰『一品白衫』；其艱難謂之『三十老明經，五十少進士』；其負倜儻之才，變通之術，蘇、張之辨説，荆、聶之膽氣，仲由之武勇，子房之籌畫，弘羊之書計，方朔之詼諧，咸以是而晦之，修身慎行，雖處子之不若；其有老死於文場者，亦無所恨。故有詩云：『太宗皇帝真長策，賺得英雄盡白頭！』」

夏竦 文莊集

卷十七賀屯田啟：「擯桑、孔之術，不議貨財；斥申、韓之談，專講仁義。」

司馬光 司馬文正公集

卷十論財利疏：「今朝廷用人則不然，顧其出身資叙何如耳，不復問其材之所堪也。故在兩禁則欲其爲嚴助、司馬相如，任將帥則欲其爲衛青、霍去病，典州郡則欲其爲龔遂、黄霸，尹京邑則欲其爲張敞、趙廣漢，司財利則欲其爲孔僅、桑弘羊，世豈有如此之人哉？故財用之所以匱乏者，由朝廷不擇專錢穀之人爲之故也。」

卷二六邇英奏對：「介甫曰：『此非善理財者也；善理財者，民不加賦而國用饒。』光曰：『此乃桑弘羊欺武帝之言，司馬遷書之以譏武帝之不明耳。天地所生貨財百物，止有此數，不在民間，則在公家；桑弘羊能致國用之饒，不取於民，將焉取之？果如所言，武帝末年安得羣盜蠭起，遣繡衣使者逐捕之乎？非民疲極而爲盜耶？此言豈可據以爲實。』」

卷三四請革弊劄子：「聚歛之臣，摭拾財利，剖析秋毫，以供軍費，專務市恩，不惜殘民，各陳遺利，自謂研、桑復出。」

司馬光　傳家集

卷四六進修心治國之要劄子狀：「武帝作鹽、鐵、榷酤、均輸等法，天下困弊，盜賊羣起。昭帝用賢良、文學之議而罷之，後世稱明。」

范祖禹　唐鑑

卷十：「玄宗天寶十一載，户部侍郎王鉷聚斂刻剥云云。」范祖禹曰：「昔榮夷公好專利，厲王悦之。召穆公知王室之將卑，以爲王人者，將導利而布之上下者也，而或專之，其害多矣。夫利百物之生，而天下之所以養人也，專之必壅，壅則所害者多。故凡有利必有害，利於己必害於人。君子不盡利以遺民，所以均天地之施。聖王寧損己以益人，不損人而益己。記曰：『與其有聚斂之臣，寧有盜臣。』是以興利之臣，鮮不禍敗，自桑弘羊以來，未有令終者也。」

李覯　盱江全集

卷七國用第九：「漢桑都尉領大農，以諸官各自市相争，物以故騰躍，而天下賦輸或不償其僦費，迺請置大農部丞數十人，分部主郡國，令遠方各以其物如異時商賈所轉販者爲賦，置平準於京師，都受天下委輸，大農諸官盡籠天下之貨物，如此，富商大賈亡所牟大利，則反本而萬物不得騰躍，故抑天下之物，名曰平準。桑雖聚斂之臣，然此一役，豈無法耶？孝武時國用饒給而民不益賦，誠有以也。」

卷九芻蕘論官人論：「在漢武、宣之朝，亦稱多士之美，内則有儒雅、質直、運籌、定令、文章、應對之臣，外則有將帥、奉使、宣風、理民之良，咸稱諸用，各濟其志，以故西漢號爲理古。」

卷十四芻蕘論食貨論：「及武帝，外事四夷，内興工作，七十年之積，未幾而竭盡，征伐交起，天下共其勞，行者齎，居者送，中外騷擾，百姓抏弊以巧法，財賂衰耗而不贍，入物者補官，出貨者除罪，而言利立功之臣，析毫分銖之士，紛然而進矣。於是平糴，立均輸，起漕運，興鹽、鐵，置爵級，制榷酤，算舟車，占積貯，又下告緡之令，更造皮璧之幣，天下蕭然無聊矣。以一人侈心之故，爲生民萬世之患。是故聖人尊仁貴義，稱歎儉德，以利爲賊，其意遠哉！」

卷十四芻蕘論倉廩：「周衰，經界失叙，生業不平，則有權謀之臣、通變之士，調盈虚之數，修輕重之術，以制國用，均民財，若夷吾之準平，李悝之平糴，漢桑弘羊之均輸，耿壽昌之常平，下至齊氏義租，隋人社倉之制，是皆便物利民，濟時合道，安人之仁政，爲國之善經也。」

卷三三淮南轉運使奬諭勑書記：「何以保大曰兵，何以聚兵曰財，故國之大政，無先徵賦。漢氏三分天下之入，以其一供邊。孝武事四夷，調用不足，興雜算，設諸筦，籠山澤之利，而民始病。」

歐陽修　歐陽文忠公全集

外集卷二五南省試策五道（并問目）：「問：……黄憲之牛醫，胡廣之田畝，桑羊之賈豎，叔敖之負薪，肯構百端，安可責其承世？」「對：……策以謂古之四民，罔敢雜處之義，而今取士，故有異類之防，端木、膠鬲、倪寬、王猛之徒，謂不可限以定居，黄憲、胡廣、桑羊、叔敖之賢，謂不可責其世職，以古之鑑，求今之宜，此誠當世之所急也。……桑羊之心計，叔敖之善相，如此數賢者，皆遭遇其時，以立勳業，故不限以定居，責其世職，烏得同條而語哉？」

釋契嵩　鐔津文集

卷七品論：「王充之言立異也，桓寬之言趨公也。」

又風俗：「漢人用鹽、鐵代農，而其俗趨利，至有民與利肆之吏（「利」有作「市」）

以直相給，仁義詘而貨利興，禮讓廉節之風亡矣，故漢俗日以敝。」

劉敞　公是集

卷三二上仁宗論城古滑州有四不可：「武帝黜丞相、御史之請，而止不田車師、輪臺，則天下復平；元帝用賈捐之策，而罷珠崖，則中國復安。」

宋神宗趙頊論均輸與桑弘羊

文獻通考二〇市糴考市：「元豐二年，帝因論薛向建京師買鹽鈔法無成事，語侍臣曰：『新進之人，輕議更法，其後見法不可行，猶遂非憚改。均輸之法，如齊之管仲，漢之桑弘羊，唐之劉晏，其智僅能推行，況其下者乎？朝廷措置，始終所當重惜，雖少年所不快意，然於國計甚便，姑静以待之。』」

王令　廣陵先生文集補遺

策問税法：「問：漢武外事四方，餽餉賜予，内興宫室池臺苑囿，一切過古，封禪巡遊，招延方士，禱祀非鬼，求致神仙，其費過甚，以致於不可勝算；逮其末年，財用大屈，於是用桑羊之計，始榷酒以禁天下。」

王安石　王文公文集

卷三一議茶法：「昔桑弘羊興榷酤之議，當時以爲財用待此而給，萬世不可易者，然至霍光不學無術之人，遂能屈其論而罷其法，蓋義之勝利久矣。」

宋會要輯稿

食貨四之二〇下：「二月一日判大名府韓琦言：『準轉運及提舉常平廣惠倉司牒給青苗錢……乞盡罷諸路提舉官，只要提點刑獄官依常平舊法施行。』奏至，王安石白上曰：『陛下修常平法，所以助民；至於收利，亦周公遺法也。且如桑弘羊籠天下貨財，以奉人主私欲，遊幸郡國，賞賜至數百萬，皆出均輸，此乃所謂興利之臣也。今陛下廣常平儲蓄，抑兼并，振貧弱，置官爲天下理財，非以佐私欲，則安可謂之興利之臣乎？』上曰：『善。』」

卷三三推進論：「班書引漢，美曰推進如鄭當時者。蓋以當時善推轂士，故援舉而宣贊之爾。然觀其挈置大位，能炳炳見於末世者，特桑羊、孔僅輩也。當時居漢，頗善駕名；孟堅又文雄者，颺之載籍；以是風流華問，彌久益著。而事有可爲世惑，故辨白之。……記曰：『達則觀其所舉。』董仲舒曰：『以觀大臣之能。』推進之道，豈輕議哉？而當時究一切之利，提挽憸巧，雖薦寵有加，而德業無狀。漢初帝有天下，百姓新離戰國之患，閭巷雕落，積庾單盡，文、景紹業，深悉捄弊，飭尚謹儉，罷斥珍巧，勞來休息，民緣壟畝，家給户足，帑峙豐露，可謂盛矣。世宗賦英敏之資，藉久安之勢，蔚興典禮，務臻王略；而末年甘心征戮，俛首悠謬，内則建無窮之宇，修不名之祀，外則連兵夷、狄，通道邛、筰，饋饟之類，甲兵之費以鉅萬計，府庫空虛，海内耗矣。於斯之時，爲善策者，固宜建白於上，汲援經術，講去殊類，抑止遐役；不爾爲者，孰若不言之愈也，庸可隮抗賈人，擢處卿位，俾桑羊輩詭譎機發，闚伺主意，越高帝騎乘之科，罔賤夫壟斷之利，封筦殲慘，至有羣官列肆，居貨蹛鬻，而編户之民，始與國分爲二途矣。使後之人爲國謀者，必曰强我者又從而功賞楙之，然則民之弱國，惡在其强也。孟子曰『今之所謂良臣，古之所謂民賊』者，其桑羊輩乎！曰：非桑羊輩之辠，其所以發之者鄭當時也。當時首惡，智詐之毒，湯湯激注，而孟堅引其推進，借史筆以夸大之，其可乎！謹論。」

秦觀 淮海集

卷八財用上：「自什一之法壞，天下之財始失其平。其偏歸於公室也，則有煑鹽、冶鑄，以管山海之饒；榷酒酤，以漁井邑之利；算舟車，告緡錢，以摧抑商賈；造皮幣，省酎金，以侵牟封君；甚者，至令吏坐列肆販物，以求利焉。其偏入於私家也，則有以農田而甲一州，販脂而傾都邑，賣漿而踰侈，洒削而鼎食，貨脯而連騎，馬醫而擊鐘；甚者，至累萬金，而不佐公家之急。是以民常困於聚斂之吏，而吏常嫉夫兼并之民，所謂事勢之流相激使然，曷足怪哉！……昔管仲通輕重之權，范蠡計然否之策，蕭何漕關中之粟，財利之臣也；東郭咸陽之煑鹽，孔僅之冶鑄，桑弘羊之均輸，亦財利之臣也。士大夫言財利有如東郭咸陽、孔僅、桑弘羊所爲也則不可，有如管仲、范蠡、蕭何之所爲也，亦惡乎而不可哉！」

卷三十六司馬温公行狀：「執政以河朔災傷，國用不足，乞今歲親郊，兩府不賜金帛。送學士取旨。公言：『兩府所賜，以匹兩計止二萬，未足以救災；宜自文臣、兩府、武臣、宗室、刺史以上皆減半。』公與學士王珪、王安石不同對。公言：『救災節用宜自貴近始，可聽兩府辭賜。』安石曰：『常衮辭賜饌，時議以爲衮自知不能，當辭位不當辭禄。且國用不足，非當今之急務也。』公曰：『衮辭禄，猶賢於持禄固位者。國用不足真急務，安石言非是。』安石曰：『不足者，以未得善理財者故也。』公曰：『善理財者，不過頭會箕斂，以盡民財；民皆爲盜，非國之福。』安石曰：『不然。善理財者，不加賦而上用足。』公曰：『天下安有此理？天地所生財貨百物，止有此數，不在民則曰官；譬如雨澤，夏澇則秋旱。不加賦而上用足，不過設法陰奪民利，其害甚於加賦。此乃桑弘羊欺漢武帝之言，太史公書之，以見武帝之不明爾。至其末年，盜賊蠭起，幾至於亂。若武帝不悔禍，昭帝不變法，則漢幾亡。』争議不已。王珪進曰：『救災節用，宜自貴近始，司馬光言是也；然所費無幾，恐傷國體，王安石言亦是；唯明主裁擇。』上曰：『朕意與光同，然姑以不允答之。』會安石當制，遂引常衮事責兩府，兩府亦不復

辭。」（據宋文鑑）

後集卷十一志林：「商鞅用於秦，變法定令，行之十年，秦民大悦，道不拾遺，山無盜賊，家給人足，民勇於公戰，怯於私鬬，秦人富强，天子致胙於孝公，諸侯畢賀。蘇子曰：此皆戰國之游士邪説詭論，而司馬遷闇於大道，取之以爲史。吾嘗以爲遷有大罪二，其先黄、老，後六經，退處士，進姦雄，蓋其小小者耳。所謂大罪二，則論商鞅、桑弘羊之功也。自漢以來，學者恥言商鞅、桑弘羊，而世主獨甘心焉，皆陽諱其名，而陰用其實，甚者則名實皆宗之，庶幾其成功，此則司馬遷之罪也。秦固天下之强國，而孝公亦有志之君也，修其政刑十年，不爲聲色畋游之所敗，雖微商鞅，有不富强乎？秦之所以富强者，孝公務本立穡之效，非鞅流血刻骨之功也。而秦之所以見疾於民，如豺虎毒藥，一夫作難，而子孫無遺種，則鞅實使之。至於桑弘羊，斗筲之才，穿窬之智，無足言者；而遷稱之曰：『不加賦而上用足。』善乎司馬光之言也，曰：『天下安有此理？天地所生財貨百物，止有此數，不在民則在官；譬如雨澤，夏澇則秋旱。不加賦而上用足，不過設法陰奪民利，其害甚於加賦也。』二子之名在天下者，如蛆蠅糞穢也，言之則汙口舌，書之則汙簡牘，二子之術用於世者，滅國殘民、覆族亡軀者相踵也；而世主獨甘心焉，何哉？樂其言之便己也。夫堯、舜、禹，世主之父師也；諫臣拂士，世主之藥石也；恭敬慈儉，勤勞憂畏，世主之繩約也。今使世主日臨父師，而親藥石，廢繩約，非其樂也。故爲商鞅、桑弘羊之術者，必先鄙堯笑舜而陋禹也。曰：所謂賢主，專以天下適己而已，此世主之所以人人甘心而不悟也。世有食鐘乳、烏喙而縱酒色以求長生者，蓋始於何晏；晏少而富貴，故服寒食散以濟其欲，無足怪者，彼其所爲，足以殺身滅族者日相繼也，得死於寒食散，豈不幸哉！而吾獨何爲效之？世之服寒食散，疽背嘔血者相踵也；用商鞅、桑弘羊之術，破國亡宗者皆是也；然而終不悟者，樂其言之便，而忘其禍之慘烈也。」

續集卷十一上神宗皇帝書：「昔漢武之世，財力匱竭，而賈人桑弘羊之説，買賤賣貴，謂之均輸。於時，商賈不行，盜賊滋熾，幾至於亂。孝昭既立，學者争排其説；霍光順民所欲，從而予之，天下歸心，遂以無事。」

宋史

卷三百三十八蘇軾傳上神宗皇帝書：「昔漢武帝以財力匱竭，用賈人桑羊之説，買賤賣貴，謂之均輸。於時，商賈不行，盜賊滋熾，幾至於亂。孝昭既立，霍光順民所欲而予之，天下歸心，遂以無事。不意今日此論復興。」

案：桑羊原如此作，黄庭堅亦云：「未須算賦似桑羊。」

蘇轍　欒城集

卷三十五制置三司條例司論事狀：「轍又聞發運之職，今時改爲均輸，常平之法，今將變爲青苗。愚鄙之人，亦所未達。昔漢武外事四夷，内興宫室，財用匱竭，力不能支，用賈人桑弘羊之説，買賤賣貴，謂之均輸。雖曰民不加賦而國用饒足，然而法術不正，吏緣爲姦，掊克日深，民受其病。孝昭既立，學者争排其説；霍光順民所欲，從而予之，天下歸心，遂以無事。不意今世此論復興，衆口紛然，皆謂其患必甚於漢；何者？方今聚歛之臣，才智方略，未見桑弘羊之比，而朝廷破壞規矩，解縱繩墨，使得馳騁自由，惟利是嗜，以轍觀之，其害必有不可勝言者矣。」

黄庭堅　山谷外集卷四

和謝公定河朔謾成八首：「直令南粤還歸帝，誰謂匈奴不敢王。願見推財多卜式，未須筭賦似桑羊。」

畢沅　續資治通鑑

卷六十七：「宋神宗熙寧二年八月，侍御史劉琦、監察御史裏行錢顗等言：『薛向小人，假以貨泉，任其變易，縱有所入，不免奪商賈之利。』條例司檢詳文字蘇轍言：『昔漢武外事四夷，内興宫室，財用匱竭，力不能支，用賈人桑弘羊之説，買賤賣貴，謂之均輸；雖曰民不加賦而國用饒足，然法術不正，吏緣爲姦，掊克日深，民受其病。今此論復興，衆口紛然，皆謂其患必甚於漢，何者？方今聚斂之臣，才智方略，未見有桑弘羊比；而朝廷破壞規矩，解縱繩墨，使得馳騁自由，唯利是嗜，其害必有不可勝言者矣。』」

范純仁　范忠宣公集

奏議卷上奏乞罷均輸：「臣伏覩近降勑命，委江淮發運司行均輸之法。此蓋制置條例之臣，不務遠圖，欲希近效，略取周禮賖斂之制，理市之法，而謂可以平均百物，抑奪兼并，以求陛下之信；其實用桑羊商賈之術，將籠諸路雜貨，買賤賣貴，漁奪商人毫末之利，以開人主侈大之心，甚非堯、舜、三代務本養民之意也。」

華鎮　雲溪居士集

卷二十七策問問鹽鐵：「問：鹽、鐵之材，民並用之，其來久矣。自管氏銖量寸計而齊用富强，後之言利者，必以爲稱首。由西漢以來，或弛或禁，不常其法，而經制之方，未盡善美，弛之則利歸豪右，威去公朝，而下有朐邴、吴濞之强，権之則民失其利，器多苦窳，而下有卜式、仲舒之議。然則山海之藏，必有所禁，而弘羊之術，未易推行。今國家制鹽之法，既致其詳，天下奉行，爲效已久，而冶鐵之利，尚在所略。議者謂其材可以上佐大農之調度，下通百姓之器用，宜有制作，以究其利，此治古之所當行，而當世之所宜講者也。……」

謝邁　謝幼槃文集

卷九書鄭當時傳後：「司馬遷稱：『鄭當時每朝候上閒，未嘗不言天下長者，其推轂士及官屬丞史，誠有味其言之也。當此時諸公翕然稱鄭莊。』而後世言推賢好善者，亦必曰鄭莊云。然觀武帝時，莊所進言見任用者，東郭咸陽、孔僅其人也。武帝内興宫闕，外事邊陲，言利之臣析秋豪，而天下蕭然不聊生。咸陽、僅擢於煮鹽、大冶，其言利殆與桑弘羊等，此其爲害於天下豈少哉？謂莊好言長者，而長者固若是耶？抑所言多長者而武帝不用也？」

韋驤　韋先生集

卷十八議榷貨：「榷財之制非古也，自漢武始之矣。當其粟紅而流，貫朽莫校，則不榷可也。及其尚奢侈之用，事師旅之費，雖欲勿榷，末由也已。卜式請烹桑羊而救歲旱，言榷財也。楊雄曰：『譬諸父子，爲父而榷其子，縱利，如子何？』此皆近古之高論也。然與其重賦而酷斂，則榷猶愈乎。誠以國用不足，利無所出，捨此則無能爲也。故酒酤之饒，鹽、鐵、山澤之利，一歸公家，而百姓不得操其奇贏也。晉、魏、隋、唐以來，皆沿而爲法，蓋後世財用浸闊，不可一日無榷也。」

楊時　龜山先生集

卷六辨一：「上問：『如何得陜西錢重，可積邊穀？』對曰：『欲錢重，當修天下開闔歛散之法。』因爲言：『泉府一官，先生所以權制兼并，均濟貧弱，變通天下之財，而使利出於一孔者，以有此也。其言曰：國事之財，用取具焉。蓋經費則有常賦以待之，至於國有事，則財用取具於泉府。後世桑弘羊、劉晏粗合此意。自秦、漢以來，學者不能推明其法，以爲人主不當與百姓争利。』又因請：『内藏可出幾何，以爲均輸之本？』上曰：『二三百萬或三五百萬可出也。』

桑弘羊爲均輸之法，置大司農丞數十人，分主郡國，令遠方各以其物如異時商賈所轉販者，爲賦而相灌輸，盡籠天下之貨物，貴則賣之，賤則買之，是將擅天下商賈之利而取之也。先王以九職任萬民，阜通貨財，商賈之職也。今爲法盡籠天下之貨而居之，商賈豈不失職乎？余嘗考泉府之官，以市之徵布斂市之不售，貨之滯於民用，以其價賈之，物揭而書之，以待不時而買之。夫物貨之有無，民用之贏乏，常相因而至也。不售者有以斂之，蓋將使行者無滯貨，非以其賤故買之也。不時買者有以待之，蓋將使居者無乏用，非以其貴故賣之也。此商賈所以願藏於王之市，而有無贏乏皆濟矣。其法豈與桑弘羊同日議哉？然泉府所以斂貨者，以市之徵布而已。市之徵布，廛人所斂者是也，其斂能幾何？以市之徵布與市人交易，乃其宜耳。今乃借内藏之錢何也？夫關市之賦，以待王之饍服，此經費也。邦之大用，内府待之，小用，外府待之。大用謂大故大事也，泉府所謂國事之待用者，特内外府之所待，與夫經費之外者耳，其所用而取具，蓋亦可知矣，而謂之以是通變天下之用，皆飾説也。」

劉子翬　屏山先生文集

卷四漢書雜論下：「武帝之時，異人並出，史臣方之版築飯牛，斯言過矣。公孫弘、兒寬之儒雅，專事阿諛，皆佞人也；張湯、趙禹之定令，多務嚴急，皆酷吏也；李延年倡優善歌，乃許之協律；桑弘羊剥民聚斂，乃許之運籌；至如嚴助、張騫之徒，皆啓唱邊事，以資進取，在堯、舜、三代之時，不免乎流放竄殛者也，尚何才之足云。惟汲黯、蘇武，一時傑出，而武帝疏遠之，肆其私心，禍流四海，則以朝無人也。史臣之言過矣。」

汪應辰　文定集

卷一應詔言弭災防盜事：「臣竊攷之，古今財賦所入，名色猥衆，未有如今日之甚者。昔漢至武帝始有鹽、鐵、榷酤之法，唐至德宗始有兩税、榷茶之法，當時議者紛然以爲民害，後世既已兼而用之矣。」

卷二應詔陳言兵食事宜：「昔人以爲縣官當食租衣税；然漢文、景之盛，或賜民田租之半，或盡除之，或三十税一；武帝窮極奢侈，有鹽、鐵、酒酤之禁，昭帝即位，一切罷之。至於後世，或用或否。」

卷七廷試策：「平準、均輸，桑弘羊嘗用之矣，終能使斂不及民而上用自足，則二者之法（其一指韓重華用屯田法），誠足以寬力役而佐賦入矣。」

沈與求 龜谿集

卷十一召試館職策題：「……理財曰義，孔子之言也；雖然，理財亦多術矣。商鞅力本務農之説，與管仲等也，劉晏抑商賈而籠天下之貨，與桑弘羊等也，李巽之徒，其術又下於晏，而後世論者，予管仲而黜商鞅，予劉晏、李巽而黜桑弘羊，豈用之或異耶？」

十先生奥論注續集卷六

吕祖謙考古論漢文帝：「治天下者，不盡人之財，不盡人之力，不盡人之情；是三者，可盡也，而不可繼也。彼治天下者，不止爲一朝一夕之計，固將爲子孫萬世之計也；爲萬世之計，而於財於力於情皆使之不可繼，則今日盡之，將如來日何？今歲盡之，將如來歲何？今世盡之，將如來世何？是以聖人非不知間架之税足以盡榷天下之利，而每使之有餘財；非不知間左之戍足以盡括天下之役，而每使之有餘力；非不知鈎距之術足以盡擿天下之詐，而每使之有餘情：其去彼取此者，終不以一時之快，而易千萬世之害也。古之人有行之者，漢文是也。……文帝可爲而能不爲，以其所餘，貽厥子孫，凡四百年之漢用之不窮者，皆文帝之所留也。及至武帝，志大而心勞，功多而志廣，材智勇猛之臣，與時俱奮，桑弘羊之徒，算舟車，告緡錢，以罔天下之財，其心以文帝之所以不能取，自我始取之也。衛青之徒，絶大漠，開朔方，以竭天下之力，其心以文帝之所以不能舉，自我始舉之也。張湯之徒，窮根柢，究黨與，以盡天下之情，其心以文帝之所以不能察，自我始察之也。取文帝之所不能取，舉文帝之所不能舉，察文帝之所不能察，則弘羊、張湯、衛青之屬果勝文帝耶？蓋文帝爲天下計，而弘羊、張湯、衛青之屬爲一身之計，故不同也。惟其爲一身之計，故興利之臣，則曰窮乏者，漢之民也，非吾民也，罔漢民之財，則可以釣吾之爵位，何愛焉？至於財盡而散，則他日司會之責耳。武力之臣，則曰疲敝者，漢之民也，非吾民也，竭漢民之力，則可以釣吾之爵位，何愛焉？至於力竭而亂，則他日將帥之責耳。典獄之臣，亦曰煅煉者，漢之民也，非吾民也，探漢民之情，則可以釣吾之爵位，何愛焉？至於情盡而變，則他日執政之責耳。利在於己，害在於君，利在於近，害在於遠，此所以安爲而不顧也。嗚呼！桑弘羊、衛青、張湯之屬，方欲謀身，固不暇爲漢慮矣，而武帝獨何爲棄六世之業，以快二三臣之欲耶！君子以是益知文帝之不可及也。」

吕祖謙 歷代制度詳説

卷五鹽法：「三代之時，鹽雖入貢，與民共之，未嘗有禁法。自管仲相威公，當時始興鹽筴，以奪民利。自此後，鹽禁方開，雖漢興除山澤之禁，到武帝時，孔僅、桑弘羊祖管仲之法，鹽始禁榷。至昭帝之世，召賢良、文學論民疾苦，請罷鹽、鐵；又桑弘羊反覆論難，所以鹽榷不能廢。元帝雖暫罷之，卒以用度不足復建。自是之後，雖鹽法有寬有急，然禁榷與古今相爲終始。以此知天下利源不可開，一開不可復塞。」

卷六酒禁：「周公命康叔撫封侯衛，作酒誥一篇，其刑之重，至於盡拘執以歸於周，予其殺。此是最初禁酒，恐人沉湎浸漬，傷德敗性，不過導迪民彝、防閑私欲之意。至於周官之禁酒，禹之惡旨酒，皆是此意。及其再變，如漢文爲酒酺，景帝以歲旱禁民酤酒，……比上面古人恐民傷德敗性，已自不同，恐有用爲無用之物，耗米穀，民食不足，此是其再變。比之酒誥所謂，非惟不敢，亦不暇已無此意，然而猶有敦本抑末之心。及至三變，自桑弘羊建榷酒之利，……設心大不同，不過私家不得擅利，公家却自專其利，……如桑弘羊當時不過榷酒利以歸縣官，到後世，比之弘羊又别。自王荆公開利門，置斂散青苗法，……又是桑弘羊榷酒之上。大抵論榷酤之變，不過三節，自桑弘羊既開利孔之後，雖有賢君良相，多是因循不能變。」

陳季雅　兩漢博議

卷十論武帝以來士氣彫喪重以宣帝專任刑名：「至武帝益開多門，以來天下僥倖趨利之人，而又峻用刑法，獸蓄而禽獮之。董仲舒、汲黯、卜式，蓋先朝之遺物，而排擯棄斥，幾瀕於死。其所任用，類皆工語言，識形勢，趨利承意，以苟媚於時者也。故自其得公孫弘也，而丞相始不任事；自其得嚴助、朱買臣也，而侍中始詘大臣；自其得趙禹、張湯也，而廷尉始事苛刻矣；自其得桑弘羊也，而大司農始事朘剥矣；自其得衛青、霍去病也，而大將軍始職戰攻矣；自其得張騫、司馬相如之徒也，而奉使者始邀功生事，開人主以好事喜功矣。故凡漢家之良法美意，自武帝之得人壞之。彼其人猶犬也，呀呀而走，不顧利害，唯嗾者之從而已。汲黯有言：『天子置輔弼之臣，寧令從諛承意，陷主於不義乎！』自武帝以來，士氣彫喪，而嗜利亡恥之徒，縱横於世。重以宣帝專任刑名，魏弱翁號稱賢相，而問關許、史之間，僅成細功，他可知矣。故吾謂元、成、哀、平之委靡，而新莽得遂其姦，推所自來，則武帝、宣帝實爲之也。而班孟堅顧以爲得人之盛，詳數而悉道之，何哉？」

卷二〇論武帝立重法以奪民利：「法有出於後世而不可以遽廢者，存古人之心，而行之以不得已之意也，則時有遺漏而究切之可也。山澤之利，先王之所與民共之，而爲之均節齊量焉者也。自周之衰，虞衡之官廢，而秦人之貨殖者，遂以冶鑄富。後之爲國者，患夫民之企慕而奔走之也，則舉而歸之公上，而又因以爲利。夫先王之法，固與天下均節齊量，而吾無求利焉，故其法行。今官爲之，是導之也，而又從而禁之，則民益不服，而犯法益衆，而儒者又從而助之曰，富貴，人主之操柄也，當吾世而令不行，是無操柄也；則又從而急之。嗟乎！民之趨利，不可以人主之操柄勝也；恃操柄以勝天下，則其法愈疾，而其利愈重；其利愈重，則民有趨死從之而不顧，彼反之於其初，而求夫古人所以均利天下之意，其亦得無惻然於心者乎！夫天地之利，固與天下之民共之也；而山海池澤之入，吾固專之，則雖以權與民可也；必曰邊境之未安，國用之未節，將不得已而取焉，則夫民之鼠狗竊偷，固其常情，上之人亦時禁其已甚，而貸其不足，斯已矣，何至惡怒忿疾，草薙而禽獮之乎？武帝之法，私鑄鐵器鬻鹽者釱左趾，盜鑄金錢者死，其爲法滋重，宜人之益不犯也；而吏民歲坐死者數十萬人，廷尉峻法於內，繡衣直指之使斷斬於外，卒不勝也。方帝以楚地之盜鑄爲憂，而以淮陽屬之汲黯，以黄、老之清浄，卧而治之，蓋亦有容姦而不能盡於利者矣，而淮陽以寧。然則民之不可以法勝，亦可覩也。夫武帝固無望於能復文、景之舊也，使其能推是意而用之天下，則内之大司農、鹽鐵丞，外之郡國守相，皆得如汲黯者而任之，末年盜賊羣起之禍，寧至若是甚乎！」

朱彧　萍洲可談

卷下：「古之酒禁甚嚴，周禮有萍氏之禁、司虣之令，酒誥一篇至謂：『盡拘執以歸于周，予其殺。』蓋恐其沉湎浸漬、敗德傷情也，聖人所以曲爲斯民之防者至矣。漢法：三人無故羣飲則罰金。文帝賜民酺，以適一時之歡，景帝亦有沽酒之禁，其意雖微異於古，然亦無它，其恐耗米穀則有用耳。武帝之世，桑弘羊輩以販易賤夫不知國體所在，乃建榷酒之利，置官自賣，道民淫泆，始與古制大相背戾，而崇本抑末之意，蕩然盡矣。楊子雲曰：『譬諸父子，爲人父而榷其子，縱利，如此何？卜式之云，不亦匡乎！』」

錢時　兩漢筆記

卷五：「甚矣，利端之不可輕啓也。其端一啓，後來者守爲定法，以害民蠹國爲常事，其禍可勝言哉！桑弘羊一賈孺耳，天子作民父母，而用賈人斗筲之智以争利，竭赤子之膏血，以事荒遠，譬猶伐貞氣，助狂陽，實此曹從臾之。武帝末年，有志富民，而田千秋、趙過用，選受顧命，而得霍光、金日磾，平生謬妄，灑然一洗。桑弘羊，巨蠹也，大盜也，可去不去，而顧以御史大夫輔少主，竟使賢良、文學之議，排抑而不得伸，因觀霍光，號知時務，未幾，而罷榷酤，則賢良、文學固有以切中其心矣。向微弘羊，鹽、鐵、均輸，豈不能悉罷乎？小人之根不除，雖有讜議，空言無補，機會一失，流毒滔滔，武帝實遺其禍也。」

朱廷立　鹽政志

卷八評論黄履翁論鹽法之弊：「愚嘗因是而思之，天下不可一日無儒者之論也。何者？君子之爲國計，爲公而不爲私，小人之爲國計，言利而不顧義。自公私不兩立，義利不相合，而天下之正論廢矣。齊之鹽筴，不行於太公之時，而行於管仲圖伯之日；

漢之鹽權，願罷於賢良、文學之口，而力行於桑弘羊小人之説。此猶可也。國朝淮鹽之法，李沆以公行之而便，蔡京以私行之而病，……古今之所以爲民禍者，未有不由小人之誤國。信矣夫，天下不可一日無儒者之論也。」（原注：「見源流至論。」）

葉時　禮經會元

卷二酒政：「漢初，蕭何定律，禁三人以上無故飲酒，罰金四兩，禁羣飲也。文帝以酒醪靡穀而下詔，景帝以五年夏旱而禁酤，慮民乏也。時於賜民羣飲，則賜酺三日，賜天下大酺，示恩意也。至武帝天漢三年，初榷酒酤，其飲於下，而私其利於上，禁日益嚴，而民之犯法日益衆。昭帝始元六年，雖罷榷酤，而又令民以律占租，亦未見規酒利也。其後，宣帝賜百户牛酒，詔勿禁鄉飲酒之會，則視之以爲非常之恩。豈知周人之禁民飲者，以正德厚民生而已，豈設官以羅民利哉？周人之教民飲者，以暢民心洽民禮而已，豈示恩以示民樂哉？故曰，以禮導民而爲禁，則周之鄉飲，人不以爲私，其禁酒也，人不以爲怨；以利困民而爲禁，則漢之榷酤，人不以爲法，其賜酺也，人不以爲恩。」

卷二鹽政：「鹽，民之食，不可一日闕也，其用則與民共之，其利在民而不在官也。……故嘗謂壞天下之風俗者，管仲也；啓公上榷禁者，猗頓也；蠹人主之心術者，鄭當時也。齊桓公問管仲何以爲國，而仲告以海王之國，謹正鹽筴。舉先王公共之用，而爲後世自私之具，管仲者作俑之尤也。伯主既資鹽利以富其國，則民之趨利日熾矣，豈非壞天下之風俗乎？魯人有猗頓者，用鹽起家致富，與王者埒，取天下通行之利，而爲私家擅有之財。猗頓者，龍斷之賤也，豪民且專鹽利以富其家，則上之徵利亦無怪矣，豈非啓公上之榷鹽乎？榷鹽固無怪也。鄭當時何人，乃逢武帝之欲，推轂齊之大煮鹽者用事漢朝，而榷鹽之法始密，鄭當時者其蟊賊之臣乎！人主心術，自此蟊矣，寧不謂之鄭當時之罪歟？且以成、康之鹽政，鹽人一官掌之，不過奄女官奴而已。至漢，大司農屬官有幹官，有兩長丞，有水衡都尉，有均輸官，皆主鹽事，以至郡國鹽官有三十九，雁門、沃陽有長丞（地理志），其法既密，則其官必繁也。烏乎！周以鹽用，而其邦事，自賓祭膳羞之外，則不敢以一毫取之民；漢以鹽利，而其邦財，自公上榷禁之外，則不肯以一孔遺之民。方且榷鹽之不足，而又榷鐵，榷鐵不足，而又榷茶，鹽鐵之榷，茶鹽之榷，自漢至唐，法日密矣，儒者不排其非，而反取成周山澤之禁以佐其説，豈不惑哉！」

卷三山澤：「昔晏子謂齊侯曰：『山林之木，衡麓守之，澤之蒲葦，舟鮫守之，……海之鹽蜃，祈望守之，縣鄙之人，入從其徵，偪介之關，暴徵其私，是以民人苦疾，夫婦皆詛。』晏子之爲是言也，是知山澤之利，先王未嘗不與民共之也。晉人謀去故絳，諸大夫皆曰：『必居郇瑕氏之地，沃饒而近鹽。』韓獻子獨不可，曰：『山澤林鹽，國之寶也，國饒則民驕佚，近寶公室乃貧。』獻子之爲是言也，是知山澤之利。先王已來，未嘗禁民自取之也。是故古之名山大川，不以封諸侯，而九州山川澤藪之名，皆職方氏之所掌；至於山林川澤之利害，有可與侯國共者，則命山師、川師辨其名而頒之，使致其珍異之貢而已。夫不封以山澤之大者，將以弭諸侯之侈心，而均天下之利源也。……大抵山林川澤，民之所取財用，利至博也，不公其財，則是山海天地之藏，而爲一人之私有，是與民争利也；不爲之禁，則是山澤國家之寶，而聽百姓之自取，是縱民趨利也。……是以太宰以九職任萬民，……澤虞則掌國澤而爲厲禁，川衡則掌巡川澤之禁令，以時執犯禁者而誅罰之，……無不以時而徵其物也，此之謂禁民趨利。蓋古者鄉遂之民皆爲農，農皆受田，田皆出賦，惟知有田之可業，不知有利之可趨，獨爲川澤之民，不專資田畝之業以爲生，往往資山澤之利以爲業，利多而民必競，末重而農必輕，故先王既許之以共財，而必禁之，使不至於趨利以逐末；二者並行而不相悖，此其所以無曠土而無游民歟！自齊桓公問管仲何以爲國，而管仲對以惟管山海爲可耳，於是鹽筴之利始爲侯國之私，而先王與民共財之意失矣：此山澤之一變也。漢人以山澤租税共奉養，歸之少府，若私之也，然賦雖居上，利猶在民已；吴王國處東南，得以招集亡命，鑄山煮海以富其國，遂至叛逆，而先王禁民趨利之意又失矣：此山澤之再變也。迨夫煮鹽大冶如孔僅、咸陽者出，乃盡取天下郡縣鹽鐵之利，幹歸公上，一孔不遺，於是山澤之賦，皆變爲榷利矣：此山澤之三變也。自時厥後，邦計惟鹽鐵之是資，國命惟鹽鐵之是議。吁，周人山澤之賦，果有所謂鹽鐵者乎！」

葉適　水心别集

卷二財計下：「今天下之財用，責於户部，户部急諸道，每道各急其州，州又自急其縣，而縣莫不皆急其民。天下之交相爲急也，事勢使然，豈其盡樂爲桑弘羊之所爲耶？使天下之用誠有常數，而户部以天下之税當之而有餘，則户部必不以困諸道，每道不必以困其州，而州若縣獨何以自困其民耶？使其真桑弘羊之流，固且不暇，而況其不爲弘羊者耶？所畏者，上每以所不足責其臣，使羣臣以不足而後見其財，然則若是者，固教天下之爲弘羊若也。」

卷六管子：「王政之壞久矣，其始出於管仲。……故凡爲管仲之術者，導利之端，啓兵之源，濟之以貪，行之以詐，而天下之亂益起而不息。若咎犯、先軫之於晉，范蠡、大夫種之於越，孫武、吴起、申不害各於其所輔相之國，講明其説而增益其意，數百年之間，先王之政，隳壞亡滅。至於商鞅破井田，立槩量，李斯廢封建，燔詩、書，而後蕩極而無遺。蓋王政之壞，始於管仲而成於鞅、斯。悲夫！天下之才，未有過於管仲者也，皆不若仲而已矣；皆不若仲，則皆師其故智而拾其遺説。然其所以使後世廓然大變於三代者，豈其一人之力也？治變而世變，世變而俗成。然則後世之事，有望管仲而不可及者矣，而況於三代乎！若桑弘羊之於漢，直聚斂而已耳，此則管仲、商鞅之所不忍爲也。蓋至於唐之衰，取民之利無所不盡，則又有桑弘羊之所不忍爲者焉。」

案：黄氏日鈔六八引「則又有桑弘羊之所不忍爲者焉」作「又有弘羊之所不屑爲」。

卷十一經總制錢一・二：「昔李憲經始熙河，始有所謂經制財用。童貫繼之，亦曰經制。蓋措畫以足一方之用。方臘殘破東南，陳亨伯以大漕兼經制使，減役錢，除頭子，賣糟酵以相補。靖康召募，翁彦國以知江寧兼總制，强括民財數百萬。維揚駐蹕，吕頤浩、葉夢得總財事，議用陳亨伯所收經制錢者。酒税、頭子所取，止於一二百萬。其後，户部轉運使動添窠名。黄子游、柳約之徒，或以造船，或以供軍，遞添酒税，隨刻頭子。孟庾以執政爲總制，耆户長、壯丁雇始行起發二制，並出色額數十。……所收之多，至千七百萬，截取以畀總領所之外，户部經用，十八出於經制。於是州縣之爲誅求者，江、湖爲月樁，兩浙、福建爲版帳。向之士大夫猶有知其不善，今新進者矜奮，視兩稅爲何物，而況遠及貢賦之法乎？蓋王安石之法，桑弘羊、劉晏所不道，蔡京之法，又王安石所不道，而經總制之爲錢也，雖吴居厚、蔡京亦羞爲之。故經制錢不除，則縣以版帳月樁，無失乎郡之經常爲無罪，郡以經總制錢，無失乎户部之經費爲有能，而人才日衰，昔之號爲壯縣富州者，今所在皆不可舉手，齊民中産僅足者，今轉徙爲盜賊，凍餓而生民日困，左右望以羅其細碎而國用日乏。」

佚文：「平準書直叙漢事，明載聚斂之罪，比諸書最簡直。然觀遷意，終以爲安寧變故，質文不同，山海輕重，有國之利。按書『懋遷有無化居』，周譏而不徵。春秋通商惠工，皆以國家之力，扶持商賈，流通貨幣，故子産拒韓宣子，一環不與，今其詞尚存也。漢高祖始行困辱商人之策，至武帝乃有筭船、告緡之令，鹽、鐵、榷酤之入，極於平準，取天下百貨居之。夫四民交致其用，而後治化興，抑末厚本，非正論也。使其果出於厚本而抑末，雖偏尚有義；若後世但奪之以自利，則何名爲抑，恐此意遷亦未知也。」（文獻通考二〇市糴考市）

案：今傳本水心文集、水心別集無此文，當在明人黎諒所編水心先生文集二十九卷本之「其所著經傳子史，編爲後集」者之中。

黄震　黄氏日鈔

卷四六史記平準書：「平準者，桑弘羊籠天下貨，官自爲商賈，買賣於京師之名也。蓋漢更文、景恭儉，至武帝初，公私之富極矣。自開西南夷，滅朝鮮，至置初郡；自設謀馬邑，挑匈奴，至大將軍、驃騎將軍連年出塞；大農耗竭，猶不足以奉戰士，乃賣爵，乃更錢幣，乃算舟車，而事益煩，財益屈，宜天下無可枝梧之術矣。未幾，孔僅、東郭咸陽乘傳行天下鹽、鐵，楊可告緡徧天下，得民財物以億計，而縣官之用反以饒，而宫室之修於是日麗，鑿無爲有，逢君之惡，小人之術何怪也！然漢自是連兵三歲，費皆仰給大農，宜無復可繼之術矣。又未幾，桑弘羊領大農，置平準，於是天子北至朔方，東至太山，巡海上並北邊以歸，用帛百餘萬匹，錢金以巨萬計，皆取足大農。又一歲之中，太倉、甘泉倉皆滿，而邊餘穀。其始愈取而愈不足於用，及今愈用而反愈有餘，小人之術，展轉無窮，又何怪之甚也！嗚呼！武帝五十年間，因兵革而財用耗，因財用耗而刑法酷，沸四海而爲鼎，生民無所措手足；迨至末年，平準之置，則海内蕭然，户口減半，陰奪於民之禍，於斯爲極。遷備著始終相因之變，特以平準名書，而終之曰『亨弘羊，天乃雨』。嗚呼，旨哉！」

史堯弼　蓮峯集

卷三策問：「天生財而民用之，君理之；必使民裕於下，君足於上，上下兼得，而不可以一缺，此古今不易之道也。然夏、商、周之時兩得之，漢、唐兩失之，有不可不論者。……至於漢、唐以全盛之天下，而又理財之道，日夜講求，無所不至；漢之榷酤、鹽、鐵、白金、皮幣，唐之隱户、剩田、間架之利，轉漕之法，無所不用；桑羊、孔僅、趙過、宇文融、第五琦、劉晏、李巽之徒，鞭算心計，無所不盡；然而君民皆耗虚，至以此生變，此又何爲其然也？」

林駉　新箋決科古今源流至論

後集三運司：「嗚呼！朝廷之財，根本在州縣，州縣之財，根本在民；括民之財以入州縣，括州縣之財以入朝廷，此富公所以隱憂。噫，劉晏猶能罷無名之歛，第五琦尚有不益賦之名，況我朝之名公乎！是故任河北之漕者，至蠲民租數百萬計，使漢之弘羊而知此，寧不有愧心耶？」

又續四榷酤：「酒之有禁尚矣，自古至今，大略有三：以民之傷德敗性而禁者，一也；以民之糜穀耗粟而禁者，二也；借古人酒禁之名，而爲規利之術者，三也。予嘗究其始末而論之，未嘗不歎後世風俗之不古也。夫酒之爲物，古人惟以供祭祀，而君臣之間，以彝酒相戒，凡羣飲者執拘以歸于周，予其殺，刑之至重，莫此爲甚。然聖人豈有他意哉？惟懼其沉湎浸漬，黷亂風俗，不過導迪民彝、防閑私慾而已；至於地官有司虣以掌市飲之禁，秋官有萍氏以掌幾酒謹酒之禁，皆是意也。是禁也，豈非爲傷德敗性之故歟？漢初酤酒有禁，而時有酺賜，蓋因秦法之舊，蕭相國作爲律令，羣飲者罰金四兩，著之法令，亦頗有古意。至漢文以即位而賜民酺，景帝以歲旱而禁民酤，懼以有用爲無用之舉，糜耗米穀，民食不足爾。後元酒醪糜穀之戒可見也。是禁也，豈非爲害穀耗粟之故歟？吁，古之酒禁，爲亂德也，漢之酒禁，爲糜穀也，糜穀而禁，似若非古，然猶有崇本抑末之意；至其後也，三變而爲争利之術，宜乎亂端之日蕃而風俗之不古也。自其未榷之初，猶有吏舍歌呼之習，其既榷之後，光禄之郎，醉污殿陛，九卿諸吏，仰天嗚嗚，朝廷之間且有此，則鄉黨小民，何所不至耶！甚矣弘羊之作俑也！方武帝多事，用度不足，弘羊以商賈之習，不恤民計，置官榷酒，考其歲月，至天漢之三載而初榷，蓋春秋暮年，利源益浚，自是而後，惟恐民之不彝酒也。始元賢良、文學之徒，願罷鹽、鐵、榷酤。方發議之初，以鹽、鐵、均輸與酒榷並議，而桑大夫答之，尚猶以皆便爲辭，及再詰之後，始專以均輸、鹽、鐵爲請，而酒榷之法，已置而不敢護，則酒榷之設，其義蓋悖歟？賢良既議之後，鹽、鐵、均輸尚無恙，而榷酤一法，首從剗去，亦幾乎古矣。霍光大臣，不學亡術，未能取康誥之書，以嚴羣飲之禁，乃且令民得自酤酒，而官税升四錢，其月攘一雞者乎！」

又續四榷鹽古今鹽法之沿革：「昔禹貢以青州貢鹽而鹽用始興，當時鹽雖入貢，而與民通用也。周官以鹽人掌鹽而鹽用始重，當時鹽雖有官，而未始不在民也。蓋古者名山大澤不以封，天子使吏治之而入其貢賦，或税取焉以待時發。夫其不封也，非徒利之，九兩藪以富得民，而繫之于太宰，將與百姓共矣。至管仲以魚鹽富國，以功利相君，著海王之篇，興鹽筴之利，舉三代聖人正大之用，而爲後世自私之謀，至使禁榷之法，與古人相爲終始，仲其作俑之尤也。仲何人哉！秦之鹽利，至二十倍於古，漢之山澤以爲私奉養，則鹽之不在民可知矣；然漢初隄防未密，搜取未悉，吴王煮海，雄視一方，猗頓之富，與天子埒，漢初猶有遺利在民也。自鄭當時一旦薦齊之大煮鹽者，而鹽之在官始悉，於是懼其無所職掌也，郡國置官三十有九，而雁門、沃陽有長丞焉，懼其無所監臨也，鹽官之上，又有鹽長官焉；又懼其無所稽考也，則又舉而一之於司農、水衡之職焉。上下相統，一孔不遺，弘羊、孔僅之徒，鞭算殆盡，而民始病苦矣。雖然，剥利固切，而猶未竭澤也。以史攷之，鹽官之置，多見於西北，而東南之郡特少，如會稽一郡，則今之兩浙路也，而獨海鹽有鹽官，廬江、九江二郡，乃今淮甸間也，獨皖城有鐵官而無鹽官，又觀終軍詰徐偃，以爲膠東南近琅邪，北接北海，魯國西枕太山，東有東海，二國食鹽，悉取於鄰郡，鹽、鐵郡有餘藏，縱膠東、魯國廢不取，當時諸郡相通，彼此相補，雖以東南財賦之淵，以武帝之多慾行之，且猶有不盡取者。其後，昭帝議弛禁而不果，至元帝雖嘗罷之，未幾復置，是以終漢世而不變，此君子重始立法也。」

王應麟　通鑑答問

卷四置鹽鐵官：「或問：武帝紀書『初算商車，初算緡錢，初榷酒酤』，與春秋『初稅畝』同，此以志變法之始也；置鹽鐵官，不書『初』，何歟？曰：鹽、鐵之稅，始於齊之管仲，計口食鹽，計人用鐵，山河之利，作俑於此。然戰國、秦、漢之際，未盡籠於官也。太史公貨殖傳云：『猗頓用盬鹽起邯鄲，郭縱以鐵冶成業，卓氏趙人，用鐵冶富，程鄭亦冶鑄，宛孔氏大鼓鑄，魯曹邴氏以鐵冶起。』則富猶在民也。文帝縱民得鑄冶鐵煮鹽，吴王擅海澤，鄧通專西山，而國富刑清，登我漢道，未嘗開利孔爲民罪梯也。武帝窮征遠討，兵連費廣，經常之賦不足，而横斂起焉。張湯倡之，東郭、孔、桑和之，而鹽、鐵之官，掌於大農，布於郡國，其利二十倍於古。以地理志考之，鹽官三十有六，鐵官四十有九，昭帝議罷之而不克行，元帝嘗罷之而又復置，東都屬於郡縣，章帝復收之，和帝乃詔縱民煮鑄，入稅縣官。至唐乾元即鹽鐵有使矣；天下有鹽之縣一百五，有鐵之縣一百三，皆多於漢時，作法於貪，弊益甚焉。古者，名山大澤不以肦（封），恐諸侯顓利以剥民也。禹貢青州之鹽，梁州之鐵，皆以爲貢，不以爲賦也。在易泰與謙，德之大者，則曰『不富以其鄰』，小畜德之小者，則曰『富以其鄰』，君之道民，所謂鄰也，富在民，則國亦蒙其利，富在國，則民先受其害。武帝用聚歛之臣，斡山海而歸於上，其德之小者乎！故文帝得泰、謙之有餘，而成殷富之治；武帝得小畜之不足，而稔虚耗之敝，可以監矣。」

同卷卜式爲御史大夫：「或問：班固云：『質直則汲黯、卜式。』式之與黯，若是班乎？曰：黯也格帝之非，式也中帝之欲，猶美玉之與燕石也。古者安富，未嘗疾之。文帝節儉，上下兼足。武帝窮兵侈費，始剥下以益上。富商大賈，財或累萬金，而不佐國家之急；於是造皮幣、鑄白金以困抑之，算軺車、告緡錢以掊取之。卜式覘其微指，乃上書願輸家之半以助邊，又持錢給徙民，此至巧佞者，非質直也。公孫弘謂『非人情，不軌之臣』，斯言當矣。富者，貧之母也，縱尋斧於根本，仁人不爲也。富豪匿財，而式欲輸財，彼此相形，興利之臣，唾掌而起，忿疾富民，揃刈而摧破之，置均輸，舉兼并，浮食奇民，皆吾赤子，欲傾其蓋藏，聚之公上，法嚴令密，罔民而盡其財，必致富者皆貧而後已。東郭、孔、桑，豪徵縷斂，是卜式啓之也。式之利國者少，利身者多，既釣享上之名，又獵取高位，以芻牧之夫，居台鼎之列，志得意滿，始有罷鹽、鐵、算船之諫，『烹弘羊，天乃雨』之言，導其源而遏其流，培其根而惡其實，曾是以爲質直乎？噫，汲黯不得在禁闥，卜式乃得爲三公，武帝知人之哲既有愧，而作史者混忠佞於一區，亦可歎夫！」

同卷初榷酒酤：「或曰：酒醪糜穀，文帝有詔，帝不監於成憲，而作法於貪，何歟？曰：酒以成禮，流則生禍，大禹惡旨酒而疏儀狄，易之未濟，終以濡首爲戒，彝酒有法，幾酒有官，所以正民德，非以浚民財也。其罰用豐，其尊用禁，惟沈湎是懲，匪貨利是殖也。趙武靈王滅中山，酺五日，許其羣飲，猶有節也。漢律羣飲罰金。文帝十六年，始令天下大酺。景帝中三年，以旱禁酤。若榷酤，則自武帝始。鹽鐵論云：『大夫以心計策國用，參以酒榷。』蓋桑弘羊作是法也。長國家而務財用者，必自小人矣。昭帝始元六年罷之，令民得以律占租。成帝末，翟方進復奏賣酒醪之議。王莽時，羲和引詩『無酒酤我』，謂承平之世，酒酤在官，論語『酤酒不食』，謂當周衰亂，酒酤在民，其飾經文姦至於此，於是開鑪以釀。後漢又罷之。陳文帝後行之。至唐德宗以助軍費，遂爲千載不易之法，開利源以壞民俗，弘羊實爲之。古有化民以德義，未聞導民以滛佚也。以是理財，其可謂正辭禁非乎？」

卷五詔問郡國所舉賢良文學：「或問：賢良、文學與公卿共議，自此始歟？曰：公議之屈伸，世道之否泰繫焉，公議達於上則爲泰，公議鬱於下則爲否。盤庚命衆悉至於庭，無敢伏小人之攸箴。周司冠掌外朝之政，致萬民而詢焉，士傳言，庶人謗，皆有言責，此聖王所以通天下之志也。漢之有議，猶爲近古。自高帝十二年，始詔諸侯王議，其後，丞相、列侯、宗室、大臣、吏二千石，下及博士、議郎，皆得預議。若賢良、文學之士登進在庭，與丞相、御史辯難，蓋自始元六年始。孝昭初政，所問者民之疾苦，教化之要，可謂知所先務矣。當時民之疾苦，莫甚於聚歛，教化之要，莫急於仁義。賢良唐生、文學萬生之徒六十餘人，對以罷郡國鹽、鐵、酒榷、均輸，務本抑末，毋與天下争利。漢朝公卿，少知治體，庶乎弛苛徵以瘳民瘼，開義路以厚民俗；而車丞相括囊持禄，桑大夫放利怙權，讜言私說，如枘鑿之難入，佩劍之相笑，雖罷榷酤以塞責，而鹽、鐵、均輸之法，未之有改。千秋、弘羊，不足責也。任是責者，非霍將軍乎？易之剥，始於下，其象曰『上以厚下安宅』，所以救剥也。弘羊剥下之蠹極矣，小人剥廬，誅戮及之。以利爲利，菑害並至，大學之戒深矣。賢良、文學之言，不行於始元，而論議垂不朽，誦之猶使人興起，一時之屈，千載之伸，故曰：公議與天地相終始。」

王應麟　辭學指南

卷四記宋代直史試序：「漢鹽鐵論。」（寶祐癸丑）

王應麟　困學紀聞

卷十二考史：「班固叙武帝名臣，李延年、桑弘羊亦與焉。若儒雅則列董仲舒於公孫弘、兒寬之間；汲黯之直，豈卜式之儔哉？史筆之褒貶，萬世之榮辱，而薰蕕渾殽如此，謂之比良遷、董，可乎？」

馬端臨　文獻通考

卷十四徵榷考徵商：馬廷鸞曰：「武帝承文、景富庶之後，即位甫一紀耳，徵利已至於此，然則府庫之積，其可恃哉！興利之臣，不知爲誰。時鄭當時爲大司農，以他日薦桑弘羊、咸陽、孔僅觀之，益可疑也；政使非其建白，亦任奉行之責矣。漢人多言汲鄭，其實當時非黠比也。黠奮不顧身以折功利之衝，當時乃薦掊刻之人以濟武帝之欲，烏得並稱哉。」

案：馬廷鸞嘗倣吕祖謙大事記之例，作讀史旬編，以十年爲一旬，起帝堯元載甲辰，迄周顯德七年庚申，爲二十八帙。端臨所引，當即出於是書。四庫全書從永樂大典中輯得一卷，收入廷鸞所著碧梧玩芳集，無此三條。廷鸞，即端臨之父。

卷十五徵榷考鹽鐵：馬廷鸞曰：「孔僅、咸陽所言，前之屬少府者其利微，今改屬大農，則其利盡，此聚斂之臣飾説以蓋其私也。管仲之鹽、鐵，其大法税之而已，鹽雖官嘗自煮之，以權時取利，亦非久行，鐵則官未嘗冶鑄也，與孔、桑之法異矣。」

卷二〇市糴考市：馬廷鸞曰：「今按桑大夫均輸之法，大概驅農民以效商賈之爲也。然農民耕鑿，則不過能輸其所有，必商賈懋遷，乃能致其所無；今驅農民以效商賈，則必釋其所有，責其所無，如賢良、文學之説矣。太史公平準書云：『今遠方各以其物貴時，商賈所轉販者爲賦，而相灌輸。』此説疑未明。班孟堅採其語曰：『今遠方各以其物，如異時商賈所轉販者，而相灌輸。』此説涣然矣。蓋作『如異時』三字，是謂驅農民以效商賈之爲也。東萊吕氏尊遷抑固，是以取書而不用志語；然義理所在，當惟其明白者取之，是以通鑑取志語云。」

卷七田賦考屯田：「按武帝征和中，桑弘羊與丞相御史請屯田故輪臺地，以威西域；而帝下詔，深陳既往之悔，不從之。其事亦在昭、宣之前。然輪臺西於車師千餘里，去長安且萬里，非張掖、金城之比，而欲驅漢兵遠耕之，豈不謬哉？賴其説陳於帝既悔之後耳。」

卷七田賦考屯田：「武帝通西域，復輪臺、渠犁，亦置營田校尉領護，然田卒止數百人；今弘羊建請以爲溉田五千頃以上，則徙民多而騷動矣。帝既悔往事，思富民，宜其不從也。」

卷十四徵榷考徵商：「按漢初鑄錢，輕於周秦，一時不軌逐末之民，蓄積餘贏，以稽市物，不勤南畝，而務聚貨；於是立法，崇農而抑商，入粟者補官，而市井子弟至不得爲吏，可謂有所勸懲矣。然利之所在，人趨之如流水，貨殖傳中所載，大抵皆豪商鉅賈，未聞有以力田致富者。至孝武時，東郭咸陽以大煮鹽、孔僅以大冶領大司農，桑弘羊以賈人子爲御史大夫，而前法盡廢矣。」

卷十五徵榷考鹽鐵：「按周禮所建山澤之官雖多，然大概不過掌其政令之厲禁，不在於徵榷取財也。至管夷吾相齊，負山海之利，始有鹽鐵之徵，觀其論鹽，則雖少男少女所食，論鐵則雖一鍼一刀所用，皆欲計之，苛碎甚矣。故其言曰：『利出一孔者，其國無敵；出二孔者，其兵不詘；出三孔者，不可以舉兵；出四孔者，其國必亡。先王知其然，故塞人之養，隘其利途。故予之在君，奪之在君，貧之在君，富之在君。』又曰：『夫人予則喜，奪則怒；先王知其然，故見予之形而不見奪之理，故民可愛而洽於上也。』其意不過欲巧爲之法，陰奪民利而盡取之，既以此相桓公，伯諸侯，而齊世守其法。故晏子曰：『山木如市，弗加於山，魚鹽蜃蛤，弗加於海，民參其力，二入於公，而衣食其一。山林之木，衡麓守之；澤之萑蒲，舟鮫守之；藪之薪蒸，虞候守之；海之蜃蛤，祈望守之。縣鄙之人，入從其政，偪介之關，暴徵其私。市常無藝，徵斂無度。』蓋極言其苛如此。然則桑、孔之爲，有自來矣。」

卷二〇市糴考市：「按均輸、市易，皆建議於熙寧之初，然均輸卒不能行，市易雖行之，而卒不見其利，何也？蓋均輸之説，始於桑弘羊，均輸之事，備於劉晏，二子所爲，雖非知道者所許，然其才亦有過人者；蓋以其陰籠商販之利，潛製輕重之權，未嘗廣置官屬，峻立刑法，爲抑勤禁制之舉，迨其磨以歲月，則國富而民不知，所以史記、唐書皆亟稱之，以爲後之言利者莫及。然則薜、向之徒，豈遽足以希其萬一，宜其中道而廢也。……介甫志於興利，苟慕前史均輸之名，張官置吏，廢財勞人，而卒無所成，誤矣。至於市易，則假周官泉府之名，襲王莽五均之跡，而下行黠商豪家貿易稱貸之事，其所爲又遠出桑、劉之下。今觀其法制，大概有三：結保貸請，一也；契要金銀爲抵，二也；貿遷物貨，三也。是三者，桑、劉未嘗爲之，然自可以富國，則其才豈後世所能及。……嗚呼！以縣官而下行黠商豪家之事，且貿遷圖利，且放債取息，以國力經營之，以國法督課之，至使物價騰踴，商賈怨讟，而孳孳五年之間，所得子本，蓋未嘗相稱也。然則是豈得爲善言利乎？桑、劉有知，寧不笑人地下！」

卷三三選舉考賢良方正：「按自孝文策晁錯之後，賢良、方正皆承親策，上親覽而第其優劣。至孝昭年幼，未即政，故無親策之事，乃詔有司問以民所疾苦；然所問者，鹽、鐵、均輸、榷酤，皆當時大事，令建議之臣與之反覆詰難，講究罷行之宜，卒以其說，爲之罷榷酤。然則未嘗親奉大對，而視其上下姑相應以義理之浮文者，反爲勝之。國家以科目取士，士以科目進身者，必如此然後爲有益於人國耳。」

胡三省　資治通鑑注

卷六十三漢紀五十五：「鹽之爲利厚矣，齊用管子鬻筴而霸；晉之定都，諸大夫必欲其近鹽；至漢武之世，斡之以佐軍興；及唐安、史之亂，第五琦榷鹽以贍國用，自此遂爲經賦，其利居天下稅入之半。」

胡維遹 紫山大全集

卷二十二論聚斂：「傳曰：『與其有聚斂之臣，寧有盜臣。』然則爲大臣而務聚斂，見棄於聖人，見疾於天下，見絶於後世，直比以爲盜，聚斂之惡其可爲也哉！以今觀之，欲爲聚斂，而材不能濟其惡，智不能遂其姦，負盜臣之名，而實非穿窬之傑。何則？古之聚斂之臣，財聚於上，民怨於下，猶能使國富兵强，帑藏充實，而施爲遂意，如秦之商鞅，尚功趨利，漢之桑弘羊，唐之劉晏，籠絡鹽、鐵，使富商大賈不得其利，農民不被其害；宋王荆公立新法青苗助役，又劉晏之罪人，尚以巧取暗奪，日削月消，使民陷於貧瘠罪戾，而不自知。聚斂之惡至此，可爲極矣。」

朱理 漢唐事箋

卷二救弊：「創新法者，多末流之患，而矯宿弊者，有張皇之驚，二者胥失也。蓋法不可以輕議，而弊不容以驟革。漢武帝率意造作，增置法度，類非高皇帝之舊，其官名，其兵制，固未易以一旦革，而其切于民病者，至昭帝則爲之改正，初未嘗有張皇之驚也。亭母馬，取息於民，則既罷矣；而口賦之加，則常有以貸之而勿收。榷酒酤，争利於民，則既罷矣；而鹽、鐵之議，則姑有以遲遲之而漸去。昭帝豈猶有藉於此哉？蓋以爲前人之所爲，將次第而去之，不欲矯激以暴其愆，此其所以爲善革弊歟！」

卷十鹽鐵（漢榷鹽、鐵，猶輕取而相通。）：「漢初，鹽、鐵遺在民間，歲輸山澤之税，以屬少府，蓋未能有禁也。豪勢乘時射利，擅而有之，冶鑄煮鹽，財累萬金，而不濟公家之急；吴王擅銅山、東海之利，富埒王室。於是公家用不足，武帝乃始用咸陽、郭、僅領鹽、鐵事而自榷之，郡國置官主斡其利。然考之於史，鹽、鐵官之置，多見於西北，而東南之郡特少，如會稽一郡，則今兩浙路也，獨海鹽有鹽官，而無鐵官，則知武帝之榷鹽、鐵，猶不盡利以遺民也。觀終軍詰徐偃，以爲膠東南近瑯琊，北接北海，魯國西枕泰山，東有東海，二國器用食鹽，悉取給於鄰郡；鹽、鐵郡國有餘藏，縱膠東、魯國廢，不足以爲國家之利害。則知當時諸郡相通，彼此相補，雖以東南財賦之淵，以武帝多欲行之，猶有不盡取者。其後，昭帝議罷不果，至宣帝則特詔減鹽價而已；蓋亦以爲榷利最博，所恃以佐賦者，未易以猝去故也。」

卷十酒酤（制酒將以防患，武帝榷之，何耶？）：「漢法，三人無故羣飲則罰金。故自漢以來，皆有酒酤之禁，間賜民酺，以適一時之歡，是非欲奪民利，特爲是隄防也，懼其爲酒醪以靡穀故也。武帝費用無度，凡遺利在民間者，網羅悉盡，獨於酒酤之利，若徐徐而未榷，至天漢三年，始置官自賣，榷取其利，以資國用，行之纔十四五年，昭帝因賢良、文學議而罷之，以所利而輸租，既又限其酒價，使不得厚取民財，猶後世之所謂萬户酒也。至宣帝則復禁民酤酒，詔郡國二千石不嚴於鄉黨酒食之會，所以還漢初之制，而非有利於民，觀魯匡言於王莽曰：『鹽、鐵、錢、布帛，五均賒貸，斡於縣官，惟酒酤獨未斡。』則知自昭帝議罷之後，至王莽之初，猶未急於酒利也，愚不知今日榷酒之利，如是其亟，何也？」

陳仁子　牧萊脞語

卷八武帝論上：「天下之民，最不可迫之使無所容也。三代而上，民有以容其身而不思爲亂，三代而下，民無所容其身，則不免於爲亂。唐、虞、商、周之時，井邑丘甸有常分，粟米秸銍有常貢，山林川澤有常徵，上無以迫之，無逸之書，七月之詩，耳濡目染，欣欣熙熙，知有耕鑿之樂、伏臘之謀、雞豚桑麻之歡而已，固不暇乎其它者也，是以太平數百年；降是而後，奪其業，增其賦，而又多其徵，若魯税畝，秦收大半之賦，不奪不饜，區區彼農，終歲勤動，而空軸虆盧，顰蹙亡聊之餘，然後不測之謀，始有伏乎後者矣。故安於壟上者，無輟耕之謀，樂於牛犢者，無刀劍之買，彼自有以容乎其身故也。今夫天下之民散而工商胥徒者十之一二，聚而田畝者十之七八，故田畝者，是乃斯民所借以容其身者也，而奈何迫之大甚哉？武帝籠天下之利亦多矣，當是時，立均輸，起漕運，興鹽鐵，開鬻爵，設榷酤，收筭緡，納雜税，更造錢幣，其爲法多前古所未有，而曾未有紛紛者，何也？及觀漢史，謂有司請益田賦，帝不許。嗚呼，此正帝所以有天下也。凡民之所以養生者，田畝而已，使帝重賦之，民將有不堪者矣。故帝網天下之利無餘也，而其遺利於民間者，僅有耕桑一途，民尚可以自活。故均輸商車之筭，是不利於商賈者也；鹽鐵榷酤之興，是不利於游手者也；鬻爵皮幣之興，是不利於巨室公卿大夫者也；天下之農民固數倍於商賈游手巨室公卿也，種植之樂無恙也，事育之謀無傷也，是以民有可容，終帝之世，而無大盜之起者此也。古今趣天下之亂者不一，而增田賦爲甚，蓋於田里小民較錐刀，析毫髮，必將有大不堪者。武帝醞危亡之迹，而獨存者，僅以不加田賦一事，是以猶不至於亂且亡。夫人主有遺一毫之利於民，猶足以自存其國，況舉天下之利而盡遺之者乎？昔季孫欲以田賦，使冉有訪於孔子，孔子曰：『施取其厚，斂取其薄，雖丘亦足矣。』此蓋慮其迫民而使之無所容也。若明皇盡用融堅興利之説，至於田賦亦不免，遂致開元之亂，幾以亡唐，噫，明皇之智，其不及武帝者遠矣。」

同上武帝論下：「史言漢之得人，至武帝而盛。嗟夫，武帝得人誠盛矣，而往往未足得人之真，而適足得人之欺，何也？上意之所向，人所争趨者也，故一事作則一弊生，一念偏則一詐起，意氣之感召，風聲之濡染，真者未見，而欺者已售，重爲天下源源之害，甚非國家之福也。夫宣帝好綜核名實也，而王成僞增户口以欺宣帝；德宗急務掊斂也，而延齡僞移庫藏以欺德宗；世固有墮於奸邪之穽而不自知者。武帝志氣清明，天才英敏，南粤、西域暨漠北之匈奴，皆在帝運量之中，此豈臣下所敢肆其欺者？今觀在位五十四年，多招徠之途，廣進言之路，凡賈販芻牧奴隸醜虜之賤，皆洗濯磨淬，自奮功名之會，就其中，盡如董仲舒之正直，萬石君之醇謹，汲黯之愚戇，亦孰不詫其得人者，奈何其不多若人也？凡有所爲，必有所欺。帝好邊功也，則涉何刺殺朝鮮送者，而以獻馘之詐欺其君。帝好封禪也，則公孫卿以天旱爲乾封，而以封禪之詐欺其君。帝好祥瑞也，則汾陰巫於后土祠旁得鼎，而以周鼎之詐欺其君。帝好神仙也，則欒大以黄金可成，神仙不死之藥可得，而以長生之詐欺其君。帝好財利也，則桑弘羊立均輸平準，而以民不益賦國用饒之詐欺其君。積而至於公孫弘爲丞相，窺帝之意，而布被之詐上前背約之詐，凡所以籠帝於詭遇之術者無不至，嗚呼，帝受人之詐如此哉！小人之欺，何所不至，賢明如武帝尚然，而況出其下者乎？噫，苟得若人，又不若無所得之爲愈也，悲夫！」

吴萊　淵穎吴先生集

卷七鹽官箴：「……時惟管生，乃始榷之，圖霸何急，奪民所資。秦益其侈，漢承其醨。將衆是濟，豈吾之私。……卓哉漢昭，亦或罷榷，云何可徵，議在文學。」

梁寅　新喻梁石門先生集

卷九策略一榷鹽：「三代之時，以鹽充貢而已，官未嘗榷之以爲利也。自管仲興鹽筴以富齊，而鹽利始興，漢武帝用桑弘羊、孔僅，唐用劉晏，而鹽利益大，譬之江、河，由濫觴之源而至滔天之勢。軍國之用，鹽居大半，亦安得復弛乎！」（案：此文有單行者，名爲策要。）

又榷酤：「古之聖人，制爲燕享之禮，以極懽忻之情。燕於朝廷，則上下以和；燕於鄉黨，則長幼以序；燕於家，則冠昏之禮成；燕於學，則養老之禮盡。其一獻之禮，賓主百拜，非徒在於醉飽也，以成禮而已。故書有酒誥以致其丁寧，周官有萍氏以謹其過用，一則恐其酖酗而致禍亂，一則慮其迷穀之多也。漢云：『三人無故羣飲則罰金。』故常有酒酤之禁，閒賜民酺，則所以示君上之恩，而其隄防禍亂者，猶有先王之遺意。至武帝始榷酒酤，則志在奪民之利，與先王之意始異矣。歷代相因，榷貨加重，則固不能節制民飲，而間以歉歲禁民釀酒，則古法雖嚴，而終莫之遏。甚哉，人心之流，而檢制之難也！且風俗日奢，用度無節，司馬公所謂：『飲饌之盛，酒必内法，食必珍味，往往有之，有位者欲移風易俗，又可爲之倡乎！』必如周官之幾酒謹酒，漢法之羣飲有罰，而毋以嚴令爲嫌，毋以虧課爲病，是不防亂之一端乎？」

丘濬　大學衍義補

卷二五制國用市糴之令：「按桑弘羊作均輸法，以爲平準，觀其與賢良、文學之士所辯論者，大略盡之矣。然理之在天下，公與私、義與利而已矣：義則公，利則私，公則爲人而有餘，私則自爲而不足。堂堂朝廷而爲商賈貿易之事，且曰欲商賈無所牟利。噫！商賈且不可牟利，乃以萬乘之尊而牟商賈之利，可乎？」

卷二八制國用山澤之利上：「按鹽筴雖始於齊，然未設官也，置鹽官始於此。嗚呼！天地生物以養人，君爲之禁，使人不得擅其私而公共之可也，乃立公以專之，嚴法以禁之，盡利以取之，因非天地生物之意，亦豈上天立君之意哉？彼齊之爲國，壤地狹而用度廣，因其地負山海，而税其近利，昔人固已議其巧爲之法，陰奪民利，況有四海之大者，租賦遍天下，其所以資國者，利亦多端，豈顓顓於在一鹽哉？昭帝時，賢良、文學之士謂文帝無鹽、鐵之利而民富，當今有之而民困乏，可見國之富貧，在乎上之奢儉，而不繫於鹽之有無也。」

卷三〇制國用徵榷之課：「按酒者以穀爲之，縣官既已取穀以爲租税矣，及其造穀以爲酒，而又税之，則是一物而再税也，可乎？況古有酒禁，恐民沈酗以喪德，靡費以乏食耳，本無所利之也。漢武帝始有榷酤之法，謂之榷者，禁民醞釀，官自開置，獨專其利，如渡水之榷焉。是則古之禁酒，惟恐民之飲，後世之禁酒，惟恐民不飲也。嗚呼，武帝其作俑者歟！」

又：「按：此榷酒，官自釀以賣也。至是，以賢良、文學言罷榷酤酒，然猶聽民自釀以賣，而官定其價，每升四錢，隱度其所賣之多寡以定其税。此即胡氏所謂使民自爲之而量取其利也。後世税民酒，始此。」

又：「按：酒之爲物，古人造之以祀神養老宴賓，亦如籩豆之實，然非生民日用不可無之物也。儀狄始造酒，大禹飲之，豫知後世必有因之以亡其國者。武王作誥以戒其臣下，至欲加以殺之之刑。古之聖王不忍以口食之微戕人性命，而猶然者，法不嚴則禁不絶故也。自桑弘羊爲榷酒取利之法，縱民自造而自飲。嗚呼！所得幾何，乃使天下國家受無窮之禍，遂至蚩蚩之民，嗜其味之甘，忘其身之大，性以之亂，德以之敗，父子以是而不相慈孝，兄弟以是而不相友愛，夫婦以是而相反目，朋友以是而相結怨，甚至家以之破，國以之亡，國家有所興作，率因是以債敗者，不可勝數，明君賢相何苦而不爲之禁絶哉！」

周敘　石溪周先生文集

卷五制治保邦疏：「一，公鹽法，重豪貴中納之罪。自古榷鹽之利，資邊儲，省饋運，其益大矣。」

李夢陽　空同子集

卷四〇擬處置鹽法事宜狀：「今河東、淮、浙，歲遣御史巡行，意在糾惡興滯；而新造之士，於法多不甚解，聰察多紛更，恬静多避嫌，及少諳頭緒，已復代更矣，竊未見其可也。願選貞義通明御史，清鹽如清軍，三易歲乃代；仍簡風憲重臣一人，付便宜之權，略倣漢桑弘羊、唐劉晏、本朝周忱故事，令其綆墜剔蠹，濬源決流，一切不得阻撓。運鹽使、提舉等，悉選補廉吏；如此，而利不興，國不足，芻餉供億之費不給，未之有也。語曰：『智者不襲常。』此之謂也。」

卷五：「神宗熙寧元年冬十一月，有事於南郊，赦。時執政以河朔旱傷，國用不足，乞南郊勿賜金帛，詔學士議。司馬光曰：『救災節用，當自貴近始，可聽也。』安石曰：『常衮辭堂饌，時以爲衮自知不能，當辭職不當辭禄。國用所以不足者，以未得善理財者故也。』光曰：『善理財者，不過頭會箕斂爾。』安石曰：『不然，善理財者，不加賦而國用足。』光曰：『天下安有此理？天地所生財貨百物，不在民則在官；彼設法奪民，其害乃甚於加賦。此蓋桑弘羊欺武帝之言，司馬遷書之，以譏武帝之不明也。』争議不已。帝曰：『朕意與光同，然姑以不允答之。』會安石草詔，引常衮事責兩府，遂不復辭。」

案：原注：「唐開元中，詔宰相共食，實封三百户，謂之堂封。及元載爲相日，賜御饌可食十人，謂之堂饌，遂爲故事。常衮爲相，奏停之，又欲辭堂饌。時人譏之，以爲朝廷厚禄，所以養賢，不能，當辭位不當辭禄。」

又：「神宗熙寧二年初，王安石言：『昔周置泉府之官，以榷制兼并，均濟貧乏，變通天下之財；後世唯桑弘羊、劉晏粗合此意。學者不能推明先王法意，更以爲人主不當與民争利。今欲理財，則當修泉府之法，以收利權。』帝納其説。」

又：「熙寧二年八月，罷判國子監范純仁。初，純仁奏言：『王安石變祖宗法度，掊克財利，民心不寧。書曰：怨豈在明，不見是圖。願陛下圖不見之怨。』帝曰：『何謂不見之怨？』對曰：『杜牧所謂不敢言而敢怒者是也。』帝曰：『卿善論事，宜爲朕條陳古今治亂可爲監戒者。』遂作尚書解以進，曰：『其言皆堯、舜、禹、湯、文、武、周公之事也，治天下無以易此，願深究而力行之。』加同修起居注。及薛向行均税法於六路，純仁言：『臣嘗親奉德音，欲修先王補助之政；今乃效桑弘羊行均輸之法，而使小人爲之，掊克生靈，斂怨生禍。安石以富國强兵之術啓迪上心，欲求近功，忘其舊學，尚法令則稱商鞅，言財利則背孟軻，鄙老成爲因循，棄公論爲流俗，異己者爲不肖，合意者爲賢人，劉琦、錢顗等一言便蒙降黜，在廷之臣方大半趨附，陛下又從而驅之，其將何所不至哉！速還言者而退安石，答中外之望。』」

葉子奇 草木子

卷三下雜制篇：「嘗攷歷世鹽法，在夏禹時惟止入貢，至齊管仲始煮鹽以富國，及漢武始立榷酤，爲牢盆之制，自是歷代皆踵行之，計其利於軍國之費，略佔其半，唐、宋及元因之，有加無瘳，大抵率由養兵多而資費廣，故不能革也。」

何孟春　燕泉何先生遺稿

卷七兩淮巡鹽御史題名記：「鹽之貢載夏書，鹽之政令見周禮，當時但以供用，不藉爲利也。管仲相齊，正鹽筴，利源始開；漢武置鹽官，於是有禁榷；後世有國家者，於常賦外必資焉。」

陳時夏　兩淮鹽法志

卷十六藝文明許穀兩淮鹽法志序：「鹽鐵之興也尚矣，禹貢、周禮，政法簡壹，匪藉爲利，管仲、桑、孔而下，何其紛紛也！」

章懋　楓山章先生文集

卷一議處鹽法事宜奏狀：「臣聞鹽之爲用，乃民生食味之所急，而國家經費之所資，爲物雖微，其利甚博，不可一日而缺焉者也。然在虞、夏之時，不過以鹽充貢，未嘗或專利於上；成周之盛，雖或以鹽名官，而未嘗不同利於民。因齊相管仲，而鹽筴始徵，漢用桑、孔，而鹽禁始重，其源一開，末流無所不至矣。」

案：「因齊相管仲」，明陳子壯昭代經濟言卷五所收章懋議處鹽法利弊以裨國用疏作「自齊相管仲」。

又案：「而鹽筴始徵」，原作「而鹽筴始正」，今據昭代經濟言校改。

王嗣奭 管天筆記外編

尚論：「自孟子痛抑言利，而桑弘羊受誅於世儒千餘年矣，余竊冤之。孟子之言，猶無病人止用粱肉養之，至於病而謁醫，則以愈病爲能，雖烏堇有時用之。自三代而下，國家未有無病之日也，則如弘羊，烏可厚非哉。武帝好大喜功，而充溢露積之天下，頓致衰耗，固人事之失，亦運數使然。太史公言之矣：『物極而衰，固其變也。』乃縣官大空，至天子損膳解駟，而富商大賈蹛財役貧，轉轂千數，不佐國家之急，法之所不許也，況崇本抑末，商賈不得衣絲乘車，實漢法也，即三代亦然。弘羊均輸之法，不過盡籠天下貨物而賤買貴賣，令商賈無所牟大利，歸於抑末而已，不可謂非理財之一法也，何也？善理財者，非能使鬼運神輸，要之損饒補乏而已；兹損商賈之饒，補縣官之乏，奚而不可？帝事四夷，兵連釁結，既難中止，兼之土木巡狩，出孔之多，至累巨萬而不勝者，非弘羊何以善其後耶？誠救病之能手也。蓋生財大道，大學陳之，此王制也；其出之有本，則井田之法行也。井田行，官不得貪取，豪强不得并兼，即云恒足，不過均之，俾無偏饒偏乏止耳。自井田廢而吏貪民惰，寖以不均，故鹽鐵作俑於管仲，誠救時之良制，弘羊祖其術而廣之，不加賦而用饒，良非虚語。後之理財者皆效之而不能，非能之而不欲也。唐有劉晏，用其術而濟天下，宋有趙昇，用其術而濟一方，此皆救時之能臣；王安石陽諱其名，陰用其術，而卒以敗事，此正效之而不能者也。故如弘羊安可厚非哉？蓋三代之罪人，而後世之能臣也。然卜式何以欲烹之也？使富商大賈人人輸助如式，則國家不貧，而弘羊可烹；然卜式何可再得也。至涑水氏謂其『設法奪民，以欺武帝，而太史記之，以譏帝之不明』。此以攻金陵之陰用其術而發，此有爲言之也。」

都穆　鐵網珊瑚

卷一中論：「文章自六經而下，惟先秦、西漢爲近古，其次，則及於東漢。余嚮得桓氏鹽鐵論讀之，未嘗不歎其辭氣之古，論議之妙，至不忍去手。繼讀徐氏中論，其辭氣議論，視桓氏不大相遠，而余之愛之，與鹽鐵同。蓋鹽鐵西漢之文，中論東漢之文也。書雖幸存於世，然傳録之難，人不易見。往歲，同年涂君刻鹽鐵論於江陰，俾余識之；近吴黄紋刻中論畢工，亦俾一言。余謂好古之士，世未嘗無，第所恨者，不得悉窺古人製作而效法之；而坊肆所刻，率多舉業之文，求如二書，蓋不可多得，而今乃有之，豈非學者之幸乎！予也舊學荒落，獲見古書之行，爲之欣躍；而且得綴名其末，其爲幸又何如也！」

鄭曉　策學

卷四理財：「周禮一書，乃聖人爲國節財之法，爲民生財之道，非損上以益下，如後世聚歛諸臣之説也。降及後世，有不盡然者。三代而下，以治稱者曰漢、唐、宋，其始也，以創業之君臣，猶有寬恤之意。繼世而後，則漢之末也，以武、宣爲之君，弘羊、僅、陽爲之臣，患幣之輕也，而造白鹿皮幣，患商稅之輕也，而算舟車緡錢，管鹽、鐵而榷酒酤，置均輸而立平準，取於民者，無錙銖之遺利，而高、文之良法盡矣。」

卷四鹽法：「劉彝曰：『鹽之所産不同，……周禮鹽人掌百事之鹽，惟以供祭祀賓客及王后世子膳羞之用而已，蓋未嘗立官以禁之，設法以歛之。自管仲相齊，始有鹽、鐵之徵。漢興，除山澤之禁，而諸侯王猶得鑄山煮海，以富其國，則雖不爲縣官之經費，而其奪民之利亦多矣。自孔僅、咸陽者出，遂爲鬻鹽之官、榷鹽之令、煮鹽之器，利源一開，不可復塞，昭帝之時，雖以賢良、文學之議，而弘羊反覆辨難，至以爲安邊足用之本，元帝雖能暫罷，卒以用度不足，三年而遂復之。……』」

卷四鹽法：「古者，取民之力，歲三日耳，取民之財，歲什一耳，山林川澤之利，未始不與民共也。鹽貢於唐、虞而已，至於周有鹽人之官，亦惟掌鹽之政令耳，以供祭也，以供賓也，以供王供后供世子之膳羞也，亦未嘗奪民之利利國也。乃令鹽爲國家大利，亦爲生民大害，害在於民，利未必在於國也。是作俑者管仲，而管仲未盡取於民也，秦則二十倍於齊矣。漢至武帝，孔僅、咸陽之徒出，鹽之禁益重。設官禁鹽，實自武帝始。」

喬世寧　丘隅意見

漢儒所言即可行，所學即可用。賢良、文學時與諸大夫廷論可否，計匈奴則絀丞相，議鹽、鐵則絀大夫，蓋學出專門，人有定見也。此豈唐、宋所有哉？國朝士所學非所用，所用非所學，其英華者即唐之溺於詞章矣，其好名者即宋之襲談性命矣，然實效則不逮漢儒遠矣。

葉向高　鹽政考

嗟夫，管仲佐霸，吴濞竊雄，弘羊心販之奸人也，無事則竊利權，有事則爲亂階，是寧可不杜其源而防其漸哉！

薛應旂 宋元通鑑

卷三一：「神宗熙寧元年十一月丁亥，郊。執政以河朔旱傷，國用不足，乞南郊勿賜金帛。詔學士議。司馬光曰：『救災節用，當自貴近始，可聽也。』王安石曰：『常袞辭堂饌，時以爲袞自知不能，當辭職不當辭禄。且國用不足者，以未得善理財者故也。』光曰：『善理財者，不過頭會箕斂爾。』安石曰：『不然，善理財者，不加賦而國用足。』光曰：『天下安有此理？天地所生財貨百物，不在民則在官，彼設法奪民，其害乃甚於加賦。此蓋桑弘羊欺武帝之言，司馬遷書之，以見其不明耳。』争議不已。帝曰：『朕意與光同。然姑以不允答之。』會安石草制，引常袞事責兩府，兩府不敢復辭。」

又：「熙寧二年八月丙午，罷范純仁。初……純仁奏言：『王安石變祖宗法度，掊克財利，民心不寧。書：怨豈在明，不見是圖。願陛下圖不見之怨。』帝曰：『何謂不見之怨？』對曰：『杜牧所謂不敢言而敢怒者是也。』帝曰：『卿善論事，宜爲朕條陳古今治亂可爲監戒者。』遂作尚書解以進，曰：『其言皆堯、舜、禹、湯、文、武、周公之事也，治天下無以易此，願深究而力行之……。』及薛向行均輸法於六路，純仁言：『臣嘗親奉德音，欲修先王補助之政；今乃效桑弘羊行均輸之法，而使小人爲之，掊克生靈，斂怨基禍，安石不以富國强兵之術啓迪上心，欲求近功，忘其舊學，尚法令則稱商鞅，言財利則背孟軻，鄙老成爲因循，棄公論爲流俗，異己者爲不肖，合意者爲賢人，劉琦、錢顗等一言便蒙降黜，在廷之臣方大半趨附，陛下又從而驅之，其將何所不至……宜速還言者而退安石，答中外之望。』」

卷三三二：「熙寧三年二月己酉，河北安撫使韓琦上疏……帝袖其疏以示執政曰：『琦真忠臣，雖在外，不忘王室。朕始謂可以利民，不意乃害民如此。且坊郭安得青苗，而使者亦强與之。』王安石勃然曰：『苟從其所欲，雖坊郭何害？』因難琦奏曰：『如桑弘羊籠天下貨財以奉人主私用，乃可謂興利之臣；今陛下修常平法，所以助民；至於收息，亦周公遺法，抑兼并，振貧弱，非所以佐私欲，安可謂之興利之臣乎？』」

卷三三三：「熙寧四年夏四月，蘇軾上疏曰：『昔漢武以財力匱竭，用桑弘羊之説，買賤賣貴，謂之均輸；於時，商賈不行，盜賊滋熾，幾至於亂。臣願陛下結人心者此也。』」

馮琦　宗伯集

卷六十四策問親臣重臣：「自秦以後，始舉三公六卿之職，屬之一相，故綜理朝政嘗多，而輔養君德嘗少，……既已坐論，又復作而行之，盡總國權，則勢或上逼，專理外事，則情或中格，使賢人居之，則爲重臣，不肖人居之，則爲權臣，故威福有時作，而股肱耳目不盡假也。大臣既外重而内不親，人主乃始以意向爲親幸，而所親者，亦以承意觀色爲務。主好議則嚴助、主父偃之流爲親臣，主好法則張湯、杜周之流爲親臣，主好貨則桑弘羊、宇文融之流爲親臣，主好藝則王伾、王叔文之流爲親臣。甚而疎大臣，親小臣，疎廷臣，親中臣，恩以狎生，信由恩固，蓋未嘗無親臣，而其所親非也。」

馮琦　宋史紀事本末

卷三七王安石變法：「神宗熙寧元年十一月，郊。執政以河朔旱傷，國用不足，乞南郊勿賜金帛。詔學士議。司馬光曰：『救災節用，當自貴近始，可聽也。』王安石曰：『常袞辭堂饌，時以爲袞自知不能，當辭職，不當辭禄。且國用不足者，以未得善理財故也。』光曰：『善理財者，不過頭會箕斂耳。』安石曰：『不然。善理財者，不加賦而國用足。』光曰：『天下安有此理？天地所生財貨百物，不在民，則在官，彼設法奪民，其害乃甚於加賦。此蓋桑弘羊欺武帝之言，司馬遷書之，以見其不明耳。』」

又：「熙寧二年二月甲子，議行新法。王安石言：『周置泉府之官，以摧制兼并，均濟貧乏，變通天下之財，後世唯桑弘羊、劉晏麤合此意。學者不能推明先王法意，更以爲人主不當與民争利。今欲理財，則當修泉府之法，以收利權。』」

馮琦 經濟類編

卷三六財賦類二理財二：「執政以河朔旱傷，國用不足，乞南郊勿賜金帛。詔學士議。司馬光曰：『救災節用，當自貴近始，可聽也。』王安石曰：『常衮辭堂饌，時以爲衮自知不能，當辭職，不當辭禄。且國用不足，以未得善理財者故也。』光曰：『善理財者，不過頭會箕歛爾。』安石曰：『不然。善理財者，不加賦而國用足。』光曰：『天下安有此理？天地所生財貨百物，不在民，則在官，彼設法奪民，其害乃甚於加賦。此蓋桑弘羊欺武帝之言，太史公書之，以見其不明耳。』争議不已，帝曰：『朕意與光同，然姑與不允答之。』會安石草制，引常衮事責兩府，兩府不敢復辭。」

又：「河北安撫使韓琦上疏言青苗，……帝袖其疏以示執政，曰：『琦真忠臣，雖在外，不忘王室。朕始謂可以利民如此。且坊郭安得青苗，而使者亦强興之。』王安石勃然進曰：『苟從其所欲，雖坊郭何害！』因難琦奏曰：『如桑弘羊籠天下貨財以奉人主私用，乃可謂興利之臣。今陛下修周公遺法，抑兼并，振貧弱，非所以佐私欲，安可謂興利之臣乎？』」

又：「王安石言：『周置泉府之官，以摧制兼并，均濟貧乏，變通天下之財；後世唯桑弘羊、劉晏麄合此意。學者不能推明先王法意，更以爲人主不當與民争利。今欲理財，則當修泉府之法，以收利權。』」

李贄　藏書

卷十七富國名臣總論：「卓吾曰：『史遷傳貨殖，則羞賤貧，書平準，則厭功利，利固有國者之所諱與？然則太公之九府，管子之輕重，非歟？夫有國之用與士庶之用，孰大？有國者之貧與士庶之貧，孰急？漢自高帝圍於冒頓，高后辱於嫚書，文、景困於中行説，堂堂天朝，犬戎侮之，至妻以公主而納之財，猶且不得免也，烽火通甘泉，邊城晝警，入粟塞下，募民徙邊，積穀屯田，殆無虚歲矣。武帝固大有爲不世出之主也，於此肯但已乎？今夫富者，力本業、出粟帛以給公上，貧者，作什器、出力役以佐國用，助征戍，是所益於國者大也。獨有富商大賈，羡天子山海陂澤之利，以自比於列郡都君，而不以佐國家之急。果何説乎？設使國家無此，固無損也。夫有之未嘗益，則無之自無損：此桑弘羊均輸之法，所以爲國家大業，制四海、安邊足用之本，不可廢也。且其初亦非有意盡奪之也，既拜爵以勸之矣，又大封賜卜式以誇耀風厲之矣，而商賈終不聽也，故重徵商税，使之無利自止，然後縣官自爲之耳。又於京師置平準以平物價，使之不至騰躍，而後買賤賣貴者，無所售其贏利，其勢自止，不待形驅而勢禁之也。弘羊既有心計，又能用人，其所用者，前有爵賞之勸，後有誅罰之威；是以銖兩之利盡入朝廷，奸吏無所措其手足，不待加賦，而國用自足，太倉、甘泉，一歲皆滿，邊餘穀，賞賜日以鉅萬，皆取足大農，大農財帛，盈溢如故也。武帝之雄才如何哉！甚矣，孝武之未可以輕議也！宋之王安石，吾不知何如人者，乃亦欲效之，可乎？夫安石不知其才之不能，而冒焉遽以天下之重自任；議者不以其才之不足以生財，而反咎其欲以奪民之財，則其所見又在安石下矣。夫安石之於神宗，猶夷吾之於齊、商君之於秦也，言聽而計從之矣；然夷吾之行，迨二百餘年以至威、宣，猶享其利；商君相秦，不過十年，能使秦立致富强、成帝業者。乃安石欲益反損，欲强反弱，使神宗大有爲之志，反成紛更不振之弊，胡爲也哉？是非生財之罪也，不知所以生財之罪也。嗚呼，桑弘羊者，不可少也！」

李贄　史綱評要

卷八：「漢昭帝始元六年，諫大夫杜延年數爲大將軍言：『年歲不登，流民未還，宜修孝文時政，示以儉約、寬和，順民心，悦天意，年歲宜登。』光納其言，詔有司問郡國所舉賢良、文學，民所疾苦。皆對：『願罷鹽、鐵、酒榷、均輸官，毋與天下争利。』桑弘羊謂：『安邊、足用之本，不可廢。』於是鹽、鐵之議起焉。」評曰：「鹽、鐵不可廢。」

焦竑　澹園集

卷二十二書鹽鐵論後：「自世猥以仁義、功利分爲二塗，不知即功利而條理之乃義也。易云：『理財正辭，禁民爲非曰義。』而豈以棄財爲義哉？桑弘羊當武帝兵興，爲三法以濟之。中如酒榷，誠末事矣；乃諸當輸官者，令各輸土所饒，平其直，於他所貨之；輸者既便，官有餘利，亦善法也。至筦山澤之利，置鹽、鐵之官，真不益賦而用饒，奈何以薄之。劉彤有云：『古費多而民不傷，今用少而下轉困，非他，古取山澤，今取貧民，取山澤則公利厚而人歸於農，取貧民則公利薄而民去其業。』此亦足以發明漢法之當遵用矣。古先王山海有官，虞衡有職，輕重有術，禁發有時，一厚農，一足國；桑大夫蓋師其餘意而行之，未可以人廢也。藉第令畫餅療饑，可濟於實用，則賢良、文學之談甚善，庸詎而必區區於此哉？」

張居正　張太岳先生文集

卷八贈水部周漢浦榷竣還朝序：「張子曰：『余嘗讀鹽鐵論，觀漢元封、始元之間，海内困敝甚矣，當時在位者，皆扼腕言榷利，而文學諸生乃風以力本節儉，其言似迂；然昭帝行之，卒獲其效。故古之理財者，汰浮溢而不鶩厚入，節漏費而不開利源，不幸而至於匱乏，猶當計度久遠，以植國本，厚元元也。賈生有言：『言之者甚少，靡之者甚多，天下財力安得不詘。』今不務除其本，而競之賈豎以益之，不亦難乎？」

鍾惺　讀平準論

平準之法，是武帝理財盡頭之想，最後之着，所以代一切興利之事，而救告緡之禍。所以窮而變，變而通，其道不得不出于此者也。何也？文、景殷富，而武帝以喜功生事，化而爲虚耗之世。鬻爵鬻罪，而鬻爵鬻罪不效也；鹽鐵，而鹽鐵不效也；鑄錢制皮幣，而鑄幣不效也；酬金，而酬金不效也；風示百姓，分財助縣官，而分財不效也；募徙民，而徙不效也；事至此而勢已窮矣。至于告緡之令下，以天下而同于盗與兵，天下囂然喪其樂生之心，不思以解之，且求爲秦之季世而不可得矣。桑弘羊晚出，乃始爲平準之法，籠天下財物，歸於縣官，而相灌輸，貴即賣之，賤即買之，富商大賈，無所牟大利，則反本，而萬物不得騰踊，雖所謂不加賦而天下用饒，是利臣籠絡人主之語，而賞賜帛百餘萬疋，金錢巨萬計，皆取足大農，不復告緡，此即平準之效也。或曰：是以天子而同於負販矣。以天子而同於負販，不猶愈於以天子而同於盗賊矣乎？且告緡之禍可以亡，平準非救窮以救亡也，故平準者，道不得不出于此也，然則史遂無譏乎？曰：惡得無譏。漢文、景之天下，何以遂化爲武帝之天下也？覩時觀變，史蓋有深悲焉，非悲平準也，悲其不得不出於平準之故也。（明張廷鷺編廣古今議論參卷二十一）

于慎行　穀山筆麈七

管子富國之法，大要在籠山澤之利，操金穀之權，以制民用，而不求之於租税，使之民服食器用皆仰足於上，而上無所求於民，第以市道交之，使其輕重之權在於上不在於下，而富商大賈，無所牟利，此其大略也。漢時桑、孔之徒，法其微指，以爲均輸、平準之法，而不知其合變，何也？管子之法霸道也，可施之於一國，不可施之於天下，一國之地有限，智數法令可以周遍，而四海之遠，惟精神意氣，潛移默運，非智數法令所及，一也；霸其國者，不顧鄰國，可以利吾國則爲之，鄰國雖害不恤也，可以利吾民則爲之，鄰國之民雖斂不顧也，故常以吾國之財，操其輕重，以御鄰國之斂，其勢然也；若夫爲天下則不然，此有餘而彼不足者，亦王土也，此嚮其利而彼其斂，斂者亦王民也，譬如一身，血脉周流，無所不貫，疾痛疴癢，不諭而知，安有損手而益足，刳膚而實腹者？故管子之説不行也，二也。是故桑、孔用之漢而秏，王、吕用之宋而亂，然則王天下者不理財耶？曰：大學之十章備之矣，此王道也。

林熙春　城南書莊草

卷七劉别駕鹽議題辭：「天下之利，莫大乎鹽，而其弊亦莫大乎鹽；顧其弊每由小浸大，與利常相爲負勝也。鹽鐵論云『川原不能實漏巵』，似爲下之無節發；『山海不能贍佚欲』，似爲上之無制發：皆由小浸大之説也。」

陳龍正　幾亭全書

卷三十三政書掌上録三論劉晏理財：「生則利國，大學一篇之中，三致意焉。俗士謂利非君子所宜言，謬也。利權不畀之君子，將屬小人乎？治財有三：太上滋生而減耗，其次奪逐末之權，最下侵務本之利。何謂滋生而減耗？百姓所用菽布帛機器爾，地方徧，人工盡，有是二者則其生日滋也。官汰冗，兵耕屯，禁度僧道，清吏胥侵漁，上先素樸，守是五者，則其耗日減也，是謂王佐之治財。當時既無其主，亦非其時，故晏不能爲也。晏所爲，不過奪商賈之利權，而歸之朝廷，官民兩利焉。弘羊謂『不加賦而用足』，晏實能之，管子以後，一人而已，非爲國之大經，亦救世之良才也。最下加賦，侵務本之微利，供游食之衆人，財竭心離，禍亂從之，弘羊起於前，安石甚於後，紛紛立法，民國兩窮，其視晏之擇士養民、因勢寬費者，意事一一相反，則安石乃晏之罪人，而晏豈僅言利之臣哉！且肅、代之朝，無晏則李、郭何由成收復之功？而王衍一生，口不言錢，亦無解於宦情之重。秉國者視秉若爲爾，財利，國家之要務，可不言耶？」

瞿景淳 論諸子

桓寬鹽鐵論，當時所共議者，今觀其問答，非不伸異見，騁異辭，亦無有大過人者。其曰：「行遠者因於車，濟海者因於舟，成名者因於資。」則一時趨向可知矣。（廣古今

議論參十五）

張采　論理財

至于鹽絺之貢，乃自青州，禹貢載之，而洪範所舉五行，水主潤下作鹹，蓋言其出乎海，出乎池，出乎井，與出乎地，出乎山，出乎木石者，生民之日用，無之不有也。是以周官有鹽人掌其政令，以共事之鹽。迨管仲説桓公，伐菹薪，煮海水而鹽令設矣。漢承秦法，鹽、鐵之利，二十倍於古，後嚴私鬻之禁，刑鈦左趾，則孔僅、東郭咸陽發之，而桑弘羊務深文焉。孝明之世，張林建議官須鬻鹽，乃大悖矣。（廣古今議論參二一）

謝泰宗　天愚先生文鈔

卷七雜著史衡文景善理財：「古今言理財者至矣，而理之於外，不理之於内，究之内外俱竭耳。如漢文、景二帝，躬行清静，而紅腐貫朽，後世尚蒙其休；武帝商功計利，不遺錙銖，而司農往往告匱。蓋文、景承干戈之餘，身自節儉，耕籍勸農，生養休息，六七十年，列侯有土，公卿大夫有禄，街巷有馬，閭閻有粱肉，太倉之粟，都内之錢，所由積也。至武帝患幣之輕，則鑄白金，造皮幣，患商賈之重，則舟車有算，緡錢有告，鬻爵免罪矣，郡國置農官矣，均輸行矣，鹽酒榷矣；然忽有水旱，束手告匱，渾邪之降，至不能具二萬乘，兩軍出塞，戰士頗不得騰飽，蓋以帝不能清静無爲，而惟財用之是營也。自其兵興輸輓之煩也，而農日困；自其斡鹽鐵、置均輸、算商告緡也，而商人困；自其立轉送之法而入財補郎也，而世家之子弟困；自其差出馬也，而封君至吏三百石以上困；自其造皮幣、省酎金，而列侯困。夫上自列侯封君，下至庶人，皆財所自出，而俱受困，焉得不日耗也乎？此先儒陳季雅語余，故拈出以勸後之理財者，爲文、景勿爲武帝可。」

陳其愫點輯　皇明經濟文輯

卷五失名鹽鐵：「山東物産豐饒，甲於天下，其用之廣而利之溥者，惟鹽、鐵乎！粤自管仲相齊，實興厥利，仲之言曰：『利出一孔者，其國無敵，出二孔者，其兵不詘，出三孔者，不可舉兵。』當時鹽、鐵之徵，雖少男少女之所食，一鍼一刀之所用，無弗算及，卒能以一國兼二國之藉者六千萬人，而藉不預焉。及觀其立法，不過税之而已，鹽雖官嘗自煮，亦權時取利之計，鐵則官未嘗冶鑄也。自漢武帝用桑弘羊、孔僅領之，乃官自煮鹽、鑄鐵，官二十八郡而山東居二十二。元鼎中，徐偃奉使膠東、魯國，聽民便宜鼓鑄，御史大夫遂得以矯劾之。昭帝時，賢良、文學之士請罷鹽鐵，與大夫桑弘羊極論利害，大夫曰：『鹽、鐵之利，佐百姓之急，奉軍旅之費。』文學曰：『王者不蓄，藏富於民。』大夫曰：『豪人擅用專利，恐滋貪暴。』文學曰：『禍在蕭牆，不在朐邴。』於是屢罷屢復，卒未有能去之者。」（下論唐、宋以後事，兹從略）

周如砥　青藜館集

卷四讀鹽鐵論書後：「余觀元始鹽鐵之議，一時諸文學士論難鋒起，慮亡不抗顔而引古誼者，乃竟詘焉，夫亦其自詘之也。醫之已疾也，有不得不用烏喙者，要在制其毒，俾不爲害而已；今不言制毒，而曰必不可用，其誰信之。凡衰世之法，利害相兼，是非不相掩；槩指其非，並掩其是，辨愈疾，行愈力。然則雖曰争之，其實激之，此所謂與於不仁之甚者也。文學稱説先王，依附仁義，其論正矣；財利不必非仁義也。且鹽鐵之利七八，而其害二三，大都則行之而不得其人之故。夫行之而不得其人，寧獨鹽鐵哉？將以弘羊而遂廢天下之大計乎？古禁數罷，今或弛之；古無鹽鐵，今或榷之；時則使然，聖人不得違也。然桑弘羊卑卑矣。」

程正揆　讀書偶然録

卷一：「平準之法，是武帝理財盡頭之想，最後之着，所以代一切興利之事，而救告緡之禍，所謂窮而變，變而通，其道不得不出於此者也。何也？文、景殷富，而武帝喜功生事，化而爲虚耗之世，鬻爵鬻罪有效也，鹽鐵而鹽鐵不效也，鑄錢制度皮幣，而錢幣不效也，酎金而酎金不效也，示百姓分財助縣官，而分財不效也，募徙民而徙民不效也，非惟不效而已矣，而又曰選舉陵遲，廉恥相冒，曰吏道雜而多端，官職耗廢，曰見知之法生，窮治之獄用，曰縣官大空，而富商大賈或蹛財役貧，曰公卿大夫諂諛取容：一篇之中，三致意焉，則形已見而勢已窮矣。至於告緡之令下，以天子而同於盜與兵，天下嚣然喪其樂生之心，不思以解之，且求爲秦之季世而不可得矣。桑弘羊晚出，乃始爲平準之法，籠天下財物，歸於縣官，而相灌輸，貴即賣之，賤則買之，富商大賈無所牟大利則反本，而萬物不得騰踊，雖所謂不加賦而天下用饒，是利官籠絡人主之意，而賞賜帛百餘匹，金錢巨萬計，皆取足大農，不復告緡，此即平準之法也。或曰：是又以天子而同於負販矣。以天子而同於負販，不猶愈於以天子而同於盜與兵乎？且告緡之禍可以亡，平準非救窮，以救亡也，故曰：平準者所以代一切興利之事，而救告緡之禍，其道不得不出於此者也。其道不得不出於此，然則史遂無譏乎？曰：惡得無譏。漢文、景之天下，何以遂化爲武帝之天下也？靚時觀變，史蓋有深悲焉。非悲平準也，悲其所以不得不出於平準之故也。」

顧炎武　亭林詩集

卷五歲暮西還時李生雲霑方讀鹽鐵論：「積雪凍關河，我行復千里，忽聞弦誦聲，遠出衡門裏。在漢方盛時，言利弘羊始。桓生書一編，恢卓有深旨，發憤刺公卿，嗜利無廉恥，片言折斗筲，篤利垂青史。舠乃衰亂仍，徵斂横無紀，轉餉七盤山，骨滿秦州底。太息問朝紳，食粟斯已矣，幸哉荀卿門，尚有苞丘子。」

顧炎武　日知録

卷二八酒禁：「先王之於酒也，禮以先之，刑以後之。周書酒誥：『厥或告曰：羣飲汝勿佚，盡執拘以歸于周，予其殺。』此刑亂國用重典也。周官萍氏幾酒謹酒，而司虣禁以屬遊飲食于市者，若不可禁，則搏而戮之。此刑平國用中典也。……漢興，蕭何造律，三人以上無故羣飲酒，罰金四兩。曹參代之，自謂遵其約束，乃園中聞吏醉歌呼，而亦取酒張飲，與相應和，是并其畫一之法而亡之也。坊民以禮，酇侯既闕之於前，糾民以刑，平陽復失之於後，弘羊踵此，從而榷酤之，夫亦開之有其漸乎！」武帝天漢三年，初榷酒酤。昭帝始元六年，用賢良、文學之議罷之，而猶令民得以律占租，賣酒升四錢，遂以爲利國之一孔，而酒禁之弛，實濫觴於此。」（原注：「困學紀聞謂：『榷酤之害，甚於魯之初税畝。』」）

李因篤　受祺堂文集

卷二鹽政策：「國家理財之事，田賦而外，莫大於鹽政。故從來經國諸臣，明知其奪民以自便，出於霸者功利之習，而未有輕言報罷者也。……故有按古之文，有救時之論，有通久之謀。……夫夏、周尚矣，管子巧爲予奪，遂使後世言利，祖其説以聚斂，迄今目爲厲階；而計之甚詳、行之不頗，猶未至於病民也。桑、孔踵其法，而榷利倍之，民以爲苦矣；然急於公家，不自封殖，猶未至於病國也。……臣聞古大臣之事其君，莫不以德爲本，以財爲末。故管子海王之篇，斥曰霸功，弘羊箕斂之事，釀爲亂始，論者皆深非之。然古之言利者，以利國也，今之言利者，以自利也，是不徒管仲所羞稱，而且爲桑、孔之罪人矣。則鹽法之通於吏治不可不端也。」

孫廷銓　漢史億

卷上：「公孫弘、卜式、桑弘羊，一輩希世詭遇之人也，各奏其技，各得其欲，道常相軋，而智實相師，所求者正同耳。……及卜式以輸財進，而弘獨非之曰：『此非人情，不軌之臣，不可以爲化。』則惛惛然忘己之爲詐矣。卜式輸財助邊，問：『欲官乎？』曰：『不願也。』『有寃欲言乎？』曰：『無之。』此其匿情求名，真善賈也。及弘羊以言利進，而式又非之曰：『縣官當衣食租税而已，今弘羊坐市列肆，販賣求利，獨烹弘羊，天乃雨。』則惛惛然忘己之爲市矣。觀其行己，欲出衆論之表，責人則在恒理之中，何其不恕乎！蓋吴子之謂伍員曰：『初爾言伐楚，余知其可也，而惡人之有余之功也；今余將自有之矣，伐楚何如？』如彼諸人之相妒也，其亦是意夫！」

卷上：「元狩間，桑弘羊置司農丞，爲平準之法，以都受天下委輸，所重在貨，賤則買之，貴則賣之，故商困。五鳳間，耿壽昌爲司農丞，置常平倉之法，所重在穀，賤則增價而糴以利農，貴則減價出糶以贍貧民，故民便。乃未幾至初元中，以星變詔減大官，而常平之法，遂與……鹽、鐵……同日俱罷，則是當日翻爲不便於民又可知也。夫天下廉吏常少，貪吏常多，後來奉法之人，既非必始者作法之意，加以罷民蠹吏，緣奸作邪，蓋藏不謹，出入不時，前者僞增廪數以取能名，後者輒轉虧削以求羸羡，其久也，公私耗檄而澤不下究，名爲主法，文具無實，或又加擾焉者，蓋往往而有也。夫自五鳳以至初元，才十餘歲，而此法已檄不可行，況欲萬代相師者邪！」

陳時夏　兩淮鹽法志

卷十六藝文錢謙益淮鹺本論跋：「漢世詔丞相、御史與賢良、文學問民疾苦，共議鹽、鐵；唐世張平叔請變鹽法，詔公卿議可否，韋處厚、韓愈有十難十八條之議。是以利病分明，無道謀築舍之慮。」

又云：「昔者，始元鹽、鐵之議，意指殊路，公卿則曰：『管子修太公之業，海王之國，謹正鹽筴，建鐵官，以贍國用，開均輸，以足民財，萬民所仰戴而取給也。』文學則曰：『民人以垣牆爲藏閉，天子以四海爲匣匱，豪强兼并，不絶其源而憂其末，所謂在蕭牆而不在朐邴者也。』此兩言者不可以偏廢。有宋大儒，若范希文父子、朱仲晦之流，莫不條議鹽法，歷歷如指掌，豈僅僅如桑大夫、耿司空以課牢盆、析秋豪爲能事？」

案：錢謙益此文，不見牧齋初學集、牧齋有學集，故據兩淮鹽法志收入。

彭孫貽　茗齋集

卷十一吴章畫漢名臣圖贊御史大夫桑弘羊，洛陽人，五首：「咸鬻鹽，孔大冶，洛陽賈兒，不在彼下。

造五銖，作平準，富商大賈利俱盡。

利析秋毫，刑密吹毛，民不益富，大官用饒。

牧羊兒，羊息乳，請烹羊，天乃雨。

饟羊錢郭，屠羊霍霍。」

朱鶴齡　愚菴集

卷十三讀貨殖傳：「太史公貨殖傳，將天時地理人事物情，歷歷如指諸掌，其文章瑰瑋奇變不必言，以之殿全書之末，必有深指。或謂子長身陷極刑，家貧不能自贖，故感憤而作此。何其淺視子長也。趙子常汸云：『貨殖傳當與平準書參觀。平準譏横斂之臣，貨殖譏牟利之主。』此論得之，而有未盡。愚以爲此篇大指，盡於『善者因之，其次利道之，又次整齊之，最下者與之争』。夫天子之富，藏于山海。高祖初興開關梁，弛山海之禁，是以富商大賈周流天下，交易之物，莫不通得其所欲，此非所謂因之與利導之者乎？迨至武帝，征伐四夷，大興神仙土木之事，國用耗竭，其勢不得不出于争：與貧民争，而千里負擔饋糧，率十餘鍾致一石，益漕餘粟關中，太倉、甘泉皆滿矣；與富民争，而鬻爵輸粟入羊爲郎之令下矣；與諸王列侯争，而朝賀皮幣薦璧，以酎失侯者百餘人矣；與商賈争，而鑄鐵煮鹽、算軺告緡之法縱横四出矣。至於京師置平準，受天下委輸，大農諸官，盡籠天下貨物，貴即買之，賤即賣之，則天子自爲商賈，子長心傷之，而不忍盡言，故首舉計然之貴極徵賤、賤極徵貴，白圭之人棄我取、人取我與，以深致其意，若曰平準之法，權衡物價輕重間者，乃陶朱、白圭、猗頓諸人治生家之所爲也，奈何以萬乘之尊而出此乎？中言五方都會，百貨所出，商賈輻湊，苟得其道以御之，何至患貧。且求富者，人之同情也，自廊廟巖穴，從軍任俠，以至趙女鄭嫗，游閒公子，諸技術之人，皆爲財利。天子之職，當重本抑末，使富貴不相燿，以和其心，而乃籠貨利以導之争，則雜業何所不至乎？末又歷數程、卓、宛孔、曹邴、刁間之徒，以及姦事辱處者，皆得比于素封，以見天子與商賈争利，則人皆化爲商賈，所以深嘆漢業之衰，而高祖之開關梁、弛山澤爲不可復見也。特子長以滑稽行文，故子貢與陶朱、白圭例稱，而於程、卓輩則云『當世賢人所以富』，若曰，今世所謂賢人，特此曹子耳。時桑弘羊以賈人子進，天子方尊顯之，譏切之意見於意外，班孟堅不達，乃非之曰：『傳貨殖則崇勢利而羞貧賤。』嗚呼，以子長之材，貫穿經傳，上下數千載，而乃洋洋艷慕市兒賈豎，著之于書，何以爲子長哉？」

賀貽孫　水田居文集

卷二漢武帝論二：「漢武帝用桑弘羊領大農，盡管天下鹽鐵，作平準之法，置大農部丞數十人，分部郡國，令遠方各以其物，如異時商賈所轉販者爲賦，而相灌輸，置平準於京師，受天下委輸，貴則賣之，賤則買之，欲使富商大賈無所牟大利，而萬物不得騰踊。山東漕粟，歲益六百萬石，一歲之中，倉滿餘穀，帛五百匹，民不加賦，而天下用饒。君子曰：天下功罪之名，未易定也。夫固有自後世追數之則爲罪，而當時較論之則爲功者矣。追數其罪，罪在撓滋之經，而違其多福；較論其功，功在救時之變，而權其少禍：如平準是也。所謂平準，豈非言利小人設法以籠天下之貨哉？顧有大不得已者，使武帝元狩以後，皆如建元之初，節事愛民，外無南越、東甌、西蠻、北胡征討之費，内無栢梁、建章、昆明土木之役，雖百桑弘羊，安所安之！而武帝不能也；豈惟武帝不能，雖直如汲黯，知如東方朔，賢如鄭莊，舉朝之人，杜口袖手而莫救也。豈惟莫救？

且有人焉，進鬻爵賣功之策，而吏道雜；有人焉，陳入粟贖罪之計，而奸宄興；有進酬金助祭之説，而列侯困；有獻筭舟筭車之法，而商賈罷。又有楊可之輩，興告緡之事，御史廷尉，分曹往治，侵民財物以億計，奴婢以千萬數，田宅大縣數百頃，小縣百頃，而百姓中家以上皆破矣。於是酷吏繁興，天下騷動，其不斬竿揭木，起而亡漢者，特有待耳。當此時，而欲達權通變，上不妨武帝功利之圖，下可代楊可告緡之禍，此不在正誼明道之君子，而在聚斂心計之小人；以聚斂小人之謀，救聚斂小人之失，權其害輕禍寡，聊以紓目前之患者，舍平準何由哉？平準行而國用饒，告緡筭車之令悉罷，民得漸休，而死於酷吏者，十減其八九矣。然則弘羊之策，用於建元之初，則爲生事，而用之於元狩之後，則省事也；平準之令，行於崇儒術、舉仲舒、召申公之時，則爲倡亂，而行於慘急刻深，用夏蘭、杜周、張湯、義縱之日，則弭亂也。凡人爲善，必求其端，而止惡必求其漸。告緡既罷，則武帝之意，將不止於罷告緡已也，輪臺一悔，并與平準、均輸而俱罷矣。于是代田之制興，而搜粟都尉之官設，力本務農，以與天下休息，其端皆起於罷告緡，而告緡之罷，實始於平準；平準之罪著於後世，而平準之功重於當時。吾故曰：天下功罪之名，未易定也。」

雖當時聚斂之謀，繁於秋荼，析於秋毫，上自公卿，下至黎庶，莫不受困；就其中不加賦而國用足，惟弘羊平準一法，差不爲民大害。篇中以聚歛之謀救聚歛之失，非有心國計民生者，不能發此篤論也。讀此，覺平準與青苗，其利害奚啻倍蓰！後學顔希孔識。

彭桂　瞻謁董江都故居感賦

揚州鹺署爲董江都故居，署後有祠遺井尚在，丁巳秋瞻謁感賦：「鄒、魯儒風湮，嬴秦强力逞，蘇、張舌肆矛，申、韓智設穽，典籍付劫灰，仁義棄荒梗。辛長馬上來，功成亦僥倖，苟且由蕭、曹，因循及文、景。卓哉江都相，鼂、賈非可並，三策本春秋，反覆誠修省，正誼與明道，功利所亟屏，至今兩廡祀，千秋日星炳。管子霸者佐，思以富强騁，宦海始熬波，國用因不窘。後世桑、孔輩，錙銖收幾盡。淮南百萬租，設使俾專領，趨羶如蟻蠅，處濁同鼀黽。誰令先生居，一朝作金礦。我兹瞻荒祠，三歎中耿耿，幸有遺井存，悠然自清泠，獨來㪺寒泉，對之滌心影。」（國朝詩别裁集卷十五。沈德潛評曰：「前以蘇、張、申、韓諸人引起，見道術久裂，得董子而始正也。後又從管子之熬波，説到桑、孔之盡利，淮、揚之間，蠅屯蟻聚，而董子之居，竟爲堆積金錢所矣。幸有遺井存，可以洗心鑒影，猶極炎熱時，服清涼散也。此種詩不同風雲月露之作，而又不入於腐，所以爲高。」）

汪琬　鈍翁前後類稿

卷五十雜著史評十二則桑弘羊：「弘羊爲平準法，都受天下委輸；是時小旱，卜式言曰：『縣官當食租衣税而已，今弘羊令吏坐市列肆，販物求利，烹弘羊，天乃雨。』其後弘羊竟坐族滅。汪子曰：言利之臣未有不及於禍者也，彼劉晏猶不克自免，而何有於弘羊之徒乎？老氏有言：其施厚者其報美，其怨大者其禍深。人臣枋國，而以利媚人主，斯府怨之尤者也。」

尤珍　滄湄詩稿

卷一咏史：「仲父治齊國，竭盡山海藏，身死竟無後，世祀終不長。弘羊算鹽鐵，心計窮豪芒，矜功坐怨望，家破族亦亡。造物忌牟利，鬼神降禍殃，所得漫云厚，所失乃不償。願告理財者，三復大學章。」

沈季友　學古堂詩集

卷四秋蓬集算商車：「武皇一手挽衆利，税酒榷鹽鑄金幣，又聞有詔算商車，秋豪已析無遺計。奈何天子爲天下君，而剥我民養我身，誰實導之桑、孔者倫，至哉聖言寧有盜臣。」

曹寅 楝亭詩鈔

卷六六月十日大理南洲編修勿葬徵君過訪真州寓樓有作：「君等信仁者，寸匕扶瘝疲。精持鹽鐵論，磨厲瓊琚詞。」

張大受 匠門書屋文集

卷三讀漢書：「武爵貲郎竇漸開，賢良文學進無媒；羡他開閤菑川叟，不要驅羊卜式來。」

許志進 謹齋詩稿

丙申年稿上鹽場：「奇貨居鹽筴，常年倚海王，淘波捲珠玉，括地傲農桑，國計操商賈，天心愛富强，蓬萊應水淺，滄海幾塵揚，大冶陰陽炭，炎蒸冰雪場，千羣争蟻垤，萬竈簇蜂房，地水看融結，滄瀛接混茫。經營雄楚、豫，財賦擅淮、揚，粒粒徒辛苦，堆堆補肉瘡，百年歸侈汰，幾輩恣拔猖。此地初登壟，他時盡括囊，權謀嗤管仲，心計薄弘羊，捷徑趨津要，高貲踞廟廊，籌邊虛遠略，輸粟久荒唐，長算思前代，殊恩沛我皇，邇來三百萬，蠲貸豈相償。」

陸隴其　三魚堂外集

卷四劉晏五事：「言利之臣，君子所不取也，而其事有可法，則君子亦未嘗棄焉；非謂一言利之臣，其事遂足爲天下法也，由其事而推之，則治天下之法不越此耳。是故管仲之治齊也，其人不足取也，然其務農貴粟，雖君子不能不法矣。商鞅之治秦也，其人不足取也，然其强本節用，雖君子不能不法矣。李悝之在魏也，其人不足取也，然其平糴齊糴，雖君子不能不法矣。秦、漢而下，人臣以利亂天下者多矣，君子放而絶之，惟恐其不峻，而苟其事有足法者，則亦安得而不取哉？唐劉晏之領鹽鐵度支也，先儒謂其有可法者五事，此所謂不取其人而取其事者歟！夫晏一聚斂之臣耳，在漢則桑弘羊、孔僅之流耳，在唐則楊慎矜、皇甫鎛之徒，何足爲君子法。」

案：下論五事利弊，文繁不録。

汪楨　史弋

卷上桑弘羊：「桑弘羊一賈豎耳，作平準法以理財，謂民不益賦而天下用饒。噫嘻，何其詐也！司馬光曰：『天地生財，止有此數，不在民則在官。』誠哉是言也！弘羊理財持政，設法以陰奪民利，其害更甚於加賦，武帝受其欺而賜爵，宜乎後世之爲弘羊者殆不尠也。」

方苞　望溪先生文集

卷二書貨殖傳後：「桑弘羊以心計置均輸、平準，陰與民争利，所謂塗民耳目，幾無行者也，故因老子之言而連及之，然後推原本始，以爲中古而後，嗜欲漸開，勢不能閉民欲利之心，以返於太古之無事，故其事者，亦不過因之利導之而已。至於教誨整齊，則太公、管仲猶庶幾焉，獨不及最下者之争，蓋其事已具於平準矣。故於此書惟見義於羣下，其稱患貧也，極於百室之君、萬家之侯、千乘之王而止，蓋不敢斥言也。故其稱賢人深謀廊廟，謂趙綰、王臧之屬耳。世有守信死節而志歸於富厚者乎？特論議朝廷時之訑語耳。隱居巖穴之士設爲名高，謂公孫弘、兒寬之屬也，故儕之於攻剽椎埋，趙女鄭姬。而一篇之中，再致意於素封，謂以公卿大夫爲歸於富厚之徑塗，轉不若素封者之無可醜耳。其正言斷辭，則皆於庶民之貨殖者發之，故曰：『居之一歲，種之以穀，十歲樹之以木，百歲來之以德，德者，人物之謂也。』又曰：『本富最上，末富次之，姦富最下。』匹夫編户猶以姦富爲羞，況人物所託命，而乃不務德而用心計以與民争，是不終日之計也，果可以塗民之耳目邪？」

王鉞　讀書蕞殘

鹽鐵論六十篇，西漢桓寬次公所撰。昭帝時，丞相、御史與諸賢良文學論鹽鐵事，寬采録其言，傳以詞令，纂爲成書。今讀之，其文樸茂濃郁，卓然有西京風氣；且其詞磊犖而抗直，論辯侃侃，無少回屈，可以想見一時士氣；又其經術鑿鑿，具適於用，非徒雕章櫛句者比。後世所稱賢良，無其問學，又無其氣骨，至於隨俗俛仰，違離道本，所對非所學者多矣，讀此令人有古今不相及之歎云。

侯七乘　孝思堂集

卷九乙未自都門歸途中憂旱六首：「麥無莖稻無秧，滿道飛沙拂面黄；今日回天休請劍，漢家没箇不弘羊。」

韓菼　有懷堂詩稿

卷五馬上口占二首：「一篇平準爲弘羊，千載輪臺頌武皇；怪底盈廷還咋舌，解嘲犬子亦貲郎。」

任源祥　鳴鶴堂集

卷二鹽法議：「榷鹽，非王政也，自管氏作俑，桑、孔濫觴，而利源一開，後遂不可復塞，尤而效之，抑又甚焉。至於今，鹽課直與田賦相表裏。故在今言，欲談王政，而弛山澤之禁，非愚則迂矣。姑就其事而劑其宜，亦無失爲政之大體，而猶存乎便民之意，其可乎。」

畢振姬　西北文集

卷二讀鹽鐵議：「鹽、鐵所以助錢法，均輸所以助鹽、鐵，三者，漢家財賦所由足，初不加於租庸之正額，桑弘羊謂『國家大業，安邊足用之本』是矣，蓋均輸惟鹽鐵使能之，歛之以輕，散之以重，不抑配，不俵散，非有鹽、鐵不能。鹽也，鐵也，錢也，山海天地之藏也。文學暗於大較，不權輕重，願罷民鹽、鐵、酒酤、均輸官，無與天下争利。利將安歸乎？權利之處，必在深山窮澤大海之中，非豪民不能通其利。豪民擅山海之利，即山煮海冶鐵，一家聚或至千百人，倚依大家，竄入山海爲奸利。漢之布衣有朐邴，封君有吴濞，李師道以鹽易鞣材，王重榮以鹽資與國，據山海，成私威，私威成，而逆節之心作。東海吕母能聚羣盗殺長吏，況豪民聚衆千百，爲利往來者哉！豪民不可擅利權，或旁落於封君權貴之手，憂當百此。賈誼、劉秩諫放民私鑄，況鹽、鐵又山海之利之大者哉！安邑自有鹽池，冀州産鐵之山，而禹於青州貢鹽，於梁州貢鐵，此孔僅、咸陽以爲天地之藏，當屬少府者也。自昔齊、晉、吴、越、徐、淮之間多産鹽，强霸代起，朝廷不有其利，故旁落於諸侯耳。諸侯古封君權貴，其視豪民何等也。霍光知時務之要，罷郡國榷酤酒、關内鐵，而鹽利卒不可罷；罷鹽利必賣爵、除罪、筭緡、間架、肉椿、牙契，訖於告緡、括馬、頭子，而究極於加賦；加賦即無民矣，視昔告緡、括籍、賣爵、除罪之取民，猶有定數也。賣爵則縱官爲盗，除罪則縱民爲盗，告緡括籍，上自同於盗與兵，兵連而不解，或轉輸萬里之外，更數年文學條故事爲難，故事有宿兵萬里，數年不費轉輸者有無哉？兵不休，役不息，以爲官賣鹽、鐵非故事，必如秦收大半之賦無疑也。非故事請罷鹽、鐵，爲其近於商賈耳；商賈不可近，乃下同於盗與兵，出孔僅、咸陽下矣。東郭咸陽，齊鹽賈，孔僅，南陽大冶，爲大農丞，領鹽、鐵事，願募民自給費，因官器作，煮鹽，官與牢盆，敢私鑄鐵器煮鹽者，鈦左趾，没入其器物，郡不出鐵者，置小鐵官，便屬在所縣，天下鹽、鐵作官府，除故鹽、鐵家作吏，不選，三年僅拜大農，縣官有鹽、鐵、緡錢之故，用益饒矣。元封元年，桑弘羊爲治粟都大農，盡代僅筦天下鹽、鐵，請置大農部丞數十人，分主郡國，置均輸、鹽、鐵官、平準，受天下委輸於京師，此漢家官鬻鹽、鐵之效。不自漢始，不自漢終，管仲海王之鹽筴，鹽百升而釜，令鹽之重，升加分彊，釜五十也，升加一彊，釜百也，升加二彊，釜二百也。鍾二十，十鍾二萬，百鍾二十萬，千鍾二百萬。萬乘之國，人數開口千萬，國籍爲錢三千萬，今不籍之諸君吾子，而有二國之籍者六千萬，鹽筴半也。鐵官鬻一鍼、一刀、一耒、一耜、一銚、一斤、一鋸、一錐、一鑿，今鍼之重加一，刀之重加六，耒耜之重加七，其餘輕重準此，無不籍。晉國不都鹽池，爲其近寶，貪破堯、舜、禹之儉俗，鹽商韋藩木楗以朝，是固晉之鹽官矣。唐興，設鹽鐵轉運，以劉晏、韓滉分掌天下之賦，鹽居半，歲增額六百萬緡，管仲以國量，晏、滉則以天下量也。自陳少游加賦，包佶、高佑、李錡、皇甫鎛進奉而法壞。宋之三司，鹽、鐵尊於租庸、度支，雍熙以後，招商中鹽，鹽鈔設自范祥、王隨，通商之利，一變而官賣，官賣近古，乃行之以青苗之法，抑配俵散，自趙瞻在河北，章惇在湖南，蹇周輔、張士澄在江、淮，法壞。而王安石任盧秉，蔡京任伯芻，宋遂以南。胡寅折衷甄琛、元勰之論，不得不然也。明初轉運司六，提舉司七，煎有竈，貯有倉，課有額，行有方，一引輸錢八分，粟二斗五升，招商開中，入粟實塞下，粟入引出，引入鹽出，所司關給無留行，禁食禄之家不得牟商利，一切請給，私鬻重論。竈丁給鹵地草場，復其雜役，額鹽一引，以錢鈔準給米一石，餘鹽官自出鈔收之，何嘗非官賣哉？下以資竈户，上以攬利柄，兵不苦饑，民不苦運，猶有管仲、桑、孔、劉晏、胡寅之遺意焉。正統有常股七分、存積三分之説，倍價開中，越次支取，一變而度支葉淇易銀，邊儲不見有粟。弘治有報中零鹽、夾帶所鹽之説，勳戚恩賜，權倖請求，再變而李、郭皇親先掣，商人不見有鹽。當時葉淇爲鄉里，李、郭皇親爲外戚，擅管山海之貨以致富羡，而軍儲坐是困乏。今日之軍儲饒耶乏耶？西南用兵五年，舟船戰馬牽掌至於軍中之器甲硝磺，皆仰給縣官，居者齎，行者送，入物者補官，出貨者除罪，利析秋毫，大盈之庫掃地，獨未議及鹽、鐵，蓋富商大賈，轉轂百數，居邑以稽諸物，專鹽、鐵，封君或低首受納，不佐國家之急，即有官鬻鹽、鐵之議格不行，多爲商賈耳目者，利權不在朝廷也。商賈權貴，合爲一人，内爲商賈撓敗，以爲國家不可爲商賈之所爲，而陰持其權，外挾其主之勢，以嚇長吏，蹛積勒價，爲百姓憂，不知鹽、鐵朝廷之山海，孔僅所言沮事之議，不可勝聽也。迹今賣官除罪，筭緡閒架，鄉紳田加賦十三，加賦即無民矣；不加賦而告緡，同於盜與兵，不如官自鬻鹽，而得管仲、桑、孔、劉晏、王隨、胡寅也。鬻鹽而不得，不過近於商賈，不下同於盜與兵。漢明帝時，張林建議，官須賣鹽，元魏於河東鹽池立官收税，當時天下軍儲未嘗困乏至此。困乏至此而官鬻鹽、鐵之議格不行，則亦主商賈者之不忠也。明季一引輸銀七錢五分，中間有配支，有賣窩，有勸借，皆於鹽價低昂。今引銀少無他費，鹽價乃要市騰踴，加以轉搬四五百里，勒價四兩四五錢矣。官賣但主四兩，五百里外以是爲差，水路又當酌減，民間食鹽之利一。無掣鹽、驗引、夾帶、截角、關税之宿弊，官商賣鹽之利一。每引截留銀三錢貯庫，收買竈丁餘鹽，復其雜役，清理場蕩，官地歸竈，竈丁煮鹽之利一。場蕩之不歸，鹽無所出，總僱據爲己有，則總催可禁。餘鹽之不售，鹽無所歸，私商因以賤售，則私商可禁。支掣、驗截、關税之費煩，鹽不足以更費，則夾帶餘鹽，餘鹽大包可禁。費多不能不勒價，勒價不售，州縣自銷引，不免抑配俵散，抑配俵散可禁。孰禁之？巡鹽御史、鹽運道臣禁之，禁其害也。禁其爲鹽之害而利生，鹽真可以官鬻哉！官用誰鬻，即用今買爵之官鬻，孔僅除故鹽、鐵家富者爲吏也；今鹽、鐵家富者半援納矣，援納既多，試補吏，先除無缺，大小府設一鹽官，主政帶銜視同知，中翰帶銜視通判，試職二歲實授，三歲滿上考，五歲報最歸候陞。大小州縣各設一鹽官，州同帶銜視州同，縣丞帶銜視縣丞，試職一歲實授，間歲滿上考，三歲報最歸候陞，不論原籍外籍州縣府道優禮。有官安署，孔僅天下鹽官作官府，府所裁推官署居府鹽官，州縣所裁主簿缺居州縣鹽官，吏目捕官各以巡鹽書役歸其署。有官有署，役將安用？用役安所取給？每引割留一分送府，充鹽官俸薪紙張，州縣送鹽役一名，工食坐鹽官支給，州縣鹽官每引割留四分，二分充鹽官俸薪紙張，二分充役工食，官役所費，每引總留五分，餘依引解運司，運司留竈户鹽價三錢，餘解户部。户部宜特設大農主鹽。大農，漢之平準也，運司，大農部丞也。禮自肆師下皆無禄，禄在市也，不設吏胥奚徒，用市人也，所設官役俸食倣此。有官有署有役，無本終不能鹽、鐵，軍儲困乏，無從支給，又不能得無銀之引，支無引之鹽，措給有引有鹽，而無水程脚價之僱直，店舍小商之僦直不行，每引割留二錢五分，五百里内府鹽官以二錢攢運，州縣鹽官以五分僦屋募商發賣，五百里外遞增，水路遞減。庶事草創，鑿空不行，府州縣鹽官先備二季引銀脚費，府出三分之一，州縣共出三分之二，支給目前，兩季仍照舊定引額解司解部，且以兩季爲開市費用，後不爲例。府出銀多於州縣官，尊也，以三分之一易五品職官不賤，州縣視此矣。孔僅願募民自給費，輸財多於卜式，三年官九卿，大農何負於商賈哉？自後歲報十倍之利者，大農按年課最題陞；歲報八倍七倍之利者，准紀録；歲報六倍五倍之利，准實職；四倍降罸；三二倍或僅及引額者，府鹽官揭參，革問追贓，如是，可疏通選法。平準書賈人不選者也。府鹽官奠價直，貴賤不得任意，古賈師也；州縣鹽官察其飾行匿價，詐僞不得相欺，古司稽也；窮民或以貨物米麥易鹽，爲之劑化，質人也；緝捕强暴私販，執解盜賊，司虣也；犯禁而梗市把持，小解府鹽官聽之，大解運司治之，賈師市師也；有急不能無賒貸，貸數坐償舊官，賒數責追新官，償者收息，賒者服役，以國服爲之息也。民無添官之擾，官無候選之累，國家有以佐軍儲之饒乏，而文不失大信於天下，孰與商賈權貴共擅山海之利，因以割剥窮民哉？天下出鐵之山，孔僅郡有鐵官，不出鐵者置小鐵官，大鐵官鑄生鐵，小鐵官打熟鐵，鐵有生熟，一從大鐵官易之，是故天下府州縣，元以前有鐵冶司，明罷鐵官始廢署，今依明無設官，可且隸於鹽官。生鐵伐鑛熾炭爲之，鐵成而加薪乃熟，熟可鍼刀耒耜鋤钁鎌鐮釘鐍，打作之屬利熟；生可礮砲鍾鼎鍋鑵，鑄作之屬利生；生熟間爲錠爲鋼，鋼又南北之鐵混溶也，可鋸，可錯，可鑿，且鑄且打之屬利生熟。生熟槩以斤論，鑄作百斤税一分，打作踰三十斤税一分，且鑄且作之屬從打作，私鑄私售坐漏税，孔僅之釱論也。

僅初作鐵器苦惡，價貴，或彊令民買賣之，不若稅其直，而聽民之自作。宋呂申公田器書詳且盡矣。鐵出於鑛，入山鑿鑛者不稅，鑄鐵用炭，取炭者不稅，熟鐵用薪，採薪者不稅，三者，窮人也，養窮人以山澤之利，王政弛以便民耳。開爐煽鐵亦不稅，未成器也。今之稅者吾惑焉，爐中見鐵曰爐稅，鑄作成器曰鍋鏵鍾鼎物稅，民間不敢鑄礮砲以鐵出賣曰鐵稅，熟鐵打刀曰刀稅，釘曰釘稅，拔鐵條者曰方稅，曰大車稅，曰小車稅，大農曾不見有分毫之鐵稅。今官收成器之稅，視管仲鐵重加一，刀重加六，耒耜之重加七，較輕焉，私稅一切除去，官與民兩利，人復撓敗其說，是孔僅沮事之議也。鹽、鐵饒而均輸可行。元封已後，西北初置郡十七，毋賦稅，吏卒俸食幣物車馬被具，歲發萬餘人誅反者，皆仰給大農，大農以均輸調鹽、鐵助賦，故能贍之，今日顧不可鬻耶？明季不鬻鹽、鐵而加賦，盜與兵滿天下，上復重之遂亡，文學言何用。不用文學，用賈誼、劉秩，而錢法又可次第行矣。」

牛兆捷評曰：「民鬻鹽、鐵，利散民而不及國，商鬻則利權在商，因以其餘餌爲商耳目之官若吏，於國無與也。況其先害民，勢將必及國，條晰官鬻利害，并及官不得鬻緣由利害，并及官鬻遠勝民鬻商鬻利害，鑿然井然，救時宰相之策，非同書生痛哭激烈之篇也。結體弘肆堅蒼，在數百年之乎孰滑中，又不啻救時宰相。」

黄文澍 石畦集

治法類卷二無專利：「易曰：『天之大德曰生，聖人之大寶曰位。何以守之曰仁，何以聚之曰財。』財固宜理也。至不得其道，如弘羊平準，安石三司條例，至公私交病，欲專反損，其效可觀矣。士農工商，號曰四民；惟商脱民之財以自益者，而先王不能廢之。孟子曰：『市廛而不徵，法而不廛，則天下之商皆悦而願藏於其市矣。』國計之盈縮，民用之通嗇，豈不視此哉？弘羊、安石，思奪商之利，謂恐其剥於民者無制，而歸之於官，則國日益而民不困。不知其弊百端，通工易事之道絶，則貨財滯而國課歉，民用窘而山澤之利不通，歐子所謂『大商之善爲術者，不惜其利以誘販夫，國之善爲術者，不惜其利而誘大商，取少而致多，以貨財之流通不滯故也』。夫自爲鬻市，富商不爲，奈何爲國理財，其智反出賈人下。」

彭而述 讀史亭詩集

卷四卜式：「欲討南越畔，輒爵關内侯，若果平南越，此德何以酬。卜式喜功名，武帝多權謀，輸財貢縣官，自是桑、孔儔。咄咄牧羊兒，勿爲敗羣憂，鹽、鐵與平準，視此輸一籌。」

盛昱　八旗文經

卷七莽鵠立鹽法沿革論：「武帝好大喜功，靡財無算，晚而匱乏，始用桑、孔之術，鑄山煮海，官給牢盆，奪貧民富商之利，綰入均輸，其利雖溥，特以供征戍土木聲色狗馬之費，非有志於平治天下也。既而困敝衰耗，鹽不能補。昭帝採公論，罷鹽、鐵，而萬姓復蘇。東漢光復舊物，不敢用武帝之法，而天下康寧，則信乎莫利於義也。」

曹一士　四焉齋集

卷二鹽鐵法：「天地有自然之利焉，固爲民而生之也；爲民生之，而不聽民取之，則利壅於上，而下有遏絶無賴之憂；然聽民取之，而一切不攬其權於上，則豪宗猾吏操贏縮以乘時之緩急，其究也，利歸於姦人，而民重困。……夫天地自然之利莫如鹽，而一切攬其權於上者莫如鹽法。論者以煮海之謀，禁及聚庸，輒以罪桑、孔之律，上及夷吾。於戲！耕鑿之變而爲井田，井田之變而爲阡陌，勢不可復反也。苟聽鹽之自生自息，而無有爲之厲其禁者，吾見海濱之民，其亦日尋干戈於菹薪斥鹵之間爾矣。」

納蘭常安　瀋水三春集

卷三武帝斥方士罷田輪臺説：「漢武帝真英雄主哉！　其禀質明睿，賦才俊邁，初即位，罷黜百家，表章六經，興太學，修郊祀，改正朔，定曆律，豐功鴻業，有三代之風。但承文、景恭儉之後，國富兵强，天下無事，智蘊而無所施，氣鬱而不能洩，又不味仲舒勉强之言，用申公力行之語，當是時，如水之將波，鑑之將塵，特無人焉，爲之激之揚之耳。未幾，李少君以却老之術用，文成、五利以神仙致鬼之技進，於是起柏梁臺，作承露盤，凝思於蓬萊，蜕形於海上，高宇雲覆，千楹林錯，較始皇而過之，而文、景之澤槁無餘潤矣；使庸主處此，溺而不悔，貪而不明，則漢之爲漢，有不可知者。……及後桑弘羊請遣卒田輪臺以威西國，下詔深陳既往之悔，由是不復出軍，此易所謂『不遠復，無祇悔』，顔子之不貳過也，得不謂之英雄之主哉！　吾嘗謂人君之精神志氣必有所用，惟爲人臣者，引而置之於仁義中正之途，則臻於堯、舜之域，不難誘而入之於聲色貨利之内，則流爲桀、紂之匹亦易，武帝疎董仲舒不用，而惟用卜式、田蚡、王恢、桑弘羊等，不究利害之寔，以致黔首耗散，骨肉相殘，幸而悔過自咎，永緜漢祚，雖謂如太甲之處桐，自怨自艾，處仁遷義也亦可。」

商盤　質園詩集

卷十九咏史分得西漢：「大農平凖法非良，禱雨應難格上蒼；畢竟直言輸卜式，牧羊人自解烹羊。」

郭起元　介石堂集古文

卷十劉晏理財：「自古有國家者，不畜言利之臣。後世有主於流通天下之財以濟國用者，其間利害不一，或失於損下益上，或失於上下各有損，或得於上下各有益，其等差蓋懸絶矣。聿稽漢武之世，用兵財乏，桑弘羊乃創爲買賤賣貴，謂之均輸。於時，商賈不行，盜賊滋熾，幾至於亂，此損下益上者也。宋王安石以治財之説誤神宗，創置三司條例司，散放青苗錢，遣使數十輩周行天下，講求遺利，卒之，民生困敝，宋祚中絶，此上下交損者也。若夫劉晏之理財，有上下交得者。唐肅宗朝，晏以御史大夫領東都、河南、江淮、山南等道轉運租庸鹽鐵使，時兵戈之後，中外艱食，京師斗米值千；晏所經歷，盡得其利病之由，運其謀畫，轉漕輸京，歲四十萬，由是關中賴以無饑。唐開寶間，天下户口千萬；至德後殘於兵，户不滿二百萬。晏察州縣災害，不使流離死亡，生齒遂日滋。嘗曰：『王者愛人，不在於賜予，當使耕耘織紝，常歲平斂之，荒年蠲救之，又時其緩亟而先後之。』其法：諸道巡院皆募駛足，置驛相望，四方貨殖低昂及他利害，雖甚遠，不過數日即知，是以能權萬貨之輕重，使天下無甚貴甚賤，而物價常平。所置諸道使者，皆慎選臺閣士爲之，倚辦督成，故能有功。嘗言：『士有爵禄，名重於利；吏無榮進，利重於名。』檢劾出納，一委士人，吏惟奉行文書而已。其所任者，數千里外奉教令如在目前，不敢欺隱。每州縣有荒歉，則計官所贏，令先蠲某物以貸其民，民未及困而得財，其補救爲有濟。嘗曰：『善治病者，不使至危憊，善救災者，不使至賑給。』蓋給少則不足以活人，給多則虚帑廪而國用闕，則復重斂於民矣。況賑給多僥倖，吏緣爲奸，强得之多，弱得之少，雖刑法莫能禁也。又謂：『災沴之鄉，所乏惟糧耳，他産固尚在也，賤以出之，易以雜貨，而災民得其利，又移其物於豐處，以收其值，則國用亦不乏矣。又多出菽粟，恣其糴運，散入村閭，下力力農不能詣市者，轉相沿及，不待教令以驅之也。而其本則在於常平。豐則貴取，饑則賤與，率諸州常儲米三百萬斛，故百事可以無憂也。』按晏之運思精密，用法神速，有非他人所能及者；而其爲言也，以救災爲主，惻然有恤民之心，豈弘羊剥民之謂哉！ 切情當理而不迂，有非介甫之所能窺見者。後之言理財者，莫不希踪於晏，而無敢訾議也，有以夫！」

杭世駿　道古堂文集

卷二三志西漢鹽鐵：「食貨志不專言鹽、鐵事，以詳於地理也。大約産鹽者凡三十四處，……産鐵者凡四十七處，……而丹陽郡有銅官，越巂郡邛都南山、益州郡來唯從陟山皆出銅。管子云：『凡天下名山五千二百七十，出銅之山四百六十七，出鐵之山三千六百有九。』而漢之所産之地止此，然則桑、孔之所辜榷，猶未盡利矣。」

案：此文又見杭世駿所撰漢書疏證卷八食貨志第四。

王鳴盛　十七史商榷

卷十二張湯孔僅桑弘羊：「桑、孔牟利，微湯之深文巧法，其策不能行也。人知桑、孔小人，而不知湯之贊畫居多，告緡之比，皆湯所定，志中尤罪湯，加桑、孔一等。」

卷十二斂散即常平：「志引管仲之言曰：『歲有凶穰，故穀有貴賤；令有緩急，故物有輕重。民有餘則輕之，故人民斂之；民不足則重之，故人君散之。』贊曰：『易稱裒多益寡。書云楙遷有無。而孟子亦非狗彘食人食不知斂，野有餓莩弗知發。故管氏之輕重，李悝之平糴，弘羊均輸，壽昌常平，亦有從徠。』按輕重斂散之法，實出周禮。

古人作錢，原爲此設以備荒耳，便民交易，猶其後也。若專爲便民，是先王驅民背本逐末，非作錢之本意也。『狗彘食人食不知斂』，趙岐改爲『檢』，解爲『法度檢斂』，已非本義。朱子直云『制也』，古訓愈失矣。如班氏讀，乃知孟子所言，與周禮、管子相出入。雖孟子未讀周禮，又鄙管仲，未必觀其書，然亦可知發斂之説遠有所承。前篇所述耿壽昌穀賤增價而糴，穀貴減價而糶，此正發斂之説也。若弘羊均輸，盡籠天下貨物，貴賣賤買，則真與民争利矣。班氏乃與管氏輕重、壽昌常平並稱，謬矣。均輸以鹽、鐵爲本，兼及百貨；常平之法，穀而已矣。姦僞日滋，至後世常平亦難行，而補救之術幾窮。」

李簧 梅樓詩存卷一 史垣集

漢平準書歌：「子輿頗誠盡信書，吾於平準亦依此。數萬大馬尻脽圓，閒姿慵態蹋且止。如何縣官缺供俘，輿駟遂以解天子？洛陽大賈官大農，天地之物皆包籠。貴則鬻之賤則買，物無甚貴時亦通。後世常平倉最好，非於此意無所宗。獨怪三人言利事，伐毛洗髓神者忌；問爾何事太鐫鑱，太家取給安所避。吁嗟此時大用兵，錢緡雜遝盡耗費。東甌南越西南羌，匈奴且鄙渾邪王。樓船未戰栢梁出，昆明大浪通天潢。白金赤側豈能給，彩幟連翩空保障。緡算不支利竇曲，顏家老臣吞聲哭。入羊入穀入奴婢，準以官爵逐臣僕。利既難克刑乃嚴，張廷尉始肆其酷。我幼讀此頗心疑，亂如春繭初繅絲。如今看起理相入，穿以一縷綜以縭。武帝誤下緡錢令，一世遂趨牧羊兒。」

王大樞　天山集

卷下邊關覽古六十四詠並釋文：「『秋風黄落自生哀，絶域雄心半已灰；可嘆諧臣追昔欵，施施猶爲請輪臺。』桑羊。孝武末年，請屯田輪臺，帝不許，乃下詔深陳既往之悔，蓋自秋風作歌以來，豪氣亦少衰矣。文中子以爲悔志之萌也。」

李果　在亭叢稿

卷五曹參論：「至武帝之世，則張湯、桑弘羊等用事，治獄之吏，言利之臣，人持所見，盡變易漢家法度，更行一切之術，其於獄市，不勝煩擾。於是民不堪命，乃作不靖，至攻城邑，殺守令，吏莫能禁，天子爲遣繡衣使者興兵誅之，數年不定。然則清凈之足以致治，而煩擾之足以生亂也，亦已明矣。」

方正澍　子雲詩集

卷九書鹽鐵論後：「自古經邦術，先務在生財。生財有大道，爲上莫兼賅。山海所藴藏，原因黔黎開。我閲桓寬論，真乃濟世才。藏富於萬姓，急公如子來。藏富於九府，窮閻多奸回。樂利任生民，率土皆春臺。無奈格不用，志士心爲灰。掊克信弘羊，國計何如哉？」

方學成　學古偶録

告示：「一例載（喪葬）不許用戲子、秧歌、雜耍，永行禁止。按記曰：『鄉有喪，舂不相。』……迨至桓寬著鹽鐵論始曰：『士大夫怠於禮義，故百倣傚，頗踰制度，因人之喪，以求酒肉，歌舞俳優，連笑伎戲。』據此，則俗稱十絃棚，歌唱耍故事，及演戲劇宴斷，當永禁者也。」

湯大坊　種松園集

卷八書桓寬鹽鐵論後：「卓哉，賢良文學，西漢之士，何彬彬也！考桓寬鹽鐵論六十篇，末序賢良茂陵唐生、文學魯萬生之倫六十餘人，咸抒六藝之訓，論太平之原，誾誾侃侃；而中山劉子雍言王道，矯當世，在乎反本，直而不徼，切而不燺；九江祝生，發憤懣，刺譏公卿，介然直而不撓：其尤著者。蓋六十餘人之衆，不約而同，皆願罷鹽、鐵、酒榷、均輸，而桑大夫望而神懾矣。鹽、鐵興於咸陽、孔僅，官自煮鹽、冶鐵苦惡，强令民買之，視管子之謹筴，利有加焉。桑大夫代領其事，猶以爲不足也，初榷酒，禁民酤釀，郡國置均輸，京師置平準，郡國丞轉相灌輸，賤買於此，貴賣於彼，京師大農，盡籠貨物，賤買於先，貴賣於後，天子自爲商賈，盡天下之利，民之嗟怨，垂四十年。桑大夫爲國持籌，陋儒、墨，尊管、商，自以爲過之，意泰如也。大將軍光秉政，舉賢良、文學，問民所疾苦，蓋四十年嗟怨之聲，盡發於賢良、文學，而桑大夫之罪狀暴白，幾於鳴鼓而攻矣。布衣窮巷，桑大夫所謂『食葤糲，膢臘而後見肉』者也。抗論公卿，義不苟合，在唐惟劉蕢登科，顔厚者不乏，獨此六十餘人者，人人劉蕢也，是足以褫桑大夫之魄。桑大夫又以諸生未通世故，誚文學曰『結髮學語』，而怵賢良以『季夏之螇』，烏知此『結髮學語』者，不減留侯之八難，而鳴則驚人，大夫『季夏之螇』，一威王國中之鳥也，是足以抑桑大夫之口。至於天子以海内爲匣匱，藏於山澤，不必藏於縣官，農夫以鐵器爲死生，宜於燕、齊，不必宜於秦、楚，鹽、鐵之利病較然矣。均輸、平準，尤桑大夫所力爭，文學所痛詆者，其言曰：『百姓賤賣貨物，以便上求，或令民作有絮，吏留難與之市，農民重苦，女紅再稅，未見輸之均也；吏容姦豪富商，積貨以待其急，輕賈姦吏，收賤以取貴，未見準之平也。』是足以服桑大夫之心。丞相、御史蔽於雲霧，而迫於明詔，絀於清議，鹽、鐵雖不變，郡國酒榷、均輸，及關内鐵已奏罷矣。宋熙寧之新法，果於必行，程子以爲吾黨激成之，其實不然，使皆如漢之賢良、文學，荆公未必不色沮也。賢良、文學中有迎合如曾布、傾軋如吕惠卿者乎？故知西漢節義，並於東京；其文詞典醇古茂，引喻切當，洞中事情，則東京所不逮也。桓寬采鹽、鐵之議著爲論，而諸賢良、文學，或闕其名，或存其字，當漢宣之世，寂無聞焉，後之君子，獨抱殘編而有遺恨也。」

宫元長曰：「東郭、孔、桑，千古共憤，而桑爲甚，篇内節節攻擊，波瀾層疊，冷眼看出，賢良、文學六十餘人，盡作劉蕡，而後之爲曾布、吕惠卿者，愧死無地矣。起廉立懦，有功世道不小。」

器案：文有云「丞相、御史蔽於雲霧」云云，不知御史即御史大夫，乃桑弘羊也。其意本以雲霧斥桑大夫，竟不知漢官故事，信口開合，談何容易也！

李榮 陛厚岡文集

卷九鹽鐵論一則書後：「按孝武所開諸郡，皆禹九州内地，使無百越、羌、胡，如漢文以前，北不至恒，南不盡衡，何以得膏壤萬里乎？孝武惟不當興可已之兵，求珍異之物；若夫詰戎兵，陟禹跡，服海表，雖仁厚如周家，必以相勵勉。且承平既久，人衆物耗，惟胡、羌美水草，百越土曠，可以蕃馬而容人，我棄之，敵必取之以乘我矣。歷代莫不爭。文學見用兵之累，而忘被兵之害，論猶涉一偏；至其引禹相抵，適足以明孝武之善繼也。」

案此文乃未通篇「文學曰：『禹平水土』」云云一段的書後。

金安清　六幸翁文稿

生財不如理財論：「聖經『生財有大道』，所謂道者，即理財之謂也，故繼之以『生衆食寡，爲疾用舒』。自周、孔而後，得其微意，劉晏一人，視桑、孔但知損下益上，不可以道里計矣。」

據何良棟編皇朝經世文四編卷十七。

焦循　里堂書品

讀史記平準書一：「平準一書詳著當時毛括巧取，興利之謀，幾十數變；人莫不以武帝爲横歛好利之君，幾於唐德宗、明神宗一流矣。然試案當日事勢，覺有不可一概論也。夫古無有巧奪商賈以厚上者，蓋山海重輕，有國之利，書『懋遷有無化居』，周『譏而不徵』，春秋『通商惠工』，皆以國家之力，扶持商賈，流通貨幣；故子産拒韓宣，一環不與，今其詞尚存也。乃武帝有算船、告緡之令，鹽、鐵、榷酤之入，極於平準，取天下百貨自居之，開後世貪主賊臣取民自利之漸，言利之失，誠所不免。然帝亦有未可過非者。今考遷所紀帝所以亟亟於用財者，則在擊匈奴也，開邊境也，救饑民也，非俱非得已者也。匈奴當日之横極矣，不於全盛之日，而早爲經營，斯必貽子孫以無窮之患。武帝處文、景休養生息之後，人給家足，網疎而民富，誠不可多得之候，不及此之圖，而望子孫振起於積弱之後，難矣。至救饑民，則尤不可緩者，倘以億萬爲糜費，然則必疾親民之死亡而不恤，乃可謂之知政體乎？況漢時田賦最寛，捐免租税者，史傳屢見，乃帝極情聚歛若此，亦惟侵牟商賈之財，未嘗苛取農民之利，則尤知所輕重焉。今夫天下之財，本供天下之用者也，偶過取之，民即病而未甚怨，惟視其用之如何耳。以社稷民生之故，而復經制有定，不使中飽，則雖多方以取於民，而此心仍可共白。後世言利之朝，無不得害者，乃奪之以自利，縱慾殃民，故天怒人怨，積愈久而禍愈烈。觀武帝之世，閲數十年，民雖困而心不離，天亦諒之。故昭、宣中興，國祚尤永。惟桓、靈當東漢無事之日，專務掊克，則誠不可解；卒之，長安之亂，天子露宿，饔不繼飧，不知向之金錢山積、藏之少府者，都散歸何所也。悲夫！」

讀史記平準書二：「或謂太史公平準書爲譏武帝而作，是殆不然。今觀其叙次，先極言物力富盛，因及於上下驕盈，而後繼之以好事喜功之臣開邊邀賞，天下騷動，財匱勢絀，然後使心計之臣得投間而售其商賈之智；而前言自愛而畏法，先行義，絀恥辱，後言廉恥相冒，法嚴令具，又所以著人心世道之升降。遷蓋以爲此風會之所關，盛衰所由變，史所以見一代之風俗者也，故曲折詳著之，使讀者瞭然於一朝之事迹，而不盡低徊之感。此史例應然，非必有意形帝失也。至當時言利諸臣，遷亦唯詳著其事，而是非每於言外得之。夫平準之法，雖創自弘羊，然猶屬以田牧之利輸助公家；而令天子終不能忘情於富民者，則卜式啓之也。故先詳卜式後及弘羊，遷於此有深意焉。誠以富民者國之元氣也，若使富者不能保有其富，則貧者益無所賴矣。蓋人雖甚鄙，亦必不能坐擁厚資而一無所用之理。既不能無所用，則人得各挾其技能以相投，且無不各得其所欲以去，非富者之分有所以予之也，彼自欲易其無，而乃不得不出其所有也。況乎禮義之生於富足，其中又豈無好行其德者乎？古人所謂『富室貧之母』，豈不信。今乃欲使其君於富者而亦多方以罄之，則是爲其母者亦奄然待盡，而欲其子之不失所也，豈可得哉？此遷所以深明式之罪且甚於弘羊也。」

賀長齡　皇朝經世文編

卷五〇户部户部鹽法志歷代鹽政沿革：「粤稽兩淮煮海之利昉於漢，先是，高祖王關中，除秦煩苛，一切更始，獨鹽賦猶仍秦制，蓋其封國至多，凡林園池市租税之所入，自天子至於封君湯沐邑，悉名爲奉養，而山澤之利，凡在諸侯王境内者，皆取以自豐，要非縣官經費之所存也。故至孝惠時，吴有豫章銅山，則自鑄之，有東海熬波，則自擅之，而先王禁制防微之意失矣。武帝時，鄭當時逢其意以榷鹽，法益密而官益繁，大司農屬有幹官，有兩長丞，有水衡都尉，有均輸官，皆主鹽事，以至郡國鹽官三十有九，鴈門、沃陽，皆有長丞，而先王合利於民之意，抑又遠矣。昭帝始元六年，賢良、文學有罷榷之對，惜沮於桑弘羊。」（以下論唐至清鹽政事，兹從略。）

張士元　嘉樹山房集

卷六書蘇子瞻商君論後：「子瞻論商鞅、桑弘羊事引温公之言以證之，誠是也。至以史遷書二人之事爲大罪則過矣。史言商鞅雖云『道不拾遺，山無盗賊，家給人足』，而贊語則以其刻薄少恩深貶之，則功過不相掩矣。言弘羊雖云『民不益賦而國用饒』，而下書卜式之言，以爲弘羊罪當烹，則其人可知矣。子長書事，往往於過中見功，功中見過，蓋史法如此，未可輕議之也。」

汪曰楨 玉鑑堂詩集

卷三讀漢書雜詩十首：「計較錙銖駔儈徒，輕財翻遜牧羊奴；樸忠久已邀宸鑑，何不從烹桑大夫。」

宗稷辰 躬恥齋文鈔

卷一裕本篇：「千古以來之言利也，大抵皆不知利之人爲之也。利大而見者小，利久而見者急，利廣而見者狹，是雖負計臣之號，開聚歛之門，而求國富國愈貧，求富家家愈索，不知利莫其人若也。顧自來有利權者惟小與急狹之是喜，而不知利者遂得竊竊焉動之，任不知利者以謀利，非惑之甚也哉？然則知利者誰乎？曰：聖人也。聖人罕言利，亦惟聖人能明大利之本以利天下，而利可以不言。聖人以下，曾、孟大賢，始揭微旨，一則曰以義爲利，一則曰仁義而已，何必曰利。明乎此而知利在天地間原不禁正人之擬議，彼畏而諱言者，特小儒拘滯之見而不足以探本也。歷觀史籍所載，言利之最著者，爲商鞅、鼂錯、桑弘羊，是皆取利而不顧本者也。鞅與弘羊務慘急，博小效，甚得人主意，然亂秦自鞅始，剥漢自弘羊始。錯之謀强王室，其慘急同，至計及以爵爲市，苟且無大害，然而淆後世之仕路者，實自錯始。是三子者，未聞其利而並失其身，惟亡本也。管夷吾、劉晏、陳恕稍近乎本，故其法世多循之。然夷吾導君奢，晏算太盡，召衆忌，雖杰出異才，去道皆遠。惟恕言取利太深者不可行於朝廷，法宜上下交濟，君子韙之。王安石欲師周公，自以爲有本矣，法立而驚擾四方，卒無利而罷，雖後世猶有存其一二者，當時大不利於宋時，是安得謂知本乎？是故有周公、太公之才，孔、孟之道，而後可以言利。其爲利也，公而無私，優游而不迫，密而不苛，信而不渝，正而不詭，一人利之，億兆人利之，天德王道之原，人情物理之準，胥出乎此。五行於是乎調焉，百産於是乎充焉，九式於是乎裕焉，非知本之聖人，其孰能與於斯！後之言利，視古日巧，爲私等於襲掩，迫促甚於弦矢也，苛争於毫釐也，渝極於朝夕也，詭過於巫史也，蓋有鞅、錯、弘羊所不料，管、劉、陳、王所不爲者。然其所獲，坐是反絀，瑣瑣焉徒從事於小且急，急且狹，而天下之大利遂空，無它，亡本即亡利也。吾故曰：千古之言利，皆不知利之人爲之也。」

黄恩彤　漢史斷

卷二武帝聚斂之術：「武帝聚斂之術，始終凡三變，其所以未至大亂者，固由文、景之遺澤在民，亦由屢變法而不加賦也。其初，因府庫之積，忿蠻、夷之害，招徠甌越、開西南夷，置滄海郡，又與匈奴絶和親，兵連不解，大農告匱；於是令入物者補官，出貨者除罪，入奴婢者得終身復，入羊者爲郎，又置武功爵，級十七萬，凡直三十餘萬金，此一變也。然第即文、景之賣爵之舊制而推廣之，固非强民以必從也。繼因驃騎再出，渾邪來降，賞賜無算，而梁、楚頻年河決，山東普被水災，穿渠振饑，費以億計；於是更造錢幣，大興鹽、鐵，算及舟車，又尊顯卜式，以風示天下，而列侯封君富商大賈莫肯出財以佐縣官；於是下告緡之令，嚴酎金之罰，因而破家奪爵者纍纍相望，此二變也。然亦第欲取富者之有餘，以補官之不足，其占悋不應者，始以法繩之，使人人皆卜式，則一切之法可省也。厥後，帝亦知諸法難行，於是罷告緡，專任桑弘羊，分置鹽、鐵、均輸官，更於京師設平準，盡籠天下之貨物，貴則賣之，賤則買之，俾商賈不得牟利而盡歸於官，此三變也。班史所謂國用饒裕而民不益賦者也。唐之劉晏用此意也。」

王守基　鹽法議略

廣東鹽務義略：「天下産鐵之區，莫良於粤，而冶鐵之工，莫良於佛山，故鑪座之多，以佛山爲最，至今有商人新開鑪座，總督猶專咨達部焉。廣東鹽、鐵並誌，蓋亦祖漢代鹽鐵論之遺意云爾。」

曾國藩　求闕齋讀書録

卷三史記貨殖列傳：「自桑、孔輩出，當時之弊，天子與民争利，平準書譏上之政，貨殖傳譏下之俗，上下交徵利，孟子列傳序所爲廢書而嘆也。中惟家貧親老數行，是子長自傷之辭。餘則姚惜抱之論得之。」

郭嵩燾　養知書屋文集

卷一讀孟子：「孟子曰：『人不足與適也，道不足間也，惟大人爲能格君心之非。』夫使其君昵比匪人，亟行亂政，坐視而莫之救，而曰格君心之非，君心之非，烏不辨之？然且曰譽望足以弭其邪心，容止足以銷其逸志；彼其用人行政，彰彰者如是，而何譽望容止之足以相懾哉？嗚呼，孟子之言至矣！君心之非，非能虚擬其然也，必實有所存。漢武帝之用桑弘羊、孔僅而行均輸之政也，征討巡行宫室之取給也。唐德宗之用竇參、裴延齡而建瓊林、大盈二庫也，所好利也。宋神宗之用王安石行新法也，志不忘幽、燕也。辨君心之非者，亦辨之所用之人、所行之政而已矣。神宗初立，文潞公方爲宰相，上以理財爲急，責宰相以養兵備邊，留意節財，潞公不能辨也。畢仲游上書温公：『安石以興作之説動人主，患財之不足也，爲今之策，當大舉天下之計，深明出入之數，以諸路所積之錢穀一歸地官，使天子曉然知天下餘於財。』温公不能辨也。明道程子自安石用事，未嘗一語及於功利。夫神宗之言功利，則亦當世之急務矣。太宗謀任曹翰取幽、燕，趙普沮之，則急儲封樁以待子孫，然卒無益。神宗之心猶是也，程子不能辨也。夫能辨知其心之非而格之，人與政之得失，無可言也，無能勝其私與欲，而持之也益堅，未有幸而聽焉者也。神宗之心，賢者之心也，其所爲非易格也，然且不能，彼伊、周之贊成君德者何如哉！」

吴承志　遜齋文集

卷六書桓寬鹽鐵論本議篇後：「漢武帝任用桑弘羊，與宋神宗任用王安石一轍。

安石引薦呂惠卿、章惇、蔡京、蔡卞諸小人，卒以覆宋；弘羊禍不至此，由位止大司農，不領衆職也。禮記大學篇曰：『長國家而務財用者必小人矣，彼爲善之，小人之使爲國家，災害並至，雖有善者，亦無如之何矣。』夫務財用者爲小人，淺見者不能知其禍至於善者無如之何，深識者亦不能盡知也。是篇引傳曰：『諸侯好利則大夫鄙，大夫鄙則士貪，士貪則庶人盜。』言之深切著明。國於天地，所藉以與者，賢者才者耳；貪鄙之徒，布滿朝列，無事則媚君，有寇則媚敵，尚可以爲國哉？漢文、景二帝富庶之業，敗壞於武帝；宋以元祐太皇太后之賢，不能救紹聖以後之禍：長國家者是可以爲鑒矣。桑弘羊於武帝之世，止售其術，不敢行其奸，以武帝英察也。及昭帝即位，遂自以爲國興大利，有大功，欲爲子孫得官，怨望霍光，與上官桀等謀反，小人之不爲國計，情況可見矣。神宗顧欲於此中求賢者，豈非利令志昏哉！」

黄式三 儆居集

卷三讀通考一讀徵榷考：「三代下積貯之富，莫如漢之文帝，而武帝盡耗之；既耗之矣，而利術乃興；既興利矣，而弊竇乃啓。武帝之所以耗財者，征伐也，置郡也，納降也，封禪也，出巡也，河之決也，渠之穿也，宫室之麗也。武帝之所以興利者，榷酤也，榷鹽、鐵也，算船也，算軺車也，告緡錢也，更造錢幣也，郡國置均輸也，京師置平準也，入物以補官也，出貨以除辠也。其興利而致弊者，贖禁錮，免贓辠，而廉恥衰也；鹽户大冶賈人牧夫相率登朝，而吏選雜也；坐酎金失侯者百餘人，而勳戚微也；坐顔異以腹誹之法，而公卿大夫皆諂諛以取容也；始則富商大賈㻛財役貧而莫之救，俾封君低首卬給也；繼則商賈中家大氐破，俾民不事蓄藏之業也；其因盜鑄而死者，不可勝數；其因所忠之株送，楊可之訐告而死者，尤不可勝數也。以奢靡之窮而興利術，以利術之窮而濫刑賞，漢室之敝，甚矣！如桑弘羊者，所謂『長國家務財用』之小人，而彼善爲之者也。向使武帝攟幼年決獄之智，守前朝恭儉之規，堅初歲崇儒之意，則對策之董子，議鹽、鐵之賢良、文學，並進於廷，秕政既除，而制禮作樂，皆有實效，戎、狄不待征而自服，雄才大略，行之以仁義，豈不與三代媲美哉！惜也，輪臺一詔，庶幾知悔，而已自恨其晚矣。」

卷四讀子集一讀鹽鐵論：「漢世賢良方正、文學之士，如鼂錯、公孫弘傳所載對策，何其少剛直之風乎！董子三策，信乎不可多得也。然讀鹽鐵論，譏重斂，譏酷刑，上叙唐、虞、三代，下引孔子、孟子之言，粹然一出於儒，以漢初之時，黜諸子而尊孟子，其識尤卓。馬氏貴與曰：『鹽、鐵、均輸、榷酤，皆當時大事，而其視上下相應以義理之浮文者，反爲過之。國家以科目取士，士以科目進身，必如此然後有益於人國。』以漢之制如此，繹馬氏之言又如此，知後世可以爲法矣。後世有因革大事，或議大典禮，舉朝紛争，各執己見，馴致大臣不和，國事日錯，甚有君子與君子互攻者，左右袒護，害不勝言。倘使釋褐儒生會集議論，與主其事者反覆辯駁，其所言之是非利害，未必不詳明於公卿；朝廷有不合事宜之舉動，沮於公論者，許其主事之臣，自白其誤而中止，可以免公卿自爲歧異之隙矣。即不然，人主采擇而分别之，亦無俟公卿之詰難矣。如人主誤於采擇，則公卿乃啓奏焉，未晚也。昔程伯子病，當時館閣清選，祇爲文字之職，乞設延英殿以招賢，視品給俸，不遽給以官，凡有政治，委之詳定，凡有典禮，委之討論，察以累歲，人品益分，然後量賢能而用之。程伯子之言，與漢制闇合，以此養育人材，既可備後日之銓選，於當時治術，裨益亦復不少，而其議乃卒不用。迨熙甯新法之行，以條例司疏駁大臣之奏，一時之臣爲所屈。吾甚惜宋於此時無漢代議鹽、鐵之賢良方正爲之駁議青苗。程伯子雖爲條例司，不久於位，而竱使一時巧辯之才，得以縱横其説也。」

王先謙 前漢書補注

卷六十六車千秋傳補注：「此議因千秋不言，弘羊力持，鹽、鐵卒不能罷，但罷榷酤而已。班於贊中，痛責千秋，而附弘羊誅滅事於此傳末，所以深致其不然也。」

周慶雲 鹽法通志

卷六十九徵榷一引鹽法綱要曰：「六國之際，鹽法無可考。秦用商鞅法，鹽利二十倍於古，苛徵而已，無所謂法也。蓋自管子而後，迄於漢代，越五百有餘年，而鹽法始興。漢立鹽法，始於元狩四年，（漢初省賦，弛山澤之禁，不入於縣官經費，故吴王濞煮海爲鹽，國以富饒，至武帝始置鹽官，領於大農，於是利歸國有，民不得私其利矣。）其法募民自給費，因官器作煮鹽；官與牢盆，敢私煮鹽者釱左趾，没入其器物，從東郭咸陽之言也。（史記言咸陽齊之煮鹽，謂其以鹽業起家，蓋當時之大鹽商也，其於鹽務經驗深，故武帝以爲大農領鹽事。）史言咸陽乘傳，舉行天下鹽，（按此謂調查全國鹽區。）作官府，諸鹽官各自市，相與争，物故騰躍。而天下賦輸，或不償其僦費。迨至桑弘羊領大農，斡鹽榷，乃始改置鹽官，其法稍密。（按漢置鹽官，在武帝元封元年，從桑弘羊之請也。是年，弘羊領大農，改良鹽法，距元狩四年，蓋已十年矣。）由是國用饒裕，民不益賦，鹽、鐵之利，實有所助，未始非桑弘羊整理之效也。（今按弘羊改更鹽榷，大概因咸陽之法，補偏救弊，以從前主煮鹽及出納之處，機關或未能完全，故特請設專官；至其能收益，則以從前鹽價騰躍，而弘羊有平準之法以抑之也。）要而言之，漢之專賣制，其法：官自煮鹽，無民製也；官自轉輸，無商運也；官自販賣，無商販也。（據史記言，其官吏販物坐市，則不僅無大商之販銷，即小販亦在例禁，奪民之利，過於已甚，與管子之法異矣。）」

卷九五藝文引户部歷代鹽政沿革：「昭帝始元六年，賢良、文學有罷榷之對，惜沮於桑弘羊。」

王樹枏　新疆實業志

農篇：「自古西域諸國，其民居城郭，有田疇廬舍，與匈奴異俗。吕氏春秋嘗言：『飯之美者，不周之粟，陽山之穄。』（高誘注云：「不周山在崑崙西北。又山南曰陽，崑崙之南，故曰陽山。」）蓋耕稼之事，周、秦之時已然。漢張騫使大宛歸，迺言其俗土著耕田，田稻麥，有蒲萄酒；於是孝武始鋭志開通西域。征和中，搜粟都尉桑弘羊與丞相、御史言故輪臺以東，捷枝、渠犂廣饒水草，有田五千頃以上，處温和，田美五穀，與中國同時熟，請益墾溉田積穀，以安西國。其後更置戊己校尉，領屯政，田伊吾、車師，北至柳中，物土之宜而布其利。班書言出玉門、陽關，自且末以往，皆種五穀，土地草木，與漢略同。」

案見民國二年六月中國學報第八期。

嚴復譯斯密亞丹　原富

譯事例言：「謂計學創於斯密，此阿好者之言也。夫財賦不爲專學，其散見於各家之著述者無論已，中國自三古以還，若大學，若周官，若管子，若史記之平準書、貨殖列傳，漢書之食貨志，桓寬之鹽鐵論，降至唐之杜佑，宋之王安石，雖未立本幹，循條發葉，不得謂於理財之義無所發明。」

篇六論物價之析分案語：「案國之分三物以賦於其民者，唐之租庸調是已。漢舟車之算，則豫徵於贏利者。而楊可告緡，則兼三物而取之。他如孔僅之鹽、鐵，桑弘羊之均輸，則以天子爲工商；如王莽所稱周官之賒貸，宋王安石之青苗，又以天子爲子錢家，非食租衣稅之事矣。」

篇七論經價時價之不同案語：「案漢書食貨志國師公劉歆言：『周有泉府之官，收不讐，與欲得。』所謂不讐，即供過求者；所謂欲得，即供不及求者。贊曰：『易稱裒多益寡，稱物平施；書云楙遷有無；周有泉府之官，而孟子亦非狗彘食人之食不知斂，野有餓莩而弗知發。故管氏之輕重，李悝之平糴，弘羊均輸，壽昌常平，亦有從徠云云。』皆供求相劑之事。古人所爲，皆欲使二競相平而已。顧其事出於自然，設官斡之，强物情就己意，執不平爲平，則大亂之道也。用此知理財正辭，爲禮家一大事，觀古所設，則知其學素講者。漢氏以後，俗儒以其言利，動色相戒，不復知其爲何學矣。」

孫中山　孫中山選集

卷上建國方略之一心理建設（孫文學說）第二章：「夫國之貧富，不在錢之多少，而在貨之多少，並貨之流通耳。漢初則以貨少而困，其後則以貨不能流通而又困；於是桑弘羊起而行均輸、平準之法，盡籠天下之貨，賣貴買賤，以均民用，而利國家，率收國饒民足之效。若弘羊者，可謂知錢之爲用者也。惜弘羊而後，其法不行，遂至中國今日受金錢之困較昔尤甚也。」

啓後堂　桑氏宗譜（光緒庚子重輯本）

卷二漢左庶長桑弘羊暨妻劉宜人誥命：「奉天承運皇帝制曰：士能任其職者，國家必推恩以褒榮之；矧性質穎慧，立心光明，儀度俊雅，威嚴整肅，銅心鐵胆，氣欲干霄，激濁揚清，心常捧日。爾桑弘羊，甫登仕版，屢奏殊勳，言工計會，籌鹽鐵而如神，算極錙銖，乃秋毫而不犯，以富國用，以厚民生，必使官僚絶侵漁之姦，黎庶被撫綏之惠，刑清政簡，利興弊除，此朕心之所望也，亦汝職之當爲也。今特命爾爲左庶長，錫之誥命，用答勳猷。於戲，前勞已茂，用褒製錦之能，來軫方遒，益勵飲水之操。制曰：朕觀甘棠之詩，美召伯也，而鵲巢則本於家室，然則内助之良，可無錫命以寵榮之哉！爾乃領大農丞妻劉氏，柔嘉維則，順正不違，允踐閨彝，卓有士行，相其夫子，歷茂聲猷，交儆之賢彰已，内治之職賴焉。兹特加封爾爲宜人，洊膺綸綍之榮，益勵蘋蘩之敬。元朔四年丙辰三月。」

案：漢書眭弘傳注師古曰：「私譜之文，出於閭巷，家自爲説，事非經典，苟引先賢，妄相假託，無所取信，寧足據乎？」又蕭望之傳注師古曰：「近代譜諜，妄相託附，乃云望之蕭何之後，追次昭穆，流俗學者，共祖述焉。」顔師古所言，很好地反映了從魏、晉到隋、唐時期的歷史真實。後代踵事增華，變本加厲，纂修族譜，不分郡望，率扳引見於史傳之人，作爲祖宗，自詡遥遥華胄，這本桑氏宗譜，即其一例。貝瓊跋彩煙楊氏家乘後寫道：「彼崛起閭閻間者，又遠求往古，不別其類而强附之，豈非誣且僭乎！」（清江貝先生文集二三）且不説這篇「誥命」，西漢無此文體，「奉天承運皇帝」，漢武帝没有這個「尊號」，就拿文章内容來説，作僞者連史記、漢書也没有弄通，竟把「言利事析秋豪」當作「秋毫不犯」來用，賜桑弘羊爵左庶長在元封元年，竟搞成元朔四年，真可謂「作僞心勞日拙」了。

卷二弘羊公像贊：「才貌堂堂，德望彰彰；功高鹽鐵，威鎮邊疆；千秋萬禩，青史流香。」

卷三桑氏歷代仕宦人物録：「弘羊，武帝時領大農丞，盡管天下鹽、鐵，作平準之法，以心計，不用籌算，言利析秋豪，元封中，賜爵左庶長。」

明劉昌縣笥瑣探、李詡戒庵老人漫筆七都載袁鉉績學多藏書，貧不能自養，乃爲人作贋譜以驚愚賈利；若桑氏宗譜，蓋又等之自鄶以下者耳。

附録四 述書

班固 漢書

藝文志諸子略儒家："桓寬鹽鐵論六十篇。"師古曰："寬字次公，汝南人也。孝昭帝時，丞相、御史與諸賢良、文學論鹽、鐵事，寬撰次之。"

王充 論衡

案書篇："兩刃相割，利鈍乃知；二論相訂，是非乃見。是故韓非之四難，桓寬之鹽鐵，君山新論之類也。"

江淹 江文通集

蕭太尉上便宜表："至於遵本捨末，其槩一也。故申、韓之立典，管、晏之制書，賈、陸之鴻筆，嚴、徐之博辭，食貨興志，鹽鐵生論，莫不異説而同儉，乖議而共治。"

馬總　意林

鹽鐵論十卷，並是文學與大夫相難。

晁公武　郡齋讀書志

卷十：鹽鐵論十卷，漢桓寬撰。按班固曰：「所謂鹽、鐵議者，起始元中，徵文學、賢良，問以治亂，皆對：『願罷郡國鹽、鐵、酒榷、均輸，務本抑末，毋與天下争利，然後教化可興。』御史大夫桑弘羊以爲：『此乃所以安邊境，制四夷，國家大業，不可廢也。』當時相詰難，頗有其議文。至宣帝時，汝南桓寬次公治公羊春秋，舉爲郎，至廬江太守丞，博通善屬文，推衍鹽、鐵之議，增廣條目，極其論難，著數萬言，亦欲以究治亂，成一家之法焉。」凡六十篇。

陳騤等撰　中興館閣書目

雜論致理之言，崇本抑末之書也。（玉海六二藝文兩引）

高似孫 子略

卷四：桓寬鹽鐵論。鹽鐵論者，漢始元六年，公卿、賢良、文學所與共議者也。漢制近古，莫古乎議，國有大事，詔公卿、列侯、二千石、博士、議郎雜議；是以廟祀議，伐匈奴議，捐朱厓而石渠論經亦有議，皆所詢謀僉同者也。初，武帝以師旅之餘，國用不足，縣官悉自賣鹽、鐵、酤酒，海内虛耗，户口減半。帝務本抑末，不與天下争利，乃詔有司問郡國所舉賢良、文學民所疾苦，議罷之。（案此以爲武帝時事，非。）班氏一贊，專美乎此。然觀一時論議，其所對問，非不伸異見，騁異辭，亦無有大過人者。其曰：「行遠者因於車，濟海者因於舟，成名者因於資。」則一時趣尚可乎矣。又曰：「九層之臺傾，公輸子不能正；大朝一邪，伊、望不能復。」則一時事體可知矣。夫上有樂聞，下無隱議，得失明者其言達，利害決者其慮輕；不決一言，何取羣議。審此，亦足以上士氣，觀國勢矣。然元帝詔書乃曰：「公卿大夫，好惡不同，雅説空進，而事無成功。」此誠言也，天下後世，同此患也。吁！

陳振孫　直齋書録解題

卷九：鹽鐵論十卷，漢廬江太守丞汝南桓寬次公撰。本始六年，召問賢良、文學，對願罷鹽、鐵、榷酤、均輸，與御史大夫弘羊相詰難，於是罷榷酤而鹽、鐵卒不變改，故昭紀贊曰「議鹽、鐵而罷榷酤」也。及宣帝時，寬推衍增廣，著數萬言，凡六十篇。其末曰雜論，班書取以爲贊，其言「桑大夫據當世，合時變，上權利之略，雖非正法，鉅儒宿學不能自解，博物通達之士也」。嗚呼！世之小人何嘗無才，以熙寧日録言之，王安石之辯，雖曰儒者，其實桑大夫之流也。霍光號知時務，與民更始，而鹽、鐵之議，乃俾先朝首事之臣與諸儒議，反覆不厭，或是或非，一切付之公論，而或行或否，未嘗容心焉。以不學無術之人，而暗合乎孟莊子父臣父政之義，（案見論語子張篇。）曾謂元祐諸賢而慮不及此乎？

劉克莊　後村先生集大全

卷二九送明甫赴銅鉛場六言七首：「鹽鐵論，兒讀否？聚斂臣，子攻之。公卿大夫民賊，賢良、文學汝師。」

王應麟　玉海

卷六二藝文漢鹽鐵論：「鹽鐵論六十篇：卷一，本議，力耕，通有，錯幣，禁耕，復古；卷二，非鞅，晁錯，刺權，刺復，論儒，憂邊；卷三，園池，輕重，未通；卷四，地廣，貧富，毀學，褒賢；卷六，相刺，殊路，頌賢，遵道，論誹，孝養，刺議，利議，國疾；卷六，散不足，救匱，鹽鐵箴石，除狹，疾貪，後刑，授時，水旱；卷七，崇禮，備胡，執務，能言，鹽鐵取下，擊之；卷八，結和，誅秦，伐功，西域，世務，和親；卷九，繇役，險固，論勇，論功，論鄒，論菑；卷十，刑德，申韓，周秦，詔聖，大論，雜論，凡六十篇。（後百官志注、史記荆軻傳注引漢鹽鐵論。）」

案：玉海引頌賢、鹽鐵箴石、鹽鐵取下、詔聖諸目，與嘉泰本正同。

方孝孺　遜志齋集

卷四讀漢鹽鐵論：「鹽鐵論六十篇，漢桓寬所著。當武帝時，兵革薦興，財用匱竭，而均輸、鹽、鐵之徵横出，天下疲弊。孝昭即位，大將軍請詔郡國舉賢良、文學，問民所苦，咸願罷鹽、鐵、酒榷、均輸官。御史大夫桑弘羊争難之，以爲不可罷。寬襲其意，而設爲問答之辭，以盡其辯。善乎，其言也！於乎，爲天下者，曷嘗患乎無財也哉！天下未嘗無財也，苟用之以節，治之以道，夫何不足之有！以漢言之，文帝在位二十三年，免民租者近半，其時非有鹽、鐵之徵，而府庫充溢，錢貫腐朽不可較。武帝之天下，即文帝之天下，而又加之以百出之歛，未嘗免一歲之租，宜其富矣，而反愈困乏，何哉？蓋文帝節儉，而武帝征伐營繕以糜費之也。人君苟不節儉，雖積金齊泰、華，蓄貨擬江、海，不至於亂，未見其饜足也。武帝之天下宜亂矣，而文、景之澤猶在人心，重以霍光知所緩急，從而稍罷其害者，故一變而弭元元之憤，不然，漢祚可冀哉！此書也，其於道德功利之際，論之當矣，不特文辭足法而已也。」

涂禎刻本鹽鐵論都穆序

鹽鐵論十卷，凡六十篇，漢廬江太守丞汝南桓寬次公撰。按鹽、鐵之議，起昭帝之始元中，詔問賢良、文學，皆對願罷郡國鹽、鐵，與御史大夫桑弘羊相詰難，而鹽、鐵卒不果罷。至宣帝時，寬推衍增廣，成一家言。其書在宋嘗有板刻，歷歲既久，寖以失傳，人亦少有知者。新淦涂君知江陰之明年，令行禁止，百廢俱興，新民之暇，手校是書，仍捐俸刻之，使學者獲見古人文字之全；而其究治亂，抑貨利，以裨國家之政者，蓋不但可行之當時，而又可施之後世。此則涂君刻書之意也。涂君名禎，字賓賢，予同年進士。吴郡都穆。（據北京圖書館藏涂刻本。）

涂禎刻本鹽鐵論自序

禎游學宫時，得漢廬江太守丞汝南桓寬次公所著鹽鐵論，讀之，愛其辭博，其論覈，可以施之天下國家，非空言也。惜所鈔紙墨，歲久漫漶，或不能句，有遺恨焉。迺者，（兩京遺編本此下有「承乏」二字。）江陰始得宋嘉泰壬戌刻本於薦紳家，如獲拱璧，因命工刻梓，嘉與四方大夫士共之。弘治辛酉十月朔日，新淦涂禎識。（據北京圖書館藏涂刻本。）

倪邦彦刻本鹽鐵論自序

嘗披閲古之文多雅馴，兩漢中尤於鹽鐵論超悦焉。鹽鐵論者，桓次公推衍詰難，增益條縷，錯變數萬言以成一機軸，班蘭臺有贊述矣。其學博通，善屬文，故每一篇辭響發而披赤愬，意沈壯而寓諷激，其遥遥乎莫知玄邈疾靡能物色也。世所傳已多，計年代變，尚有陸離，思得其完而覯之，幸有涂江陰録者凡六十首，然雕虎是執而亥豕多訛，邦彦翻校覆輯，而桓之論其完見於今者，焕然曜聯璧之華，而讀有餘愴矣。緬維桓意，亦欲師古，始建明德，芟夷利湧，静醇俗風，以咸登國家之教政。世之學者，命辭以託志，至乎桓而後爲論不能至，要之不知論爾。是故善附者異旨如肝膽，拙會者同音如胡、越。嗟乎！論議其難，唯有寬焉。此邦彦所希艷，而天下所甚警也。是爲序。（據明嘉靖三十年刊本。）

按：倪邦彦字伯獻，號靄寰，見雲間據目抄。

張之象刻本鹽鐵論自序

張子曰：余嘗謂文學政事，孔門設教，判爲兩科，要之皆儒者之能事，通一無間者也。故學優則仕，仕優乃學，此烏可以偏業語之哉！惜所謂文學云者，而不通政事，則空言無當，殆非達儒之謂也。余於桓氏鹽鐵論，不獨好其文，蓋多其善言政事焉。夫君子非患不文也，患不適用耳。乃世之策士云者，徒騁章句之學，而中無卓見，牽合雷同，阿徇逢迎，多所顧忌，不能一張膽正言，吐露忠赤，畢展其志，何者？大抵以干禄爲累，得失動心，雖欲抗論，不可得已。苟如是，則上負天子，下負所學，是尚可以爲士乎？夫士貴立志，亦貴養氣，志不立則中儒，氣不養則外怯。孔子曰：「三軍可奪帥也，匹夫不可奪志也。」孟子曰：「我善養吾浩然之氣。」且云：「説大人，則藐之，勿視其巍巍然。」蓋君子求諸己而已，其用其舍，其得其失，當自有任其責者，於我何與焉。孔子欲行王道，東西南北，七十説而無所遇；孟子亦奔走齊、梁，所如不合；道之不行，豈孔、孟之罪哉？然萬世之下，六經昭如，七篇具在，道賴以傳，至今不泯。説者謂夫子賢於堯、舜，孟子功不在禹下，信哉言也。漢興，百有餘載，敦尚儒術，文學、賢良，皆誦法孔、孟，知所自好，其議罷鹽、鐵、酒榷、均輸，憤切時政，貫綜國體，至能以韋布直詆公卿，辯難侃侃，無少假借，不降其志，不餒其氣，雖古稱國士，何以加焉。當其時雖不見用，卒乃賴桓氏采録爲書，遂至不朽。後之儒者，試取而讀之，不以俗學自困，則志意奮揚，待問而發，臨文不遜，盡言不諱，將以堯、舜待其君，伊、周待其相，孔、孟待其身，又何疑懼之有！如其不遇，則從吾所好，簞瓢陋巷，帶索鼓琴，以詠先王之風；不然，或撰造一家之言，建不朽之業，寄知音於後世，亦可矣。詩云：「優哉游哉，聊以卒歲。」此之謂也。蓋古之人得志則澤加於民，不得志，修身見於世，達則兼善天下，窮則獨善其身，囂囂如也，何必枉道求合哉？夫一言之間，推見心術，窺測至隱，若是乎言之不可不慎也。漢武帝時，頗多策士，後先奏對，各異其説，董生一言主正，公孫氏一言主和，至觀其終世行業，亦以類判，如其所言。自此以降，則文學、賢良茂陵唐生、九江祝生、劉子雄、（「雄」當作「雍」，見本書雜論篇。）魯萬生者，聲稱孝昭之世，跡其行事，雖不少概見；然深考其説，立意較然，不詭於道，其爲孔、孟之徒也必矣。往余嘗師事涇野呂公、西玄馬公，學儒者言，勗余以立志養氣之説，自孔、孟求之，毋曲學以阿世，及指稱漢代作者，此書爲最，其言治理，並可施設，儒者之能事畢在是也。嗟乎！哲人既逝，雅訓猶存，不敢廢墜，謹爲注釋，因著其説如此。若鹽、鐵終始之詳，余別有序，姑藏之山中，以俟知者，此不具載云。嘉靖癸丑閏三月朔旦，雲間張之象序。（據明嘉靖甲寅春張氏猗蘭堂刻本。）

按：僞歸有光蒐輯諸子彙函諸子評林姓氏：「張之象，字玄超，華亭人。」

沈津　百家類纂八鹽鐵論題辭

晁氏公武曰：「漢桓寬著。按班固曰：『所謂鹽鐵議者，起始元中，徵文學、賢良，問以治亂，皆對願罷郡國鹽、鐵、酒榷、均輸，務本抑末，毋與天下爭利，然後教化可興。御史大夫桑弘羊以爲此乃所以定邊境，制四夷，國家大業，不可廢也。當時相詰難，頗有其議。至宣帝時，汝南桓寬博通善屬文，推衍鹽鐵之議，著數萬言，亦欲以究治亂，成一家之法焉。』」陳氏振孫曰：「世之小人，何嘗無才，以熙寧日録言之，王安石之辨，雖曰儒者，其實桑大夫之流也。霍光號知時務，與民更始，而鹽鐵之議，乃俾先朝首事之臣與諸儒論議，反覆不厭，一切是非，付之公論，未嘗容心焉。夫以不學無術之人，暗合孟莊子臣父臣政之義，曾謂元祐諸賢慮不及此乎。」余觀此書，其於道德功利之際，論之當矣，匪直文辭足法已也。因採摭其粹者著於篇。

按：類纂刻於隆慶元年，其纂輯鹽鐵論之文，較明代諸節本爲多，所據底本，既非張之象本，且文中出「齊桓」時，一再把「桓」字缺了末筆，則似從宋本出也。

僞歸有光　諸子彙函貞山子識語

目次：「東漢貞山子桓寬，漢元始元年爲御史，著鹽鐵論，遂隱貞山。」（諸子拔萃襲此説）

卷二十二貞山子：「桓寬，東漢桓、靈時爲御史大夫，博極羣書，著鹽鐵論及新論。讀書貞山，因名貞山子。」

按：彙函此文，純屬臆造。誤以桓寬爲東漢人，一也；誤始元爲元始，並桓、靈時亦無此年號，二也；誤以桓寬爲御史大夫，三也；誤以桓譚新論爲桓寬作品，四也；貞山之説，從無所聞，蓋從桓譚字君山影射而來，五也。天啓間，白下版築居主人傅夢龍爲了投機，邀約温陵郭偉選注百子金丹一書，「專爲趨時應科捷徑」之用，選入鹽鐵論五條，分别題爲桓子者二條、貞山子者二條、文學子者一條，於是桓寬又摇身一變，「對影成三人」了。書林主人還恬不知耻地在凡例中吹嘘道：「近日坊刻諸子，多爲詭姓假名，竊附曰子，意謂此人所不及經見之子，以媚世人耳目；此爲學者大病，可恨殊甚。」此蓋夫子自道而已。

胡維新　刻兩京遺編序

桓寬，辨士也，反覆攻擊，不遺餘力，可佐鹽、鐵一籌，固當明章之盛，博採嚴議，儻亦有禮樂之思乎！

按：明萬曆十年，原一魁刻兩京遺編，收有鹽鐵論，故胡序論及之。

張袠星聚堂梓漢桓寬鹽鐵論序

慨自先王風教既遠，而後世之治，日以鄙薄，追原其故，則皆世之人臣，苟以趨時干寵，競談功利，自附管、晏之儔，究其所就，雖卑卑焉，亦相矜詡矣。漢之武帝，啓侈謀，逞遠略，務拓邊境，窮兵四夷，至以宛馬之匿，暴師勞賦，不辭萬里，累年頻出，務得而甘心焉。於是司農告匱，益發水衡、少府積帑，而猶不足，迺柄進桑、孔之徒，議興鹽、鐵、酒榷、均輸，以佐軍費。吏習貪鄙，與民争利，郡國閭里，爲之靡寧。遂致利隙不塞，風以日流，百姓競生姦欺，窺避上徵，舍農趨末，慮在自救。上視教養爲迂策，下棄禮義若敝屣，終帝之世，武黷財殫，民窮力盡，海内騷然，幾踵亡秦之迹。原諸興利之臣，罪已莫逭皇誅矣。孝昭嗣位，亶宜新治除弊，與民休息，而公卿大夫猶蹈往㣙，持以益堅，則道術不明，而婾竊自安也。元始之間，詔問郡國所舉賢良、文學，民所疾苦。漢時，去古未遠，章逢之士，猶能誦法先王，稱述周、孔，觀其奏對，咸請願罷鹽、鐵、輸、榷一切擾民之政。其言往復辯論，不越乎重教化，輕功利，尚本業，抑末技，崇王道，黜霸功，而且庭抗宰府，不憚執法顯貴之臣，豈非古所稱遺直哉！乃獲竟罷鹽、鐵，則諸賢守道不阿之功，不可誣也。汝南桓氏採摭其議，著之編簡，藉以垂民不泯。惟賢知賢，斯益難矣。第其所稱茂陵唐生、九江祝生、劉子雄、魯萬生者，雖行事不少概見，然考其辭意，侃侃嶽嶽，屹然不撓，使諸賢立朝興治，則皐、夔靡讓矣。先叔孫通綿蕞制禮，薦起諸儒，乃魯兩生不肯行，史臣稱其有大臣之節。況諸賢風度，淩厲雲霄，更爲勁邁者哉？我明之興，高皇帝既定海内，踐祚日久，禮樂燦然，並垂制作；而邊儲鹽政，表裏相資，皆有成法，兵民兩贍，而不相爲厲。迺若屯田、水利、役賦、輸榷，載在令甲，定制罔踰，可謂仁不濫恩，義不苛法，恢恢乎入於王道之域矣。歷朝以還，迄於今日，法久漸渝，利害之間，權衡相半，甚或利未得而害已盈海宇矣。邇者，覈田之政，殊可鑒矣。無亦當世之臣，但知藏富於國，而未知藏富於民乎？況吏墨以自封，尤有不可言者。然則桓氏之書，亦當今人士不可不讀也。至於文辭古雅，足以方駕乎董、馬，此則匠文之士，自當取式焉，而非其要也。祠部新陽黄氏，余同志友也，嘗手是書問其義，余爲騭之若此。因相與校而梓之，以廣播學士遠識云。若曰心學不明，不可以興堯、舜之治，則更俟他日論之。時萬曆十四年首冬望日，武林太玄逸史張衮撰。

案：黄氏名金色。

朱君復 諸子斟淑

鹽鐵論六十篇，漢汝南桓寬撰。按班史云：「所謂鹽鐵議者，起始元中，徵文學、賢良，問以治亂，皆對願罷郡國鹽、鐵、酒榷、均輸，務本抑末，毋與天下争利，然後教化可興。御史大夫桑弘羊以爲此迺所以安邊境，制四夷，國家大業，不可廢也。當時相詰難，頗有其議文。至宣帝時，汝南桓寬博通，善屬文，推衍鹽鐵之議，增衍條目，極其論難，著數萬言，亦欲以究治亂，成一家之法焉。」夫鹽鐵論纍纍數萬言，可謂閎博矣；第少古勁之氣，與西漢文不類，然於此見當時國家有大議，文學、賢良之倫，得與公卿大夫争辯於朝廷，士氣猶覺不振。後世上既輕士，朝有大議，士不與聞，韋布之俊，雖有奇

抱，奚繇上達？ 此漢治所以近古代，而後代邈不可及也。（見快書三十二）

沈延銓刻本鹽鐵論李元鼎序

予按漢隆時，尊尚文學，名儒彬彬蔚起，無論董相三策，烺烺可誦，即韋布之士，各抒所見，中有憤寄，昌言無隱，如桓氏鹽鐵論所載，類皆指陳時政，直詆公卿，不曲學以希旨，不狥俗以肐學，其一段苦心忠藎，直欲以文章爲政事，不徒炫采標華而已。余每以今經生唯呫呫帖括言，略不曉朝家半屬處同，殊增憒憒。私嘆今人精博，何遜漢儒遠甚。此無他，漢人嫻於經術，學有根據，且師尚耑門，務在精討，如埸師之種樹，老儒讀稼穡，俱寫其胸所欲言，故足述也。今人借爲羔雉，牽攻剽攘，積薄流淺，又何怪出之無奉，聆之無緒也乎！ 漢代文最近古，然晁之激，揚之玄，淮南之誕，於博士家不無利鈍，求其合於經濟，暢於可業，舍此書孰先哉！ 恨舊刻多脱誤，友人□□□愛而重梓之，桓氏爲諸生功臣，□□□又桓氏之功臣也夫。 乙丑嘉平朔日，東武李元鼎題。（據明東吳沈延銓校刊本，此文頗有脱誤。）

金蟠刻本鹽鐵論自序

漢昭皇帝時，大夫桓氏著鹽鐵論若干卷，遡其叙列，則漢廷御史大夫與賢良、文學質難當時利敝而垂之竹帛者也。上自禮樂刑法，下逮農耕商賈，内則少府頒賚，外及蠻、夷戰守，金籌石畫，駁辨稽參，靡不愷至而精覈。所論匪特鹽、鐵也，獨舉鹽、鐵者，猶太史公綜貨殖獨書平準也。獨書平準，而四民俱困之形見；獨論鹽、鐵，而萬世藪病之本晰，故有取爾也。鹽、鐵之興，昉於周禮山澤之官，官雖多，不過掌厲禁，無徵榷也。自管子相齊，負山海之區，始作賦令，觀其論鹽，則雖少男少女所食，論鐵，則雖一鍼一刀所用，按口以立筴，算倍以興糶，伐菹以正積，計月以致鍾，瑣矣憊矣，猶曰：「凡人予則喜，奪則怒，先王知其然，故見予之形，不見奪之理。」夫以予爲奪，管子所以霸齊不再世也；以奪爲予，桑、孔所以蠹漢不終世也。漢接秦之敝，秦賦鹽、鐵二十倍於古，高祖循而未改，故其時山川園池市肆租税之入，自天子至於封君湯沐邑，皆各自爲奉養，不領於天下之經費。自孔僅、咸陽所言，前之屬少府者其利微，今改屬大農，則其利盡；於是雖敦謹如卜式，亦以縣官鹽、鐵苦惡，强民不便爲言，而漢之武幾幾乎秦之始矣。弘羊烹，枯澤乃甦，輪臺悔，炎鼎乃安，賢良、文學之對切，郡國榷酤關内鐵乃罷。

嗚呼，桓氏之書，豈直漢世藥石已哉！立言有利必有害。言利之臣，有害而無利；言利之臣，明其害，即爲利。是六經垂教無極，聖人有憂之：温柔敦厚者，或失則愚；疏通知達者，或失則誣；廣博易良者，或失則奢；絜浄精微者，或失則賊；莊儉恭敬者，或失則繁；屬辭比事者，或失則亂。至若周禮、周官，經制立度，典切明備，萬不能以智計臆揣也。然新莽借之以盜漢，安石借之以亂宋，九府諸政，遂爲後世循名禍實矣。非賢良、文學洋洋質難，孰與修其教不易其俗，齊其政不易其宜歟！是故桓氏之書，衣被乎六經而寡其過，漱液乎周禮、周官而正其僭者也。任農以耕事貢九穀，而有本議、力耕諸論，任圃以樹事貢草木，而有園池、輕重諸論，任工以材事貢器什，而有匱、散不足諸論，任商以市事貢貨賄，而有國疾、除狹諸論，任衡以山事貢麓産，而有論菑、刑德諸論，任虞以澤事貢川錯，而有復古、貧富諸論，論周中夏，論暨遠域，論及褒賢、毁學，非夫達上下之隱，洞治亂之源，救國家之急，塞殘邪之口，聖賢復起，其有易焉哉！嗚呼，反裘負薪，防口潰川，古今萌亡，大抵繇之，漢之不踵秦，其食賢良之報歟！然而漢罷鐵不罷鹽，孝元暫罷而隨復之，自晉歷唐、宋于今，中邊經費，恒持以賴，則桓氏之書曷爲乎？詩曰：「周原膴膴，堇荼如飴。」書曰：「慎乃嗇節，維懷永圖。」夫桓氏非棄利也，若桓氏者，乃所以利之也。用是重加訂攷，布之海内，豈云焕耳目、備記載是爲，懷經國者，其尚三復於斯乎！皇明崇禎歲在庚辰，仲春月朔，東吴金蟠序。（據明崇禎金蟠輯注本。）

四庫全書總目提要

卷十八子部：鹽鐵論十二卷（内府藏本），漢桓寬撰。寬字次公，汝南人，宣帝時舉爲郎，官至廬江太守丞。昭帝始元六年，詔郡國舉賢良、文學之士，問以民所疾苦，皆請罷鹽、鐵、榷酤，與御史大夫桑弘羊等建議相詰難。寬集其所論，爲書凡六十篇，篇各標目，實則反覆問答，諸篇皆首尾相屬；後罷榷酤，而鹽、鐵則如舊，故寬作是書，惟以鹽、鐵爲名，蓋惜其議不盡行也。書末雜論一篇，述汝南朱子伯之言，記賢良茂陵唐生、文學魯萬生等六十餘人，而最推中山劉子雍、九江祝生，於桑弘羊、車千秋深著微詞，蓋其著書之大旨。所論皆食貨之事，而皆述先王，稱六經，故諸史皆列之儒家，黄虞稷千頃堂書目改隸史部食貨類中，循名而失其實矣。明嘉靖癸丑，華亭張之象爲之注，雖無所發明，而事實亦粗具梗概，今並録之，以備考核者。

周廣業　意林附注鹽鐵論

案是書究悉利弊，裨益治體非淺；文亦奇偉，名言傑句，絡繹而來。馬氏所録，不及什一，殆由幅隘致然。然必兩載大夫非聖之言，既違作者之言，亦嫌擇之未精矣。

王謨　鹽鐵論識語

右桓寬鹽鐵論十二卷，漢志本六十篇，師古云：「寬字次公，汝南人，孝昭帝時，丞相、御史與諸賢良、文學論鹽、鐵事，寬撰次之。」隋、唐志、通考俱作十卷。晁氏云：「按鹽、鐵議者，起始元中，徵文學、賢良，問以治亂，皆對願罷郡國鹽、鐵、酒榷、均輸，務本抑末，毋與天下争利，然後教化可興。御史大夫桑弘羊以爲此乃所以安邊境、制四夷，國家大業，不可廢也。當時頗相詰難。於是罷榷酤，而鹽、鐵卒不變。至宣帝時，寬乃推衍鹽、鐵之議，增廣條目，極其論難，凡數萬言，亦欲以究治亂，成一家之言焉。」寬博通，善屬文，治公羊春秋，舉爲郎，至廬江郡丞。漢書不爲立傳，行事無考。若其文之茂美，學之醇正，則固賈長沙、董江都之亞也。全書篇目仍舊，張氏加以注釋，釐爲十二卷；叢書並舉張氏注本刊刻，皆有功於桓氏者也。汝上王謨識。

王鳴盛　蛾術編

卷十四説録十四鹽鐵論：「鹽鐵論十卷六十篇，漢桓寬撰，明弘治十四年辛酉，知江陰縣事新淦涂君賓賢刻，吴郡都穆爲跋。漢書公孫賀等傳贊中撮舉寬鹽鐵論之大旨論之。寬字次公，宣帝時汝南人。（迮鶴壽曰：「案漢昭帝始元六年，郡國舉賢良、文學之士，與桑弘羊等議鹽、鐵、榷酤事，所論皆食貨之政，而列於儒家者，政事文學皆儒者之能事也。武帝時，頗多策士，後先奏對，各異其説，董仲舒一言主正，公孫氏一言主和，自此以降，賢良、文學若茂陵唐生、九江祝生輩，聲稱孝昭之世，跡其行事，雖不少概見，然深考其説，立意較然，不詭於道，真孔、孟之徒哉！漢代作者，此書爲最，自本議至雜論，其言治理，並可設施，儒者之能事畢矣。」）」

按：迮説全襲張之象序。

姚鼐　惜抱軒文後集

卷二跋鹽鐵論：「漢昭帝始元五年，令太常、三輔舉賢良各二人，郡國舉文學各一人。六年，詔有司問郡國所舉賢良、文學民所疾苦，此鹽鐵論所由起也。其國病篇，大夫謂賢良曰：『文學皆出於山東，子大夫論京師之日久。』以賢良爲太常，三輔所舉，宜先在京師也。論内，丞相、大夫外，有丞相史、御史之言。按漢制，丞相下長史二人，蓋即此丞相史矣。若御史本近御之官，自御史大夫出佐丞相爲外朝官，而其屬有二，其一中丞，乃統内臺侍御史，内臺之臣非特詔不與外朝議，外朝議成，既奏天子，乃與議所取舍。然則此議鹽、鐵時，御史非中丞及侍御史，其御史之一丞在外者乎。夫有司議政，反覆之辭，不得過多，韓安國與王恢論誘匈奴，漢書載其詞稍繁，讀者固以爲後人所擬，非當時言之實矣。然豈若桓寬此書繁多若是甚哉！其明切當於世，不過千餘言，其餘冗蔓可削也。又議鹽、鐵，自第一篇至四十一篇，奏復詔可而事畢，四十二篇以下，乃異日御史大夫復與文學所論，其首曰：『賢良、文學既拜，皆取列大夫。』按漢士始登朝，大抵爲郎而已，如嚴助、朱買臣對策進説爲中大夫，乃武帝不次用人之事，豈得多哉？昭帝時，惟韓延壽以父死難，乃自文學爲諫大夫，魏相以賢良對策高第，僅得縣令，其即與此對者固未可決知，要之，無議鹽、鐵六十人取大夫之理，此必寬臆造也。其載大夫曰：『獲禄受賜六十餘年。』漢武在位五十四年，加昭帝六年，才六十年，桑弘羊侍中，必不在武帝前，然則獲禄必無六十餘年。弘羊以武帝後元元年爲御史大夫，至此時才七年，而文學謂其『自搜粟都尉至御史大夫，持政十餘年』，此何説也？寬之書，文義膚闊，無西漢文章之美，而述事又頗不實，殆苟於成書者與！」

鄒炳泰　午風堂叢談

卷三：「明初所收圖籍，多係古本，故永樂大典内編集諸書，與今本迥別。子書，人間尤少善本，脱漏訛舛，歷久滋甚，後人未見古本，復以意强爲注解，遂至艱澁難通。及觀大典本，乃知古書無不文從字順。余與同年莊編修亭叔校正莊子、鹽鐵論，二書方見真面目。書局事冗，未暇取諸子一一參校，至今耿然。」

盧文弨　抱經堂文集

卷七題張之象注鹽鐵論（庚子）：「此陽湖莊太史本，以永樂大典校勘，增多九十餘字，其異同處，亦據以攷正，可謂善本矣。力耕篇：『故乃賈之富。』大典作『故乃萬賈之富』，余疑『萬』當作『萬』，此即漢書王尊傳所云『長安宿家大滑，東市賈萬、西市萬章』者也。又刺復篇云：『今當世在位者，既無燕昭之下士，鹿鳴之樂賢，而行臧文、子椒之意。』大典『子椒』作『子叔』，豈即孟子中『子叔疑』其人歟？朱子之解，自當有本。至散不足篇有言『垔憂壁飭』，大典亦同，『垔』字無所考，余疑『垔憂』當作『垩夓』，堊，白土也，夓，古之善塗塈者，亦作『獿』字，大戴禮記武王踐阼篇有云『獿以泥之』，俗間本譌作『擾阻』二字，知此作『夒』，亦以形近致譌耳。至於人之名字，或有異同，古書皆然，政不必畫一。明人張之象注此書，頗稱詳悉，而所引淮南、吕覽諸書，惟出當篇小號，亦有並不著所出者，於本書之誤，無所舉正，音亦多譌，此微爲短也。刻成後，當是未經校正，故譌字觸目皆是。有沈君名（上一字同家諱）醇者，考其所引諸書，一一正之，甚有益於學者。然此書難解者尚多，其中容亦有可疏通者，安得通人更爲之補注乎！」

張敦仁　重刻鹽鐵論並考證序

鹽鐵論自明嘉靖中爲張之象所亂，卷第割裂，字句踳謬，盧學士羣書拾補已嘗言之。予向恨不見善本，近因顧千里得弘治十四年江陰令新淦涂禎依嘉泰壬戌本所刻，及其後錫山華氏活字所印，細爲校讀，知張之象之不可據在盧所云外者甚多，而盧又時出己見，頗有違失，亦未可全據也。爰取涂本重刻於江寧，撰考證一卷附後，審正其文，粗涉義例，以貽留意此書者。陽城張敦仁。（據清嘉慶丁卯張敦仁重雕涂本。）

按：此文又見顧千里思適齋集卷九，云「代張古餘」。

顧廣圻　鹽鐵論考證後序

漢書傳贊謂：「始元鹽、鐵，當時頗有其議文，至宣帝時，次公推衍增廣條目，著數萬言，成一家之法。」今讀其書，所以相詰難者，大抵本羣經諸子而爲語，歷世差久，觀者茫昧不得其解。如毁學篇：「昔李斯與包邱子俱事荀卿。」「包邱子」者，「浮邱伯」也，漢書楚元王交傳：「俱受詩於浮邱伯，伯者，孫卿門人也。」注：「服虔曰：『浮邱伯，秦時儒生。』」是其證。散不足篇：「庶人即蓐索經。」「索經」，以索爲經，鄭注食大夫「皆卷自末」云：「末，經所終。」韓詩外傳、説苑雜言皆云：「孔子困於陳、蔡之間，席三經之席。」是其證。備胡篇：「春秋貶諸侯之後。」謂公羊春秋刺諸侯戍人而後至者，襄五年冬戍陳，十年戍鄭虎牢，傳皆云：「孰戍之？諸侯戍之。曷爲不言諸侯戍之？離至不可得而序，故言我也。」何休五年注云：「離至，離别前後至也。」又云：「乃解怠前後至，故不序，以刺中國之無信。」是其證。取下篇：「是以有履畝之税，碩鼠之詩作也。」「履畝」、「碩鼠」爲一事，當出三家詩之序，公羊宣十五年傳云：「税畝者何？履畝而税也。」又云：「什一行而訟聲作矣。」正爲碩鼠詩而言。三家詩、公羊皆今文，宜其説之相近。潛夫論班禄云：「履畝税而碩鼠作。」是其證。又潛夫論下云：「賦歛重而譚告通，班祿頗而傾父刺，行人乏而繇蠻諷。」皆上見序，下見詩，今本譌舛，致不可讀。結和篇云：「閭里常民，尚有梟散。」「梟散」者，是殺所貴也，儒者以爲害義，戰國策楚策唐且見春申君章：「夫梟棊之所以能爲者，以散棊佐之也。夫一梟之不勝五散亦明矣，今君何不爲天下梟，而令臣等爲散乎？」是其證。鄭注考工記有「博立梟棊」也。詔聖篇：「春秋原罪，甫刑制獄。」「制獄」者，哀矜折獄也，乃今文尚書說，大傳曰：「聽訟雖得其指，必哀矜之，死者不可復生，絕者不可復續也。書曰：『哀矜折獄。』」故次公與「春秋原罪」並言。論語：「片言可以折獄者。」釋文云：「魯讀『折』爲『制』。」漢書刑法志曰：「書云：『伯夷降典，折民惟刑。』言制禮以止刑。」其說亦本諸大傳，是其證。伏生、次公及班孟堅皆讀「折」爲「制」者，今本大傳作「哲」，漢書作「悊」，非也。此類皆徵驗明白，然知之者或寡矣。古餘先生雅好是書，用功甚深，既刻涂禎本而附之考證，所以正其踳、理其紛者，皆精心獨詣，刊落常聞，批郤導窾，不假穿鑿，真有如兒說之解蔽結也。閒與廣圻往復講論，援引載籍，旁通交通，多得要領，因非涉字句譌錯者，例不兼著，故敢撮取一二，附書於末，具如右條，俾學子合而觀之，尚能循緒探索，曉其詞以識其意，則西京儒家之言，將昭然復顯，尤先生所亟亟想望者也。嘉慶丁卯六月，元和顧廣圻。（據清嘉慶丁卯張敦仁重雕涂本。）

按：此文又見顧千里思適齋集卷九，云「代張古餘」。

明璎寧齋鈔本題識

乾隆乙卯閏月下澣三日，訪友於醋坊橋，路過崇善堂書坊，偶憩焉。余向主人索閱舊書，携出數種，無當意者。最後以此册示余，余取閲之，書分一卷，尚是舊第；且余正欲覓是書，喜甚，因以青蚨八百四十文易之。字跡不惡，可云舊鈔。版心有「璎寧齋」三字，惜未知其爲誰氏，俟徐訪之。吴郡棘人黄丕烈書。

鹽鐵論嘉泰本不可得，以弘治涂禎本爲最古。此本即傳自涂刻，但有都元敬序，而少禎自序耳。舊藏百宋一廛。蕘翁有兩明鈔：一即此本；一歸聊城楊氏、顧澗蘋以太玄書室本及活字本校，皆遜此本。夫以黄、顧兩家藏弆之富，而敝帚之享，惟此兩鈔本，則弘治刻本不易得可知。余客歲於繆氏雲自在龕見涂刻真本，今復從鈍齋前輩處獲觀此本，自詫眼福，可傲佞宋、思適。假歸，摩挲旬餘，還書之日，謹識所見。此本之於涂刻，不啻虎賁中郎之似，雖與嘉泰本並重可也。乙未季夏，緣督葉昌熾。

余以涂刻本校此，間有譌奪之處，亦頗有刻本譌繆而此鈔本不誤者，因簽出於刻本之上。此本有都序，是必出於涂刻，乃轉藉是以校正涂刻，異已！余既以此本贈翰怡，今復以還余，因又讀一過，記此。乙亥五月，八十二叟吴郁生。（以上見書前附葉。）

此攖寧齋鈔本鹽鐵論十卷，據序文是從江陰令涂賓賢刻於弘治十四年之本出者。乃余先鈔得一活字本，其版心亦題「弘治歲在重光作噩」，似與涂刻同歲；而活字本既無都穆序，又多脱落譌謬，不及此本殊甚。且余嘗以太玄書室刊本校活字本，補其脱落，正其訛謬，今與此本參勘又多合，是此本實善本矣。第七卷已下鈔手與前六卷稍異，而脱落訛謬亦間有之，未知其何故。此本係舊鈔，故未敢點竄。余所校異同，在影寫活字本上，可覆按也。嘉慶癸亥五月二日，書於百宋一廛。黄丕烈。

項子京書畫題跋多署「攖寧庵」，此「攖寧齋」未知是一是二。蕘翁宋、元本頗有爲項氏舊藏者，或以此齋名非項氏物耶？鈍齋記。（以上見書後附葉。據北京圖書館藏本。）

按：明王宗沐淮南鴻烈解批評序署名「攖寧子敬所王宗沐」，則「攖寧齋」蓋王宗沐齋名。

傳録華氏活字本題識

活字本，乾隆乙卯傳録。

嘉慶歲在癸亥夏，用攖寧齋舊鈔本校。

嘉慶癸亥，蕘翁囑覆閲一過，就所見標於上方。此書明代屢刻，俱遜於攖寧齋鈔本，（惟複出字每脱去，是其短。）然誤處仍多，惜不得宋、元舊槧一掃風庭之葉也。嘉泰壬戌本，見弘治辛酉涂禎跋中，不識尚在天壤間否？顧千里記。（以上見書前附葉。）

太玄書室刊本校，甲寅除夕前一日，澗蘋記。

校畢時，未及一更，新月半規，天光潔浄，令人添静意幾許。蕘圃氏。（以上見卷十末葉。據北京圖書館藏本。案又見下引士禮居藏書題跋記。）

黄丕烈士禮居藏書題跋記卷三鹽鐵論十卷（校明鈔本）

嘉慶癸亥，蕘翁屬閲一過，就所見標於上方。此書明代屢刻，俱遜於攖寧齋鈔本，然誤處仍多，惜不得宋、元舊槧一掃風庭之葉也。嘉泰壬戌本，見弘治辛酉涂禎跋中，不識尚在天壤間否？顧千里記。（均在卷首。）

按：此記前録有涂禎序，故云「均」也。

太玄書室刊本校，甲寅除夕前一日，澗蘋記。

校畢時，未及一更，新月半規，天光潔静，令人添静意幾許。蕘圃氏。

右鹽鐵論十卷，係活字本，余借顧澗蘋影寫本傳録者，原本出於洞庭鈕匪石之友所藏；其用以校活字本者，則又崔氏所藏太玄書室本也。雖經校勘，訛字尚多，俟以舊鈔本正之。棘人黄丕烈。

嘉慶癸亥夏，攖寧齋舊鈔本校，與太玄書室刊本甚近，然首有都穆序，謂刻於江陰，其作序年歲，又同出弘治辛酉，而實勝活字本，未知何故。丕烈校竣書。

通本用墨筆於藍朱二筆上，是者加圈，非者加竪，兩存者加點，疑者不加圈點，庶兩本佳處訛謬者亦不掩矣。端陽日，蕘翁記。（以上各跋均在末卷後。）

鈕樹玉　匪石先生文集

卷下讀鹽鐵論：「民之於君也，猶一身之有四體百骸，四體百骸有不適，則一身不能安。故管子曰：『下令如流水之原，使民易行。』孫叔敖知民之不便於重幣，亟請而更之，斯才能之臣所以務本而知要也。漢興於擾攘之際，文、景承之，能恭儉無爲，與民休息。當是時也，網疎而不犯，家給而國足。及乎武帝，好大喜功，以靡其財，財用不濟，乃與民争利，於是鹽、鐵、榷酤，一切言利之端興焉。余讀鹽鐵論所載賢良、文學與桑大夫及御史丞往復辨難甚具，大抵賢良宗儒術，桑大夫尚商、韓，至其究竟，終不能奪賢良，而鹽、鐵亦不能罷者，迫於勢也。」

周中孚　鄭堂讀書記

卷三十六：鹽鐵論十二卷，（嘉靖癸丑刻本。）漢桓寬撰，明張之象注，四庫全書著録。漢志作六十篇，隋志、新、舊唐志、崇文總目、讀書志、書録解題、通考、宋志俱作十卷，則十二卷爲張氏所分，其篇仍同漢志也。當昭帝本始六年，召問賢良、文學，對願罷鹽、鐵、榷酤、均輸，與御史大夫桑弘羊相詰難，頗有其議文；於是止罷榷酤，而鹽、鐵卒不變。及宣帝時，次公推衍鹽、鐵之議，增廣條目，極有論難，著數萬言，凡六十篇，亦欲究治亂，成一家之法焉，此真儒者究心實用之書。然所論者，食貨之政，而諸史皆列之儒家，蓋古之儒生，主於誦法先王，以適實用，不必言心言性而後謂之聞道也。書中古字，皆張氏作注時所改，如「防」作「坊」、「贍」作「澹」、「賑」作「振」、「策」作「册」之類，皆非其舊，詳見盧氏羣書拾補中；然其注專引書爲注，有裨考證，猶屬明人之佼佼者矣。前有嘉靖癸丑自序。漢魏叢書所載，多删節張注，不足取。

劉毓崧　通義堂文集

卷七鹽鐵論跋：「漢桓寬著鹽鐵論十卷，凡六十篇，皆輯賢良、文學諸人與御史大夫桑弘羊及丞相史、御史争辨之語。弘羊等貪嗜貨財，而其流毒最深者，則在於推廣賣官之路；賢良、文學闡明經術，而其爲功尤鉅者，則在於挽回鬻爵之風。觀於輕重篇載御史之言曰：『賣官贖罪，損有餘，補不足，以齊黎民。』貧富篇載大夫之言曰：『陶朱公以貨殖尊於當世。』孝養篇載丞相史之言曰：『蓋聞士之居世也，衣服足以勝身，故身修然後可以理家，家治然後可以治官。』此皆言推廣賣官之説也。本議篇載文學之言曰：『高帝禁商賈不得仕宦，所以遏貪鄙之俗而醇至誠之風也。排困市井，坊塞利門，而民猶爲非也，況上之爲利乎。』刺復篇載文學之言曰：『富者買爵販官，免刑除罪，公用彌多，而爲者徇私。』除狹篇載賢良之言曰：『今吏道壅而不選，富者以財賈官，咸出補吏，弱者猶使羊將狼也，其亂必矣，强者則是予狂夫利劍也，必妄殺生也。故人主有私人以財，不私人以官。』此皆挽回鬻爵之説也。蓋行賣官鬻爵之法者，始於秦始皇，而盛於漢武帝，建賣官鬻爵之議者，昉於東郭咸陽、孔僅，而成於弘羊。史記平準書云：『於是以東郭咸陽、孔僅爲大農丞，領鹽、鐵事。桑弘羊以計算用事侍中。咸陽齊之大煮鹽，孔僅南陽大冶，皆致產累千金。弘羊雒陽賈人子，以心計年十三侍中。故三人言利事析秋豪矣。』據此，則三人始進皆以鹽、鐵之貲可知。又云：『使孔僅、東郭咸陽乘傳舉行天下鹽、鐵，作官府，除故鹽、鐵家富者爲吏，吏道益雜不選而多賈人矣。』此昉於咸陽與僅之證。又云：『桑弘羊大農爲丞，筦諸會計事，始令吏得入穀補官。』又云：『弘羊爲治粟都尉，領大農，盡代僅筦天下鹽、鐵。弘羊又請令吏得入粟補官。』此成於弘羊之證。弘羊持鹽、鐵之柄，較諸咸陽與僅，歲月尤深，其議緡算榷酤也，禍被於當日，而其議賣官鬻爵也，禍被於異時。蓋前此入粟納貲者，或寵之虚名，或寘諸散秩，其弊猶未甚也；至於假以要職，授以重權，俾得混雜於清流者，則武帝之擢用三人，實爲作俑，而弘羊之變本加厲，又三人之罪魁；後世之倡議捐輸者，無非竊取弘羊之故智，其爲士習人心之害，何可勝言。較諸商鞅之刻薄寡恩，且當加等。讀史者但責其牢籠鹽、鐵之利，奪商賈之奇贏，無乃捨其大而問其細邪？況乎鹽鐵論中述弘羊飾非拒諫之語，往往附會經傳以掩其奸邪，甚至與賢良、文學爲難，遂敢於妄譏孔、孟，蓋其始不過膏粱子弟徼倖得官，而又涉獵詩、書以自掩貲郎出身之迹；迨寵利既得，遂乃肆無忌憚，援引其黨類，以排擠儒林，甘爲名教之罪人，雖獲咎於聖賢而不顧，此弘羊之罪所以上通於天，而萬死不足贖也。當武帝之世，卜式請烹弘羊，雖式本以輸財助費起家，未免以燕伐燕之誚，然其持議甚正，未可以人廢言。及昭帝初年，賢良、文學共議鹽、鐵，大抵皆引李斯之事以刺弘羊。誠以賣官鬻爵之舉，乃斯佐秦時所行，弘羊激其頹波，罪實與斯相埒；苟弘羊與斯易地而處，則焚書坑儒之惡，未必不更甚於斯；使漢室公卿能採賢良、文學之策，請誅弘羊以謝天下，籍其家貲，以代賣官鬻爵之財，而丞相御史之阿意苟合者，亦加禁錮，則繼此者孰敢獻賣官鬻爵之計哉？乃丞相車千秋既括囊不言，容身保位；大將軍霍光復不學無術，暗於大體，仍以弘羊綰鹽、鐵之權，馴致弘羊自負興利之功，怨光抑其子弟，遂陰附上官桀共爲叛逆之謀，變起於蕭牆，然後治以國典，固已晚矣。左傳述孔子之言曰：『惟器與名，不可以假人。』孟子告梁惠王曰：『苟爲後義而先利，不奪不饜。』是可知賣官鬻爵之事不息，則人心之陷溺於利者益深，履霜堅冰，其來有漸，桑、孔之邪説，即亂臣賊子之萌，其無父無君之禍，不減於楊、墨，故能言拒桑、孔者，功不在距楊、墨之下，真不愧爲聖人之徒也。然則鹽鐵論所述諸儒，如茂陵唐生、魯萬生、九江祝生、中山劉子雍者，洵可謂通經致用，足以爲斯道之干城矣。彼曲學阿世、枉道求合者，讀桓氏之書，尚其知所愧哉。」

卷二十三書桓寬鹽鐵論後：「桓寬撰鹽鐵論六十篇，書末雜論一篇，述朱子伯之言，記賢良、文學等六十餘人，而雅重劉子雍與祝生，於桑弘羊、車千秋深致不滿之詞，作書本旨具斯矣。案漢書傳贊謂：『始元鹽、鐵，當時頗有其議文，至宣帝時，次公推衍增廣條目，箸數萬言，成一家之法。』是漢時已重其書。近張敦仁撰鹽鐵論攷證，臚舉其關涉經義，若毁學篇之包邱子，即漢書楚元王傳受詩之浮邱伯。備胡篇『春秋譏諸侯之後』，即春秋襄五年戍陳、十年戍鄭虎牢，公羊家刺諸侯戍人後至之義。取下篇『是以有履畝之税，碩鼠之詩作也』，合履畝碩鼠爲並時事，當出三家詩序。詔聖篇『甫刑制獄』者，哀矜折獄也，乃今文尚書説，並引論語『片言可以折獄者』，釋文『魯讀折爲制』，正與之合。攷證各條，誠可見西漢經師訓詁之大略。吾謂讀其反覆詰難之辭，尤可見漢世之行鹽、鐵、榷酤，其始不過以濟一時國用之不足，勢迫於不得不然，上以不得已而創舉之，下亦深諒上之不得已而羣應之，其唯命是聽者，初不盡關懾伏於刑威也。顧以有事而行，即當以訖事而罷，此書所取賢良、文學與御史大夫極論利病，榷酤得罷，而鹽、鐵如故，以鹽鐵論爲名，殆亦惜其論之未盡采納歟！　歷觀國家當師旅饑饉之會，府藏空乏，謀國者非必務財用而長國家，一時急而相求，不能不取盈於常供之外，建議之始，何嘗不謂事已即仍舊貫，斷不致以權宜者困閭閻於無窮；詎知利之所在，後雖明知其非，夫且奉行爲成法，鹽、鐵其顯然已。然則爲國計富彊者，慎毋以論所云『德廣可坿遠，稼穡可富國』爲迂闊而不切於事情，别自取法於每況愈下，甚以銖積寸累所入，欲取償於杳不可必之舉，有未見爲利權可操者，則讀寬此論，不獨可以識經義，抑亦可以識時務哉。」

王先謙　鹽鐵論序

漢書田千秋傳言：「昭帝世國家少事，百姓稍益充實。始元六年，詔郡國舉賢良、文學士，問以民所疾苦，於是鹽、鐵之議起。」觀班爲傳，載大將軍霍光乞千秋教督，千秋終不肯有所言，而於傳贊復引桓氏雜論「車丞相當軸處中，容身而去」之語以終之，其微意可覩矣。以千秋名德見推重大將軍，而勤恤民隱之恉，又自大將軍出，得千秋一言，鹽、鐵、酒榷、均輸可悉罷也。阿附同列，取議後世，惜哉！桑大夫用心計得幸，躐居輔道之位，顧絀仲尼而崇商鞅，鄙原、顔而慕蘇、張，亦當時大道不明、學術不一之咎也。至乃夸其籌策之積，致富成業，鄙哉，可與事君乎？賢良、文學之議正矣，若其言不禁刀幣，聽民放鑄，俾共人主操柄，與二賈之諫詞相戾；至謂加德施惠，北夷必內向款塞，斯迂闊不達事情之論也。夫所謂以德服人者，有力而不輕用力之謂也，苟無力則德無由見，而人奚自服。書曰：「大邦畏其力。」力非聖王所諱言。武帝之失，在於內多欲而急興利，至其詰戎固圉，未嘗非也。是故有鬼方之克，迺致氐、羌之王，非衞、霍之師，必無渭橋之謁，儒生之議，苟其不在當局，履全盛則戒用兵，處積弱則思奮武，捄弊補偏，取相警厲而已。至於國家大政，斟酌損益，發慮於深宫，擇善於逼邇，而使草野新進，與二三大臣争訴於朝堂，抑豈所以崇國體、式方來乎！重刊是書竟，因備論其時事得失如此。桓氏屬文，在西漢特嚴、徐、褚先生之匹，歷世緜遠，闕誤相仍，如李孟傳、姚鼐輩所訾，不足病也。光緒十七年，歲次辛卯，冬十月，長沙王先謙。（據清光緒辛卯冬月思賢講舍刊本。）

王先謙　校勘小識記

鹽鐵論以明弘治十四年新淦涂禎所翻宋嘉泰本爲最善。嘉靖間，雲間張之象又有注本，析爲十二卷，王謨漢魏叢書重刻之。其書竄易字句，爲有識所譏。盧文弨弓羣書拾補取永樂大典所載及涂本以校張書，頗有是正。嘉慶十二年，陽城張敦仁古餘重刊涂本，附以考證，又多盧所未及。暇日檢閲，因以拾補、考證散入正文下，取便觀覽。湘潭王啓源君豫、胡元常子彝，搜討往牒，復得若干條，書中稱王云者，君豫説也，稱胡云者，子彝説也。先謙覆加審定，見漏義尚多，略爲補釋，並取唐、宋類書所徵引，悉心校訂，別爲一卷，以貽讀者。古籍代微，展轉益誤，又議藴閎富，未易推尋，涉筆知疏，臨文增喟，大雅宏達，幸匡益之。先謙記。（據清光緒辛卯冬月思賢講舍刊本。）

譚獻 復堂日記續録

光緒十九年四月二十日，閲新校鹽鐵論。桓次公之書，於今日頗切要。王刻是正文字，涂、張諸本，誦言其非，於盧氏羣書拾補多有糾異，多可信從。

瞿鏞 鐵琴銅劍樓藏書目録

卷十三子部一，鹽鐵論十卷（明刊本）：「漢桓寛撰。弘治間，新淦涂禎刻於江陰，是本從宋嘉泰本翻雕，故匡、桓等字俱減筆。雲間張氏注本，改爲十二卷，竄亂舊第，字句亦多踳駁。今陽城張氏重刻本，悉依涂氏之舊。」

又鹽鐵論十卷（舊鈔本）：「此從錫山華氏本傳録，顧澗薲氏以太玄書室本、攖寧齋舊鈔本校過，末有澗翁題記云：『讀此書，貴能得其用，如予者索解於字句間，何足道耶！　癸亥八月重閱一過記。』又云：『嘉慶丁卯五月，爲居停主人張古餘先生校刻弘治十四年涂禎本，再讀此。』案是本當即陽城張氏撰考證之底稿也。（卷首有顧澗蘋手校朱記。）」

丁丙　善本書室藏書志

卷十五子部一，鹽鐵論十二卷（明嘉靖本）：「漢汝南桓寬撰，明雲間張之象注。寬字次公，宣帝時，舉爲郎，官至廬江太守丞。本始六年，詔郡國賢良、文學，問民疾苦，皆請罷鹽、鐵、榷酤、均輸，與御史大夫桑弘羊相詰難，於是止罷榷酤，而鹽、鐵卒不變。及宣帝時，桓寬推衍增廣，著數萬言，凡六十篇；書惟鹽、鐵爲名，蓋惜其議不盡行也。陳振孫書録解題作十卷，且曰：『世之小人，何嘗無才，以熙甯日録言之，王安石之辨，雖曰儒者，其實桑大夫之流也。霍光號知時務，而鹽、鐵之議，乃俾先朝首事之臣與儒生議論，反覆不厭，是非付之公論，行否未有容心，以不學無術之人，而暗合乎孟莊子父臣父政之議，曾謂元祐諸賢而慮不及此乎？』可謂讀書有識矣。顧世鮮善本，元、明間僅數刻，以新淦涂禎仿宋嘉泰槧本爲最著；此明嘉靖甲寅華亭張之象注本，雖改舊第，四庫稱其『事實粗具梗概，足備攷核』。前有之象自序。」

丁日昌　持静齋書目

卷三子部儒家類：「鹽鐵論十二卷，漢桓寬撰。宋刊本，半頁十行，行十八字，末卷末頁有『淳熙改元，錦谿張監税宅善本』二行木記。首有己巳孟春馮武題識。武，班之猶子也。」

案：持静齋書目登記時，係以四庫全書目爲依據，故於此因仍而作「鹽鐵論十二卷」，蓋四庫全書所著録者爲張之象注本故耳，不是指所謂淳熙本爲十二卷也。又滂憙齋宋元本書目子部有宋版鹽鐵論二本，語焉不詳，未知真僞如何。

莫友芝　持静齋藏書紀要

卷上：「鹽鐵論十卷，漢桓寬撰。宋刊本，每半頁十行，行十八字，末卷尾有『淳熙改元，錦谿張監税宅善本』二行楷書木記。首有己巳孟春河漢馮武題識，云『以贈平原文虎道兄』。武，班之猶子也。文虎，不知何人。己巳係康熙二十八年。」

莫友芝　宋元舊本書經眼録

卷一：「鹽鐵論十卷（宋本），漢桓寬撰。每半葉九行，行十八字，第十卷末葉有『淳熙改元，錦谿張監税宅善本』二行楷書木記，紙墨亦精雅，卷首有馮武題識，云：『先太史藏書萬卷，子孫不能讀，且不知愛惜，即宋、元精板嘉書，盡化爲蝴蝶飛去，吾能無念乎！　兹鹽鐵論十卷，相傳宋板，末有淳熙改元，錦谿張監税宅善本等字，余素愛寶之，不敢批點，又得刻本，遂以此贈平原文虎道兄，因文虎文墨筆硯之好，與吾同病，在環堵中無異於别館也。　時己巳年暮春，河漢馮武謹識。』乙丑春，上海市出豐順丁禹生觀察所收，暇當取家藏明本一校。（馮武，乃定遠之從子，傳其筆法，著有書法正傳十卷，見簡明目。）」

葉德輝　郋園讀書志

卷五子部鹽鐵論十卷（影寫元麻沙本）：「此影寫元麻沙本鹽鐵論十卷，余乙未冬閒，從江建霞學使靈鶼閣中所藏元刻本傳出者也。元本爲向來藏書家目録所未載，故乾、嘉老輩如顧千里僅見明涂禎本，其重刻涂本，謂涂本出於宋刻，其實顧並未見宋本也。以涂本校此本，論儒第十一全脱（卷二），未通第十五『夫牧民』句下至篇末，脱去四百三十四字（卷三），水旱第三十六『爲善於下』句，自『福應』起，至『耨土』，此脱去六百五十一字（卷六），執務第三十九、能言第四十、鹽鐵取下第四十一三篇全脱，而移擊之第四十二爲三十九（卷七），繇役第四十九『由來』句下，自『久矣』起，至篇末止，險固第五十自篇首起，至『阺前』止，共脱三百六十三字，又誤合二篇爲一（卷九），以字數計之，恰當涂本一葉之數，知涂本與此刻同出一源，留此隙漏，益爲證據。此外，如論功第五十二、論鄒第五十三、論菑第五十四（卷九）、刑德第五十五、申韓第五十六（卷十），五篇全脱，以視涂本，殆有天淵之别。又其中訛字俗體，觸處皆是，世人耳食宋、元本，豈知元本亦有不可盡據者耶？余友陳伯商太史鼎藏有明九行十八字本，爲明仿宋刻，伯商祕爲宋本，余謂不然；然其本實佳，惜未取以一校。又豐順丁禹生中丞日昌持静齋書目中載宋張監税本，半葉十行，行十八字，余從中丞嗣君叔雅茂才京師行笥見之，乃九行十八字，蓋書目誤作十行，亦未取以相校，至今恨恨。此册前附師鄦跋，師鄦即建霞書室名。跋中『豐潤』乃『豐順』誤字。至謂『以張刻略校，其精勝處甚多』，是則未曾細校，信口欺人之談，固不值通人一笑也。丁酉冬至前一日，麗廔主人葉德輝記。」

案：江建霞所藏元刻本，今藏北京圖書館，定爲明初本，每半葉十三行，行二十五字。無師鄦跋，有「蕭江書庫」、「江標汪鳴瓊夫婦用買藏書記」、「明珠易得」、「建霞祕篋」、「汪鳴瓊印」、「靈鶼藏書」、「靜君長物」、「劉世珩」、「蔥石讀書記」等印記。

又一部（明弘治十四年涂禎仿宋刻本）：「莫友芝宋元舊本書經眼録載有宋本鹽鐵論十卷，云：『每半葉九行，每行十八字，第十卷末葉有淳熙改元錦谿張監税宅善本楷書本記，豐順丁氏收藏。』按此即丁禹生中丞日昌持静齋書目所載之宋本也。明涂禎繙刻宋嘉泰壬戌刻本，行格與此同，惟無末葉印記。嘉泰壬戌上距淳熙改元凡二十八年，蓋又據張監税宅本重刻耳。此本即爲涂刻，前有弘治十四年吴郡都穆序，行格與宋本同，桓寬之桓及書中匡字，均沿宋諱闕筆，在明人刻書，可謂極有家法者也。世行張古餘敦仁所刻涂本，改易行欵，彼據明人重刻別本，故誤以爲即涂原刻，由於當時涂刻原本不易見耳。每慨東南兵燹以後，（案此爲誣衊、仇視太平天國革命之言。）舊版書籍，稀若隋珠，從京師求張本不可得，回南後，始無意於故書攤中獲周氏欣紛閣叢書中有此，即係張刻，旋以贈之友人劉校官肇隅，影寫一部。又獲存之。張本初印，乃係單行，其板後歸周氏，併入叢書，亂後板失，即此亦少傳本。此外，所見明胡維新兩京遺編本，亦據涂本重刻本。又有張之象注本，訛脱頗甚，爲通人所非，盧抱經文弨羣書拾補謂其『擅改古字，音皆土音，皆以永樂大典、涂刻兩本校正之』是也。甲午、乙未之間，元和江建霞編修標，督學湖南時，出其所藏元本見示，每半葉十三行，每行二十五字，書中往往脱落大段，字體損俗，殊不耐觀，以其爲元時舊本，故影寫一部，以備參稽，明時又有錫山華氏活字本、太玄書室本，見楊紹和楹書隅録續編校明鈔本後跋，大抵皆在此本之後，不如此本之源出宋本爲可依據也。宋本世固罕見，得見涂本，不失虎賁中郎，惜涂本又不易覯，故孫淵翁星衍祠堂書目所載本尚係影寫張刻祖本，盧抱經所見者同。惟近日日本森立之經籍訪古志載有涂刻本，云『半葉九行，行十八字』者，㙔係涂刻原本，孤懸海外，未知何日珠還，則余此書，固當與宋本同其珍貴矣。卷首有『玉函山房藏書』六字朱文印記，曾經歷城馬竹吾國翰收藏。善化有張姓宦於山東者購歸，展轉爲余所有，狂喜不寐，故詳記之。光緒癸卯長至燈下。德輝。」

又一部（明胡維新兩京遺編刻本）：「鹽鐵論爲明胡維新兩京遺編中之一種，半葉九行，行十七字，前弘治十四年有江陰涂禎刻本，九行十八字，源出宋淳熙改元錦谿張監税宅本，嘉慶丁卯張敦仁仿明刻十行本，此嘉靖三十年倪邦彦重刻涂禎本，顧千里作考證，竟以爲涂禎刻原本，此由未見弘治本耳。此亦重刻涂本，故前有涂序。兩京遺編傳世者頗少，孫星衍祠堂書目載有陸賈新語、賈誼新書、王符潛夫論、荀悦申鑒、徐幹中論、應劭風俗通六種，均係影寫本，並未影寫此書，知此書尤爲希見也。卷首目録下、卷第一、第三、第四、第六、第八卷前有『獻陵紀氏家藏』六字白文篆書大長方印、『楝亭曹氏藏書』六字朱文篆書長方印，卷第一下有『五硯樓藏』四字白文篆書方印，紀爲文達公昀，曹爲子清通政寅，五硯樓則袁又愷廷檮，均藏書家，因知前賢亦視爲善本收藏，不亞於宋、元名槧也。」

又一部（嘉慶丁卯張敦仁刻本）：「明弘治辛酉，涂禎重刻宋嘉泰鹽鐵論，其原刻每半葉九行，行十八字，余有其書。此據嘉靖三十年倪邦彦重刻涂本繙雕，每半葉十行，每行二十字。當時，顧廣圻爲張敦仁校刻時，所見即倪本無重刻序者，因留涂禎識及都穆序，故誤以爲即弘治原刻耳。宋嘉泰本乃重刻淳熙改元張監税宅本，莫友芝宋元舊本書經眼録所稱丁禹生中丞所藏宋本是也。莫云每半葉九行，每行十八字，而中丞自撰持静齋書目誤載爲十行十八字，是又多一重疑案矣。丁書余於光緒丙申從中丞嗣君叔雅茂才京師行笥中見之，每半頁九行，每行十八字，欵式與余藏弘治涂刻本同，亦與莫氏所言合。戊申客江寧，訪江陰繆太夫子小山先生於省居顔料坊寓宅，談及此書，余歷舉顧、張之誤；先生愕然，隨於插架檢示涂本，謂爲顧、張所據，而實則倪本無重刻序者。後檢先生藝風堂藏書記考之，有云『此爲張古餘影刻之祖本，明時刻於江陰』，尤爲難得』，是則先生所云，亦沿誤久矣。此本爲張刻初印本，重刻序以爲涂刻，而孰知不然。百餘年疑案，至余而始斷之，可云快事。余向有此刻本，曾影寫一本，以原本贈友人，後得弘治本，又思有此本一證，而十餘年不一見；今幸重得，又閲滄桑，是當珍重，比於明刻，不得以尋常書帕贈人之物例之也。壬子六月望日，朱亭山民葉德輝記。」

案：葉德輝所言宋淳熙本、明涂禎本、倪邦彦本都是「信口欺人之談」，傅增湘已駁斥之，詳見下文。

傅增湘 雙鑑樓藏書續記

卷上：「鹽鐵論十卷，明弘治刊本，半葉十行，每行二十字，白口雙闌。收藏有『光四堂藏』、『鄭西冉閲』、『志雅齋』、『方濬益收藏珍祕書本』、『雲輪閣』、『荃蓀』、『邈姑射山深處』、『忠孝之家』各印。按鹽鐵論古本罕覯，郘亭書目批注有宋、元本，題『新刊鹽鐵論』，十三行，二十五字。據葉郎園讀書志，知爲江建霞學使所藏，篇中脱落殊多，論儒第十脱全篇，未通第十五『夫牧民』句下脱至末四百三十四字，水旱第三十六『爲善於下』句自『福應』起至『耨土』，此脱六百五十一字，執務第三十九、能言第四十、鹽鐵取下第四十一皆全脱。此外正多，難以悉數。是真麻沙坊市陋刻，減工射利，任意删落，毫不足取信者也。自明以來，以涂禎刻本爲最善，顧其本乃不經見，嘉慶丁卯，張古餘得之，據以翻雕，又參會衆本，撰爲考證一卷，顧千里爲序而行之。然其原本，至今不可踪迹，各藏書家亦未有以此本著録者。二十年來，南北周遊，留心搜訪，僅於繆氏藝風老人許一見之。老人晚歲僑居上海，時鬻去儲籍，爲刊書之資，宋、元善本爲歸劉翰怡、張石銘兩家，余亦往往得其一二；曾商及此書，老人殊有不忍之色，蓋書爲老人故里江陰所刊，且並世無兩，駸駸爲海内孤帙，其珍與宋、元古本同，宜也。老人殁後，遺書爲杭估陳立炎以三萬金捆載入市。其中精善小品，子壽公子挾之入燕，余所見者，有元本爾雅，爲平水進德齋刊，元本吴淵穎集，爲宋燧手寫付刊，元本伯生詩續編，以行書上版，咸爲友人分携以去。此書乃爲吴江沈無夢所得，無夢參黑龍江戎幕，萬里遠征，瓶無儲粟，余適新鬻明人集數十種，因以三百金爲贖，無夢遂舉此書見貽，亦夙知余之篤嗜也。十數年來所縈神繫夢者，至此乃入吾篋中，爰書始末於册，以見古本之難遇，良友之多情，而余於古緣書癖，其紛然見投者，殆有神契也。吾子若孫，其善保之。

又案此書傳世者，尚有華氏活字本、明擥寧齋鈔本、正嘉間刻本、太玄書室本、倪邦彦本、胡維新本，皆收藏家所稱爲善本者也，兹爲分考如下：

擥寧齋鈔本（黄丕烈藏，前有涂禎序，版心題「弘治歲在重光作噩」，與涂刻同歲。）

無錫華氏活字本（黄丕烈影寫，據跋言多脱落訛謬，不及攖寧齋本，然各家著録均無之。）

太玄書室本（曾見湘中郭侗伯同年藏本，九行二十字，白口單闌，版心上魚尾上標「太玄書室」四字，前有涂禎序。）

正、嘉間刻本（九行十八字，白口單闌，字體方板，余家有之，前有都穆序。）

倪邦彦本（十行二十字，白口，四周雙闌，前有都穆序，又嘉靖三十年倪邦彦重校序，余新獲一本。）

胡維新本（萬曆刊，在兩京遺編中，九行十七字。）

沈延銓本（併爲四卷，九行二十字，卷首撰人下題「明東吴沈延銓校」一行，相其版刻，似在萬曆以後，孫祠書目、郎園讀書志皆誤作「沈廷餘」，余藏有一本，前似失去序文。）

合上列諸本觀之，華氏活字本祇見黄蕘圃、顧澗薲影録，未見原本，其行欵若何，有無涂、都二序，末由懸測。其餘若攖寧齋鈔本及太玄書室、倪邦彦刻、正嘉間刻，均有都穆序或涂序，是此書向無善本。自弘治辛酉翻雕嘉泰本出，於是再傳三傳，咸探源於此；第其行格有改易，或文字加以訂正耳。夫宋本不得見，見涂氏本猶宋本也。涂本又不易得見，見張本猶涂本也。此學人所咸知，宜無異説矣。憶曩年滬館商定四部叢刊版行時，余語張君菊生：『此書莫善於藝風所藏，迺真涂刻，海内無第二本，最爲珍祕；其餘紛紛號爲涂刻者，皆正、嘉間覆録耳。』而同年葉君奐彬，起而抗争，奮几抵掌，以張刻爲僞，以涂刻爲僞，以藝風所藏真涂刻爲非真，高睨大言，歷詆張古餘、顧澗薲、繆藝風諸人皆爲誤認，且謂：『彼輩皆受賈人紿，世間真涂本，惟吾家所藏孤帙耳。』詢其藏本爲何，則九行十八字，即余所斷爲正、嘉間本者也。余反覆駁詰，再三推證，堅持不易其説，菊生亦爲所劫持，於是竟舍繆本，而用長沙葉氏藏本；余説既不售，惟屏息私歎而已。今故人長往，青山白首，時動哀吟，即當日奪席雄譚，辨論齗齗，回思輒爲腹痛，寧敢翹亡友之過以自矜。惟論學之道，要在心平，考證之途，必勤目涉，意氣固無所於争，而是非終不欲曲徇；今新湰初雕，既日登几案，豐順宋槧，亦躬得摩挲，衆證具陳，積疑自釋，爰引爲數説，辨其同異，以待亭平，九原之下。或亦許爲諍友乎！

一，宋本不足據也。葉氏所引爲鐵證者，以持静齋著録宋本也。宋本行欵爲九行十八字，涂本既直翻嘉泰本，（葉氏因涂序言所據爲嘉泰壬戌本，而丁氏宋本則爲淳熙改元，於是又爲之説曰，嘉泰又翻淳熙也。）其行欵亦必相同，而其所藏明本，行欵適與之合，又前有涂禎序，遂斷定以九行十八字者乃真涂本，而張氏所翻爲誤。以余所見攷之，則大謬不然。丁氏宋本，詳載持静齋書目及莫郘亭經眼録，羣謂此真驚人祕笈矣。數年前，丁氏族人捆載遺書入都，此書爲保古齋殷估所收，余急往觀之，原書乃明正、嘉間刻本，卷尾『淳熙改元錦谿張監税宅善本』二行，乃別刻粘附者，卷首馮武題識，字跡凡俗，氣息晚近，決非竇伯所書，爲之爽然失望。其後貶價百元售之。中丞公兩目如漆，固不足責；郘亭先生號爲精鑑，亦復隨聲附和，不敢訟言其非，則真足詫矣。

一，涂本不易得也。此書自宋刊後，至明初未見刊本，（元本删節不足論。）涂氏得嘉泰本覆刊，都元敬爲之序，遂爲世寶貴，其字軟體，而筆意秀勁，的是成、弘間風氣。張刻影摹上板，備極工肖。自涂本出後，正、嘉、萬以來刻本皆從之出，故行欵迭有改易，字體變爲拘板，或略加校正刊行，然皆有涂、都兩序冠首，以明所出之源。明人翻宋本，多録宋本原序年號，此通例也，豈得因翻本有涂序，遂以爲涂本乎？祇緣涂本傳世最稀，後人多未得覩，遂皆以翻刻者爲涂刻，不意葉氏亦隨俗浮沉如是也。夫弘治辛酉距嘉泰壬戌甫三百年，其訪求宋本，固非甚難；都氏又負雅鑒，富收藏，其審定自足取信於後。葉氏更經數百年之後，而必懸斷宋本非十行二十字，又懸斷嘉泰本爲淳熙重翻，杜預所謂『度己之迹，而欲削人之足』，無乃傎乎！又涂本自藝風藏本外，近年方蓋亦數見不鮮矣。葉氏閲肆未久，聞見頗隘，其持論倒置，宜哉！

文德堂收得一本，葉氏自藏一本，日本亦藏一本，又嘗於廠市屢見之，三數十金即可得，

於故宫檢出一帙，爲季滄葦舊藏，其珍祕可知，然亦失去涂序。若九行十八字本，余於

一，張本直翻涂本，無可疑也。涂本字體秀勁，正、嘉本則方整，而神氣板滯，全無筆意，已開後來坊工横輕直重之體，爲古今刻書雅俗變易之大關鍵；凡鑒書者，但觀其刀法，審其風氣，即可斷定其時代先後，百不失一，此收藏家所宜知也。葉氏乃以秀勁者爲嘉靖本，反以板滯者爲弘治本，强詞以伸己説則可，若取兩本並几而觀之，當憬然於其故矣。葉氏既言張敦仁所刻涂本爲改易行欵，又言顧廣圻爲張氏校刊所見爲倪本，並譏繆藝風所藏爲倪刻之無序者；余篋藏適有倪本，其行格雖同，然考其異者有六焉：倪本板匡横闊，較涂本增半寸許，且中縫無魚尾，上下半葉各爲四周雙闌，一也；前有倪氏重校序，言涂刻有誤，二也；首卷撰人後增『明倪邦彦校』一行，三也；每卷前無目録，四也；字體方板，五也；其篇中字句有校改處，六也。此六者與涂本無一合，不知葉氏何所據而爲此言。蓋葉氏實未曾目覩倪本，衹檢書目所載行欵相同，而比附之耳。古餘刻書，本爲當行，其影宋撫本禮記，夙稱精審，澗薲博學多聞，以校勘名家，當時皆躬與其事，故其雕鐫精善，視原書毫釐畢肖，斠正極爲詳慎，安有輕改行欵，

誤認板本之失？葉氏乃悍然不顧，概從抹煞，寧免武斷之譏耶？

綜而論之：葉氏於板刻，本無真鑒之力，故同一正、嘉間本也。在丁氏則以宋刻目之，在己藏則以涂刻之，（此本前有都序，丁本去之，以充宋刊。）根源既誤，見張刻之不同，則力詆張、顧之改易行欵，以堅其説，蓋緣生平未得見涂本也。今涂本、正嘉本、倪本、張本皆並儲吾篋中，因爲詳著之，則又妄稱爲倪本，以飾其非。及藝風以真涂本示源委，以告後人，俾知凡學問之道，要以實驗爲真，無假空言以取勝也。」

又：「鹽鐵論十卷，明嘉靖倪邦彦刊本，半葉十行，行二十字，白口，上下半葉各爲四周雙闌，前有弘治十四年吴郡都穆序，次鹽鐵論重校序，題『嘉靖三十年，上海晚學倪邦彦識』，次目録，首卷第三行，題『明倪邦彦校』，據邦彦序，有『翻校覆輯』之語，是雖沿用涂本，而重加校正者也。今略檢其與涂本異者，臚列於下：

通有第三『是以揭夫匹婦』，倪本校改作『褐夫匹夫』（下「夫」是訛字）。

晁錯第八『此解揚所以厚於晉』，倪本校改作『解楊』。

毁學第十八『然而荀卿謂之不食』，倪本校改作『爲之』。

殊路第二十一『文學蒙以不潔』，倪本於『文學』下校增『曰』字。

遵道第二十三『聖達而謀小人』，倪本改作『謀大』。

右所列各條，就張古餘本考證中舉之，全書固未獲詳校；然即此觀之，其覆雕時别經刊正，可斷言也。葉氏奂彬乃妄言古餘所翻者爲倪氏本，又指藝風老人所藏之涂刻真本爲倪本之失序者，今各本咸存吾篋中，其衆據明確如此，恨不起奂彬於九原而質之。倪本固不恒見，兹將原序附著焉。」

案：明嘉靖三十年倪邦彦刊本鹽鐵論自序，前已收録，兹從略。

章太炎 國故論衡

論式：「漢論著者，莫如鹽鐵。然觀其駁議，御史大夫、丞相史言此，而文學、賢良言彼，不相剴切；有時牽引小事，攻劫無已，則論已離其宗。或有卻擊如駡，侮弄如嘲，故發言終日而不得所凝止。其文雖博麗哉，以持論則不中矣。」

日本澁江全善道純、森立之撰 經籍訪古志

卷四：「鹽鐵論十卷，明弘治辛酉刊本，寶素堂藏。首有弘治十四年歲在辛酉十月朔旦吴郡都穆書新刊鹽鐵論一篇，稱新淦涂禎手校是書，仍捐俸刻之云云，次載目録，卷首題『鹽鐵論卷第一』，次行題『漢桓寬撰』，次行列篇目，第二卷以下，無桓氏題

名一行。每板九行，行十八字。界長六寸三分，幅四寸。每册首有『印泉府書』朱印，乃係藤惺窩先生舊藏。」

按：澁江、森二氏此書刊於安政丙辰，爲公元一八五六年。

附録五　校本

新刊鹽鐵論十卷，每半葉十三行，行二十五字，即號稱爲元本者，今定爲明初刻本，有江霞、汪鳴瓊夫婦及劉世珩等藏書印，書藏北京圖書館，今稱明初本。

永樂大典本，據盧文弨羣書拾補引，今稱大典本。

鹽鐵論十卷，明弘治十四年涂禎刻本，每半葉十行，行二十字，今稱涂本。

鹽鐵論十卷，明攖寧齋鈔本，版心題「弘治歲在重光作噩」，與涂刻同歲，書藏北京圖書館，今稱攖寧齋鈔本。案：明刻淮南鴻烈解批評序，署名「攖寧子敬所王宗沐」，疑此鈔本出自王氏。

鹽鐵論十卷，清黄丕烈影寫明錫山華氏活字本，每半葉十八行，行十七字，書藏北京圖書館，今稱華氏本。此本與明初本極相近。

鹽鐵論十卷，每半葉十行，行十八字，此本即丁日昌持静齋書目所標榜之宋本，今從傅增湘定爲正嘉本；丁氏書已歸北京圖書館，今稱正嘉本。

鹽鐵論十卷，明嘉靖三十年上海倪邦彦校本，每半葉十行，行二十字，書藏北京圖書館，今稱倪邦彦本。

鹽鐵論十二卷，明張之象注，明嘉靖三十二年張氏猗蘭堂刻本，今稱張之象本。

鹽鐵論十卷，明萬曆十年原一魁刻兩京遺編本，每半葉九行，行十七字，今稱兩京本。此本移植都穆序及涂禎識語於末卷，而稱都穆序爲後序。

鹽鐵論十卷，明萬曆十四年張袠星聚堂刻本，每半葉九行，行二十字，書口魚尾上標「太玄書室」四字，書藏北京圖書館，今稱太玄書室本。此本與正嘉本極相近。

鹽鐵論四卷，明天啓五年東吴沈延銓橋西草堂校刊本，每半葉九行，行二十字，今稱沈延銓本。此本從張之象本出。

鹽鐵論十二卷，明崇禎十三年東吴金蟠輯注本，此本即張之象本的簡注本，今稱金蟠本。

鹽鐵論十卷，清嘉慶十二年張敦仁依明弘治翻宋嘉泰本影刻，但有改正之處，今據以爲底本。

鹽政志，明朱廷立撰，明嘉靖八年刊本。

百家類纂，明沈津纂輯，明隆慶元年刊本，卷八引鹽鐵論。

諸子品節，明陳深纂，明萬曆十九年刊本。

古今曠世文淵，明徐宗夔評選，明萬曆二十七年刊本。

經濟類編，明馮琦纂，明萬曆三十二年刊本，卷三十五引鹽鐵論。

百子類函，明葉向高選訂，明萬曆四十年刻本。

諸子彙函，明僞歸有光輯評，明刊本。

諸子拔萃，明李雲翔評選，明天啓七年上元崇文堂刻本。

兩漢文别解（兩漢别解），明黄澍、葉紹泰同選，明崇禎十一年香谷山房刊本。

百子金丹，明郭偉選注，明崇禎刊本。

古論大觀，明刊本。

附録六 引書

史記，宋裴駰集解，唐司馬貞索隱，唐張守節正義，百衲本二十四史影印黄善夫刊本。

漢書，唐顔師古注，百衲本二十四史影印宋本。

續漢書百官志，梁劉昭注（見後漢書）。

後漢書，唐李賢注，百衲本二十四史影印宋本。

水經注，魏酈道元注，續古逸叢書影印永樂大典本。

齊民要術，魏賈思勰撰，四部叢刊影印明鈔本。

通典，唐杜佑撰，明嘉靖刻本。

文選，唐李善注，清胡克家影刻宋本。

初學記，唐徐堅等纂，明嘉靖錫山安氏校刊本。

羣書治要，唐魏徵等編，日本天明七年刊本。

藝文類聚，唐歐陽詢撰，明嘉靖刻本。

北堂書鈔，唐虞世南輯，清光緒十四年姚覲元集福懷儉齋活字本。

白氏六帖事類集，唐白居易撰，影印宋本。
意林，唐馬總纂，清武英殿聚珍本。
太平御覽，宋李昉等輯，影印宋本。
職官分紀，宋孫逢吉撰，四庫全書本。
事物紀原，宋高承撰，清光緒二十二年惜陰軒叢書本。
野客叢書，宋王楙輯，明萬曆刊本。
毛詩名物解，宋蔡卞撰，通志堂經解本。
演繁露，宋程大昌撰，儒學警悟本。
埤雅，宋陸佃撰，明天啓六年郎奎金刻本。
大事記解題，宋吕祖謙撰，清道光四年諸城王氏活字本。
玉海，宋王應麟撰，明萬曆十一年遞修元刻本。
急就篇補注，宋王應麟撰，明萬曆十一年遞修元刻本。
困學紀聞，宋王應麟撰，藏園影印元刻本。
文獻通考，宋馬端臨撰，明馮天馭校刊本。
天中記，明陳耀文纂，明萬曆屠隆校刊本。

附録七　纂注

張之象注，明嘉靖三十二年刻本。
金蟠輯注，明崇禎十三年刊本。
姚範援鶉堂筆記，清道光十五年重刊本。
姚鼐惜抱軒筆記，清道光七年刊本。
盧文弨羣書拾補，抱經堂叢書本。
顧廣圻影寫華氏活字簡端記，北京圖書館藏。
張敦仁考證，附見影刻涂禎本。
王紹蘭讀書雜記，排印本。
桂馥札樸，清嘉慶十八年小李山房刊本。
洪頤煊讀書叢録，清道光二年刊本。
楊沂孫涂本簡端記，北京圖書館藏。
王履端重論文齋筆録，清道光二十六年受宜堂刊本。

俞樾鹽鐵論校，春在堂全書本。

孫詒讓札迻，清光緒二十年刻本。

徐友蘭羣書拾補鹽鐵論識語，清光緒十六年刻紹興先正遺書本。

王先謙校勘小識，清光緒十七年思賢講舍刊本。

黄季剛校記，見陳遵默校録引。

陳遵默校録，傳鈔本。

徐德培鹽鐵論集釋，排印本。

孫人和校記，原稿本。

楊樹達讀鹽鐵論札記，國文學會叢刊一卷二號。

郭沫若鹽鐵論讀本，原稿本。

王佩諍鹽鐵論散不足篇札樸百一録，華東師範大學學報第三期。

附記：顧實漢書藝文志講疏云孫星衍有校本，惜未見。